ERNST-LUTZ SCHRÖDER

Verrückte Träume

Liebe Frau Kollegin

eine amüsante Unterhaltung wünscht Ihnen

Ernst-Lutz Schröder

ERNST-LUTZ SCHRÖDER

Verrückte Träume

Skurrile Gute-Nacht-Geschichten nur für Erwachsene

Mit Pastell-Zeichnungen mit Kreidestiften von
CARMEN SCHRÖDER

DEUTSCHE LITERATURGESELLSCHAFT

Die Deutsche Nationalbibliothek verzeichnet diese Publikation in der Deutschen Nationalbibliografie; detaillierte bibliografische Daten sind im Internet über http://dnb.d-nb.de abrufbar.

Ernst-Lutz Schröder:

Verrückte Träume. Skurrile Gute-Nacht-Geschichten nur für Erwachsene

ISBN: 978-3-03831-127-0
© Copyright 2017. Alle Rechte beim Verlag.
Deutsche Literaturgesellschaft
Fasanenstr. 61, 10719 Berlin
Sie finden uns im Internet unter
www.Deutsche-Literaturgesellschaft.de

Ein Imprint der
Europäische Verlagsgesellschaften GmbH.

Inhalt

Vorwort

Natürlich sind alle Geschichten frei erfunden, auch wenn sie manchmal ein Körnchen Wahrheit enthalten, wie das nun mal bei Träumen so üblich ist.

Natürlich spielen die Geschichten zumeist an bestimmten Orten, aber nur um Ihnen einen Bezug zur Handlung oder zur Landschaft zu geben oder weil mich die gewissen Örtlichkeiten erst zu der Handlung inspiriert hatten.

Natürlich sind alle Namen auch frei erfunden.

Natürlich möchte ich keine Institution verunglimpfen, nur weil sich dort in meinen Geschichten Handlungen abspielen, die sich dort niemals abspielen konnten, weil sie ja frei erfunden sind.

Sollten also doch Namens- oder Handlungsähnlichkeiten vorliegen, so wäre das also ein reiner Zufall und somit von mir niemals beabsichtigt.

Sollten die Geschichten zu erotisch sein, bedenken Sie bitte, Erotik ist keine ansteckende Krankheit. Dennoch möchte ich Ihnen empfehlen, sie kleinen Kindern nicht vorzulesen.

1
Philharmonie
oder Veronika und die viele Harmonie

Ich trat aus dem Kempinski-Restaurant auf den stark belebten Kurfürstendamm. Die Luft tat gut, hätte ich nur nicht so viel gegessen, schließlich wartete noch viel Arbeit auf mich. Der Intendant der Berliner Philharmoniker hatte mich nämlich gebeten, für den erkrankten Benno Barenheim einzuspringen, der eigentlich das Wohltätigkeitskonzert zugunsten des Wiederaufbaus des Berliner Stadtschlosses dirigieren sollte. Doch dann fiel auch noch Janós Hubay aus, der das Solo in Bruchs Violinkonzert Nr. 1 spielen sollte. Also mussten wir abermals umdisponieren. Doch jetzt waren alle Probleme ausgeräumt, statt nach einem neuen Geiger zu suchen, hatten wir einfach das Programm geändert. Wir geben Mozarts Klavierkonzert Nr. 40 und ich würde eben beide Positionen ausüben, so wie es Mozart früher auch immer gehandhabt hatte, wenn er seine Klavierkonzerte aufführte. Zum Schluss war die 4. Sinfonie von Brahms vorgesehen. Jetzt musste ich nur noch rasch zur Philharmonie am Kemper Platz.

Da ich mich in der Stadt nicht auskannte, also auch nicht einen der vielen Busse benutzen konnte, die stetig an mir vorbeirollten, trat ich an die Bordsteinkante, um nach einem Taxi Ausschau zu halten. Doch mit zartem Winken konnte ich leider keinen der Wagen zum Anhalten bringen. Also versuchte ich mich als Furtwängler, dessen ausholende Gesten stets jeden Orchestermusiker auf ihn aufmerksam gemacht hatten.

Da klopfte mir jemand auf die Schulter. »Hier im Halteverbot werden Sie keen Glück haben, juter Mann. Da vor dem Hotel ...«

Verblüfft drehte ich mich um und blickte geradewegs in das Auge des Gesetzes. Ein Streifenpolizist stand direkt vor mir und wollte mir wohl gerade mit dem Arm die nächstgelegene Möglichkeit zeigen, um an ein Taxi zu kommen, denn hier am eigentlichen Taxistand war diesbezüglich tote Hose. Doch da hielt er plötzlich inne, um auch schon seinem vor dem Restaurant stehenden Kollegen zuzurufen: »Mensch Heinrich, wir haben den Hugo!«

Noch eh ich mich versah, drängte mich der Beamte etwas unsanft zu einem in der Nähe stehenden Streifenwagen, öffnete die hintere Tür und drückte mich auf die Rücksitzbank, um sich schließlich noch neben mich quetschen zu wollen. Natürlich rutschte ich rasch zur Seite, denn ich fürchtete um meinen Frack. Sein Kollege sprang förmlich hinter das Lenkrad und ab ging die Post.

»Das finde ich nett von Ihnen, aber Sie brauchen nicht gleich so zu drängeln, der Frack soll noch ein bisschen länger halten«, scherzte ich mit meinem Nachbarn, und nach vorn konnte ich mir den Kommentar nicht verkneifen, dass er nicht so zu rasen bräuchte, ich müsste erst um Sieben in der Philharmonie sein. »Aber dass Sie mich hier in Berlin gleich erkannt haben ...«

»Und ob wir dir erkannt haben, den Frack hättste ooch jut und jerne weglassen können.«

»Das ist in der Philharmonie nun mal ein ungeschriebenes Gesetz. Oder kennen Sie die Sitte nicht?«

»Und ob wir die kennen, nur ob die dir ooch schon kennt, det ist hier die Frage.«

»Oh, Sie kennen Hamlet?«

»Mir noch nicht begegnet.«

Was anzunehmen war, also ging ich nicht weiter auf das falsch wiedergegebene Zitat ein und gab dafür eine andere bekannte Phrase zum Besten: »Die Polizei, dein Freund und Helfer. So haben Sie mir die Suche nach einem Taxi zur Philharmonie erspart.«

»Ist dir det wirklich ernst mit die Philharmonie?«, kam es von vorn.

»Na logo, dieses Konzert ist für mich das Nonplusultra, das Haus ist restlos ausverkauft, die Hautevolee gibt sich da ein Stelldichein, das Wohltätigkeitskonzert hat den Adel nach Berlin gelockt ... «

»Siehste Fritz, *darum* hat er sich in Schale jeschmissen, um nicht unanjenehm uffzufallen«, kam es verständnisvoll von vorn.

»Aber hast ja jesehen, dat det uff uns keenen Eindruck jemacht hat. Also is die neue Masche ooch nur Makulatur«, tönte mein bärtiger Nachbar namens Fritz selbstbewusst und respektlos.

»Sagen Sie mal, in was für einem Ton sprechen Sie mit mir, das ist ja unerhört!«

Doch da spürte ich auch schon eine stark behaarte Faust unter meiner Kinnspitze, wenn auch nur im Sinne einer zarten Berührung. »Wenn du nich sofort Ruhe jibst, haste gleich Muße, deine Beißerchen einzeln zu betrachten.«

Nun gut, ich fühlte, dass das hier nicht der richtige Ort war, um mit so einem einfältigen Menschen zu diskutieren, außerdem konnte es ja bei der rasanten Fahrt nicht mehr weit sein bis zur Philharmonie. Also schwieg ich.

Da bog der Wagen auch schon in eine schmale Hauseinfahrt ein und hielt etwas abrupt an. Mein Begleiter stieg aus und forderte mich auf, ihm zu folgen. Wir gelangten durch eine Art Hintereingang ins Haus, denn so war ich noch nie in die Philharmonie gelangt. Statt des Pförtners, der mich immer so freundlich begrüßt hatte, trafen wir wiederholt auf uniformierte Polizeibeamte, als wäre hier etwas passiert. Doch als ihnen mein Begleiter zurief: »Seht mal, wen ick da bringe, Glanzleistung, wa?«, da wurde ich nachdenklich.

Dennoch: allgemeine Bewunderung. Dabei sollte das mein erster Auftritt hier in Berlin werden. Aber dass man mich aber gleich auf offener Straße erkennen würde, das hätte ich nicht gedacht.

Über ein nüchternes Treppenhaus gelangten wir in die zweite Etage. Kurz darauf klopfte mein bärtiger Polizeibeamter zwar kurz an eine Tür, doch gleichzeitig stieß er sie auf. Vor einem breiten Schreibtisch blieben wir stehen, neugierige Blicke waren auf uns gerichtet, wenn auch nur von den beiden jungen Polizeibeamten, die wie Beisitzer an den Stirnseiten wohl schon auf uns zu warten schienen. Doch der Chef des Trios – den drei Sternen auf seinen Schulterstücken nach zu urteilen – war noch in eine Akte vertieft, ein Mittfünfziger mit breiter Stirn und furchteinflößendem Stiernacken. Mein Begleiter blieb schweigend stehen und betrachtete ehrfurchtsvoll die diversen Schreibutensilien, die genau wie die zwei kontrastierenden Telefone in Ocker und Grün exakt auf den Kommissar ausgerichtet waren.

»Na wie findet ihr det?«, sprach Fritz schließlich den einen Beisitzer an, »hab ick wohl nich zu ville versprochen, Hugo wie er leibt und lebt«, was ein wohlwollendes Kopfnicken auslöste, wobei er mich vor dem einzig noch freien Stuhl stehen ließ, nämlich dem, der genau gegenüber dem Vorgesetzten auf meiner Seite vom Tisch stand. Doch an setzen war nicht zu denken, denn der ungastliche Stahlrohrstuhl stand noch halb eingerückt unter dem Tisch. »Schade, det wir nich jewettet haben, denn wat ick anpacke, det klappt imma.« Und mit dem kühnen Ausspruch lenkte er den Blick des Hauptkommissars auf uns.

»Det is ja 'n Ding, dass du uns so unvermutet besuchen kommst. Wo habt ihr ihn denn jefunden?«

»Vorm Kempinski.«

»Hast dir ja janz schön jemausert, im teuren Kempinski«, begrüßte mich der Kommissar recht jovial. »Kannst du dir det überhaupt leisten?«

»Ich wohne im Schweizerhof.«

»Hab ick mir doch gleich jedacht, dat du nicht im gleichen Haus logierst. Komm, hilf ihm mal aus dem Mantel und schau gleich mal nach, ob da ein Hinweis auf den wahren Besitzer zu finden ist.« Ich überhörte geflissentlich diese Unterstellung, zumal da er sogleich meinen edlen Frack lobte, kaum dass Fritz mir aus dem Regenmantel geholfen hatte.

»Zu schade, dass du deine Vergangenheit immer mit dir rumschleppen musst.«

Doch jetzt platzte mir der Kragen: »Meine Vergangenheit? Sagen Sie mal, wo bin ich hier eigentlich?«

»Auf jeden Fall in juten Händen«, gab der Chef lachend kund. »So nun gib mir mal deine Utensilien, also Uhr, Brille, Portmonee und wat de sonst noch so bei dir hast.«

Mir fehlten plötzlich die passenden, sprich diplomatischen Worte, um gegen meine Verhaftung zu protestieren, schließlich konnte das hier nur ein Irrtum sein und mit ausfallenden Äußerungen wollte ich den Kommissar nicht gegen mich aufbringen.

»Nun mach schon, ick muss mir ooch noch um andere Typen kümmern.«

»Warum das Ganze?«, hielt ich nun wieder Herr meiner selbst, betont ruhig dagegen und verharrte absichtlich in Untätigkeit.

»Komm schon, ick will nur verhindern, dass det angeblich bei uns abhandenkommen könnte. Hat der Waffen bei sich?«, fragte er sodann in Richtung meines Beamten.

Also händigte ich ihm widerwillig meine persönlichen Gegenstände aus, während der angesprochene Beamte wie ein lustvoller Homo an mir rumfummelte, was man einem einsichtigen Richter durchaus auch als unsittliche Berührung nahelegen könnte. Dabei keimte in mir auch noch die plötzliche Gedankenassoziation auf, der Macho könnte das Ganze noch mit einer Steigerung im Sinne von ›bis auf die Unterhose ausziehen‹ krönen. Das hätte mich allerdings nicht

13

mal in Kalamitäten gebracht, schließlich hatte ich mich in Erwartung eines abendlichen Rendezvous – natürlich der anderen Art – schon diesbezüglich rausgeputzt gehabt.

Aber es kam nur ein »Hat der 'n Gürtel um?«

›Frackhosen trägt man nicht mit Gürtel‹, wollte ich schon dem Kulturbanausen entgegen halten, aber andererseits gefiel mir langsam das Gefummel des Beamten im mittleren Dienstrang.

»Schnürsenkel?«, kam die nächste Frage.

»Ich trage nur Slipper«, erwiderte ich ärgerlich, um dem stämmigen Mann das umständliche Bücken zu ersparen. Als Belohnung für mein Entgegenkommen zog er schließlich den Stuhl hervor und nötigte mich mit einer eindeutigen Geste, Platz zu nehmen.

Inzwischen hatte sich der Reviervorsteher mein Portmonee vorgeknöpft und begonnen, in den diversen Papieren bzw. Ausweisen herumzustöbern.

»Sag mal Hugo, wat hast du denn so die letzten Tage anjestellt? Wenn ick mal fragen darf.«

»Erstens heiße ich nicht Hugo, und zweitens muss ich ganz energisch dagegen protestieren, mich hier so einfach von der Straße ...«

»Richtig, du heißt im Moment, warte, ick hab 's jerade jelesen ... hier: also wie heißt du dann?«

»Peter Graf.«

»Hier steht Doktor Peter Graf. Und woher kommst du?«

»Von Nürnberg.«

»Und das sind Ihre Papiere, Herr Doktor Peter Graf von Nürnberg.«

»Ich bin nicht *von* Nürnberg, ich komme *aus* Nürnberg.«

»Danke für die Belehrung.« Der Kommissar vertiefte sich weiter in meine Papiere, wobei er mich wiederholt durch seine dichten Augenbrauen stumm betrachtete, als wartete er noch auf weitere Einlassungen.

14

»Wie ich Ihren Kollegen schon gesagt habe, muss ich um Sieben in der Philharmonie sein, das Konzert fängt allerdings erst um Acht an«, wagte ich noch vorzubringen.

»Mensch, lass doch mal det Jequatsche mit die Philharmonie«, riet mir der bärtige Beamte leise, der wohl sicherheitshalber hinter mir stehen geblieben war.

»Wat für 'n Programm wollteste denn in der Philharmonie uff die Schnelle durchziehen?«, war der Vorgesetzte schon etwas höflicher.

»Fidelio macht den Anfang, dann wäre der Bruch dran gewesen, aber wir mussten wegen einer Unpässlichkeit von Janós Hubay umdisponieren ... «

»*Wir?* Deine Ich-AG scheint sich wohl zu mausern«, musste mein Hintermann wieder mal seinen Kommentar dazu abgeben.

Die Ich-AG – des Bundeskanzlers liebste Eingebung, um die deprimierend hohe Arbeitslosenzahl etwas zu frisieren – überhörte ich lieber geflissentlich, um nicht eine sinnlos ausufernde sozialpolitische Diskussion vom Zaun zu brechen. Schließlich drängte die Zeit, denn bei dem Arbeitseifer des Kommissars dürfte es schon dauern, bis der irrtümliche Zugriff aufgeklärt war.

»Umdisponieren? Wie darf ick det verstehen?«

»Weil der Schneidersen sich den Bruch noch nicht zutraut.«

»Dann machst *du* also den Bruch.«

»Nein, da muss ich leider auch passen, darum haben wir uns auf Brahms geeinigt.«

»Und der Brahms soll dann den Bruch in der Philharmonie machen?«, tönte es etwas wirr hinter mir.

Mich mit diesem Polizeibeamten weiter über mein Konzert unterhalten zu wollen, hieße: *Perlen vor die Säue werfen.* Zumindest fiel mir gerade in dem Augenblick dieses durchaus passende Zitat ein, das ich gerade noch für mich behalten konnte, weil ich mich jetzt lieber auf mein schnelles Fortkommen konzentrieren sollte.

»Also ich muss jetzt schnellstmöglich zur Philharmonie, das gibt sonst Ärger wenn ich zu spät komme, ich bin ... «

»Hugo, halt die Luft an, fragen tu icke!«, fiel mir der Kommissar barsch ins Wort.

»Ich heiße ... «, schrie ich dagegen.

»Schnauze!«

»Jan-Pieter von den Brugg ... «

»Du scheinst ja in exotischen Namen zu schwelgen, Jan-Pieter van den Brugg«, fiel mir der Kommissar honigsüß ins Wort. »Wie wär's mit Tamás Vásáry oder Wladimir Ashkenazy.«

»Kennen Sie nicht den Intendanten?«, gab ich verwundert zurück, denn ich wollte ihm gerade anbieten, sich beim Intendanten nach mir zu erkundigen.

»Komm Hugo, das sind Pianisten«, glaubte mich der Mittfünfziger aufklären zu müssen.

»Das weiß ich selbst, ich bin auch Pianist, aber ich heiße nicht Hugo!«

»Richtig, du heißt momentan jerade Doktor Graf. Und was haste studiert?«

»Ich bin Arzt.«

»Ick denke, du bist Pianist?«

»Das eine schließt das andere nicht aus. Sinopoli war früher mal Chirurg gewesen, bevor er Dirigent wurde.«

»Und mit dem willst du dir uff eene Stufe stellen ... «

»Nein, natürlich nicht, ich habe Musik nicht studiert.«

»Wenigstens mal een ehrliches Wort.«

»Ich bin Autodidakt.«

»Wat denn, uff Autos machste ooch schon?«, war Fritz dann doch verwundert über mein Eingeständnis. »Bislang warste doch uff Hotels spezialisiert?«

»Hotels? Hab doch gleich gewusst, dass hier ein Missverständnis vorliegt. Ich bin der Arzt Dr. Peter Graf aus Nürnberg und beschäftige mich nebenbei mit der Musik, also Komponieren, Klavierspielen, Dirigieren. Da, da, da, daaa«, intonierte ich noch Beethovens Fünfte.

»Du interessierst dir also für Kunst.«

»Ja«, räumte ich verblüfft ein.

»Dann kennste bestimmt ooch den Film *Bonnie and Clyde*.«

»Ja, warum?«

»Tja mein Lieber, weil ihr jenau *det* Libretto für eure Nebenbeschäftigung als Leitfaden auserkoren habt.«

»Ich benutze eine Partitur und kein Libretto, ich bin nicht in Opernhäusern unterwegs.«

»Aber Hotels suchste schon auf.«

»Natürlich, das was ich bei Konzerten zusammenkriege, reicht aus, um nicht auf einer Parkbank übernachten zu müssen«, erwiderte ich sarkastisch. »Und was hat das mit *Bonnie and Clyde* auf sich?«

»Während sie mit dem Gast schläft, raubt ihr Komplize die Gäste aus, sagt der Hotelier vom Kempinski.«

»Und was habe *ich* damit zu tun?«, schwante mir plötzlich Entsetzliches.

»Der Hotelier hat mir eine exakte Personenbeschreibung jegeben und die passt jenau auf dir.«

Ich war total geschockt und fand keine Worte, um gegen diese unerhörte Unterstellung zu protestieren.

»Da biste sprachlos, det wir dir noch rechtzeitig uff die Schliche jekommen sind«, weidete sich der Kommissar an seinem Coup.

»Rechtzeitig?«, platzte es aus mir heraus.

»Jenau, denn Berlin wird jerade vom Hochadel und der Crème de la crème aus Politik, Wirtschaft und Kultur heimjesucht wegen so eenem Wohltätigkeitskonzert für den Stadtschloss-Wiederaufbau.«

»Genau, und *das* Konzert dirigiere ich und spiele auch noch als Pianist gleichzeitig das Klavierkonzert von Mozart.«

»Verstehe, damit willste dir Liebkind machen beim Senat, weil der een Stargehalt einspart.«

»Das hat sich so ergeben ... «

»So ergeben, so einfach. Aber bei mir jeht det nicht so einfach, denn so leicht geh ick dir nicht wieder uff den Leim wie letztes Mal, als du mir vorjegaukelt hast, Arzt zu sein ... «

»Ich bin Arzt, verdammt noch mal!«, fiel ich dem Kommissar jetzt wütend ins Wort.

Doch da schlug der Kommissar mit der Faust auf den Tisch, woraufhin die heilige Ordnung der fein säuberlich ausgerichteten Schreibutensilien sogleich aufgehoben wurde. »Fängst du wieder mit der Masche an! Du mit deine wilde Phantasie! Letztes Mal bist du mir im Krankenhaus Moabit als Oberarzt durch die Lappen jegangen, als du mir 'nen Notfall vorjegaukelt hast. Hast mir deswegen 'ne Menge Ärger an den Hals beschert. Und jetzt willste mir als Dirigent bezirzen.« Und an den Bärtigen gerichtet: »Los, ab mit ihm in den Arrest!«

Doch der eine der beiden Beisitzer wagte einen Einwand. »Aber Chef, der ist schon voll mit den angetüterten Fans vom morgigen Derby.«

»Na und? Wer spielt da eigentlich gegen wen?«

»Herta gegen Frankfurt.«

»Wat soll da schon groß passieren, hast ja jehört, er kommt jeradewegs aus Nürnberg, der Club is ja schon ausjeschieden. Also Fritz träum nich ... «

Und damit fasste mir mein bärtiger Begleiter unter die Achsel und hob mich mit einer Leichtigkeit an, als wären 68 Kilo ein Nichts, um mit mir sogleich in einem weiteren Korridor zu verschwinden.

»Was soll der Quatsch, ich muss sofort in die Philharmonie, das Konzert lässt sich nicht mehr verschieben, es ist aus ... «

»Jenau, für dir is det jetzt aus«, fiel mir Fritz auch schon ärgerlich ins Wort.

»Aber das Konzert, ich bin der Dirigent ... «

»Wenn du nicht sofort uffhörst hier rumzuquasseln, von wejen **du** dirigierst die Berliner Philharmoniker, det ick nich lache ... «

»Extra deswegen bin ich in Berlin!«

»Wenn du so jut druff bist, dann kannste ja mit die Fußballfans schon mal die Nationalhymne einüben, denn eene von die beeden Mannschaften wird die anschließend singen müssen, wenn se die Meisterschale überreicht bekommen.«

Also hier war entschieden nicht der rechte Ort für ein klärendes Gespräch, ich konnte nur hoffen, dass man mich bald vermissen würde.

Da blieb er vor einer Stahltür stehen, öffnete eine Klappe und schaute in den Raum dahinter. Dann schloss er die Klappe ebenso leise wieder, wie er sie geöffnet hatte, und sperrte die Tür auf, um mich in einen halbwegs erleuchteten Raum zu schubsen, aus dem mich ein abstoßendes Schnarchen empfing, mal abgesehen von einem streng riechenden Körpergeruch, der alles andere als einladend war.

»Wenn du Ruhe haben willst, dann schweig wie 'ne Maus, sonst machen die Jagd auf dir, als wärste eene.«

Und damit schloss er die Tür wieder leise hinter mir, wohl um die Schlafenden nicht zu wecken, und schlurfte davon.

Langsam gewöhnten sich meine Augen an das Halbdunkel. Es standen etliche Pritschen in dem großen Raum, die Hälfte belegt mit schlafenden Fußballfans in typischer Fan-Aufmachung, in diesem Fall waren es vornehmlich schwarz-rote Schals. Also war das hier eher eine Ausnüchterungszelle. Da ich absolut nüchtern war, blieb ich lieber neben der Tür an die Wand gelehnt stehen, da es ja nicht lange dauern würde, bis sich das Missverständnis aufgeklärt haben dürfte.

»Wenn du 'n warmen Platz suchst, leg dir zu mir, du kannst mir mit deinem edlen Frack wärmen«, kam es aus der Ecke. Wer nach mir begehrte, konnte ich nicht feststellen und wollte auch gar nicht auf das Angebot eingehen, also vermied ich den Blickkontakt mit dem Menschenfreund.

Kurz darauf konnte ich einen langsam näherkommenden Wortschwall vom Flur her durch die Tür wahrnehmen. In mir keimte der optimistische Verdacht auf, es könnte eine Meute von Journalisten sein, die mich hier ausfindig gemacht hatte.

Schließlich stoppte der Pulk vor unserer Tür, ein Uniformierter öffnete sie, doch statt der erhofften Reporter wurden weitere Fußballfans reingeschoben. Die blau-weißen Schals passten jedoch eindeutig nicht zu den schwarz-roten der hier schon Einsitzenden. Und schon setzte eine heftige Keilerei ein, wobei die beiden Beamten keine gute Figur machten, als sie schlichtend eingriffen. Natürlich mischte ich mich nicht ein, Fußball ist für mich das, was für dessen Anhänger die philharmonischen Konzerte sind: eine völlig andere Welt. Doch dafür bemerkte ich den unbewachten Türeingang.

Unbemerkt schob ich mich an den sich am Boden wälzenden Körpern vorbei und gelangte zu jener Tür, die in den Verhörraum führen müsste. Natürlich musste ich diese Hürde nehmen, denn alles andere war für mich unbekanntes Neuland, also Türen mit ungewissem Ausgang, um mein Heil in der Flucht zu suchen. Entschlossen riss ich diese Tür auf.

Aufgeschreckt sprang der Kommissar von seinem Stuhl hoch und stürzte sich sogleich auf mich. Geschickt konnte ich dem Energiebündel ausweichen, denn der Lärm hinter mir machte ihn stutzig. Als ich ihn dann auch noch aufforderte Hilfe zu holen – denn seine

Kollegen hätten mich darum ersucht, da eine Revolte in der Ausnüchterungszelle eskalierte –, da sprang er zu seinem Schreibtisch zurück und betätigte einen Alarmknopf. Augenblicklich ertönte ein schrilles Klingeln.

Kurz darauf wurde die Tür zum Vorzimmer aufgestoßen und neue Beamte kamen hereingestürzt, passierten mich, der ich ihnen den Weg durch die offengehaltene Tür zum Ort des Geschehens wies, denn der Kommissar war schon todesmutig im Korridor verschwunden.

Plötzlich war ich allein im Vernehmungszimmer. Ein ernüchternder Blick auf den Schreibtisch zeigte mir aber, dass meine mir gerade erst abgenommenen Sachen nicht mehr zu sehen waren. Da sich die Tür zum Korridor leider nicht abschließen ließ, war somit ein Suchen nach meinem Eigentum nicht angezeigt, jetzt war nur noch die Flucht nach vorn angesagt.

Als keine weiteren Polizisten herbeieilten, rannte ich jetzt den gleichen Weg zurück, den ich noch vom Herkommen im Kopf hatte. Sobald mir jemand entgegen kam, schaltete ich meine Gangart sogleich auf betont langsam und lässig zurück und erreichte den Hof, auf dem einige Einsatzwagen standen. Ich erstarrte zwar nicht zur sprichwörtlichen Salzsäule, doch jetzt war eiskaltes Handeln angesagt, denn ich hatte nicht auf den Wagentyp geachtet, in dem ich hier angeliefert worden war. Und da mich nur Fritz allein zum Kommissar abgeführt hatte, könnte mir der Streifenwagenfahrer Heinrich noch gefährlich werden. Ich musste also so tun, als hätte sich das Missverständnis aufgeklärt, so dass ich jetzt den Heimweg antreten durfte. Dabei ging mir schon die Frage durch den Kopf, ob die Polizei mich eigentlich wieder zu jenem Ausgangspunkt hätte zurückbringen müssen, wo sie mich aufgegabelt hatte, schließlich führt nicht jeder Mensch ständig passende Scheine für ein Taxi mit sich rum.

Aber ich wurde nicht weiter behelligt, so konnte ich diese Frage natürlich auch gar nicht erst vorbringen. Doch was mich jetzt erst beunruhigte war die Tatsache, dass ich tatsächlich kein Geld bei mir hatte, somit auch kein Taxi benutzen konnte, um noch rechtzeitig zur Philharmonie zu gelangen. Und da ich auch nicht wusste, wo ich mich gerade befand – die ruhige Seitenstraße kam mir nicht bekannt vor –, wandte ich mich erst einmal dahin, wo ich dichteren Straßenverkehr bemerkte. Noch brannten nicht die Straßenlaternen, das gedämpfte Licht des anbrechenden Abends kam mir also sehr gelegen, dennoch dürfte ich in meinem Frack nicht zu übersehen sein, so man denn nach mir suchte.

Vielleicht zehn Meter vor mir ging eine Frau in gleicher Richtung. Ihre lauten Absätze hallten an den hohen Häuserfassaden wider, meine Schritte waren in der Stille auch zu vernehmen, was dazu führte, dass sie sich meinem Tempo anzupassen versuchte. Denn sobald ich eiliger voranstrebte, beschleunigte sie ebenfalls ihren Gang, als befürchtete sie Ungemach durch mich. Also war sie in Panik geraten, denn sie drehte sich wiederholt etwas zu mir um, wohl um den Abstand zu eruieren.

Wie sollte ich ihr nur beibringen, dass ich derjenige war, der Schutz suchte?

Ich ließ es darauf ankommen, machte nach ihrer letzten Sichtung einen leisen Spurt und war auch schon neben ihr. Sie wollte schon schreien, als ich sie mit der Hand kurz antippte.

»Warten Sie, könnten Sie mir helfen? Ich habe mich verlaufen und muss eiligst zur Philharmonie«, sprudelte es nur so aus mir heraus, was sie gottlob innehalten ließ, wobei sie schon verwundert meinen Frack überflog.

»Mann, haben Sie Wünsche und ich dachte schon sonst was… Die Philharmonie ist schon ein Stück weit weg, also zu Fuß würde ich mich da nicht mehr durch den dunklen Tiergarten wagen.«

Sie war so Ende Dreißig und zurechtgemacht, als würde sie einer Verabredung entgegen sehen.

»Oh, verdammt ...«, entfleuchte es mir in echter Panik.

»Aber da vorn ist die Hardenbergstraße, da fahren etliche Busse, einer davon – ich glaube der 100ter«, so mutmaßte sie, »fährt zur Philharmonie, die Haltestelle ist da hinter der Bahnunterführung.«

Plötzlich ertönten Autogeräusche hinter mir, ich wagte mich nicht umzudrehen, doch mir kroch eine Gänsehaut über den Rücken. Ich packte rasch meine verräterischen Rockschöße und hielt die junge Frau mit beiden Händen an der Taille fest.

»Oh, mir wird plötzlich schwindlig«, entschuldigte ich mich sogleich, da sie sich wehren wollte. »Ich irre hier schon die ganze Zeit rum und muss um Acht dort das Konzert ... «

Mir wurde wohl vor Angst tatsächlich schwindlig, denn das Motorengeräusch kam direkt auf uns zu. Doch gottlob kapierte sie meine Panik und hielt mich mit beiden Händen an den Schultern fest, so dass ich meinen Kopf nach vorn sinken ließ, woraufhin sie mich an die Hauswand lehnte und meinen Kopf mit ihren Händen packte.

»Können Sie mich hören?«, sprach sie mich laut an und schien mir ins Gesicht zu sehen, wie ich aus den fast geschlossenen Augen erkennen konnte, als mir in dem Moment der Unsinn meiner Improvisation bewusst wurde, denn wie leicht könnte sie jetzt den Streifenwagen anhalten, der jetzt unmittelbar hinter uns sein musste.

»Oh Danke, es geht schon ... « Ich öffnete langsam die Augenlider und ließ die Augäpfel herunterrollen, um sie dann erschreckt anzustarren. »Oh Gott, wer sind Sie?«

»Der liebe Gott jedenfalls nicht ... «

Ich schüttelte verwirrt etwas den Kopf, denn es war lediglich ein Kleinwagen gewesen, also viel zu simpel für ein Polizeifahrzeug. Da zog sie ihre Hände von meinem Kopf zurück, blieb aber dicht vor mir stehen, da ich sie an der Taille festhielt, was schon aussah, als würden wir uns hier an der Hauswand Liebesschwüre austauschen. Dabei bemerkte ich den süßlichen Geruch ihres Eau de Toilette.

»Roma?«, fragte ich versuchsweise, um den Smalltalk nicht versiegen zu lassen.

»Von wegen, ich bin keine Zigeunerin, auch wenn ich vielleicht so aussehe, aber mein Vater stammt aus Palermo, meine Mutter aus Berlin, so bin ich hier gelandet. Genaugenommen hat sich der Klapperstorch nach Berlin verflogen, sagte immer meine Mama, wenn ich wissen wollte, warum nur ich schwarze Haare habe und meine Geschwister weißblonde.«

»Und daraufhin haben Sie Medizin studiert, um das rauszufinden.«

»Woher, ich meine, wie kommen Sie darauf?«, war sie echt verwundert.

»Ihre Erste-Hilfe-Maßnahme war profilike, Frau Kollegin.«

»Sie sind ... ?«

»Gynäkologe.«

»Und warum wollten Sie in die Philharmonie, zumal im Frack?«

»Nur meinem Hobby nachgehen. Ich bin der Dirigent des heutigen Abends und müsste schon längst bei meinen Philharmonikern sein. Und was treiben Sie sich noch so spät auf der Straße rum, zumal mit dem betörendem Duft?«

Da lachte sie leise auf und ließ ein »ach deswegen« ertönen. »Und ich belästige Sie mit meinem Lebenslauf, dabei streben Sie Höherem zu.«

»Ich strebe nicht, es ist mir nur so zugefallen. Und Sie werden jetzt bestimmt in die Arme ihres hungrigen Gatten heimkehren, der nur ständig an das eine denkt ... «

»Und das wäre?«

»Womit fülle ich die Frau diesmal ab.« Auf ihre entgeistert weit aufgerissenen Augen hin fragte ich noch schnell nach, ob er ein begeisterter Koch wäre.

Da lachte sie erleichtert auf. »Schwer zu sagen ... «

»Dann verführt er sie also nicht?« Und schon musste ich wieder rasch anfügen, dass er sie wohl lieber ausführte, statt selbst zu kochen.

»Haben Sie damit Probleme?«

»Ja und nein, ich freue mich über jede Frau, die gut kochen kann. Andererseits bin ich schon in der Lage, Tiefkühlkost in der Mikrowelle aufzutauen.«

»Sie armer Mann ... «

»Tja, lieber arm am Beutel, als krank am Herzen – oder umgekehrt?«, tat ich sinnierend.

Da lachte sie laut auf, fing meinen Kopf ein und besiegelte unseren Small Talk mit einem hungrigen Kuss.

»Wenn du wüsstest, in welch verworrene Situation du mich jetzt gebracht hast.«

»Ich – dich?«, fragte sie echt verwundert.

Sie wollte sich schon von mir lösen, aber ich hielt sie mit meinen Händen noch immer an der Taille fest und somit ihren Körper an mich gedrückt.

»Ja, ich muss mich jetzt entscheiden zwischen einem fantastischen Abendessen mit dir und dem fantastischen Konzert in der Philharmonie ... «

»Echt?«, hinterfragte sie nunmehr interessiert, wobei ich schon spürte, wie ihr Bäuchlein mit mir Kontakt aufnahm.

» ... die Crème de la Crème der Hautevolee ist dort versammelt und wartet nur noch auf mich und dich, falls du mitkommen willst. Dann müsste ich mich nicht mehr entscheiden für oder gegen dich, ich müsste lediglich die Reihenfolge der Prioritäten festlegen. Du weißt, Männer bringen alles nur nacheinander auf die Reihe.«

»So wie ich bin?«

»Du siehst fantastisch aus.«

»Danke, aber ich meinte die Garderobe, ich komme gerade von der Arbeit.«

»Hier? Wo sich die Füchse Gute Nacht sagen?«

Da lachte sie abermals auf. »Keine Angst, ich komme nicht vom Brandenburger Tor – ich hoffe, du wolltest nicht dorthin.«

»Nee, was gibt es da?«

»Den Hausfrauenstrich.«

Ich lachte leise auf. »Von wegen, noch habe ich Respekt vor den Geiseln der Menschheit. Ich wollte nur vor dem Kempinski ein Taxi heranwinken, da kam die Polizei, dein Freund und Helfer, und bot mir den Funkwagen an, um mich zur Philharmonie zu bringen – so hoffte ich. Doch ich landete bei einem humorlosen Kommissar. Kennst du einen gewissen Hugo?«

»Einen Kommissar namens Hugo?«

»Nein, einen Menschen namens Hugo, denn ich heiße Dr. Peter Graf und komme aus Nürnberg, habe also noch nichts von einem Hugo gehört.«

»Verstehe, jetzt ist Dr. Kimble auf der Flucht, auf der Flucht in die Philharmonie. Glaube kaum, dass dir das jemand abnimmt.«

»Du auch nicht?« Sie zuckte mit den Schultern. »Gut, dann werde ich es dir an einer der Litfaßsäulen zeigen, das Konzert in der Philharmonie und Peter Graf spielt das Klavierkonzert von Mozart ... Oh Scheiße!«

»Was ist?«

»Die Plakate hat man bestimmt nicht so schnell überkleben können, da wird noch das Violinkonzert von Bruch zu lesen sein. Wir mussten umdisponieren, der Hubay kann nicht kommen ... «

»Und wie willst du mir beweisen, dass du Peter Graf bist?«

26

»Ganz einfach ... « Selbstsicher griff ich in die Innentasche meiner Frackjacke und bekam einen gewaltigen Schreck.

»Was ist?«, fragte sie grinsend in kriminalistischer Harmlosigkeit.

»Der Kommissar hat all meine Papiere bei sich behalten.«

»Siehst, so einfach ist es, einen Täter zu überführen. Jetzt müsste ich nur noch dein Alibi zur Tatzeit überprüfen. Was wirft man dir denn vor?«

»Hugo zu sein.«

»Nein, ich meine was für eine Tat.«

»Was weiß ich? Ich kenne keinen Hugo, also kann ich mir auch keine passende Ausrede ausdenken.«

»Das mit dem Ausdenken einer Ausrede lass lieber gleich bleiben, denn das ist die Hauptdisziplin der Kriminalisten, das Lügengebäude durch ein langdauerndes Kreuzverhör zum Einsturz zu bringen. Also lieber bei der Wahrheit bleiben, die kann man nächtelang problemlos wiederholen.«

»Gehörst du etwa auch zu *der* Gruppe von Unmenschen?«

»Nicht ganz ... «

»Gott sei Dank.«

»Von wegen, ich kann noch unmenschlicher werden, ich bin nämlich eine Diplompsychologin.«

»Da bin ich also vom Regen in die Traufe gekommen.«

»Könnte man meinen, aber ich sehe da eine sich abzeichnende Lösung.«

»Echt?«

»Ich fordere einen Streifenwagen an, der dich in der Philharmonie abliefert, mal sehen, ob man da auf dich schon wartet.«

»Nein danke, da kennst du den humorlosen Commissario nicht, der wird mich in Ketten legen, weil ich ihm angeblich schon einmal entkommen bin. Letztes Mal soll ich mich als Oberarzt ausgegeben haben und ihm im Krankenhaus Moabit entwischt sein, was ihm viel Ärger an den Hals gebracht haben soll, wie er mir versicherte.«

»Verstehe. Und wie bist du diesmal aus seiner Obhut entkommen?«

»In meiner Ausnüchterungszelle lagen etliche alkoholisierte Fußballfans mit rot-schwarzen Schals. Als eine neue Gruppe alkoholisierter Fans angeliefert wurde, die aber blau-weiße Schals trugen, da kam es zu einer Schlägerei.«

Da lachte sie auf. »Mit welchem Verein hast du fraternisiert?«

»Ich bin ein Club-Fan.«

»Richtig, du kommst ja aus Nürnberg.«

»Ja, aber ich bin erst seit drei Tagen in Berlin. Dass die Polizisten mich vor dem Kempinski gleich erkannt haben, hatte mir natürlich geschmeichelt, nur konnten die mit meinem Namen nichts anfangen. Wer von denen begeistert sich schon für klassische Konzerte. Lieben Sie Brahms?«, wollte ich sie testen.

»Das *du* war schon okay ...«

»Und wie darf ich dich nennen?«

»Frau Assmann.«

»Schade ...«

»Was ist schade?«

»Ich kann mir nur Vornamen merken, mit den Familiennamen halte ich es wie Faust.«

»Wie Faust?«, fragte sie verunsichert.

»Name ist Schall und Rauch.«

Sie lachte kurz auf. »Dann hältst du es also wie Goethe: Schönes Fräulein darf ich's wagen, Ihnen Arm und Geleit anzutragen?«

Da sie das Zitat nicht ganz richtig wiedergegeben hatte, tat ich so, als ob ich es noch einmal wiederholen würde »Mein schönes Fräulein, darf ich wagen, meinen Arm und Geleit Ihr anzutragen«, um dann aber das Zitat zu verwerfen. »Ich glaube das wäre hier unpassend.«

»Wieso?«

»Gretchen wird das Angebot doch ausschlagen und das wäre echt schade – oder?«

»Keine Angst, ich heiße zwar Annegret, aber man nennt mich im Allgemeinen einfach Anne – okay?«

»Und wie nennt dich dein Göttergatte?«

»Leider Fehlanzeige, aber andererseits bin ich eine militante Lesbe ... «

Doch weiter kam sie nicht mit ihrer Offenbarung, denn ich fing ihren Kopf ein und machte sie auf der Stelle mundtot, ein Streifenwagen war unmittelbar hinter uns zum Stehen gekommen.

»Hallo Frau Doktor, können wir Sie mitnehmen?«

Sie schüttelte nur leicht den Kopf und war drauf und dran, mich mit Haut und Haaren zu verschlingen, auf dass ein Lachen zu hören war, der Wagen setzte sich wieder in Bewegung.

»Oh Mann«, tönte sie dann entsetzt, »was meinst du, was ich da morgen zu hören kriegen werde.«

»Von deinem Chef?«

»Vom Chef? Den steck ich in die Tasche. Nein von den Typen da mit und ohne Uniform.«

»Weil du eben einen gesuchten Schwerverbrecher mit deinem Körper gedeckt hast.«

»Ich dich? Umgekehrt wäre es mir jetzt lieber.« Und schon bezirzte sie mich mit ihren Augen und verführte mich mit ihrem Bäuchlein, als auch schon hungrige Lippen bei mir andockten.

So konnte ich sehen, dass jetzt ein ziviler Personenwagen nachfolgte, ohne uns aber groß zu beachten, also schien meine Flucht geglückt zu sein. Doch was sollte ich jetzt mit der hoffnungsvollen Madame anstellen? Sollte ich das Konzert sausen lassen und stattdessen einem amourösen Abend entgegen sehen? Dabei war ich blank wie eine Kirchenmaus. Meine einzige Rettung war nur noch mein Hotel.

»Wo bist du abgestiegen?«, wollte sie auch schon wissen, als hätte sie meine Gedanken erraten.

»Im Schweizerhof, Zimmer 333.«

»Kein gutes Omen ... «

»Das Hotel ist gut«, hielt ich verwundert dagegen, »ruhig gelegen gegenüber vom Zoo.«

»Drei, drei, drei, bei Issos Keilerei.«

»Ich denke, du liebst es wild und innig?«

Da ergriff sie lachend meine Hand und gemeinsam wanderten wir jetzt entspannt auf die Hauptstraße zu, kümmerten uns nicht mehr um den fließenden Verkehr um uns herum, sondern träumten eher vom ruhenden in irgendwelchen trauten vier Wänden. Sollte ich es wagen, Sie zu fragen, ob ich sie nach Hause begleiten dürfte – von wegen Arm und Geleit. Doch da blieb sie stehen.

»Sag, mir will nicht in den Kopf, was treibt einen Mann im edlen Frack hier zu Fuß durch die Stadt. Was hast du in Wirklichkeit angestellt?«

»Wie, wie kommst du da drauf?«, wurde ich unsanft aus meiner Euphorie geholt.

»Du hast zwar nicht wie Espenlaub gezittert, wenn wieder ein Polizeiwagen uns passierte, hast dich aber regelrecht an mir festgekrallt.«

»Dann bist du also wirklich eine Psychologin im Polizeidienst.«

Da sie dabei aber mein Gesicht eingehend fixiert hatte, lachte sie plötzlich leise auf. »Warum so erschreckt? Also doch ein schlechtes Gewissen. Aber keine Angst, ich habe Feierabend und bin auf dem Weg nach Hause.«

»Aber nicht in dem elegantem Zivil hier – oder?«

»Warum nicht? Macht müde Männer wieder munter, wie dich zum Beispiel. Sag nun, was hast du denn ausgefressen? Ich bin von Natur aus neugierig.«

»Wenn ich das nur wüsste…«

»Na komm schon, ich bin nicht mehr im Dienst, du kannst dich mir jetzt völlig anvertrauen.«

»Ärztliche Schweigepflicht?«

»Ist es so schlimm? Willst du lieber einem Pater etwas beichten?«

»Das Schlimme dabei ist…« Ich stockte, weil ich nicht wusste, wo ich anfangen sollte.

»Komm, habe Vertrauen, ich könnte dir vielleicht helfen, du siehst nicht gerade wie ein Schwerkrimineller aus.«

»Lieb von dir. Mein Problem ist nämlich, ich weiß nicht, warum man mich vor dem Kempinski aufgabelt und hier in dem Polizeirevier eingelocht hat. Ich habe nur nach einem Taxi Ausschau gehalten, da hat mich ein Bulle, ich meine ein bulliger Polizist auch schon geschnappt und in seinen Streifenwagen gezerrt. Nun, anfangs hatte ich gedacht, sie wollten mich freundlicherweise zur Philharmonie fahren, da ich schon spät dran war. Aber stattdessen kam ich hier an, wo mich der Kommissar einfach eingelocht hat.«

»Dich einfach so eingelocht?«

»Ja, der Kommissar wollte mir nicht abnehmen, dass ich Peter Graf heiße und mich auch mit diesen Papieren ausweisen konnte. Angeblich hätte ich diese Papiere auch irgendwo geklaut, war seine Einlassung, wo ich doch auf Hotels spezialisiert wäre, wie mein bulliger Bodyguard noch genüsslich äußerte. Dann ist er regelrecht explodiert, als ich was von dem Konzert in der Philharmonie sagte. Er blieb dabei, dass ich Hugo sei…«

»Hugo? Der Hoteldieb?«, erwachten da Zusammenhänge in Annes Hirn.

»Du weißt auch davon Bescheid?«

Sie lachte kurz auf. »Und ob. Was meinst du, auf wie viele Hugos man mich schon angesetzt hat und jetzt ist er mir leibhaftig ins Netz gegangen.« Da musste sie erneut lachen, wohl weil ich sie völlig perplex anstarrte. »Und was willst du in der Philharmonie machen?«

»Na spielen«, gab ich verblüfft zurück.

»Du, die Philharmonie ist kein Spielkasino.«

»Echt? Schade ... «

»Da wolltest du wohl gerade den großen Coup setzen. Als was wolltest du dich denn da ausgeben?«

»Als Pianist und Dirigent in einer Person ... «

»In der Philharmonie?«

»Ja, ich springe auch noch für den erkrankten Dirigenten Benno Barenheim ein.«

»Und wieso irrst du hier rum? Die hätten dir doch ein Taxis besorgen müssen.«

»Das konnte ich mir abschminken. Wie schon gesagt, da gab's nämlich eine Gefangenenrevolte – ich hatte sie nicht angezettelt –, es waren die Fußballfans, rot-schwarze Schals auf der einen Seite und blau-weiße Fans auf der anderen Seite, sagt dir das was?«

»Ich könnte dir die Seiten von den Noten umblättern, aber mit Fußball hab ich nichts am Hut. Verstehe, da bist du getürmt.«

Ich nickte stumm, denn dieser kühle, messerscharfe Verstand passte einfach nicht zu dem Gesicht, zu der Frau. Sie sah einfach anziehend aus, vertrauensvoll. Wahrscheinlich war es das, warum die Polizei sie in den psychologischen Dienst geholt hatte, sie konnte schweigsame Menschen zum Reden bringen, weil man zu ihr Vertrauen hatte. Aber was musste in ihr gerade vorgehen, wohl ein Kampf zwischen Pflichtgefühl und Liebe, was ihr noch nie so nahe gegangen war. Ich zog ihren Kopf wieder auf meine Lippen und ließ sie gewähren, wobei sie sich mit ihrem Körper eng an mich schmiegte, so dass ich ihre bebenden Brüste spürte. Wer weiß, was sie bei mir spürte.

»Also Schweizerhof, Zimmer 333, du hast Zeit bis gegen elf, dann dürfte das Konzert aus sein, falls du Lust hast auf mehr.«

»So lange?«

»So lange dauert nun mal ein Konzert.«

»Ich meinte, so lange ohne dich ... «

»Und für wen hast du dich so schön gemacht?«

»Lach nicht ... Ich weiß es auch nicht, ich wollte mir jemanden suchen, den ich abschleppen kann. Ich lebe alleine, aber auch in mir flattern hin und wieder mal die Schmetterlinge.«

»Hast du oft solche Phasen?«

Sie nickte stumm, ihre Augen glänzten gefährlich, da suchte sie ihr Heil wieder mit den Lippen, woraufhin meine Hände wieder ausschwärmten und sich mit sanften Massagen zart bemerkbar machten, während sie ihr Bäuchlein wieder ins Spiel brachte. Und ausgerechnet jetzt musste ich in die Philharmonie.

Ich löse mich vorsichtig von meiner Madame.

»Und jetzt ist dir natürlich schon wieder besser«, stellte sie mehr fest, als dass sie fragte, wobei sie ihre Hände um meinen Nacken geschlungen hielt, auch ihr Körper blieb bei vollem Körperkontakt. Doch den Kopf ließ sie etwas nach hinten sinken, so dass sie jetzt genügen Sichtabstand hatte, um meine Augen fixieren zu können.

Aber ich musste weg, sonst dürfte es einen Skandal geben. Ob sie wirklich eine Polizeipsychologin war? So unauffällig, aber doch elegant wie sie gekleidet war, könnte sie nicht zu jenen Hausfrauen gehören, die sich mal auf die Schnelle im nächtlichen Tiergarten – also am Brandenburger Tor – einen Hunderter verdienen wollten, wie ich bei einer nächtlichen Sight-Seeing-Tour per Bus erfahren hatte. Aber besser, wenn ich jetzt mehr auf Abstand ging, meine Karriere stand auf dem Spiel.

»Mäuschen, ich muss wirklich in die Philharmonie, das ganze Orchester wird bestimmt schon ungeduldig, weil ich noch nicht aufgetaucht bin. Wir sehen uns gegen elf auf 333, du kannst dir den Zimmerschlüssel geben lassen, wenn ich noch nicht da bin.«

»Echt?«

»Ich bin schon ganz high wenn ich nur dran denke, wie du wie die Maja auf mich in meinem Bett wartest.«

»Welche Maja? Deine Frau?«

»Reine Gedankenassoziation, ein Gemälde von Goya, ich werde es dir hinterher erklären, denn ich muss mich sputen.«

»Dann war das also kein Schwächeanfall?«

»Nein, aber der zweite Funkwagen war schon misstrauischer als der erste.«

»Aber ich bringe dich noch zur Haltestelle am Bahnhof Zoo.«

»Hallo, habt ihr einen Mann im Frack hier lang rennen gesehen?«, ertönte eine Männerstimme unmittelbar hinter mir, was mich jetzt tatsächlich zur Salzsäule erstarren ließ, denn ein Streifenwagen war lautlos zum Stehen gekommen.

»Oh, das ist schon ein paar Minuten her, da ist einer an uns vorbeigerannt, wollte mir die Tasche von der Schulter reißen, aber Karl hat ihm einen Tritt gegeben«, tönte meine Frau und ließ mich im Sichtschatten ausharren.

»Oh Frau Doktor, habe Sie gar nicht erkannt. In Begleitung?«, kam es aber zweifelnd zurück.

»Ja, wir gehen zu Kneese ... «

»Dann viel Spaß noch.«

»Danke.«

Und schon setzte sich der Wagen abrupt in Bewegung, um verlorengegangenes Terrain rasch wieder aufzuholen.

»So leicht erkennt man dich?«, taute ich langsam wieder auf.

»Nun ja, ich bin die einzige Psychologin für Fälle mit Kinderbeteiligung. Ich hoffe nur, du hast wirklich nichts Kriminelles angestellt, denn dann stünde ich jetzt dumm da«, kam es schon etwas bedrohlich rüber.

»Ich werde doch wohl als Arzt und Dirigent keine Hotelgäste ausrauben ... «

»Man kann nie wissen, wer erst einmal von Drogen abhängig ist, greift notfalls zum Strohhalm, und wenn der aus Stahl ist.«

»Großes Ehrenwort, mein Name ist Dr. Peter Graf, ich logiere für ein paar Tage im Schweizerhof, wie gesagt, Zimmer 333. Im Gegenteil, *ich* bin jetzt eher beruhigt, dass man dich erkannt hat. Ich hatte schon gedacht hier am dunklen Bahnhof ... «

» ... ich wäre eine Hausfrau auf dem Strich?«

»Nun, so runtergekommen siehst du gottlob nicht aus.«

»Die Not klopft mitunter auch bei Frauen mit Abitur an die Tür.«

»Stimmt, ist schon eine Sauerei, wenn Männer ihre Frauen, oder noch schlimmer, die Mütter mit den Kindern sitzen lassen.«

»Und wann siehst du deine Frau wieder.«

»Keine Ahnung.«

»Dann wird es wohl das Beste sein, wenn sich unsere Wege wieder trennen«, kam es sauer zurück und sie löste die Verbindung.

»Aber ... «

»Ich muss nach rechts, du nach links, möglich dass ich dein Angebot 333 doch wahrnehme. Aber wenn ich nicht wie die Goya im Bett liege, dann musst du nicht auf mich warten.«

Und damit trennten sich unsere Wege wieder.

Eigentlich wollte ich ihr noch rasch anvertrauen, dass ich noch Junggeselle war. Doch so war ich sie gottlob auf die Friedliche wieder losgeworden, auch wenn sie mir eigentlich ganz gut gefallen hatte.

Die Hardenbergstraße unterquerte links eine große überdachte Eisenbahnbrücke, an der *Zoologischer Garten* stand, also durften bei dem Bahnhof auch die Bushaltestellen sein.

Erstaunlich viele Menschen waren hier am Abend noch unterwegs, eigentlich dürfte ich da gar nicht auffallen, aber andererseits hatten die mich auch so einfach vom Bürgersteig weg verhaftet, eine unverschämte Frechheit. Also sollte ich mich mehr im Dunklen halten, schon wegen des Fracks. Schlimm so ohne Mantel, ich kam mir richtig fehlplatziert vor, so stocksteif aufgemotzt durch die recht salopp gekleideten Menschenmassen zu eilen. Die Entgegenkommenden glotzten mich richtig fragend an, als könnten sie mich nicht so richtig einordnen. Kellner oder Musiker, dürften die meistgenannten Möglichkeiten schon sein, alles andere würde mit einem Mercedes fahren. Ein schlechtes Gewissen ist tatsächlich kein sanftes Ruhekissen.

Dabei hatte ich nicht mal ein schlechtes Gewissen, eher durfte der Kommissar eins haben, wenn man mich bald per Vermisstenanzeige zu suchen beginnt, schließlich war ich hier fremd in dieser großen Stadt. Ob die mich überhaupt jemals suchen würden? Bestimmt nicht. Vermisste werden in Großstädten erst gefunden, wenn man ihre DNA aus den Knochen zu entschlüsseln versucht.

Ich wusste noch aus meiner Berliner Studienzeit – die mittlerweile auch schon ein Vierteljahrhundert zurücklag –, dass man über die Budapester Straße vom Zoo zur Philharmonie am Kemperplatz kommt, schließlich lag mein Schweizerhof genau an dieser Magistrale, um mir eine schnelle Verbindung zu meinen Musikern zu ermöglichen. Da dort mein Wagen stand, wären es nur noch zehn Minuten bis zum Musentempel, aber leider auch bestimmt zehn Minuten zu Fuß vom Bahnhof Zoo zum Hotel.

Sollte ich lieber die Bushaltestelle aufsuchen? Den vielen Bussteigen vor dem Bahnhof nach zu urteilen, war das hier ein regelrechter Knotenpunkt und da den richtigen Bus zu finden, könnte Zeit kosten, mal abgesehen von der Frage, wie oft der in der Stunde fährt. Da verließ ich mich lieber auf meinen Opel.

Jetzt hieß es erst einmal, unerkannt den hellerleuchteten Bereich des Gloriapalastes zu passieren. Ich kam mir vor wie ein Star der Berlinale, nur dass hier für mich kein roter Teppich ausgelegt war, aber die Scheinwerfen waren schon auf mich gerichtet. Ich schloss mich einer Gruppe Hippies an, den diversen Musikinstrumenten nach zu urteilen. Sie schienen nur noch ein passendes Terrain zu suchen, um dort zu musizieren, was auch immer. Aber ich würde schon dazu passen, auch wenn ich keine langen Haare vorzuweisen hatte. Und tatsächlich sprach mich einer auf Französisch an. Da ich ihn stumm anblickte, versuchte er es dann mit gebrochenem Englisch. Ich gab ihm auf Russisch zu verstehen, dass ich ihn nicht verstand. Aber so hatte ich die stark belebten Kolonnaden erreicht, wo ich von der Straße her nicht mehr auszumachen war.

Doch als ich in die Budapesterstraße abbog, versiegte der Menschenstrom. Nun sollte ich wieder auf der Hut sein, nicht entdeckt zu werden, denn ich musste die schaufensterlose Straßenfront des Aquariums bzw. der Zooanlage passieren. Mein einziger Vorteil war diesmal meine schwarze Kleidung, denn hier hatte man mit der Straßenbeleuchtung gespart. Ich suchte Tuchfühlung mit den dort geparkten Wagen und schaffte es so bis zu den nächsten Kolonnaden. Bis zum Schweizerhof waren es bestimmt keine fünfhundert Meter mehr, allerdings lag er auf der gegenüberliegenden Straßenseite, doch die schummrigen Kolonnaden waren mir lieber.

Da stoppte ein eleganter Reisebus in Höhe des Hotels auf meiner Seite. Eine Gruppe schwarzgekleideter Leute stieg aus und blieb als Pulk am Bus stehen, vermutlich wollten sie zum Schweizerhof rübergehen. Und das genau an der Stelle, wo ich meinen Wagen geparkt hatte. Ich war happy, soviel Glück auf einmal, das musste heute noch begossen werden.

Ich griff in die Hosentasche, um schon mal den Wagenschlüssel hervorzuholen und griff ins Leere, was mich aufschreckte. Doch dann schoss es mir ins Hirn, nur mein Portmonee lag ja gut verwahrt bei der Polizei, aber nicht der Wagenschlüssel, denn der lag auf dem Nachttisch im Hotel.

Ich hastete zur Touristengruppe, um mich ihnen anzuschließen, sobald sie die Fahrbahn überqueren würden. Doch als ich bei ihnen ankam und hoffnungsvoll zum Hotel hinüber blickte, sah ich leider auch den Streifenwagen, der, wenn auch nicht gerade vor dem Eingang, aber doch ganz in der Nähe meines geparkten Opel mit dem verräterischen Kennzeichenkürzel N – wie Nürnberg – abgestellt war.

Und dabei hatte ich so euphorisch von Berlin geträumt, von der Stadt meiner Träume. Tja, von meinem Opel konnte ich jetzt auch nur noch träumen.

Also gut, auf nach Golgatha und zwar zu Fuß, denn Geld für ein Taxi hatte ich ja sowieso nicht. Das Volk hatte schließlich gezahlt, um mich zu sehen. Wollten die mich wirklich sehen, setzten mir jetzt doch Zweifel zu. Waren die nicht mehr wegen der Berliner Philharmoniker gekommen? Spielt es denn da noch eine Rolle, wer da dirigiert? Sind doch echte Profis, die eigentlich gar keinen Dirigenten brauchten. Das war doch alles nur Showbusiness.

Oh Gott, das Klavierkonzert!

Nun gut, es kam erst nach der Fidelio-Ouvertüre, aber die dauerte nicht länger als sieben Minuten, dann wäre ich dran!

Ich warf einen Blick auf meine Armbanduhr – ebenfalls Fehlanzeige.

Mutig hielt ich den erstbesten Menschen an, der mir entgegenkam. »Könnten Sie mir sagen, wie spät es ist?«

»Oh sorry, I don't understand German.«

»What time is it, sir?«

»Oh, yes, a quarter to eight«, gab er mir bereitwillig Auskunft nach einem kurzen Blick auf sein Handy.

»Thank you very much.«

Nur noch 15 Minuten bis Buffalo!

Wutentbrannt eilte ich die Budapesterstraße hoch, pfiff auf das Versteckspiel, sollen die mich doch ruhig verhaften. Vor dem Hilton bemerkte ich schon die vielen Taxis. Doch ›ohne Moos nichts los‹, würden mich die Droschkenkutscher bestimmt freundlich aber sicher abservieren. Oder sollte ich es mal als Zechpreller versuchen? Vor der Philharmonie würde man mich bestimmt erkennen und mir zu Hilfe kommen.

Ich war inzwischen an einer Flussbrücke angelangt. Soweit ich mich noch entsinnen konnte, dürfte das hier noch nicht die Spree sein. Also lag vor mir erst der Tiergarten und dahinter musste irgendwo die Silhouette der Philharmonie auftauchen – oder war es die Silhouette der Kongresshalle, die ich im Kopf hatte? Sollte ich doch zum Hilton zurücklaufen und um Hilfe telefonieren?

»Na, suchste mir?«, hörte ich eine zarte, liebliche Stimme.

Sollte ich schon Stimmen hören? Dann war es nicht mehr weit bis zu einem Kollaps. Trotzdem drehte ich mich um und erblickte eine Fata Morgana.

Eine Amazone, wohl gerade aus Brasilien eingeflogen, stand vor mir. Schwarze lange Haare umrahmten ein sympathisches, sonnenverwöhntes Gesicht. Die nur sporadisch zugeknöpfte rote und nabelfreie Bluse versuchte gar nicht erst, den verbotenen Blick auf die verbotenen Früchte zu verhindern, ebenso hielt es der kurze Rock mit den langen Beinen, wobei sie mir jetzt auch noch nonchalant ihr eines Bein durch einen bis zur Taille hochreichenden Schlitz in seiner vollen Länge zur Besichtigung frei gab.

Ich starrte sie natürlich nicht wie ein primitiver Spanner mit offenem Mund an, schließlich kannte ich als Frauenarzt und Junggeselle die Raffinessen einer Frau, insofern benötigte ich dazu nur einen kurzen informativen Blick wie den einer Polaroid Kamera. Trotzdem, ein heißes Frauchen, musste ich mir eingestehen.

»Holla«, machte ich auf Spanisch, »wo ist Phil-har-mo-nie?«

»Oh, du Genießer suchst viel Harmonie? Da liegst du bei mir jenau richtig. Ick hoffe, dir macht 'n Grüner nichts aus«, präsentierte sie mir gleich die satte Rechnung, wobei sie mich mit strahlend weißen Zähnen zu bezirzen suchte. »Nur ein paar Schritte, dann kannste da schwelgen wie Gott in Frankreich.«

»Und dafür verlangst du 100 Euro, damit ich zur Philharmonie komme?«, wunderte ich mich dann doch. »Okay ich hab's eilig … «

»Wir können ja laufen, dann kannst du schneller schwelgen, meinetwegen auch ohne Vorspiel, wenn es dir lieber ist.«

»Auf die Ouvertüre kann ich schon verzichten, das geht auch ohne mich. Aber dann bin ich dran und werde mich mächtig ins Zeug legen müssen, um niemanden zu enttäuschen, zumal weil ich wohl etwas zu spät komme.«

»Oh, das macht gar nichts, wenn du nicht gleich kommst, im Gegenteil, das find ich immer super, wenn es etwas dauert. Nun gut, ich soll nichts dabei empfinden, sagte man mir, aber das schaffe ich noch nicht.«

»Was schaffst du nicht?«, wollte ich verblüfft wissen, wobei wir schon in ein olympisches Gehen-Tempo verfallen waren, um die Distanz schneller überwinden zu können.

»So zu tun, als würde es mir nichts ausmachen. Im Gegenteil, ich habe echt Spaß dran, wenn ich die müden Amateure immer wieder zu neuem Leben erwecke.«

»Keine Angst, ich bin ein Profi, wirst schon sehen. Wann sind wir endlich da?«

»Kannst es wohl nicht mehr erwarten ...«, spornte sie mich mit einem Lächeln an.

»Stimmt. Aber dass mir gleich so eine bezaubernde Amazone behilflich sein wird, das hätte ich nicht gedacht, bei mir in Nürnberg ist da tote Hose.«

»Oh Mann, du machst mich jetzt schon schwach ...«

»Halt durch, je näher ich der Philharmonie komme, um so größer wird meine Lust sein, dich nicht zu enttäuschen. Am liebsten würde ich dich mit auf meine Bank nehmen ...«

»Hast du kein Geld bei dir?«, fiel sie mir eher entsetzt ins Wort.

»Keine Angst, ich verdiene gut, sowohl in meiner Praxis als auch ...«

»Was für eine Praxis hast du?«, fiel sie mir neugierig ins Wort.

»Frauenarzt.«

»Echt? Super, det find ick jut.«

»Warum?«

»Na ja, wenn man – ick meine frau – da mal sagen wir 'n Problem hat, dann bin ick ja jetzt bei dir jut aufgehoben, natürlich vorausgesetzt, ick jefall dir. Oder bin ick dir zu schlank?«

»Von wegen du und zu schlank, deine Kurven sind der reinste Sexappeal, da ist alles am rechten Fleck.«

»Musst du ja wissen.«

»Das vermute ich zumindest.«

»Ick werd dir nicht enttäuschen. So, da sind wir.«

»Wo? Hier?«

»Ja, da wohne icke.« Sie drückte die schwere Haustür des Altberliner Wohnhauses auf, was nicht gerade leicht zu gehen schien, so dass ich ihr half.

Im dunklen Flur prallte ich auf sie, was sie sogleich dazu ausnutzte, meinen Kopf einzufangen und mir einen Vorgeschmack ihrer schon vermuteten Leidenschaft zu demonstrieren.

Ich war völlig perplex, denn jetzt sah ich klarer: Ich war einer jungen Frau auf dem berüchtigten Berliner Hausfrauenstrich auf den Leim gegangen.

Langsam löste ich ihren Mund von meinen Lippen.

»Mädchen, ich muss dich leider enttäuschen, ich suchte die Philharmonie, in der man Musik macht, ich muss da dirigieren.«

»O nein«, war alles was sie noch rausbrachte, dann brach wohl eine Welt in ihr zusammen. Ihr Kopf fiel an meine Schultern, das Schluchzen war nicht vorgetäuscht, es war echt, verzweifelt echt.

Was sollte ich jetzt tun? Geld hatte ich keines bei mir, also konnte ich sie nicht mit Geld besänftigen, denn sie schien es nötig zu haben. Aber ich hatte auch kein Geld, um mir ein Taxi bestellen zu können, das mich von hier noch schnellstens zum Konzert bringen könnte.

Sollte ich da nicht lieber auf das Konzert verzichten?

Ich streichelte unentschlossen ihre Haare und nahm schließlich ihren Kopf von meinem Frack, die Tränen wischte ich mit den Fingern von ihren Wangen ab. Wie konnte ich es nur wieder gut machen?

»Was ist passiert, du warst doch eben noch so glücklich?«

»Ich war glücklich ... «, kam es von Schluchzern unterbrochen, »weil du mir Geld versprochen hast ... Und jetzt ist alles geplatzt ... Wie eine Seifenblase ... ich kann nicht mehr weiter ... ich hatte diesen Weg als allerletzten Ausweg nehmen müssen ... was meinen Sie ..., wie ich mich davor gegrault habe ... «

»Weißt du nicht, wie gefährlich das ist?«

»Ich hab sowieso nichts mehr zu verlieren ... Wenn mich dabei einer umbringt ... , ist es sowieso aus ... « Sie heulte wieder los.

»Ich habe nicht an das Umbringen gedacht, ich dachte an die üblen Krankheiten, die man sich dabei einhandeln kann. Womöglich hast du dich dabei schon angesteckt.«

Sie blickte mich entsetzt an. »Sie wären mein erster Kunde gewesen, ich hab alles vor dem Spiegel einstudiert gehabt ... Ich wollte auch nur dieses eine Mal, das würde reichen ... « Sie heulte wieder los.

»Brauchst du das Geld für für Stoff?«, war ich gar nicht mal verwundert, nur wollte ich sie nicht gleich mit Heroin konfrontieren, Jugendliche steigen meist mit einem Joint ein.

»Kleider interessieren mich nicht, ich muss bis morgen die 100 Mark beisammen haben, sonst flieg ich aus der Wohnung ... Zum Essen habe ich auch nichts mehr, nur meine alte Ente hab ich noch, aber wer würde mir die schon abkaufen. Aber die kann mir jetzt im Kanal das Schwimmen beibringen!«

Und schon riss sie sich los und wollte wohl durch die Haustür abhauen, doch die alte Pforte bremste ihren Elan entschieden ab, so dass ich mit einem Satz bei meiner schlanken Madame war und meine Hand auf ihren Arm legte.

»Hast du die Schlüssel von deiner Ente bei dir?«, fragte ich rasch hoffnungsvoll, denn mir war eine geniale Idee gekommen, was sie nur stumm nicken ließ. »Dann wirst du mir jetzt einen großen Gefallen tun, ich verspreche dir auch, dich nicht sitzen zu lassen, großes Ehrenwort.«

»Dann wollen Sie 's im Auto machen? Bei mir oben in der Bude ist es doch viel gemütlicher«, schöpfte sie wieder Hoffnung. »Viel Harmonie, da wirste später bestimmt von träumen ... «

»Wie spät ist es?«, fragte ich rasch und hoffnungsvoll zugleich.

»Willst du die Zeit dafür stoppen? Du gehst ja ran wie Blücher ... «

»Mäuschen, ich muss so schnell wie möglich in die Philharmonie, ich habe da eine wichtige Verabredung ... «

»Du willst jetzt nur kneifen, komm hau ab, du Feigling!«

Und schon wandte sie sich von mir ab und wollte schon die Treppen hochrennen, doch ich konnte sie noch zurückhalten.

»Holde Venus, jetzt bitte keine Theaterszene, dafür reicht die Zeit nicht mehr, das Orchester wartet auf mich, das Publikum ... « Sie starrte mich zweifelnd an. »Ich bin der Dirigent und wenn ich mit dem Konzert fertig bin, steh ich dir voll zur Verfügung, du kannst dann über mich verfügen wie eine Domina über ihren treu ergebenen Sklaven.«

»Venus – Tannhäuser in der Philharmonie?«

»Die Venus bist du. Liebst du Mozart?«

»Der Tannhäuser ist von Wagner.«

»Ich spiele sein Klavierkonzert ... «

»Ich denke, du dirigierst ... «

» ... vom Flügel aus.«

Sie sah mich wie versteinert an, doch dann brach es erleichtert aus ihr hervor: »Du bist vielleicht ein Schlingel! Ich dachte, du suchst viel Harmonie an meiner Seite. Ich bin eine feurige Amazone, musst du wissen. Aber wenn du in die Musik so vernarrt bist, dass du den Sex sausen lassen willst, dann könnte es vielleicht doch so sein, dass wir gut miteinander auskommen könnten. Ich studiere nämlich an der HfM. Komm.«

Und schon griff sie nach meiner Hand, mit der anderen versuchte sie die schwere Haustür aufzuziehen, so dass ich wieder helfend einspringen musste. Und schon rannte sie mit mir ein Stück die Straße entlang, als müssten wir uns schnell aus einem brennenden Haus in Sicherheit bringen. Neben einem kleinen altmodischen Auto, auch Ente genannt, blieb sie stehen. Rasch sperrte sie die Beifahrertür auf und sprang zuerst hinein. Ich wollte mir schon die Wagenschlüssel geben lassen, da sie mich wohl fahren lassen wollte, aber im Nu war sie auf die andere Seite rübergerutscht. Und schon startete sie den

Motor, so dass ich ihr rasch nachsteigen musste. Dann ging auch schon die Post ab, natürlich mit quietschenden Reifen, als wäre die Ente ein Silberpfeil.

Besorgt blickte ich mich nach einem Sicherheitsgurt um, doch da bemerkte ich, dass sich uns ein Wagen anschloss. Normalerweise hätte der BMW uns problemlos überholen können, doch meine Chauffeuse ließ den kleinen Citroen so raffiniert die ganze Straßenbreite einnehmen, dass sie dem Verfolger keine Chance ließ.

Sie schien meine Bestürzung bemerkt zu haben. »Sag mal, irre ich mich oder hast du ein ungutes Gefühl?«

»Wir werden verfolgt, stimmt's?«

»Fürchte ich auch, ist aber nur ein Funkwagen.«

»*Nur* ist gut gesagt ... «

»Und was hast du ausgefressen, dass man dir auf den Fersen ist?«

»Nichts, die haben mich einfach so von der Straße runter verhaftet, als ich nach einem Taxi Ausschau hielt.«

»Und dann?«, ermunterte sie mich, weiter zu gestehen, da ich mit dem Bericht innegehalten hatte, denn der Wagen machte jetzt Anstalten, uns zu überholen.

Doch da ließ meine Jungfrau die Ente in typischer Wildwestfilmmanier mit unverminderter Geschwindigkeit nach rechts abbiegen, woraufhin ich förmlich auf sie fiel, war ja nicht angeschnallt.

»Komm, heb dir das für später auf«, konterte sie lachend und ließ den Motor wieder kommen.

Da der Streifenwagen wohl eine Notbremsung hinlegen und erst etliche Meter zurücksetzen musste, um uns wieder folgen zu können, hatten wir einen gehörigen Vorsprung herausgefahren. Doch die Beamten holten rasch verlorengegangenes Terrain wieder auf. Meine Aufmerksamkeit war nur noch nach hinten gerichtet, der an uns vorbeihuschende dunkle Tiergarten ließ von jetzt ab leider keine alternative Wegstrecke mehr zu, es sei denn, sie wagte sich mit dem Wagen auf einen der verschwiegenen Wanderwege. Die Ente war bekanntlich mit ihren hohen Rädern prädestiniert für die unberührte Natur, der fesche BMW liebte mehr Asphaltstraßen mit und ohne überhöhten Kurven, nur alles eine Frage von Mut und Dreistigkeit, wobei ich leider annehmen musste, dass Polizeifahrer beides besitzen.

Doch da wurde ich erneut zur Seite geworfen, diesmal nach der anderen. Ich konnte von Glück sagen, dass die Tür dabei nicht aufgesprungen war. Ein kurzer Blick nach vorn und ein entgegenkommender Lkw pochte mit vollaufgeblendeten Scheinwerfern auf sein Straßenrecht, denn weiter nach links – also aus seiner Sicht nach rechts – konnte er nicht ausweichen. Und schon flog ich wieder nach links, denn mit dem Manöver hatte meine Venus ihren Wagen um einen abgestellten, aber unbeleuchteten Lkw-Anhänger geschleust, gerade dass sie wieder vor dem Laster einscheren konnte.

Doch da hörte ich auch schon von hinten ein heftiges blechernes Krachen, also typisch für einen Auffahrunfall.

»Siehst, wozu so ein langsames hässliches Entchen doch noch gut ist.«

»Langsam? Du fährst wie Fangio auf seinem Silberpfeil.«

»Mein Hintermann dürfte sich wie Fangio gefühlt haben, nur dass der Platz nicht mehr für ihn gereicht hat.«

»Frontalzusammenstoß? Du, halt an, wir müssen helfen.«

»Auffahrunfall, selbst schuld wenn die so rasen.«

»Wo sind wir?«

»Auf der Tiergartenstraße, die führt direkt zu deiner Philharmonie. Peter, ist das Konzert eigentlich ausverkauft?«

»Bestimmt – warum?«

»Ich wollte eigentlich eine Karte haben, aber mir fehlte leider das Geld dafür.«

»Dann nehm ich dich als meine Agentin einfach mit rein, kein Problem. Was studierst du an der HfM?«

»Klavier.«

»Venus! Nimm Gas weg oder hast du auch einen Flugschein? Wir sind da!«, musste ich rasch ausrufen, raste sie doch ungebremst auf das mir wieder bekannte Gebäude zu.

»Keine Angst, ich will dich lebendig haben. Sag noch schnell, was du gemacht hast, damit ich dir ein Alibi geben kann – du hast mit mir natürlich den ganzen Abend verbracht.«

»Das wird nichts nützen, ich soll ein gesuchter Hoteldieb sein, und vor dem Kempinski haben sie mich geschnappt.«

»Dann hatten wir eben Sex auf deinem Zimmer.«

Und schon drängte sie mich aus dem Wagen, den sie genauso verließ, wie sie ihn bestiegen hatte, vermutlich klemmte die Fahrertür.

»Du stehst im Parkverbot.«

»Die werden den so und so einkassieren, dann muss ich nicht erst einen Platz zum Parken suchen.«

Sie nahm mich wieder an die Hand und gemeinsam stürmten wir in die Vorhalle.

Doch als wir die eigentliche heilige Halle betreten wollten, stellte sich uns ein vierschrötiger Bediensteter in den Weg.

»Spät kommt ihr, aber ihr kommt. Aber keene Angst, ihr beeden Hübschen habt noch nischt versäumt, det Orchester hat noch nicht anjefangen. So dann könnt ihr mir ja schon mal eure Eintrittskarten jebüdelt zureichen, dann jeht's schneller.«

Wir sahen uns erschrocken an, wobei uns das männliche Hindernis misstrauisch beäugte, als wüsste er von unser unterschiedlichen Ausgangslage, ich im edlen Frack auf dem Weg zu philharmonischem Ruhm, Madamchen unterwegs zu viel harmonischer Sinnlichkeit im schwarzen Minirock und rotem kurzem Top, das viel braune Haut zur Besichtigung frei ließ. Da aber Frauen bekanntlich Narrenfreiheit haben in puncto vornehmer Bekleidung für festliche Anlässe, ist es eher eine Frage des Mutes, wie weit sie sich dafür zu entblößen trauen.

Inzwischen hatte sich die Palastwache auf ganze drei Mann verstärkt, ich war sprachlos, Madame hingegen genoss ihren theatralischen Auftritt wenn auch in Stummfilm-Manier.

»Karten? – ich habe keine, man hat mich schließlich eingeladen, hier zu … «

Der uniformierte Schrank brüllte vor Lachen. »Habt ihr det jehört? Einjeladen, det ick nicht lache, den muss die Muse jeküsst haben … « Doch dann beruhigte er sich wieder und wandte sich wieder uns zu. »Wenn ihr Eure Lauscher jut spitzt, könnt ihr det Konzert ja von hier draußen anhören. Aber wie jesagt, det hat noch nich anjefangen«, versuchte uns der Schrank zu trösten.

»Geht ja auch schlecht, so ohne Dirigent«, hatte Madame sich wieder gefangen.

»Jenau, det wird's wohl sin, jutes Frollein.«

»Wenn Sie uns nicht sofort reinlassen, wird es auch nie anfangen«, steigerte sich ihr Selbstbewusstsein und somit ihre Lautstärke.

»Wollen Sie uns etwa unter Druck setzen«, mischte sich der zweite Kontrolleur auch noch ein und baute sich ostentativ mit untergeschlagenen Armen vor uns auf.

Doch der Endfünfziger lachte erneut auf. »Karlchen, Du kannst ruhig wieder auf Reserve schalten. Sie, Engelchen, Sie haben vielleicht 'nen goldigen Humor«, wandte er sich auch schon wieder voller Selbstvertrauen auf seine imponierende Erscheinung an uns, »der Maestro wird jeden Augenblick anfangen, ick spür's förmlich in die Knochen, dass der schon im Haus ist.«

»Guter Mann, *ich* bin der Dirigent!«, platzte mir jetzt der Kragen, »wenn Sie uns nicht reinlassen, wird das Konzert niemals anfangen.«

Doch das löste nur ein amüsantes Gelächter aus und die drei Männer wieherten sich entsprechend gegenseitig an.

Diesen günstigen Augenblick versuchten wir zu nutzen, um uns ungesehen an ihnen vorbeizumogeln. Aber die drei waren auf der Hut und wir flogen im großen Bogen elegant aus dem Musentempel, wobei meine Venus weicher landete als ich, denn ich durfte den Anfang machen.

Doch mein *Engelchen* war schon wieder auf den Beinen und zog mich zu sich hoch, um mir einen Kuss zu geben, natürlich vor versammelter Mannschaft. Doch in Wirklichkeit raunte sie mir zu, es woanders zu versuchen.

Ich hatte natürlich angenommen, dass sie ihr Zuhause mit *woanders* umschrieben hatte und folgte ihr willig nach, zog sie mich doch schon mit sich fort, wenn auch nicht zu ihrem noch immer im eingeschränkten Halteverbot abgestellten Wagen, sondern um das große Haus herum Richtung Tiergarten.

Wollte sie es etwa hier versuchen, fragte ich mich entgeistert. Andererseits wäre es in der Tat ein waghalsiges Unterfangen, jetzt den kleinen 2CV dafür benutzen zu wollen, dürfte der doch jetzt als die Nr.1 auf der Prioritätenliste der Berliner Polizei geführt werden. Die beiden Bullen dürften vor Wut schäumen, vor einer Ente kapituliert zu haben, so sie denn den heftigen Aufprall ihres Streifenwagens auf den abgestellten, unbeleuchteten Lkw-Anhänger unbeschadet überlebt hatten.

Nur wie weit wollte sie laufen, um unbemerkt mit mir im Unterholz des nahen Tiergartens unterzutauchen. Doch da blieb sie plötzlich stehen, so dass ich natürlich voll auf sie auflief und mich rasch an ihrer schlanken Taille abstützte.

»Jetzt nicht, Peterli, die Muse ist jetzt gefordert, nicht die Muße. Versuchen wir es dort oben über das Fenster reinzukommen, sind nur die Toilettenfenster«, schlug sie auch schon vor und deutete auf ein paar Fenster über uns, etwa drei Meter über dem Boden.

Während ich die zu überbrückende Höhe als Illusion abtat und die Fassade nach anderen Einstiegsmöglichkeiten überflog, hörte ich ein schurrendes Geräusch in unmittelbarer Nähe. Verwundert drehte ich mich zu dem ruhestörenden, sprich verräterischen Lärm um und entdeckte wenige Meter entfernt meine grazile Venus, die sich mit einem Absperrgitter für Polizeieinsätze abmühte. Mit ein paar Schritten war ich bei ihr und wurde sogleich angewiesen, beim Tragen am anderen Ende behilflich zu sein.

»Und was willst du damit?«, blicke ich nicht ganz durch.

»Eine vorzügliche Leiter, nichts weiter«, reimte sie und blickte mich dabei ganz unschuldig an, wie es Mädchen nun mal zu tun pflegen, wenn sie einen genialen Einfall haben und dazu Mitstreiter brauchen.

Nun gut, obwohl ich das Unterfangen als sinnlos einstufte, denn das Fenster war dafür entschieden zu hoch, half ich beim Tragen und beim Aufrichten. Und bevor ich meine Zweifel noch vortragen konnte, kletterte sie schon mit einer artistischen Leichtigkeit am Gitter nach oben, so dass ich ihr nur noch verblüfft hinterher schauen konnte. Oben angekommen drückte sie ein Fenster weiter auf und ward auch schon verschwunden, als wäre sie in den Raum dahinter gestürzt. Doch sie tauchte gleich wieder auf.

»Komm, alles im grünen Bereich«, rief sie mir runter, so dass ich mir nicht die Blöße geben konnte, ihr nicht nachfolgen zu können.

Natürlich ging das nicht so glatt wie bei ihr, sie schien Ballerinas zu tragen, ich hingegen rutschte mit meinen Glattleder besohlten Budapestern dauernd wieder ab, der Zwischenraum zwischen den senkrechten Stäben war für die Schuhe zu eng. Da ein Martinshorn zu hören war, musste ich jetzt handeln und zog mir einfach die Schuhe aus. So konnte ich leichtfüßig meiner Venus nachsteigen, die mich sogar noch zum Schluss in das offene Fenster hineinzog.

»Wie hatte sich Rosenrot bedankt, als der Ritter an ihrem herab-gelassenen Zopf oben angekommen war?«, scherzte ich und schenkte ihr einen dankbaren Blick.

»Vermutlich hätte sie ihn zurechtgestutzt wegen der verhunzten Frisur«, erwiderte sie schlagfertig, legte dann aber einen Finger auf ihre Lippen und deutete mit dem Kopf auf die nur angelehnte Tür zu einem hellerleuchteten Nebenraum. Hier im eigentlichen Toilet-tenraum war nichts, was unser Unterfangen noch hätte gefährden können.

Auf Zehenspitzen folgte ich meiner sich lautlos anpirschenden Madame, dann stieß sie die noch zu überwindende Tür mit einem »Entschuldigung« auf und trat mit mir im Gefolge entschlossen in den Wasch- und Schminkraum, wo einige Damen sich mehr oder weniger entblößt mehr oder weniger schön / jünger / ansprechender machten.

Warum müssen Frauen immer Hand an sich legen, sie sehen doch auch so schon begehrenswerter aus als die Männer, hätte ich ihnen am liebsten beruhigend entgegen gerufen. Doch wir konnten nur noch unser Heil in der Flucht suchen, wobei Venus die entschieden agi-lere war, die geschickter den nach ihr greifenden Händen ausweichen konnte als ich, denn meine wehenden Frackschöße reizten gerade dazu, sich daran festklammern zu wollen.

Aber wo ein Wille ist, ist auch ein Weg, meinte wohl meine Kon-kubine und ging kurz entschlossen und wenig ladylike mit gezielten Handkantenschlägen dazwischen – natürlich nur auf die Hände / Arme gerichtet –, aber so kam ich wenigstens wieder frei. Gottlob tragen Frauen besonders im gesetzten Alter hochhackige Schuhe, die für einen Spurt oder gar einen Hindernislauf völlig ungeeignet waren. Und selbst wenn sich die Damen jetzt rasch von ihren Schuhen getrennt hätten, um zu einem Verfolgungslauf zu starten, besaßen wir schon einen ordentlichen Vorsprung, der nur noch von den uns ent-gegenkommenden Logenschließern zunichte gemacht werden konnte.

Doch die erste nach Venus greifende Hand griff ins Leere, so dass der gute Mann ins Straucheln kam und an mir förmlich abprallte, also zu Boden ging. Der Nächste versuchte sich als Barrikade, wurde aber von meiner Mademoiselle einfach überrannt, so dass ich das Hindernis elegant umlaufen konnte. Natürlich störte es mich schon, von einer zartgebauten Bodyguardistin beschützt zu werden, woraufhin ich rasch aufholte und als Erster an der erstbesten Saaltür ankam, sie aufriss und ihr den Vortritt ließ.

Die allgemeine Unruhe wegen der Verzögerung in der Runde des Olymps brach sogleich in sich zusammen, als das leuchtend rote Top mit atemloser Besitzerin auf das Orchesterpodium zuhielt. Ich merkte schon, dass man mich keines Blickes würdigte.

Der Konzertmeister sprang entsetzt auf – oder wusste er um die guten Manieren, beim Auftauchen einer Madame sich vom Sitz zu erheben? Doch dann starrte er sie warum auch immer entgeistert an, bis er endlich Worte der Begrüßung fand.

»Veronika, was willst du denn hier?«

»Ich bringe nur den Peter, wir hatten es nicht schneller geschafft«, tönte sie und zeigte dabei auf mich, der ich ihr nicht mehr so schnell nachgefolgt war, was ein allgemeines, da wohl schadenfrohes Gelächter im Zuschauerrund auslöste.

»Herr Graf, um Gottes Willen, so spät, was ist passiert?«

Doch da stürmten auch schon ein paar Ordner in den Saal und riefen: »Haltet sie auf!«

»Können Sie sich vorstellen, dass uns die Billett Abreißer da unten nicht reinlassen wollten? Aber Veronika kannte gottlob einen verwegenen Nebeneingang. Ich hoffe, Sie haben nichts dagegen, wenn sie schon mal auf der Bank am Flügel bis zum Klavierkonzert wartet.«

»Will *sie* etwa Klavier spielen?«

»Er die schwarzen, ich die weißen, wer weiß wie die wohl alle heißen«, tönte Veronika lachend und gab mir einen Kuss, woraufhin das ganze Haus vor Freude oder Entsetzen auflachte. Ich machte gute Miene zum bösen Spiel und gab ihr einen Klaps auf den nur dünnbetuchten Po, was sie wohl als Erlaubnis auffasste, sich auf die linke Hälfte der Klavierbank setzen zu dürfen. Dafür lud sie mich mit einer höflichen Geste ein, neben ihr Platz zu nehmen.

»Komme gleich, muss erst nur noch rasch den Fidelio dirigieren«, entschuldigte ich mich und wollte schon zum Dirigentenpodest abdrehen.

Doch da erklang ein Walzer hinter mir, dessen Klaviernoten ich noch von meinem Studium her in böser Erinnerung hatte, denn ich bekam die kurzen Vorschläge nicht auf die Reihe. Doch hier klang es echt profihaft: der cis-moll Walzer von Chopin. Ich blieb neben dem Podest stehen und wandte mich zu meiner Musikstudentin Veronika um, die das Stück natürlich auswendig spielte und somit Zeit und Muße hatte, mich anzustrahlen. Bestimmt war das ihr erster Konzertauftritt in einem ausverkauften Musentempel. Wahnsinn, wie schön sich Chopin anhört. Als sie den letzten Teil noch einmal mit dem Dämpfungspedal wiederholte und den Schlusstakt fast lautlos anklingen ließ, da herrschte eine atemlose Stille, als wären wir allein in der großen Philharmonie. Verlegen stand sie auf, als bereute sie es, sich hier so ins Spiel gebracht zu haben. Doch da brauste auch schon ein Wahnsinnsapplaus auf, der Konzertmeister kam auf sie zu und gratulierte als Erster. Langsam erwachte auch ich wieder aus meiner Trance und ging auf Veronika zu, griff nach ihren Händen, um mich zu bedanken, natürlich nur mit einem Kuss auf die Wange, wobei ich ihr allerdings ins Ohr flüsterte, dass ich mich nun erst recht auf die viele Harmonie bei ihr freuen würde.

Was tat da das exotische *Enfant terrible*?

Sie packte meinen Kopf und drückte mir einen enthusiastischen Kuss auf meinen Mund. Das Publikum trampelte vor Entzücken.

2
Metromarkt
oder Loreley und die sieben Zwerge

Ein Schuss, es hörte sich zumindest wie ein Schuss an, und schon standen wir nach vollbrachtem Einkauf an den Kassen im Dunkeln. Nun gut es war nicht stockfinster, schließlich war es mittags, doch wie in Kaufhäusern üblich, hatte man auch im Metromarkt in Mainz-Kastell das Tageslicht draußen gelassen und die Hallen mit Neonlampen erhellt und die waren soeben erloschen. Das allgemeine Gemurmel war natürlich jäh verstummt. Doch als ein Scherzbold das Wort *Raubüberfall* von sich gab, setzte sogleich eine lebhafte Diskussion über das Wohl und Wehe unseres Staates ein und wie es um den Schutz der Bürger doch schlecht bestellt sei. Doch da verstummte das Palaver ein zweites Mal, diesmal war die eher ernüchternde Feststellung einer Kassiererin zu hören: *»Ei verbibsch, die Kassen sin wech!«*

Seltsam, dass sich das auf sächsisch gar nicht mal so katastrophal anhörte.

Automatisch blickte ich auf meine Citizen Automatic, die natürlich mit nachtleuchtenden Zeigern und Punkten ausgestattet war und mir somit erlaubte, die Zeit abzulesen: Es war halb eins. Also hatte ich noch genügend Zeit bis zum nächsten Termin: ein Rendezvous mit Barbara, eine bezaubernde Kollegin, die ich erst am Abend zuvor im Kongresssaal von Wiesbaden getroffen hatte.

Genaugenommen hatten wir rein zufällig nebeneinander gesessen und uns auf die Fortbildungsvorträge konzentriert, was ganz schön anstrengend gewesen war, denn es waren alles komprimiert vorgetragene neueste Erkenntnisse aus der Inneren Medizin. Doch schließlich wurde eine Pause eingelegt, um eine Zigarette rauchen zu können oder sich mit einem Kaffee wieder aufnahmefähig zu machen. Da griff sie erst belanglos in ihre schwarze Kollegtasche, doch dann begann sie hastig drin rumzuwühlen, bis ich ein, wenn auch leise, aber doch ärgerlich ausgestoßenes: *verdammte Scheiße* hören konnte. Tränen waren zwar noch nicht ihren Augen zu sehen, aber der ärgerlich in die Unendlichkeit gelenkte hilflose Blick sprach Bände. Dabei sah sie eigentlich bezaubernd aus, wie mir gleich zu Beginn der Tagung aufgefallen war, als sie etwas zu spät in den Saal gehuscht kam und mich fragte, ob der Platz neben mir noch frei wäre. Natürlich war ich sogleich auf den Nachbarplatz ausgewichen, um ihr meinen Platz anzubieten.

»Wollen Sie nichts trinken gehen?«, fragte sie mich, da ich sie wohl etwas zu direkt angesehen hatte.

»Sie nicht?«, erwiderte ich neugierig, neugierig auf das, was sie wohl verlegt haben dürfte.

»Ich hab mein Portmonee vergessen.«

»Ich lade Sie gern ein, allein käme ich mir da an der Theke etwas überflüssig vor. Aber wenn Sie mir Gesellschaft leisten wollen?«

So kamen wir ins Gespräch. Weil aber die kurze Pause wie im Fluge rasch verging, vereinbarten wir ein Date für den nächsten Tag um drei Uhr in ihrem Hotel Oranien. Doch die ersten drei Minuten, die man bekanntlich nur braucht, um einen neuen Menschen einschätzen zu können, waren durchaus positiv verlaufen.

»Könnten Sie mir einen Gefallen tun?«, unterbrach eine leise Stimme meine romantische Träumerei. »Ich habe leider meinen Metro-Ausweis zu Hause vergessen und das eben erst bemerkt. Zum Heimfahren ist es aber schon zu spät, ich meine zeitlich gesehen. Darf ich den Koffer und das Racket auf Ihren Wagen legen? Sie kosten zusammen 199 Euro. Ich gebe Ihnen das Geld am besten gleich.«

Und schon wanderten ein eher kleiner wenn auch dickbäuchiger dunkelbrauner Schalenkoffer und ein Tennisschläger auf meinen Einkaufswagen. Dann zog Madame aus einer kleinen weißen Gürteltasche zwei Hunderter vor und reichte sie mir unauffällig zu.

Die Worte waren so unwahrscheinlich einfühlsam und leise in mich gedrungen, dass ich sie anfangs glatt für einen Traum gehalten hatte, zumal sie einen fremdländischen Akzent besaßen, der mich an meinen letzten Urlaub auf Ibiza erinnerte. Doch als mich die schlanke Frauenhand mit dem akkurat aufgemalten blassrosa Nagellack berührte, zuckte ich leicht zusammen und drehte mich zu der neben mir stehenden Dame um.

Aufregend lange, braungebrannte Beine, die unter einem kurzen weißen Rock vorschauten, ließen mein schläfriges Gemüt mit einem Schlage hellwach werden. Mein wissbegieriger Blick glitt sogleich über den weißen Stoff aufwärts, bemerkte einen kleinen funkelnden Rubin auf braungebrannter Haut, der mich förmlich einladend anblinkte, gleich dem Licht eines Leuchtfeuers, um dem heimkehrenden Kapitän den sicheren Weg in den Hafen zu zeigen.

Ich verharrte natürlich nur kurz an ihrem gepiercten Bauchnabel und ließ den Blick rasch die vorgegebene Straße weiter aufwärts wandern. Das weiße Top war mit einer Schleife unterhalb des Busens verknotet, das tiefe Dekolletee glänzte im gleichen sonnenverwöhnten Braun wie ihre Arme und Beine, wahrscheinlich war sie schon für ein längeres Match auf dem Center-Court eingeölt. Doch als mein Blick in einem fragend lächelnden Gesicht landete, glaubte ich rot geworden zu sein, als sie mich mit einem »Alles zu Ihrer Zufriedenheit ausgefallen?« begrüßte.

Da musste ich leise lachen und erwiderte cool: »Wie konnten Sie nur daran zweifeln.«

»Geht also?«, erwiderte die Sportsfreundin mehr rhetorisch fragend.

Meine Aufmerksamkeit wurde sogleich auf einen fragend leicht geöffneten Mund gelenkt, bar jeglichen Lippenstiftes. Makellose weiße Zähne lächelten mich an. Ihr schmales Gesicht war von schwarzen, leicht gelockten nackenlangen Haaren eingerahmt, ein Pferdeschwanz hätte allerdings eher zur Sportsfreundin gepasst, wunderte ich mich, doch sie blickte mich noch immer fragend an.

»Wann ist denn Ihr Match?«, machte ich sogleich auf Smalltalk.

»Oh, das habe ich gerade hinter mir.«

»Gewonnen?«

»Na logo«, erwiderte sie wie selbstverständlich.

»Gewinnen Sie immer so leicht?«

»Wie meinen Sie das?«, kam es irgendwie leicht verwundert rüber, was mich schon etwas irritierte.

»Na ja, mich so einfach zu überrumpeln.«

»Fühlen Sie sich etwa überrumpelt?«, kam es nun echt verdutzt zurück. »Ich kann es natürlich auch woanders probieren«, fügte sie noch schnippisch an. Und bevor sie den Satz noch zu Ende gebracht hatte, wollte sie schon den Koffer vom Wagen herunternehmen, doch er schien nicht gerade leer zu sein.

Aber meine Hand war schneller, ich legte sie ihr auf den Arm. »Warten Sie, warum sollte ich das gute Geschäft sausen lassen.«

»Was für ein Geschäft?«, schreckte sie auf.

Ich streckte die andere Hand nach den beiden Geldscheinen aus. »Sie wollten mir doch zwei Hunderter in Papiergeld gegen einen Euro in Nickel geben. Das ist ein Profit von genau zweihundert Prozent. Ich komme mir fast schon so reich vor wie der Chef der Deutschen Bank, der bestimmt nur solche Geschäfte tätigt.«

»Was für Geschäfte?«

»Na Bankgeschäfte, Aktienhandel ... «

»…Geldwäsche, Falschgeld«, ergänzte sie nahtlos mit einem Schalk im Auge.

»Das würde ich niemals wagen zu sagen.«

»Feigling.«

»Ich vermag leider nicht mit den Waffen einer Frau zurück zu schlagen.«

»Würden Sie mit mir tauschen wollen?«, triezte sie mich sogleich, woraufhin ich sie verblüfft anblickte. »Ich meine mit mir als Frau. Würden Sie gern eine Frau sein wollen?«

»Wenn Sie eine Lesbe sind, hätte ich nichts dagegen«, konterte ich mutig.

Verblüfft fokussierte sie mich für den Bruchteil einer Sekunde, um dann ein »Ha, ha, ha« dagegenzusetzen.

»Okay, in Aktien bin ich nicht so bewandert, um damit einen schwunghaften Handel treiben zu können«, zog ich mich lieber rasch vom heiklen Thema zurück. »Aber als Gentleman akzeptiere ich den heimlichen Umtausch von Falschgeld.«

»Sie, das ist kein Falschgeld, das hab ich mir redlich verdient«, wurde ich sogleich wenn auch leise aber doch resolut zurechtgewiesen.

Mein Blick erfasste ihre langen Beine, da musste sie lachen.

»Von wegen, auch wenn die da oben irgendwo mal zu Ende sind, was Sie als Macho wohl am meisten interessieren dürfte. Ich bin nicht käuflich.« Ich schreckte auf, doch da musste sie auch schon leise auflachen. »Oh, habe ich Sie etwa gestört?«

»Von wegen, mein täglich Brot. Aber können Sie sich vorstellen, dass mir eben beim Anblick ihrer bezaubernden Beine der alberne Slogan eingefallen ist: *Lügen haben kurze Beine*?«

›*Bist du wahnsinnig*!‹, wurde ich sogleich intern abgestraft.

Sie starrte mich irritiert kurz an, als hätte sie diesen Vorwurf meiner stets um mein Seelenheil besorgten weißen Seele gehört, doch dann lachte sie auf, wobei sie sich gleich – wenn auch etwas verzögert – mit der Hand den Mund zuhielt, um mir dann leise anzuvertrauen, »das kann ja dann auf mich nicht zutreffen.«

»Stimmt«, gab ich ihr schmunzelnd Recht und genoss noch einmal ungestraft den Anblick ihrer langen Beine, wobei mein wieder aufwärts streifender Blick natürlich noch einmal kurz am feurigen Rubin verharrte, um dann die schon einmal passierte Straße weiter aufwärts zu gleiten, was sie diesmal wohl mit Wohlwollen zu genießen schien.

Höchstzufrieden mit dem Verlauf des Smalltalks zog ich ihr vorsichtig die beiden Geldscheine aus der Hand – mehr um zu verhindern, dass sie sie noch völlig zu Pappmaschee verarbeiten würde –, zückte mein Portmonee und gab ihr einen Euro zurück.

»Eigentlich traut man nur blauen Augen, aber weil Ihre so geheimnisvoll grün schillern, möchte ich Ihnen ausnahmsweise mal vertrauen.«

»Ihr armen gutgläubigen Männer, warum fallt ihr immer so leicht auf Frauen rein«, tönte sie plötzlich ironisch bis überheblich, was mich schon verblüffte.

»Wie wieso? War das doch Falschgeld?«

»Nein, in dem Punkt bin ich ehrlich, aber meine Augenfarbe ist braun, ein friedliches braves Rehbraun«, vertraute sie mir leise an.

»Dass auf die Haarfarbe der Frauen kein Verlass ist, das weiß man, aber dass sich das auch schon auf die Augenfarbe bezieht? Also ich würde mich das nicht trauen.«

»Was?«

»Mit einem Farbpinsel in die Augen zu tupfen.«

Sie lachte leise auf. »Mann, das sind doch nur Haftschalen.«

»Echt? Also so wie eine Perücke«, bot ich ihr einen passenden Vergleich und ließ dabei meine Augen zum unifarbenen Schwarz gleiten.

»Das sind meine eigenen Haare«, betonte sie sogleich, wobei eine Hand die seidige Haarpracht über das eine Ohr zurückstrich.

»Schade, denn zu grünen Augen passen eigentlich gut rote Haare«, wagte ich mal zu behaupten und füge noch feixend an: »Das sollen ja sehr verwegene Frauen sein … «

»Und darauf stehen Sie.« Das war mehr eine Feststellung denn eine Frage und die drohte das Betriebsklima zu vergiften, dem Gesichtsausdruck nach zu urteilen, der sich in der Sekunde wie bei einem Filmschnitt schlagartig gewechselt hatte.

»Ich nicht«, gab ich betont lässig zurück. »Ich liebe mehr die schlanken, von der Sonne nahtlos verwöhnten amazonenhaften Brünetten mit ihren sanften, unschuldigen, rehbraunen Augen.«

»Die sanften amazonenhaften Brünetten müssen sich nicht mehr nahtlos von der Sonne verwöhnen lassen, die sind in der Regel nahtlos braun.«

»Verstehe, also nur wenn sie ihre Regel haben«, echote ich todernst, was Madame schallend auflachen ließ, wodurch sie sofort das Augenmerk der umstehenden Metrokunden auf uns gelenkt hatte, was mir schon ungemein peinlich war. Nun gut, ich konnte von Glück sagen, dass ich meine Arztpraxis im fernen Nürnberg ausüben durfte, denn hier, in diesem nur für den Handel und das Gewerbe reservierten Großmarkt, war zumindest Madame in ihrem aufreizenden Outfit völlig fehl am Platze. Hingegen meine weiße Hose aus dem derben Jeansstoff war eben nur dem sommerlichen Wetter angepasst. Nun gut, man könnte sie auch als Tennisdress für einen Herren im gesetzten Alter einstufen.

»Du hast vielleicht einen goldigen Humor«, kam sie wieder zu Wort und legte mir dabei vertrauensvoll ihre eine Hand auf meinen Unterarm, der auf dem Griff vom Einkaufswagen ruhte. »Sollen ja echt heiß aussehen, diese Zigeunermädel.«

»Ich träumte mehr von den heißen Frauen aus der Karibik, so wie man sie vom Karneval von Rio her kennt.«

»Dann sollten Sie mal eine Fortbildungsreise nach Brasilien machen. Nur solltest du da keinen Schmuck tragen«, ergänzte sie leise.

»Warum nicht?«, verblüffte mich der Einwand, denn ich trug keinerlei Schmuck, also auch keinen Ehering.

»Man sagt, die Kriminellen hacken einem glatt den Finger ab, nur um an den Ehering zu kommen.«

»Kein Problem bei mir, ich bin noch Junggeselle.«

»Das glaub ich nicht ... «

›Ist das zu glauben! Warum prahlst du damit?‹, wurde ich auch schon wieder intern abgekanzelt.

›Er ist doch voll auf sie abgefahren‹, durfte ich mir auch noch den Kommentar meines inneren Schweinehunds anhören.

Da Madame mich mit ihren Augen eingehend fixierte, als wartete sie auf eine Antwort, erläuterte ich ihr eher verlegen, dass ich das normalerweise niemandem auf die Nase binden würde.

»Und warum jetzt die Ausnahme?«, blieb sie am Ball.

»Weil du auch keinen Ring trägst.«

Da lachte sie leise auf. »Beim Tennisspielen stört so was, macht unschöne Schwielen.«

»Schade, schon zwei zu null für dich.« Sie blickte kurz irritiert auf. »Grüne Augen, verheiratetes Frollein.«

»Gibst du so schnell auf?«

»Glaube kaum, dass du kampflos zu erobern bist.«

»Soll das eine Einladung zu einem gemischten Doppel sein?«

»Ich hatte eher an ein gemischtes Einzel gedacht.«

»Du spielst also auch noch Tennis in deinem Alter.«

»Nun ja mitunter manchmal schon ... « Sie lachte überheblich auf.

»Aber mit dir auch mal zu spielen, würde mich schon reizen.«

»Tennis oder so?«

Ihr Blick sollte mich wohl bezirzen. Aber als eingefleischter Junggeselle und Frauenarzt kannte ich das Repertoire einer Frau natürlich schon aus dem Effeff, trotzdem machte es mir Spaß, den kleinen unverbindlichen Flirt am Köcheln zu halten.

»Da ich meine Tennissachen nicht mitgenommen habe, bleibt mir leider nur das *so*.«

»Leider?«

Ich ersparte mir die Worte und grinste einfach frech zurück, wobei meine zweite Hand ihre Hand überdeckte, die sie auf meinem Arm wie belanglos liegen gelassen hatte.

Doch da flackerten die Neonröhren über uns auf und der Spaß war zu Ende, denn ich gab sie sogleich wieder frei, was Madame natürlich amüsierte.

»Aber Schätzchen, wir sind doch auf Flitterwochen … «

›*Die Frau ist der reinste Wahnsinn*‹, musste ich konsterniert eingestehen.

Das verständnisvolle Grinsen der Umstehenden erlaubte schon einen smarten Kuss, wobei sie sich regelrecht mit ihrem Bäuchlein an mich anschmiegte.

»Herr Dr. Graf von Nürnberg, bitte kommen Sie zur Information, ein dringendes Telefongespräch ist für Sie da.«

Die Lautsprecherdurchsage zerstörte die aufschießende Euphorie mit einem Schlage, wobei sich Madame nur langsam von mir löste, während ich das Gefühl hatte, dass meine ganze auf Charming programmierte mimische Muskulatur erstarrte.

»Was ist? Bist du ein Graf?«, fragte mich meine Traumfrau leise.

Da mir auf diese Frage keine Worte für eine passende Antwort einfielen, denn die häufige Unterstellung, ein Graf zu sein, brachte mich schon wieder in Rage. Nun gut, viele meiner Patientinnen ließen den Doktor weg und sprachen mich einfach mit *Herr Graf* an, aber keine mit *Herr Graf von Nürnberg*, denn ich war kein adliger Graf, ich heiße nun mal so, also ohne ›von‹. Da mich aber meine Sportsfreundin noch immer fragend abschaute, nickte ich nur stumm und sah mich suchend nach dem Informationsstand um. Da wies sie mir den Weg zum Eingang, wo der Stand der Information sein sollte.

Noch waren die Kassen nicht angesprungen, also rannte ich in die angedeutete Richtung und fand auch bald die gelb-blau gehaltene Informationsinsel, wo eine Hostess im Lufthansa-Look – so war zumindest mein spontaner Eindruck – mit dem Hörer am Busen nach dem fraglichen Grafen Ausschau hielt.

»Ja bitte«, sagte ich atemlos und streckte meine Hand nach ihrer Brust aus.

»Herr Graf?«, fragte sie indigniert und händigte mir dann auf mein Kopfnicken hin den Hörer aus.

»Ja, Graf«, meldete ich mich in Praxismanier und hatte eine männliche Stimme am anderen Ende der Leitung dran.

»Hier ist das Hotel Condor. Herr Dr. Graf, ich soll Ihnen von Ihrer Kollegin Barbara ausrichten, dass sie rasch ihre Freundin zum Bahnhof bringen muss und deswegen nicht zur Metro kommen kann. Sie können sie abends hier im Hotel aufsuchen, sagt sie. Alles klar?«

»Alles klar«, echote ich verblüfft, denn dass sie sich gleich auf ein abendliches oder gar nächtliches Tête-à-Tête einlassen würde, das passte mir jetzt gar nicht. Und mit eben diesem Gesichtsausdruck dürfte ich den Hörer an die Dame in den besten Jahren zurückgegeben haben.

»Alles klar?«, echote sie auch schon wissbegierig bis besorgt.

»Danke, leider ja«, muffelte ich zurück und ließ sie im Ungewissen, um sogleich zu meiner neuen Flamme zurückzueilen.

›*Was willst du ihr jetzt sagen?*‹, regte sich plötzlich eine meiner beiden Seelen in meiner Brust.

›*Der Anruf kam doch wie gerufen*‹, antwortete für mich mein internes Kontra. ›*Merkst du nicht, wie er schon auf die Neue abgefahren ist?*‹

›*Er kennt sie doch noch gar nicht*‹, hielt meine weiße Seele dagegen.

›*Und dann überlässt er ihr gleich seinen ganzen Einkauf?*‹
›*Sie hat ihn doch bezahlt.*‹

›*Sie hat mich bezahlt?*‹, verwahrte ich mich gegen diese Unterstellung und wollte schon mit der Faust auf den Tisch schlagen, um die unsinnige Diskussion in mir zu beenden. Doch erstens war gerade keiner da und zweitens beeindruckte das meine beiden Seelen in mir leider nicht im Geringsten. Das einzige was ich tun konnte oder durfte war, mich an der unsinnigen Diskussion zu beteiligen. Wieso hatten sich die beiden Seelen von Goethe ausgerechnet bei mir eingenistet? Ich bin schließlich kein Dichter, höchstens ein Denker.

Aber die interne Konferenz hatte auch was Gutes, denn ich konnte auf ihre Unterstützung bauen, wenn mich unverhofft Ereignisse heimsuchten und ich nicht mehr ein noch aus wusste, wie hier in diesem Fall.

›*Was soll ich denn jetzt tun?*‹, fragte ich lautlos um Rat.
›*Lern sie erst mal kennen.*‹
›*Warum so altmodisch, geh auf ihr Angebot ein.*‹
›*Was für ein Angebot?*‹, fragte ich ganz konfus zurück.
›*Ihr Angebot, mit dir zu spielen.*‹
›*Tennis, wenn ich das nur höre*‹, stöhnte ich innerlich auf, hatte ich doch gerade erst eine langwierige Schulterkapselzerrung auskuriert.

›*Glaube kaum, dass sie mit ihm ernsthaft Tennis spielen will.*‹
›*Hast du nicht ihre Schmetterlinge flattern gespürt?*‹, schoss mein innerer Schweinehund den Vogel ab, doch da war ich auch schon bei meinem Wägelchen angelangt.

»Eine freudige Nachricht?«, empfing mich meine Traumfrau.

»Wieso?«, fragte ich verdutzt zurück.

»Du hast eben über beide Ohren gegrinst wie ein Lausbub.«

»Ich hab mich gefreut, dass du noch da warst.«

»Dachtest du, ich haue mit deinen Sachen ab?«, kam es nicht gerade erbaut rüber.

»Ich hatte schon befürchtet, ich hätte mir das alles nur eingebildet, dich, das gemischte Einzel, deine Schmetterlinge«, flüsterte ich ihr unter dem Siegel höchster Verschwiegenheit zu.

»Meine Schmetterlinge?«, fiel sie mir sogleich zwar nicht lautstark aber doch hörbar ins Wort.

Ich zuckte innerlich zusammen, unfähig eine unverfängliche Antwort zu finden.

»Das hast du gespürt?«, schob sie dann aber leise und verblüfft zugleich nach. »Richtig, du als Frauenarzt, ganz vergessen«, erlöste sie mich dann doch noch von dem Übel, mal wieder meine Grenzen überschritten zu haben. Denn jedes Mal, wenn ich eine Frau im freudigen Beisammensein an mich drücke, was in der Regel auf Gegenseitigkeit beruht, nimmt deren Bäuchlein Kontakt mit meinem zweiten Ich auf, das ich am liebsten aufrecht mit mir herumführe.

Doch ein Kuss in Ehren versöhnte mich wieder, wobei sie genau eben dieses Ansinnen an mich antrug. Da ihre Augen aufblitzten, schien sie zu spüren, wie ich abzuheben drohte.

»Sag bloß, du kannst jetzt meinen Schmetterling auch spüren«, raunte sie mir ins Ohr und biss dabei leicht auf mein Ohrläppchen.

»Und mit so einem Schmetterling spielst du Tennis?«, hörte ich mich sie ganz konfus fragen.

»Einer reicht doch«, erwiderte sie lachend.

Sodann war sie dran, die Waren auf das Kassenband zu legen, denn die Frau vor ihr hatte inzwischen ihren gesamten Monatsvorrat wieder auf den Plattenwagen verstaut, zumindest die Kleinartikel, die größeren Gebinde hatte sie auf dem Wagen stehen gelassen. So musste die Kassiererin wie eine misstrauische Zöllnerin im ganzen Sortiment konzentriert auf die Suche nach dem Label gehen. Erstaunlich wie viel manche Menschen zum Leben brauchen. Sie musste vielleicht eine Großfamilie ernähren, auch möglich, dass sie einen Imbissstand führte. Erstaunlich wie stark gebaute Frauen – also die elegante Umschreibung für eine dicke Mamsell – sich dennoch so behände bewegen können.

Was mich dann aber wunderte war, dass *meine* Madame das Ausladen enorm umständlich handhabe, denn sie musste sich stets über die hohe Griffleiste vom Einkaufskorbwagen beugen, um die diversen, von mir erstandenen Artikel schön sauber ausgerichtet auf das Förderband legen zu können, damit die Kassiererin sie mit dem Scanner schneller ablesen konnte. Besser wäre es gewesen, sie hätte sich vor den Wagen gestellt, was besonders beim Herunterheben des Koffers ins Auge ging. Denn da erkannte ich peinlich berührt, dass sie unter dem kurzen Tennisrock tatsächlich kein braves Höschen trug. So konnte sie unmöglich eben Tennis gespielt haben, denn beim Aufschlag pflegt man / frau sich bekanntlich förmlich in die Höhe zu schrauben, um von oben herab dem Gegner den Ball vor die Füße zu knallen, um so zu einem Ass zu kommen.

›Du hast vielleicht eine fiese Phantasie, sie trägt doch einen Rock drüber‹, hielt man mir intern entgegen, was mich auflachen ließ.

»Ist was?«, tönte Madame irritiert, wobei sie den Koffer auf dem Wägelchen nun aufrecht stehend zurückließ, um sich fragend nach mir umzudrehen.

Ich zog sie an mich und flüsterte ihr ins Ohr: »Dein Höschen«, um das mit einem smarten Kuss auf eben selbiges – also das Ohr – zu kaschieren.

»Ich trage einen Rock, mein Herr«, kam es schlagfertig zurück, was sie mit einem Kuss sanktionierte, allerdings nicht auf mein Ohr, sondern auf meinen Mund, wobei sie abermals ihr Bäuchlein ins Spiel brachte. »Man könnte denken, du willst ein Racket rausschmuggeln, Schätzchen«, raunte sie mir zu und verpasste mir einen leichten Stoß auf eben diesen imaginären Schlägergriff.

»Warum können wir nicht gleich auf Hochzeitsreise gehen, ma chérie, wir haben doch jetzt alles dabei, was wir dafür brauchen.«

»Du vielleicht, aber ich muss mich erst umziehen, so kann ich unmöglich die Gangway hochlaufen«, bat mich meine Frau in spe um Verständnis, was ein gewisses verständnisvolles Schmunzeln der Umstehenden hervorgerufen haben dürfte, denn der unvollendete Akt mit dem Koffer war nicht zu übersehen gewesen, wobei auch noch eine phantastische Stille wie in einem Konzertsaal herrschte, wenn der Solist die leisen Flageolett-Töne aus seiner Violine herauslockt.

»Wo soll denn die Hochzeitsreise hingegen?«, platzte bei einer hinter mir stehenden rausgeputzten Geschäftsfrau die Neugierde.

»Auf die Kanaren«, legte meine Madame schon mal die Hierarchie in unserer Ehe fest, »da kann man sich noch so richtig der Sonne, dem Wind und dem Meer hingeben.«

»Ein Paradies wie vom lieben Gott geschaffen für ein innig liebend Paar«, war auch schon eine anonyme Stimme aus dem näheren Umfeld zu hören, was alle Umstehenden schmunzeln ließ.

»Ick hoffe, *Sie* behalten dann wenigsten in der Ehe die Hosen an«, tönte eine kesse Berliner Stimme aus dem Hintergrund, was Öl auf das Feuer der Schadenfreude bedeutete.

»Da darf ich gratulieren«, tönte die gute Frau vor Madame, wobei sie ihr die Hand zum Glückwunsch über den Einkaufskorbwagen reichte, mich bedachte sie mit einem Kopfnicken. »Damals, als wir heirateten, da war ich auch so ein schlankes Madel wie Sie, aber vier Kinder und dann noch der Hof, da konnte ich nicht mehr auf meine

Figur achten. Aber wenn Sie viel Tennis spielen, dann wird das schon klappen.«

Dann musste sie uns stehen lassen, denn die Kassiererin wartete auf das Geld vom Einkauf, den die Bauernfamilie benötigte.

Da fiel mir erst auf, dass eine weitere Kasse besetzt worden war, und zu der hatte sich meine Madame sogleich hinbegeben, wenn ihr auch die rundliche und dennoch sehr behände Bäuerin zuvor gekommen war. Da sie den Koffer einfach auf dem Wagen stehen gelassen, den Schläger hingegen als Erstes aufs Band gelegt hatte, fehlte nur noch der Metroausweis, was ich abwartend feststellte, wahrscheinlich pflegte sie sonst nicht in der Metro einzukaufen.

Doch dann war sie dran, die junge Kassiererin sah sie fragend an.

»Grüß Gott«, begrüßte Madame sie, was in Anbetracht ihres spanischen Akzents schon etwas seltsam klang. »Jetzt ganz schön voll durch Stromausfall und das bei die Hitze hier, Sie Ärmste.«

»Mir macht die Hitze nicht viel aus, die Klimaanlage wird schon wieder in Gang kommen, außerdem habe ich bald Feierabend«, murmelte die junge Frau und hielt die Hand auf.

»Ach der Ausweis, hat mein Mann.«

Ich reichte ihr den hin, sie gab ihn weiter, um dann heimlich auf ihre kleine Uhr zu schauen, die ein schmales schwarzes Lederarmband an ihrem rechten Handgelenk fixiert hielt.

»Wann geht unsere Condor?«, machte ich weiterhin auf Hochzeitsreise.

»Keine Aufregung, Peter, zum Umziehen reicht es noch, wir müssen erst in zwei Stunden am Terminal sein.«

»Dann man schöne Flitterwochen«, wünschte uns die Kundin vor uns und trollte sich lächelnd mit ihrem vollgepackten Wagen davon.

Erstaunlich, wie schnell sie meinen Namen vom Plastik abgelesen haben musste. Doch mich interessierte jetzt mehr die junge Frau mit dem Scanner. Ob sie den Koffer auch ablesen würde? Sie tat es tatsächlich. Dann kam der Tennisschläger dran und dann meine Sachen, also eine fein säuberliche Trennung für die interne Abrechnung. Ich betrachtete die Routine, mit der sie uns bedachte, denn bei der Kundin mit dem großen Einkaufsplattenwagen ließ das sehr zu wünschen übrig, hatte sie doch wiederholt erst die Code-Streifen suchen müssen. Vermutlich war sie eine Aushilfe, die wegen des Staus rasch zu den Kassen abkommandiert worden war.

So sonnenverwöhnt wie sie aussah, war sie entweder ein Sonnenfreak oder sie hatte griechische Wurzeln, wie man so schön zu den Migranten und deren hier geborenen Nachkommen sagt, denn ihre akzentfreie deutsche Aussprache ließ keine diesbezüglichen Rückschlüsse zu, doch die dunkelblonden Haare grenzten das familiäre Herkunftsland schon mal ein. Natürlich könnten sie auch gefärbt sein. Von Berufs wegen kenne ich schon den gewissen Unterschied, ob Kopfhaare gebleicht, gefärbt oder gar implantiert sind, wobei ich natürlich auf die Möglichkeit zugreifen konnte, die ursprüngliche Farbe präsentiert zu bekommen. Andererseits pflegen sich immer mehr junge Frauen von ihrem Schamhaar mehr oder weniger zu trennen, was mir natürlich die Arbeit erleichtert. Aber ich werde mich hüten, einen diesbezüglichen Kommentar dazu abzugeben, denn abrasierte Haare pflegen stets nachzuwachsen und das kann dann schon mal peinigend pieken.

Da meine Madame aber alle unsere Artikel mit dem gut sichtbarem Codelabel nach oben ausgerichtet hatte, ging es bei uns dann doch zügiger vonstatten.

»Wenn nur alle die Preisschilder so korrekt ausrichten würden, wären Sie schon längst wieder draußen auf dem Platz«, hatte sie uns wohl richtig eingeschätzt.

»Wir haben schon fertig, jetzt geht es zum Aeroporto.«

»Wollen Sie so zu einem Turnier fliegen?«, bezweifelte die junge Frau dann doch.

»Nein, wir wollen auf die Kanaren, relaxen.«

»Da komm ich gerade her, kennen Sie Fuerteventura? Costa Calma?«

»Wir wollen nach La Gomera, Berge besteigen«, befand meine Frau in spe und dem musste ich mit einem Grinsen zustimmen, schließlich sollte man einen innerfamiliären Zwist nicht in der Öffentlichkeit austragen, denn ich war mehr für das Wandern am langen Strand von Fuerteventura, z. B an der Costa Calma.

Die Kassiererin fixierte mich kurz, dann scannte sie weiter, um noch einen warnenden Hinweis in meine Richtung abzugeben. »Ganz schön heiß da unten zum Bergsteigen. Ich war gerade wie gesagt mit einer Freundin auf Fuerte gewesen. Sie sind noch nicht so schön vorgebräunt wie ihre Frau, meine Freundin hatte sich da nämlich einen gewaltigen Sonnenbrand geholt und das ohne Bikini«, fügte sie noch an und riss die Endlosrechnung vom Drucker ab.

»Oh die Arme«, stöhne Madame mitfühlend auf.

»Sie haben keine Sonnenschutzlotion gekauft«, konnte sie sich einen Seitenhieb auf uns nicht verkneifen.

»Waren Sie lange da unten?«, fragte ich daher besorgt nach.

»Genau drei Wochen, aber die Uni rief und die Scheinchen gingen auch zur Neige«, meinte sie und machte mit den Fingen die dafür typischen Bewegungen, was mich dran erinnerte, ihr passende Scheinchen – natürlich passend zu meiner Rechnung – zuzureichen.

Ohne erst groß zu prüfen, ob mein Geld, d.h. unser Geld auch echt war – ich hatte mich rasch lieber wieder von den beiden ominösen Hunderten getrennt –, gab sie mir sogleich das Wechselgeld zurück.

»Dann noch einen schönen Flug zu den Kanaren«, rief sie Madame hinterher, die mit dem bepackten Wägelchen schon auf die Automatiktüren zurollte und mit ihrer sonnenverwöhnten Rückansicht schon ein echter Hingucker war, denn der weiße Neckholder war unter dem schwarzen Haar nicht zu sehen.

»Und Ihnen ein erholsames Wochenende, Sie scheinen ja die Sonne gepachtet zu haben«, verabschiedete ich mich von ihr, ein Augenzwinkern konnte ich mir bei dem Mohrchen nicht verkneifen, was sie auflachen ließ.

Als wir die Türschleuse passierten, überfiel uns die Mittagshitze mit voller Wucht.

»Wo steht dein Wagen, vielleicht haben wir denselben Weg, sonst müsste ich ein Taxi nehmen.«

»Kommt gar nicht in die Tüte.« Ich löste sie beim Schieben ab.

Aber sie schien schon meine Gutmütigkeit einkalkuliert zu haben, denn sie machte gar keine Anstalten, den Koffer vom Wagen zu nehmen. Der Schläger beschäftigte sie mehr und das sah schon mal sehr professionell aus, zumal als sie ihn gegen ihre Tennisschuhe schlug, als wollte sie Granulatsplitter aus den Sohlen lösen.

Nach ein paar Schritten, die sie mir brav folgte, konnte ich ihr meinen Wagen zeigen.

»Da hinten, der dunkelgraue Omega. Willst du wirklich nach La Gomera fliegen?«

»Na klar – oder liebst du mehr das einsame Fuerte, wo nichts los ist? Mal abgesehen vom ständigen Wind.«

»Immer noch besser als Windstille mitten in der Sahara. Außerdem ist da ja noch das kristallklare Wasser.«

»Aber das lädt nicht gerade zum Baden ein, jedenfalls noch nicht zu dieser Jahreszeit.«

»Aber mit dir über die endlos langen Sandstrände zu bummeln, sich nur dem Wind, der Sonne und den Wellen hinzugeben ... «

» ... und der Liebe«, warf sie lachend ein. »Aber ich warne dich, ich trage nichts als meine Sonnenbrille.«

»Okay, ich trage dann den Rest.«

»Was für einen Rest?«, kam es verwundert zurück.

»Na die Verantwortung für deine Unversehrtheit.«

Sie lachte spontan auf. »Dann darfst du das Badehandtuch tragen.«

»Ich denke, du willst nicht ins Wasser.«

»Will ich auch nicht, aber Sand im Getriebe ist auch nicht gerade imposant.«

Ich stutzte kurz, doch da lachte sie schon auf. »Du siehst süß aus, wenn du so einfältig aus der Wäsche schaust.«

Dann nahm sie den Einkaufswagen an sich und schob ihn weiter, ich folgte ihr wie betäubt nach. Ihr Gang war derart aufreizend, dass mir ganz heiß wurde. Also zog ich meine Weste aus, holte sie wieder ein und legte sie auf dem Wagen ab.

»Oh, du hast es gut, mir ist auch schon ganz schön heiß«, säuselte sie betörend und glitt mit einer Hand über ihr knappes Top.

»Dann mach doch auch Marscherleichterung«, scherzte ich, um es sogleich zu bereuen, denn sie zog tatsächlich die Schleife ihres Tops auf, woraufhin der eng gebundene Stoff sogleich auseinander glitt, was meinen Blick augenblicklich auf den Fauxpas lenkte.

»Sind Sie närrisch«, tönte eine Geschäftsfrau im gesetzten Alter und Drillichanzug, die uns entgegen kam.

»Keine Angst, mein Mann ist nur so vergesslich, Alzheimer, Sie wissen schon. Nur so kann ich seine Aufmerksamkeit wieder auf mich lenken.«

Damit zog sie mich mit sich fort, die Stoffenden flatterten ihr hinterher. Ich wusste nicht, ob ich schreien oder lachen sollte.

»Mensch Meier, bist du verrückt!«, entfleuchte es mir stattdessen.

»Wieso?«, fragte sie und machte dabei eine abrupte Kehrtwende zu mir, was Fliehkräfte freisetzte, so dass ich rasch eingriff und die beiden Stoffteile wieder zusammen fügte.

»Wie heißt du eigentlich?«, wagte ich nachzufragen.

»Loreley.«

»Wie kommst du auf Loreley?«

»Ich liebe es nun mal nackt und innig.«

»Oh Mann«, verstand ich nun ihre Vorliebe für ein Leben nach dem Motto: *warum mehr anziehen als unbedingt nötig.*

Abrupt blieb sie stehen und baute sich wie beleidigt ostentativ vor mir auf, die Beine leicht ausgestellt, die Hände in die Taille gestützt. »Ich – ein – Mann? Brauchst du eine Brille?«, fragte sie bedrohlich und somit gespreizt.

Wollte sie sich etwa den Rock vom Leib reißen, nur um mir zu beweisen, dass sie kein Mann ist? Eine Hand lag schon am Klettverschluss des Minis, also sollte ich deseskalierend eingreifen.

»Komm, versuchen wir lieber einen Flug nach Fuerte zu bekommen, auf Gomera käme ich ständig nur auf dumme Gedanken.«

»Und die wären?«

»Ich fürchte, da immer nur den Mons veneris besteigen zu dürfen, denn an den steilen Küsten kann man nicht leichtfüßig und unbeschwert wandern wie auf Fuerteventura mit seinen langen endlosen Sandstränden ... «

»Und die willst du da tagtäglich entlangpilgern?«, fiel sie mir ungehalten ins Wort

»Natürlich nicht, ich meinte nur, da ist kein Massentourismus wie auf Gran Canaria, wo man sich am Strand in Sechserreihen begegnet, es sei denn, man klettert auf die hohen Sanddünen von Maspalomas.«

»Und was für einen ›mons‹ glaubst du sonst ständig besteigen zu müssen?«

»Der Mons veneris, auch Mons pubis genannt, ist hierzulande auch als Venushügel bekannt«, schob ich lächelnd die deutsche Bezeichnung nach.

»Denk daran, ich hasse die Pille«, warnte sie mich vorsorglich.

»Dann üb mal schon, den Kinderwagen zu schieben.« Und damit überließ ich ihr das Einkaufswägelchen und legte eine Hand um ihre sonnenverwöhnte Taille, um so vertraut neben ihr einherzugehen.

»Kannst du dir vorstellen, dass ich dafür einem Mann mal eine geknallt habe?«

»Weswegen?«, schreckte ich auf.

»Mich so frech begrabscht zu haben, so wie du es gerade tust.«

»Doch jetzt bist du bestimmt auf den Geschmack gekommen, von einem tollen Bodyguard beschützt zu werden.«

»Nur ob der so gut drauf ist, wie er vorgibt, das ist hier die Frage.«

»›To be or not to be‹, sprach der Matadore und warf ihr den Handschuh ins Gesicht«, verknüpfte ich aufgebenderweise zwei Zitate miteinander. »Okay, wir sollten es erst einmal ausprobieren, ob wir überhaupt füreinander geschaffen sind. Wo wohnst du?«

»Du kannst es wohl nicht mehr erwarten ... «

»Ich wollte dich nur nach Hause bringen, du hattest doch schon ein Taxi ins Spiel gebracht.«

»Das geht nicht ... «

»Dein Mann?«

»Meine sieben Zwerge.«

»Armes Schnuckelchen, dabei siehst du noch so jung und unschuldig aus. Oder züchtest du Zwergkaninchen«, schob ich noch belustigt nach.

Wir näherten uns einem grünen VW-Bus älterer Bauart. Da wurde auch schon die breite Seitentür aufgeschoben, ein etwa sechzehnjähriger Knabe sprang heraus und rannte auf uns zu. Eine etwas jüngere Maid folgte ihm nach, dann kam ein noch etwas jüngerer Bub hinterher und schließlich ein weiterer und so weiter, bis schließlich sieben Kinder um uns herumstanden, so im Alter von drei bis sechzehn Jahre, aufgereiht wie die Orgelpfeifen.

»Babsi, wen hast du denn da mitgebracht?«, wollte der Älteste wissen.

»Das ist Peter.«

»Und wer sind diese sieben Zwerge?«, wunderte ich mich.

»Meine Kinder. Sehen sie nicht sauber, adrett, intelligent und artig aus?«

›Genau wie das Schneewittchen‹, hörte ich einen internen Vergleich, den ich sogleich laut aussprach.

»Dann kennst du auch die anderen Märchen?«, fragte eines der Kinder aus der jüngeren Zeugungszahl und fasste vertrauensvoll meine Hand.

»Oh ja, dann kannst du uns gleich eine Geschichte vorlesen«, taute ein weiteres jüngeres Kind auf und bemächtige sich meiner anderen Hand.

»Das müssen wir noch etwas verschieben, wir wollen doch erst zum Flughafen«, befand Schneewittchen.

»Und wo fliegen wir dann hin?«, wollte die Zweitälteste wissen.

»Zu den Kanarischen Inseln.«

»Und kommt er diesmal mit?«, wollte der Älteste wissen.

»Natürlich, er gehört doch jetzt zu uns«, behauptete der Drittälteste.

»Oh toll«, tönte die Kinderschar und tanzte sogleich geschlossen einen Kindertanz um uns herum, dass an eine Flucht nicht mehr zu denken war.

»Wenn es so schnell gehen soll, dann werden wir wohl erst auf Fuerte heiraten können«, scherzte ich mal, um die Kleinen nicht zu enttäuschen.

»Du bist ein Schatz!«, tönte Babsi, schlang ihre Hände um meinen Kopf und gab mir einen verdammt hungrigen Kuss.

»Kriegen wir jetzt ein neues Schwesterchen?«, wollte der Drittälteste von der Zweitältesten wissen.

»Erst wenn er sie auf Mamas Bett durchgevögelt und abgefüllt hat«, klärte der Älteste seinen Bruder auf.

»Au ja, dann schauen wir alle wieder zu«, tönte die Zweitälteste.

»Aber erst wird der Einkaufswagen in den Bus geladen. Primus, lass dir von Sekunda helfen«, delegierte die Frau Mama auch schon die Aufgaben an die Kinderschar.

Primus griff sich sogleich den Koffer und ward von seinem Gewicht dann doch überrascht. »Babsi, was ist da drin?«

»Ach, nicht der Rede wert.«

»Aber schwer ist er trotzdem.«

Und mit diesen Worten wollte er den Koffer vom Einkaufswagen herunterheben, ich sprang hinzu, um ihm zu helfen. Da schoben sich zwei weitere helfende Hände an uns vorbei. Ein in schwarzer Motorradkluft gekleideter Mittvierziger riss den Koffer an sich. Doch statt ihn zum Bus zu tragen, rannte er damit zu einem danebenstehenden Motorrad.

»Ciao Babsi«, tönte die Stimme des Diebs von Bagdad. Und damit schwang er sich auf die Maschine und legte den Koffer vor sich auf den Benzintank, warf den Gang rein und hob mit seiner schweren BMW ab.

»Mama, wo fährt Guido mit dem Koffer hin?«, fragte der Älteste.

»Das wissen die Götter – Oh Scheiße!«, schrie Babsi und schickte ihm etliche nicht druckfähige Worte nach.

»Wieso? Was ist mit dem Koffer? Wer ist Guido?«, kam ich endlich auch mal zu Wort.

»Guido ist der letzte Vater der Kinder. Der Koffer war meine einzige Rettung. Jetzt weiß ich nicht mehr weiter.«

Und wie bei Frauen so üblich, flüchtete sie sich ins Schluchzen.

Ich drückte sich an mich und versuchte sie mit Streicheln zu trösten. »Komm, da kommt schon die Polizei, dein Freund und Helfer.«

Sie schreckte auf, der Streifenwagen mit dem rotierenden Blaulicht hielt neben uns an. »Hallo Schneewittchen, schon wieder was mitgehen lassen?«, fragte ein Polizeiobermeister durch das heruntergekurbelte Fenster.

»Es waren nur die Tageseinnahmen der Metro.«

»Könnte ich die mal haben?«

»Damit ist Guido schon über alle Berge. Jetzt haben die Kinder schon wieder nichts mehr zu essen.«

»Was war es diesmal für ein Wagen?«, fragte der Beamte ruhig.

»Eine BMW R 50.«

»Nummer?«

»MZ – G 32.«

»Okay. Und was machen Sie hier? Ihr neuer Compagnon?«

»Nein, Gynäkologe, Dr. Peter Graf aus Nürnberg. Ich hatte ihr leider mit meinem Metroausweis unwissentlich ausgeholfen.«

»Doc, wir werden noch mal ein Auge zudrücken, wenn Sie Schneewittchen mit ihren sieben Zwergen unter Ihre Fittiche nehmen, damit sie endlich mal von der Kleptomanie loskommt.«

Und damit legte er seine Hand an die nicht aufgesetzte Dienstmütze, der Wagen drehte zum Metroeingang ab.

»Warum nahm der dich nicht fest?«, hinterfragte ich verwundert.

»Der Richter befindet stets, dass es den Staat billiger kommt, wenn ich mich weiterhin um die Kinder kümmere. Den jeweiligen Räuber buchtet man natürlich ein, schließlich zeige ich mich ja kooperativ.«

3
Zur **Baumwolle**
oder Gaby und die Wickelrockmasche

»Möchten Sie vielleicht doch mal die Karte haben?«, fragte mich der Wirt hoffnungsvoll.

»Nein danke, heute nicht«, bedauerte ich schulterzuckend, wenn ich ihn auch freundlich ansah.

»Doc, fühlen Sie sich nicht gut?«

»Wieso?«, fragte ich erstaunt zurück.

»Das war fei wenig, was Sie da heute gegessen haben. Wenn das Routine wird, werd' ich zumachen müssen, oder kocht Mademoiselle noch?«

»Keine Angst, wir werden uns schon wieder vertragen.«

Des Wirts Auflachen ließ mich erst die wohl ungewollte Zweideutigkeit seiner Frage bewusst werden, woraufhin ich in sein Lachen einstimmte.

»Ich versteh ehrlich gesagt nicht«, fuhr er fort, »wieso Sie noch Junggeselle sind, das Mädel ist doch 'ne Wucht.«

»Na hören Sie mal, das könnte meine Tochter sein.«

»Könnte, ist sie aber nicht«, entgegnete er grinsend, nahm den hingehaltenen Geldschein an sich und verschwand hinter seiner Theke, um kurz darauf mit einer Hand voller Wechselgeld zurückzukommen. »Jedes Mal wenn Sie hier mit Ihrem gestiefelten Kater aufkreuzen, da gibt's Unruhe im Salon. Ihr Glück, dass Sie eine Respektsperson sind.«

»Danke, aber ich muss noch einen Hausbesuch machen, der mir ganz und gar nicht gelegen kommt.«

Der Wirt nickte verständnisvoll und klopfte mir jovial auf die Schulter, um sich sogleich wieder hinter seine Theke zu verziehen.

Im Aufstehen leerte ich mein Bierglas, klemmte mir dann die abgelegte Windjacke unter den Arm und eilte durch die Gaststubentür quer durch ein kleines Vestibül zu den Toiletten hoch.

In diesem etwa zimmergroßen Vestibül befand sich das auf drei Ebenen aufgeteilte Treppenhaus der Gaststätte *Zur Baumwolle*. Im Tiefparterre lagen sowohl die eigentliche Gaststube als auch die Küche; über ein halbes Dutzend Stufen aufwärts gelangte man durch eine mit kleinen Butzenscheiben versehene Haustür auf die *Adlerstraße*; über ein paar weitere Stufen erreichte man das Hochparterre mit der oberen Gaststube, der *Börsenstube*. Daneben befand sich eine Milchglastür, die in den Vorraum der Toiletten führte. Und von diesem Vorraum aus zweigte eine steile Stiege zu den oberen Etagen ab, die aber durch eine massive Holztür für Unbefugte abgeschottet war.

Erstaunlich, dass man mit diesen wenigen Treppenstufen auskam, aber wie im Mittelalter üblich waren die Räume ungemein niedrig gebaut worden. Und dieses rund 500 Jahre alte Unikat von einem Fachwerkhaus, das den fatalen Luftangriff der Alliierten im Januar 1945 noch glimpflich überstanden hatte, als die alte freie Reichsstadt Nürnberg in Schutt und Asche sank, bestand einstmals aus zwei quasi nur handtuchbreiten dreistöckigen Fachwerkhäusern. Irgendwann mal wurden sie zusammengelegt, was zu dem anheimelnden Entree führte, welches abends von geschickt platzierten Spotlights romantisch in Szene gesetzt wurde, die nicht nur die Blumenarrangements anstrahlten, sondern auch die auf eine Wand geschriebene, d.h. gemalte Geschichte des Hauses.

Aber jetzt war es hier stockdunkel, braute sich draußen doch ein Unwetter zusammen. Und da es erst Mittag war, hatte man natürlich noch nicht die Flurbeleuchtung eingeschaltet.

Kurz danach verließ ich den schon erleuchteten Toilettenvorraum und stieg – geistig schon bei meinem Hausbesuch – die Stufen zum Treppenabsatz herunter, von dem man aus auf die Straße gelangte. Dabei mühte ich mich redlich ab, mir meine Windjacke wieder überzuziehen und das im wahrsten Sinne des Wortes, denn ich pflegte das stets etwas infantil von oben her anzugehen. Da spürte ich, wie sich meine eine Hand im Innern der Jacke verirrt haben musste, denn es ging nicht weiter, womöglich war sie in eine der Innentaschen der Jacke geraten.

Da es also hier wegen des aufziehenden Gewitters stockfinster war, konnte ich nichts erkennen und blieb stehen, um auf mein Fingerspitzengefühl konzentriert das Problem anzugehen. So entging mir, wie sich die Küchentür öffnete und eine junge Frau auf die Toiletten hoch eilte. Im letzten Moment erkannte sie das Hindernis auf der Treppe und versuchte sich rasch rückseitig daran vorbeizuschlängeln, wobei ihr ein »Oh Gott« entfleuchte.

Mit einem überraschten »bin ick nich« trat ich rasch zur Seite, doch leider zur falschen, denn es gab einen jähen Ruck und nichts ging mehr. Für eine Sekunde lang herrschte Totenstille, dann spürte ich eine heftige Ohrfeige, woraufhin meine Brille im hohen Bogen davonflog.

»Mann, sind Sie wahnsinnig, meine Brille!«, polterte ich sogleich los.

»Weg mit der Pfote da hinten, Sie alter Lüstling«, hielt eine erregte Frauenstimme dagegen.

»Ich hab doch beide Hände oben, höher geht's nimmer.«

»Du lieber Gott!«, gab sie einen Stoßseufzer von sich und versuchte sogleich das ominöse rückseitige Problem anzugehen.

»Wenn Sie da hinten was suchen, muss ich Sie enttäuschen, mein Portmonee hab ich vorn in meiner Hosentasche.«

»Ich will doch nichts von Ihnen«, kam es ärgerlich zurück. Dann band sie sich rasch ihre Küchenschürze ab und warf sie auf einen kleinen Beistelltisch, der seitlich neben der Milchglastür stand. »Lassen Sie mich sofort los, sonst passiert was!«, fügte sie noch drohend an.

»Na hören Sie mal, als ob ich mich an Ihnen vergreifen würde«, entgegnete ich verwundert und versuchte nun meinerseits, kaum dass ich mit dem Anziehen der Jacke fertig war, die verkappte Angelegenheit hinter mir anzugehen. Dabei traf ich auf ihre Hände, die sich schon eifrig an einem luftig gehäkelten Stoff zu schaffen machten, der unmöglich zu mir gehörte.

»Mann, Sie zerreißen mir ...«, kam auch schon der wenn auch leise vorgetragene Protest, wobei sie meine Hände packte.

»Na nun machen Sie aber mal 'n Punkt!«, fiel ich ihr ärgerlich ins Wort, »als ob ich mich an Ihnen junges Fräulein vergreifen würde.«

»Der Rock gehört doch der Isolde«, fiel mir die junge Frau panikartig, wenn auch leise ins Wort.

»Oh!«, entwaffnete mich das Argument schlagartig und ich zog meine Fühler wieder zurück, wobei ich schon noch belustigt anfragte, ob sie sich auch noch das Bett teilten.

»Das geht Sie gar nichts an!«, wies sie mich brüsk zurecht, um dann aber weinerlich noch anzufügen: »Au Backe, das geht gleich in die Hose.«

Doch da fühlte ich eine unerwartete Druckentlastung und die kleine Madame entschwand durch die Milchglastür meinen Blicken. Entgeistert starrte ich ihr hinterher, schien sie doch nahezu nackt davon gestürmt zu sein. Doch gottlob spürte ich noch rechtzeitig, wie ich das Gleichgewicht verlor und die Treppe herabzustürzen drohte. Zu guter Letzt bekam ich noch das Geländer zu fassen und wirbelte um 180 Grad herum.

»Oh Mann!«, rief ich erschrocken bis erleichtert aus, »und ich dachte bislang, das hier wär' eine stinknormale Gaststätte.«

›Vielleicht gibt es oben ein gewisses Chambre séparée‹, vermutete mal mein innerer Schweinehund vage.

›Was ich bezweifeln möchte‹, hielt ich dagegen, denn das wäre mir bestimmt spätestens in meiner Praxis zu Ohren gekommen.

›In der Altstadt ist alles möglich‹, gab meine weiße um mich besorgte Seele zu bedenken.

›Aber nicht in dem Viertel hier‹, beendete ich die unsinnige Diskussion.

Vorsichtig tastete ich abermals mit den Händen nach hinten und bekam erneut den luftigen Stoff in die Finger. Ich stieg die vier Stufen zur Milchglastür zurück und beäugte mein Anhängsel: Es war ein schwarzer Stoff, der wie eine luftig gehäkelte Stola aussah.

›Mal sehen, ob die wieder zurückkommt‹, harrte ich jetzt neugierig der Dinge, die da auf mich zukommen müssten.

Da ging völlig unerwartet unter mir die Tür von der Küche auf und eine männliche Stimme rief »Mausi?« in den Raum.

Der vorsichtigen Anfrage folgte sogleich eine männliche Erscheinung von kräftiger Statur nach. Verwundert schaute der Typ ins dunkle Treppenhaus zur Milchglastür und somit zu mir hoch, der ich mich rasch zu ihm umgewandt hatte, um den Fummel hinter mir zu verbergen.

»Warum machen Sie sich denn kein Licht an?«, fragte der Koch verblüfft, denn als einen solchen konnte man ihn wegen der hohen Kochmütze schon einordnen, wobei er sogleich dummerweise auf den Lichtschalter drückte und mich somit ins rechte Licht rückte. Da ich bei ihm wohl einen harmlosen Eindruck hinterließ, zog er sich wieder in seine Küche zurück.

Normalerweise bin ich nicht so schnell sprachlos, aber diese heikle Situation hatte mich dann doch völlig geschockt.

›*Von wegen zwielichtiges Gewerbe, seine Mausi scheint in seiner Küche zu arbeiten*‹, kam die interne Diskussion wieder in Gang.

›*Trotzdem hatte sie so gut wie nichts an*‹, hielt mein innerer Schweinehund entzückt dagegen. ›*Mal sehen, ob sie sich so wieder in die Küche zurück traut.*‹

Die beiden Seelen in meiner Brust hatten also wieder mal ein gefundenes Fressen gefunden, um mich munter zu halten.

Doch das eingeschaltete Flurlicht hatte auch etwas Positives an sich, denn ich konnte meine Brille neben der Haustür am Boden liegen sehen und eilte gleich darauf zu, wobei ich schon hoffte, dass sie nicht entzwei gegangen war, besaß sie doch Kunststoffgläser. Gottlob waren sie nicht geborsten, allerdings fehlte nun eines.

Da ging lautlos die Milchglastür einen Spalt breit auf und eine gewisse *Mausi* spitzte vorsichtig ihren Kopf hindurch, um mich sofort mit dem leisen Ausruf »Warten Sie, mein Rock«, wieder auf sich aufmerksam zu machen.

»Sie kommen mir gerade Recht«, empfing ich sie nicht gerade erfreut wegen der zerbrochenen Brille, fand das herausgefallene Glas und stieg wieder zu ihr hoch. »Bin ja beinahe kompromittiert worden, Sie mit Ihrem Fummel.«

»Das ist kein Fummel, das ist mein Body«, tönte sie beleidigt und trat beherzt wie ein Mannequin ins Rampenlicht der Treppenhausbeleuchtung.

»Oh Mann«, genoss ich echt überrascht den erfreulichen Anblick und verstaute dabei die vorwurfsvoll in der Hand gehaltenen Einzelteile meiner Brille nun in meiner Jacke. »Und ich dachte vorhin schon, Sie hätten gar nichts mehr an.«

»Haste wohl gehofft.«

Mein Blick glitt augenblicklich über den schwarzen Body, um kurz am unteren Ende zu verweilen, was mich zu der scherzhaften Bemerkung veranlasste: »Na? Ging's in die Hose oder doch knapp daneben?«

»Scherzkeks«, wies sie mich humorlos zurecht und kaschierte die keusche Region rasch mit einem kleinen Kosmetikbeutel. Doch er war entschieden zu klein dafür, um den hochangeschnittenen Body auch nur annähernd zu entschärfen.

»Das muss Ihnen doch nicht peinlich sein bei *der* Figur, Sie hätten das Zeug für ein erfolgreiches Model«, versuchte ich sie zu beruhigen und ließ dafür meinen unruhigen Blick zum V-förmigen Dekolleté hochwandern, das zwar züchtig begrenzt war, doch noch genügend Freiraum aufwies, um Männerherzen schneller schlagen zu lassen, zumal ich da auch noch einen Reißverschluss bemerkte. »Tragen Sie immer so was Aufreizendes wenn Sie ausgehen?«

»Das geht Sie gar nichts an«, raunzte sie mich an, stellte ihren Kosmetikbeutel zur abgelegten Küchenschürze und umrundete mich, um den Fummel von mir ablösen zu wollen.

»Haben Sie über dem Body nur diese gehäkelte Stola getragen?«

»Das ist keine Stola, sondern mein Rock.«

»Und damit bezirzen Sie hier die Gäste?«

»Von wegen, ich arbeite hier in der Küche.«

»Nur mit dem Mini?«

»Da trage ich natürlich eine Schürze drüber.«

»Natürlich ... «

Ihre recht agilen Finger heizten mein sensibles Nervenkostüm nun ganz schön auf, so dass ich mir nicht verkneifen konnte, sie diesbezüglich zu loben und versprach ihr, von jetzt ab des Öfteren hier auf sie zu warten.

»Ha, ha, ha«, erwiderte sie und verpasste mir einen dezenten Klaps auf die dafür vorgesehene Körperregion, was mich dran erinnerte, dass es ja durchaus Damen geben soll, die bei Domina-Spielen ihre ihnen treu ergebenen Sklaven mit Peitschenhieben zu mehr Aktivitäten anzuspornen pflegen.

»Lieben Sie auch Domina-Spiele?«, hörte ich mich sie fragen.

»Hoffste wohl«, tönte sie nur leise lachend und machte weiter.

»Du solltest lieber in einem Massagestudio arbeiten, statt hier in der Kneipe ... «

»Ich arbeite da, wo es mir Spaß macht.«

»Sag ich ja.«

Doch dann verfluchte sie mich, weil ich eine saublöde Hose trug.

»Ich hab nun mal nicht so bezaubernd lange Beine wie du, bei mir würde so ein Body geschossen aussehen.«

»Kommt drauf an ... «, erwiderte sie lachend und baute sich vor mir auf, die Hände in die Hüften gestemmt. »Wollen wir tauschen?«

»Gern, aber nicht hier, wo dein Koch jeden Augenblick wieder auftauchen kann.«

»Und wenn wir uns beeilen?«

»Arbeitest du wirklich in *dem* Mini in seiner Küche?«, wagte ich zu bezweifeln und ließ den Blick über den schwarzen Stoff gleiten.

»Das war ein reiner Zufall, ich trage sonst nur Jeans.«

»Was denn, nur?«

»Ja nur. Stört dich das etwa?«

»Mich nicht, bin nur der Gast. Aber wenn du nur in Jeans in der Küche herumwerkelst, würd ich zu gern wissen, wie deinem Koch zumute ist, wenn der leckere Fleischküchle zubereiten muss.«

»Du hast vielleicht eine blühende Phantasie.«

»An deiner Stelle würd' ich die eher als real einstufen, denn der Koch hat schon nach dir gefragt gehabt.«

»Ach du grüne Neune, dann wird der bestimmt gleich wieder auftauchen, der ist nämlich sehr eifersüchtig«, fügte sie noch drohend hinzu. Oder sollte das eine Warnung sein?

»Kann ich mir gut vorstellen, bei deinen Verführungskünsten.«

»Verdammte Scheiße! Und das alles nur wegen deiner damischen Hose. Ich komm' in des Teufels Küche, wenn er mich hier so nackt sieht«, schimpfte sie nun wie ein Rohrspatz los und ließ sich dann ratlos auf der Treppenstufe neben mir nieder.

»Aber Mausi, ich kann bezeugen, dass du noch was anhast«, versuchte ich sie zu trösten. »Aber komm lieber wieder hoch, du wirst dir auf den kalten Steinstufen eine Blasenentzündung einhandeln und das ist leider viel unangenehmer, da langwieriger.« Und damit zog ich sie wieder von den kalten Stufen hoch, um ihr dann beruhigend mit der anderen Hand über ihren minimal bedeckten Po zu streicheln, was mich sogleich aufgeschreckt »Mädchen, du bist ja schon ganz schön tiefgekühlt« ausrufen ließ.

»Pfoten weg oder ... «

» ... es knallt. Ich weiß, sie schlugen und sie küssten ihn.«

»Da kannste lange warten.«

»Möglich, der Film läuft ja schon lange nicht mehr. Aber ich hab mich nur als Arzt um dich gesorgt gehabt.«

»Als Arzt? Echt?«, kam auch schon die wankelmütige Rückfrage.

»Peter Graf, und wie heißt du?«

»Gaby Becker. Peter, was sollen wir jetzt machen?«, fragte sie mich jetzt besorgt um Rat, »so nackt kann ich ehrlich nicht zu ihm zurück, ich helfe nur in der Küche aus, so gut kenne ich ihn nicht.«

»Musst du etwa befürchten, dass der gleich über dich herfällt?«

»Wie herfällt?«

»Na ja, du hast so gut wie nichts an.« Ich strich beunruhigt über ihre rückseitigen Rundungen. »Ist schließlich nur ein Stringbody.«

»Gefällt er dir?«

»Genau wie das ganze dazugehörende Frauchen.«

»Dann zieh rasch deine Hose aus.«

»Wat denn, hier im zugigen Treppenhaus? Und dann noch auf die Schnelle … «

Da lachte sie leise auf. »Dummerle, ich will nur deine Hose haben, der saublöde Hosenknopf hat sich in den Maschen von meinem Rock verfangen.«

»Dann reiß ihn doch ab.«

»Geht nicht, der gehört der Isolde.«

»Und was macht die Isolde jetzt ohne den Rock?«

»Sie kriegt ein Kind.«

»Von deinem Dirk?«

»Das ist nicht *mein* Dirk.«

»Ansonsten schon – oder?«

»Keine Ahnung, ich war nicht dabei.«

Da musste ich lachen.

»Peter, du du machst mich ganz wirr … «

»Besser als schwanger – zumindest nutze ich das jetzt nicht aus.«

»Das finde ich sehr edel von dir.«

»Tja *det eenen Pech is det andren Glück*«, fiel mir nur der abgedroschene Slogan aus meiner Berliner Studentenzeit ein.

»Glück nennst du das? Ich steh hier halbnackt rum und weiß nicht weiter, und du sprichst von Glück?«

»Mädchen, nicht gleich so trauriglich. Wie kann ich dich denn nur wieder glücklich machen? Soll ich dich heiraten?«

Sie blickte mich verblüfft an und murmelte dann ein eher verächtliches »als ob ich das nötig hätte.«

»Okay, denn eben Plan B.«

»Und der wäre?«

»Hattest du nicht gesagt, wir sollen die Klamotten tauschen?«

Sie starrte mich an, ließ dann den Blick an mir abwärtsgleiten und fragte zweifelnd: »Und du glaubst, du passt da rein?«

»Bislang hat's immer geklappt.«

»Immer? Hast du denn so eine große Auswahl?«

»Ich bin noch Junggeselle.«

»Und was hat das mit den vielen Bodys zu tun? Bist du etwa ein Transvestit?«

»Oh Mann!«, stöhnte ich auf und zog sie an mich ran, um sie zart zu küssen, wobei ich sie schon spüren ließ, wovon *ich* sprach.

»Von wegen Mann«, widersprach sie, wandte sich aus meiner Umarmung und zog den Clip ihres Bodys etwas nach unten, auf dass sie oben fast schon aus dem Rahmen fiel. »Ist das nichts?«

»Du bist verrückt«, flüsterte ich und versuchte, den Clip wieder hochzuziehen, was aber nicht gehen wollte. Also zog ich ihn nun bis zu seinem untersten Ende runter, um ihn quasi mit Anlauf in einem Zug nach oben ziehen zu wollen, was aber auch nicht ging.

»Peterli, ich brauche erst deine Hose, dann kannst du meinetwegen den Body anziehen und ich schlüpfe dafür in deine Jeans.«

Und damit vergriff sie sich an meinem Reißverschluss und zog nun diesen Clip ganz nach unten, doch da sie die Gürtelschnalle noch nicht geöffnet hatte, blieb alles beim Alten, mal abgesehen von ihrem Body, der nun ihre formvollendete Anatomie preisgab.

»Was soll das?« Ich starrte sie entgeistert an, obwohl ich den Anblick weiblicher Brüste berufsbedingt eigentlich gewohnt war.

»Noch keine nackte Frau gesehen?«, scherzte sie und benutzte sogleich ihre Hände, um eine andere Körbchengröße vorzutäuschen.

»Von wegen … «, konnte ich nur dazu sagen und blieb inaktiv.

»Bist du etwa schwul?«, tat sie echt enttäuscht.

»Von wegen ...«, wiederholte ich leise lachend und tat das, was jeder Mann an meiner Stelle jetzt tun würde: ich küsste liebevoll die jugendlichen Knospen. Bevor ich mitbekam, dass sich meine Hände verselbständigt hatten und die Träger ihres Bodys schon bis in ihre Ellenbeugen herabgeschoben hatten, griff sie gottlob noch rechtzeitig in das Geschehen ein.

»Peter, nicht doch, ich will nur deine Hose haben wegen dem Rock, so nackt kann ich doch nicht in die Küche zurück.«

»Dann bind dir doch einfach eine Schürze um, wie sonst auch.«

»Okay, die große Kochschürze bedeckt vorn alles, aber hinten ist nur die kleine Schleife. Wenn Dirk das sieht, dreht der durch ...«

»Dann bind dir eben deine kleine Servierschürze um, die hat hinten doch einen großen Propeller.«

Sie betrachtete mich stumm mit offenem Mund, als müsste sie erst meine unverständlich formulierten Worte übersetzen. Da waren meine beiden Seelen in mir entschieden schneller mit der passenden Antwort, die im Endeffekt auf ›Bist du wahnsinnig!‹ lautete.

»Du hast eine ganz schön abwegige Phantasie«, fiel ihre Antwort gottlob milder aus und sie beorderte den Body wieder über ihre anatomischen Vorgaben zurück.

»Na so abwegig ist die gar nicht mal – Rosa Flamingo oder irr ick mir?«

Nun starrte sie mich verblüfft an. »Wie? Woher?«, stammelte sie.

»Tja, ich hab dich erst jetzt wiedererkannt, als du so oben ohne vor mir gestanden bist.« Sie sah mich fragend an. »Der Leberfleck neben deiner Knospe. Aber das beruht wohl nicht auf Gegenseitigkeit.«

»Der Leberfleck?«

»Das Wiedererkennen.«

»Bei den vielen Gästen ...«, bedauerte sie schulterzuckend und versuchte ihren Clip wieder hochzuziehen, was nicht gehen wollte.

»Okay, akzeptiert, hast ja auch immer nur einen Blick für meinen gestiefelten Kater übrig.«

Ihre Augen rundeten sich, dann platzte es aus ihr heraus: »Ach *du* bist das – siehт aber auch Klasse aus, die Kleine«, fügte sie noch schmunzelnd an.

»Ist auch Klasse.«

»Aber nicht deine Frau – oder?«

»Nee, wie kommst du da drauf?«

»Oh, mit der Zeit kriegt man einen Blick dafür, was zusammengehört oder was sich nur mal zusammen getan hat, warum auch immer.«

»Und? Was hast du rausgefunden?«

»Sie ist zu jung für dich, könnte eher deine Tochter sein.«

»Du bist jut – und so was arbeitet als Bedienung in einer Nachtbar«, konnte ich das Ganze nur leicht kopfschüttelnd missbilligen.

»Ist das so verwerflich?«, kam es auch schon bedrohlich rüber.

»Bei der Kripo wärst du mit deiner scharfen Beobachtungsgabe besser aufgehoben.«

»Pah«, wehrte sie mit einer eindeutigen Handbewegung ab, »wenn da nicht gerade einer umgebracht wird, ist der Dienst da doch so trocken, dass du glatt zum Trinker werden kannst.«

»Mäuschen, du gefällst mir.«

»Ist sie nun deine Tochter?«

»Meine Sprechstundenhilfe.«

Die Antwort verblüffte sie. »Du gehst mit deiner Angestellten in eine Oben-ohne-Bar?«, fragte sie schließlich vorwurfsvoll an.

»Sie hat nun mal Gefallen dran gefunden.«

»Und das sagt sie dir so einfach?«

»Hallo, wir haben nun mal keine Tabus voreinander. Sie bewundert dich um deinen Mut.«

»Meinen Mut?«

»Na ja, wie du so nackert zwischen den Gästen rumwuselst.«

»Von wegen nackt, wir tragen immerhin rosafarbene Strümpfe und eine Servierschürze drüber.«

»Dagegen ist dein schwarzer Stringbody hier so was wie ein Keuschheitsgürtel«, erwiderte ich leise lachend und ließ meine Finger sanft über den blickdichten Stoff aufwärtsgleiten.

»Was kann ich dafür, dass die Flamingos rosa Beine haben.«

»Armer Flamingo«, bedauerte ich sie. »Andererseits kennen die armen Flamingos aber keinen Schmetterlingsstring.«

»Darum tragen wir ja auch die kleine weiße Servierschürze drüber, damit das nicht so auffällt«, versicherte sie mir feixend.

»Dass der ouvert ist?«

»Du bist ein Spielverderber«, kanzelte sie mich unerwartet ab.

»Spielverderber? Du, ich bin Arzt und sehe das entschieden anders.«

»Vom bloßen Befummeln kann frau doch nicht gleich schwanger werden.«

»Ihr lasst euch befummeln?«

»Na ja, das ergibt immerhin ein saftiges Trinkgeld.«

»Das man(n) euch in den Schmetterlingsstring zusteckt?«

»Geht schlecht«, räumte sie lachend ein. »Dafür ist dann die Servierschürze da.«

»Schade, dass du die jetzt nicht umgebunden hast ... «, stöhnte ich auf und erwischte meine automatisch ausgeschwärmten Hände leider zu spät, so dass jetzt ein Obolus fällig sein dürfte.

»Na hör mal«, protestierte sie wenn auch leise, »so intim sind wir doch wohl noch nicht – oder?«

»Was nicht ist, kann ja noch werden«, blickte ich optimistischer in die Zukunft und zog natürlich meine Fühler wieder zurück.

»Da kannste aber lange drauf warten«, muffelte sie und versuchte sich abermals am Reißverschluss, leider abermals ohne Erfolg.

»Man soll den Tag nicht vor dem Abend loben, ich hab zum Beispiel heute Abend mal frei.«

»Aber ich nicht. Außerdem kann Dirk hier jeden Augenblick auftauchen, der kann verdammt eifersüchtig werden.«

»Das kann ich mir richtig bildlich vorstellen, wie der in die Luft geht, wenn der dich hier so halbnackt mit mir flirten sieht.«

»Weißt du, was der dann machen wird?« Ich verneinte stumm und neugierig zugleich. »Der wird dir ein *Omelett surprise* zelebrieren und dazu ... «

»Ich mach mir aber nichts aus den labberigen Dingern«, fiel ich ihr sogleich ins Wort.

» ... und dazu reichen ihm auch deine zwei Eier.«

Da sie schallend aufzulachen ansetzte, unterband ich sogleich den verräterischen Lärm mittels einer bestens erprobten Masche, indem ich ihren Kopf an mich heranzog und sie mit einem Kuss verstummen ließ. Da in dem Moment das Flurlicht ausgegangen war, ließ sie sich nicht nur willig mundtot machen, sie schmiegte auch noch ihren Körper eng an mich ran und ließ mich spüren, dass ihr Body durchaus kein Keuschheitsgürtel war.

»Du bist ja ganz schön drauf«, stellte sie freudig erregt fest, als wir wieder Luft holen mussten. Da meine Hände inzwischen über ihre nahezu nackte Rückseite abwärtsgeglitten waren und ihre rückseitigen Kurven in Besitz genommen hatten, spürte ich natürlich schon, wie sie ihr Bäuchlein gegen mich schubberte.

»Was tut Mann nicht alles, um Jungfrauen zu gefallen«, konnte ich nur dazu lächelnd erwidern.

»Na so jung bin ich nun auch wieder nicht.«

»Und eine Jungfrau bist du bestimmt auch nicht mehr.«

»Woher willst *du* das wissen ... «

»Gabriele Becker, wann warst du das letzte Mal zur Vorsorgeuntersuchung?«

»Beim Zahnarzt?«, schreckte sie auf.

»Beim Frauenarzt.«

»Oh Gott, bist du etwa ... «

»Nein, ich bin nicht der liebe Gott, auch wenn manche Frauen das erhoffen, wenn sie mal ungewollt geschwängert wurden.«

»Du bist Doktor Graf?« Sie starrte mich ungläubig an, ich nickte stumm und lächelnd zugleich. »Ich habe dich – ich meine Sie – nicht wiedererkannt, so ohne weißen Kittel, ohne grüne Maske vorm Gesicht und ohne die blauen Gummi ... «

»Na horche mal, in der Praxis trage ich doch kein Kondom«, fiel ich ihr ärgerlich ins Wort.

» ... handschuhe«, beendete sie ihren Satz, um dann laut zu lachen.

»Mensch Gaby, du als Kurschatten, und der Erfolg ist garantiert.«

»Aber ich bin dann schwanger – oder?«

»Für die Kondome ist bekanntlich Madame zuständig«, erinnerte ich sie lächelnd an das gängige Gentleman-Agreement.

»Ich bevorzuge die Pille«, stellte sie klar. »Stört beim Oralsex«, versicherte sie mir noch feixend.

»Und das macht ihr im Rosa Flamingo?«, bezweifelte ich dann doch.

»Mensch Peter, das ist doch nur ein Gentleman-Agreement unter Liebespaaren ... «

»So wie wir«, stellte ich mal so in den Raum.

»Genau.«

Den Kuss hatte ich mir verdient.

»Dann ist Jessica also deine Sprechstundenhilfe«, stellte sie dann fest, nachdem sie mich wieder frei gegeben hatte.

»Du kennst sie auch?«

»Sie hilft doch für Isolde im Flamingo aus, du weißt doch ... «

»Ich weiß von nichts!«, tönte ich entgeistert.

»Nicht so laut vor Jericho, der Koch«, bremste sie mein Temperament mit leise ausgesprochenen Worten.

»Sie bedient auch im Flamingo?«, hakte ich flüsternd nach.

»Auch ... «

»Und sie trägt auch so eine Servierschürze?«

»Auch, sie ist ja für Isolde eingesprungen. Ist doch lieb von ihr.«

»Seit wann arbeitet sie bei euch?«

»Keine Angst, sie springt nur am Wochenende für sie ein.«

»Das sind ihre freien Tage, da kann sie natürlich tun und lassen, was sie will. Aber ich werde mal sonnabends kommen.«

»Kommst du sonst nie?« Ich schaute sie fragend an, da musste sie schon wieder lachen. »Doc, du machst mich schwach. Komm, zieh dich aus.«

»Aber wenn der Koch kommt.«

»Der wird sich sicher an deinem Höschen ergötzen. Musst ihm nur sagen, wo er das kaufen kann.«

»Ich denke der macht ein Omelett aus mir?«

»War doch nur ein Scherz gewesen, er liebt Beate Uhse.«

»Die alte Frau?«, rutschte es mir schneller raus als ich denken konnte.

»Ha, ha, ha, aber der Body ist von der *alten Dame*.«

»Den hat *er* dir also geschenkt. Und dafür hast du dich natürlich auf deine Weise bei ihm bedankt.«

»Na logo, darum trage ich den in der Küche statt der engen Jeans.«

»Schon verständlich«, sah ich ein, denn enge Jeans sind nun mal diesbezüglich unpraktisch.

Doch bevor ich noch weiter nachhaken konnte, ertönte von unten eine modifizierte Anfrage: »Mausi! Verdammt noch mal, wo bist du?«

Wie eine überraschte kleine Maus huschte sie sogleich durch die direkt neben uns befindliche Tür in die derzeit nicht benutzte und daher dunkle Börsenstube, wobei sie rasch leise die Tür hinter sich schloss. Als ich ihr hastig nachfolgen wollte, stieß ich mit dem Kopf vehement gegen das Türholz. Sogleich sprintete der Koch die paar Stufen zur Haustürebene hoch, wo er mich natürlich vor der hinterleuchteten Milchglasscheibe bemerkte und sogleich wieder die Flurbeleuchtung einschaltete.

»Sie sind ja noch immer da«, stellte er nun ärgerlich fest.

»Ich will aufs Klo, ist aber immer noch besetzt«, improvisierte ich rasch und untermalte das auch noch mit einem wiederholten Niederdrücken der Türklinke. Gottlob ließ sich die Tür so nicht mehr öffnen, vermutlich hatte sie von innen abgesperrt, denn ein Schlüssel steckte zumindest auf meiner Seite nicht im Türschloss.

»Nicht *die* Tür, die nächste, durch die Glastür durch«, belehrte er mich sowohl ärgerlich als auch kopfschüttelnd, auf dass ich mich sogleich nach dorthin umdrehte, wobei ich mit einer Hand den unter die Jacke geschobenen Minirock gegen meinen Allerwertesten fixierte. »Äh, einen Augenblick noch der Herr, wenn's geht«, hielt mich Dirk noch rasch verbal zurück, woraufhin ich die angefangene Umdrehung zu einer vollen vollendete. »Haben Sie zufällig die Gaby gesehen?«

»Ist das Ihre Mausi?«, hinterfragte ich ganz unbedarft.

»Ich nenn sie halt so, weil sie so quicklebendig ist.«

»Nee, aber wenn dem so ist, werde ich sie einfangen. Nur vorher…« Ich deutete rasch zur Glastür.

»Danke, bin gleich zurück.« Und schon verschwand er in seiner Küche.

»Du, der macht dich glatt zum Rattenfänger von Hameln«, tönte es neben mir und die Mausi lugte durch den Türspalt hindurch.

»Also wie eine Ratte siehst du ja nicht gerade aus oder versteckst du deinen langen Schwanz unter dem Body?«

»Das würde eher auf dich zutreffen«, kam es lachend zurück.

»Ich trage aber keinen so aufreizenden Body.«

»Komm, tauschen wir«, lud sie mich sogleich mit einer eindeutigen Handbewegung in ihr Chambre séparée ein.

Ich befolgte sogleich ihre Einladung und musste mich erst einmal an den dunklen Raum adaptieren, hatte ich doch die Tür leise hinter mir abgeschlossen und somit die Flurbeleuchtung ausgesperrt. Den Schlüssel zog ich lieber ab und steckte ihn in eine Hosentasche, man konnte ja bei der quicklebendigen Mausi nie wissen. Da unmittelbar vor dem Haus eine Straßenlaterne hing, die sich wohl wegen der Dunkelheit vollautomatisch eingeschaltet hatte, kam etwas Licht durch die kleinen Fenster in den niedrigen Gastraum herein. Gaby hatte sich zum Fenster zurückgezogen und blickte auf die Straße runter.

Ich schlich zu ihr hin und trennte mich von meiner Windjacke, die ich auf einem Stuhl ablegte. Dann schmiegte ich mich an ihren heißen Rücken, streichelte ihre kalten Schultern und folgte ihrem Blick. Da gerade wieder ein Donnerschlag unmittelbar auf einem Blitz folgte, erschrak ich derart, dass meine Hände vor Schreck unter ihren Body gerieten, als müsste ich ihre Brüste schützen.

»Das Gewitter muss direkt über uns sein«, ging sie mit keinem Wort auf meine einfühlsame Massage ein.

»Das schüttet ja wie die Sau«, war mein ganzer Kommentar.

»Es regnet, es regnet, wir werden nicht nass, wir sitzen im Trocknen und werden nicht nass«, deklamierte sie einen Kinderreim.

»Passt irgendwie nicht«, befand ich, natürlich nur auf den Reim bezogen.

»Und ob das passt. Deine heißen Hände sind der reinste Balsam für meine überhitzten Nerven. Das erspart uns glatt den Flug nach Ibiza.« Doch dann drehte sie sich in meiner Umarmung rasch herum, auf dass der Body arg derangiert wurde, woraufhin sie elegant die

Arme aus den Trägern zog. »Und jetzt zieh die Hose aus, bevor Dirk uns auf die Schliche kommt.«

»Woher sollte der wissen?«

»Hast du die Tür abgesperrt?«

»Logo.«

Und damit vergriff sie sich auch schon an meinem Gürtel.

»Und den Schlüssel stecken gelassen?«

»Nein, der steckt in der Hose.«

Inzwischen hatte sie schon meine Hose abwärts geschoben, so dass ich nur noch hätte aussteigen müssen.

»Das war dumm, da passt jeder andere Schlüssel auch rein.«

Ich wollte gerade losspringen, um den Schlüssel wieder ins Schloss zu stecken und fiel sogleich der Länge nach hin, hatte ich doch die schon auf Talstation befindliche Hose vergessen.

Statt mir wieder auf die Füße zu helfen, zog sie mir die Schuhe von den Füßen und die Hose von den Beinen und hockte sich damit auf die Bank dicht ans Fenster, um sogleich im schummrigen Licht der Straßenlaterne das aus ihrer Sicht drängendste Problems anzugehen: das Ablösen ihres Minirocks von meinem Hosenknopf.

Langsam rappelte ich mich wieder auf und versuchte, den Schlüssel aus der Hosentasche zu angeln, doch ich holte nur das Portmonee vor, packte es auf die Bank neben Gaby und wollte dann in der anderen Tasche nach dem Schlüssel suchen.

»Du störst meine Kreise«, warnte sie mich und entzog mir mein Betätigungsfeld.

»Und die Tür?«

»Wenn du mucksmäuschenstill bist, kann er uns nicht hören und wird die Tür nicht aufbrechen«, flüsterte sie.

Da sie das Ablösen nicht schaffte, versuchte sie den Knopf abzudrehen, was auch ohne Erfolg war. Doch dann nahm sie ihre Zähne zu Hilfe und nach kurzem Gezerre hatte sie es geschafft, indem sie den Knopf einfach ausspuckte. Sie strahlte mich beglückt an, ich zog sie zu mir hoch und gab ihr einen Kuss.

»So und jetzt zieh dich wieder an, ich muss in die Küche, sonst dreht der Wirt durch.«

»Was bedeutet, wir sehen uns erst im Flamingo wieder?«, fragte ich betrübt.

»Ganz bestimmt«, erwiderte sie froh gelaunt und gab mir einen Klaps auf den natürlich noch bedeckten Po.

Da klopfte es an der Tür. »Gaby, bist du drin?«

Ich erstarrte zur Salzsäule.

»Oh Gott! Dirk«, flüsterte Gaby hingegen entsetzt und band sich rasch den Minirock um. »Mensch, zieh dich an«, riet sie mir besorgt.

Hastig stieg ich in meine Hose, während Dirk heftig gegen die Tür klopfte. Als ich nach meinen Schuhen suchte, fiel prompt ein Stuhl um.

»Ich weiß, dass du Nutte drin bist, ich werde dir und deinem galanten Freier die Knochen brechen.« Und damit schien er sich jetzt gegen die Tür zu werfen.

»Was für eine elegante Alternative«, befand ich und schlüpfte in die Slipper.

»Elegant?«, tönte sie erbost.

»Nun gut, das weniger, aber den Rest trau ich ihm durchaus zu, sooft der mich heute schon erwischt hat.«

»Und die Nutte?«

»Das geht schon in Ordnung«, missverstand ich sie wohl.

»Okay, dann flüchten wir uns in den Flamingo.«

Da verstummte das heftige Getöse, dafür konnten wir eine tiefe Stimme hören.

»Was ist los?«, wollte wohl der Wirt wissen

»Die Gaby ist drin und macht nicht auf. Bestimmt hat der Typ sie gepackt und vergewaltigt sie gerade da drinnen.«

»Was für ein Typ?«

»Hier lungerte so ein Ferientyp rum und behauptete, auf die Toilette gehen zu wollen.«

»Dieses Schlitzohr«, fauchte Gaby und öffnete das Fenster, stieg auf den Sims und ward auch schon verschwunden.

Ich folgte ihr nach, d. h. ich schätzte erst mal den Abstand ein: nur etwa zwei Meter bis zur Straße. Gaby wartete schon unten auf mich. Da sie es geschafft hatte, dürfte es für mich auch möglich sein, zu springen. Ich stieg auf den vor dem Fenster befindlichen Blumenkasten, zog die beiden Fensterflügel wieder von außen zu und ließ mich dann auf die Füße fallen, wobei ich gottlob nach vorn fiel, so konnte ich die Wucht des Sturzes auch noch mit den Händen abfedern. Gaby half mir wieder auf die Beine und packte meine Hand, um mit mir in die schräg gegenüberliegende Passage vom Karstadt-Kaufhaus zu rennen. Ich warf noch einen letzten Blick auf meinen geliebten Gasthof, als auch schon ein Fenster aufgerissen wurde und die große Figur des Kochs auftauchte. Doch zum Rausspringen fand er wohl eine bessere Alternative, die uns versperrt gewesen war, den Weg durch das Treppenhaus. Wir suchten unser Heil in der Menschenschar, die in der Passage das Ende des Gewitters abzuwarten gedachte.

»Mann, ich bin klitschnass«, befand ich ärgerlich, kaum dass wir dort untergetaucht waren und wollte von ihr so dann wissen, ob sie meine Windjacke mitgenommen hätte.

»Natürlich nicht.«

»Oh Gott! Mein Portmonee!«, rief ich entsetzt, pflegte ich es doch stets in der linken Innentasche bei mir zu haben.

»Keine Panik auf der Titanic, dein Portmonee hab ich hier.« Und damit griff sie in ihr Dekolletee und holte das lederne Gebilde vor, das sie mir mit einem Lächeln überreichte. »Na, bin ich nun dein Mädchen für alle Fälle?«

»Du bist ein Schatz!« Ein Kuss besiegelte das Eingeständnis. »Ich glaube, ohne dich kann ich nicht mehr leben.« Und dann hörte ich mich sie beglückt fragen: »Mäuschen, willst du meine Frau werden? Wir könnten hier gleich die Hochzeitsreise nach Ibiza buchen.«

Etliche Leute um uns herum blieben neugierig stehen und harrten wohl auf die Antwort meines Mäuschens.

Doch Gaby schaute mich fragend an, so als hätte ich wieder mal nur mit meinen beiden Quälgeistern geplaudert. Oder hatte der Antrag ihr die Sprache verschlagen?

›Wiederhol es noch einmal, sie scheint nicht zugehört zu haben‹, vermutete eine meiner beiden Seelen.

›Sie hat schon zugehört, aber damit hätte sie nie gerechnet, das gefallene Mädchen‹, kam eine andere Version ins Spiel.

»Von wegen gefallenes Mädchen«, murmelte ich erbost.

»Ich hab mich nicht verletzt, ehrlich, ich treibe regelmäßig Sport«, tönte sie auch schon verwundert. »Aber du bist ganz schön hart gelandet.«

»Meine Bundeswehrzeit liegt auch schon eine Weile zurück.«

Trotzdem wunderte es mich, dass sie auf meine Frage nicht weiter einging. Was wohl auch die Umstehenden verwunderte, denn sie zerstreuten sich wieder und schlenderten ziellos zwischen den Ständen herum, mal hier guckend, mal da suchend, aber nicht an Kauf denkend, denn irgendwie wollte jeder nur das Unwetter trocken überstehen und das konnte ja nicht ewig dauern.

Ich wollte mich auch schon enttäuscht diesem Schlendrian hingeben, während Gaby ganz und gar nicht an Müßiggang dachte, denn sie probierte sogleich an verschiedenen Ständen Jacken aus, wobei sie krampfhaft ihr provokatives Dekolleté zu verbergen suchte. Aber beim Anprobieren der Jacken musste sie natürlich diese Taktik aufgeben, was sich wohl wie ein Lauffeuer auf dieser Verkaufsebene herumgesprochen zu haben schien, denn ich erkannte eine uns wohlwollend betrachtende Ansammlung von sittsam abwartenden Bürgern. Ich hatte das Gefühl im *Rosa Flamingo* zu sein, so unbeeindruckt wuselte sie hier inzwischen zwischen den Gabentischen herum.

Da gab es im Hintergrund ein Geschrei, was nicht ganz zur Rahmenhandlung passte. Ich erkannte einen Hünen von einem Mann, der sich mit rudernden Bewegungen vorankämpfte: Dirk, der uns entdeckt zu haben schien. Auf jeden Fall hatte Gaby ihn bemerkt. Sie griff sich meine Hand und raste mit mir im Galopp auf eine nahe Rolltreppe zu, wobei sie gerade noch einer vorderasiatischen Großfamilie zuvorkam. Wir steuerten unumkehrbar auf die Lebensmittelabteilung zu. Unten abgekommen sah ich befriedigt, wie Dirk sich vergebens abmühte, an den rundlichen Matronen vorbeizukommen, denn es gab auch einige männliche Youngster, die sich nicht so einfach manipulieren ließen.

Doch Gaby ließ die Lebensmittelabteilung links liegen und steuerte nicht etwa auf das U-Bahnverteilergeschoss zu, von wo aus man nicht nur zur U-Bahn, sondern auch über verschiedene Zugänge in die Fußgängerzone der Altstadt gelangte. Nein, sie rannte mit mir im Gefolge auf einen schmalen Korridor zu, was mich schon wunderte, denn hier herrschte kein Gedrängel und Dirk könnte uns hier rasch wieder einholen, denn es war der Zugang zum Parkhaus.

»Wo steht dein Wagen?«, wollte sie wissen.

»Am Gräslein.«

»Oh du Scheiße, da müssten wir ja an der *Baumwolle* vorbei.«

»Dann lieber über die Kaiserstraße zur Praxis – geht auch nicht, ich habe den Praxisschlüssel in der Jacke.«

»Ein Unglück kommt selten allein. Komm, dann leisten wir uns ein Taxi zu mir«, schlug sie vor und rannte wieder im Schlepptau mit mir auf die Ausfahrt vom Parkhaus zu, wobei wir schon Gefahr liefen, Dirk direkt in die Arme zu laufen.

»Du, der nächste Taxistand ist am Josephsplatz, da müssen wir direkt an der Baumwolle vorbei«, intervenierte ich besorgt.

Doch Gaby hatte schon etwas anderes im Sinn, denn sie spurtete auf ein Taxi zu, das gerade einen Fahrgast hier am Parkhaus abgesetzt hatte, der Wolkenbruch dürfte dem Gewerbe zu einem Bombengeschäft verholfen haben. Sie sprang winkend dem Mercedes direkt vor die Kühlerhaube, um sogleich zu Boden geschleudert zu werden.

Da der Fahrer sie wegen des aberwitzig schnell laufenden Scheibenwischers wohl nicht wahrgenommen hatte, bremste er jetzt abrupt ab, sprang raus und überschüttete sie mit heftigen Vorwürfen. Ich war inzwischen bei ihr angelangt und half ihr wieder auf die Beine, um ihr unbeeindruckt auf die leere Rückbank zu verhelfen. Dann stieg ich hinterher, auf dass sie notgedrungen rüber rutschen musste. Die Tür zog ich natürlich hastig zu, was man auch so deuten konnte, wegen des heftigen Platzregens.

»Bist du verletzt?«, wollte ich besorgt von ihr wissen.

»Geht schon, beim Karatetraining knalle ich heftiger auf die Matte.« Sie massierte die etwas lädierte Bauchregion.

Als der Fahrer wieder Platz genommen hatte, drehte er sich vorwurfsvoll zu uns um und wollte schon wieder loslegen, wenn auch in unverständlichem Deutsch, denn er benutzte viele fremdländische Worte.

»Guter Mann, fahren Sie schon los, meiner Frau ist nichts passiert, sie ist eine Karatekämpferin mit schwarzem Gürtel ... «

»Rosa«, intervenierte meine Frau in spe sogleich.

»Mit rosa Gürtel. Beklagen sie sich lieber bei Mercedes für den verrückten einarmigen Scheibenwischer.«

»Wo soll's denn hingehen?«, fragte der stark beeindruckte Fahrer mit türkischen Wurzeln, wie man heutzutage so schön sagt.

Ich wollte schon meine Praxisadresse nennen, doch Gaby kam mir zuvor: »Einsteinring, Reichelsdorf, Sie wissen?«

»Ich weiß.«

Und damit setzte sich der Mercedes wieder in Bewegung, wenn auch nur langsam, denn der Fahrer konnte trotz oder gerade wegen des wahnsinnig schnell agierenden Scheibenwischers kaum was sehen, denn der einsame Wischerarm musste über die ganze große Scheibe voll rüber wischen, wo bei anderen Fabrikaten zwei Arme sich die Arbeit für ein viel kleineres Arbeitsfeld teilen können.

»Dass man diese Konstruktion durch einen TÜV kriegt«, wunderte ich mich.

»Das Taxi ist gerade durch den TÜV gekommen«, kam es ärgerlich von vorn.

»Ich meinte den Wagentyp als solchen wegen des einarmigen Banditen«, stellte ich klar, was ihn auflachen ließ.

Doch Gaby interessierte das nicht, sie deutete stumm auf einen Recken, der gerade die Straße vor uns kreuzte und in der *Baumwolle* verschwand. »Wie kommst du da drauf, dass der ein einarmiger Bandit ist«, fragte sie irritiert.

»Mensch Gaby, hast du etwa Angst vor ihm? Dann gilt natürlich noch mein Heiratsantrag.«

»Wie lange habe ich mit der Antwort Zeit?«

»Also ich würde sofort zugreifen«, kam es wenn auch leise von vorn und ich erblickte ein grinsendes Gesicht im Innenspiegel. »Sie sind doch Dr. Graf oder?«

»Woher kennen Sie mich?«, fragte ich überrascht nach vorn.

»Erinnern Sie sich nicht an die vielen Hausbesuche? Familie Kurtez aus Johannis?«

»Ach *Sie* sind das, jetzt alles okay?«

»Der Junge ist ein Prachtkerl, meine Frau ist glücklich, dass es gut ausgegangen ist. Aber ich will Sie nicht weiter stören, ich muss mich auf den Verkehr konzentrieren.«

4

Der **Schatz**
oder Kai und das Body Painting

Die Brücke hier bei Röthenbach versetzte mich fast in die Römerzeit zurück, so antik sah sie aus, denn sie krümmte sich förmlich über den schmalen Wasserlauf wie ihre alten Vorbilder. Nur war das gar nicht möglich, denn der *Ludwigs-Kanal* verbindet erst seit 1847 den Main mit der Donau, mal ganz abgesehen davon, dass er eigentlich eine Fehlplanung war. Denn als er endlich seiner Bestimmung übergeben werden konnte, war er schon längst vom Zug der Zeit eingeholt worden und das im wahrsten Sinne des Wortes, die Eisenbahn kam nämlich gerade auf. So führte er bald nur noch ein Schattendasein. Hätte man ihn nicht als Kulturdenkmal gehegt und gepflegt – zumindest in Teilbereichen –, dann wäre er schon längst versumpft / versandet / eingestürzt.

Wenn man vom *Main-Donau-Kanal* spricht, dann sollte man schon sagen, von *welchem* Main-Donau-Kanal man spricht, denn es gab / gibt derer drei und sie wurden alle an nahezu gleichen Stelle gebaut.

Karl der Große hatte als Erster von einer Verbindung zwischen dem Rhein und der Donau geträumt und hat auch tatsächlich versucht, diesen Traum zu realisieren, also vor rund 1200 Jahren (!). Da sollte man schon staunen, wie man damals ohne jegliche technische Unterstützung (also ohne die heutzutage per Satelliten gestützte Landvermessung) eine passable und auch realisierbare Route quer durch Mitteleuropa austüfteln konnte. Im nahen Treuchtlingen, also bei der Main-Donau-Scheide (genauer gesagt bei der Rezat-Altmühl-Scheide) hatte man mit den Grabungen begonnen. Doch das Vorhaben musste schließlich eingestellt werden, da die sandigen Böschungen wiederholt absackten. Immerhin blieb bis heute ein durchaus sehenswerter Teil des Kanals erhalten, die sogenannte *Fossa Carolina*, rund 1200 m lang und für einen Kanal verdammt breit. Und bis heute randvoll mit Wasser gefüllt.

Erst rund tausend Jahre später hatte König Ludwig I. von Bayern die Idee wieder aufgegriffen und es tatsächlich geschafft, den natürlich modifizierten Entwurf in den Jahren 1836-1845 zu realisieren, 1847 war die feierliche Eröffnung. Leider kam eben zu dem Zeitpunkt die Eisenbahn auf, was den Kanalbetrieb letztendlich so stark beeinträchtigte, dass sein Betrieb einhundert Jahre später endgültig eingestellt werden musste.

Doch man gab die Idee mit dem Kanal quer durch Europa nicht auf. Unter dem Namen *Rhein-Main-Donau-Großschifffahrtsweg* ging man nach dem Ersten Weltkrieg abermals ans Werk und verfolgte diesmal größere Ziele: Man wollte friedensstiftend ganz Mitteleuropa durch den Kanal zusammenrücken lassen, indem man die Nordsee mit dem Schwarzen Meer verband. 1926 begann man mit dem Ausbau des Mains, was 27 Staustufen erforderte, gleichzeitig wurde die Donau mit neun Staustufen ganzjährig schiffbar gemacht. Schließlich wurde nach dem Ende des Zweiten Weltkriegs mit der Planung des eigentlichen Kanals quer durch das Frankenland begonnen. Es galt, den Kanal bis auf eine Höhe von 406 m anzuheben, um letztendlich vom Rhein zur Donau zu kommen. 1992 konnte die Eröffnung gefeiert werden, gerade rechtzeitig nach dem Fall des Eisernen Vorhangs, der bis 1990 Europa in zwei einander feindlich gesonnene Machtblöcke trennte und dem Kanal fast wieder eine Fehlplanung eingebracht hätte. Doch nun verbindet er tatsächlich rund ein Dutzend europäischer Staaten, die inzwischen alle Mitglieder der Europäischen Union, also der EU geworden sind.

Im Gegensatz zum alten Ludwigskanal ist der neue, also der ausgebaggerte bzw. der aufgeschüttete Kanal jetzt so breit angelegt, dass er auch die Passage zweier sich begegnender großer Motorschiffe problemlos erlaubt. Dann wurden die Abstände der Schleusen so weit gestreckt, dass deren Anzahl erheblich reduziert werden konnte, was natürlich nur durch z.T. gigantisch anmutende Bauwerke erreicht wurde, denn jetzt mussten im Land der Franken erhebliche Höhenunterschiede gemeistert werden. Hinter Nürnberg (330 m N.N.) nimmt der eigentliche, also der künstliche Kanal seinen Anfang, gelangt bei Hiltpoltstein auf die Scheitelhöhe von 406 m, um dann in Beilngries (366 m) die Altmühl zu erreichen, wozu man nur acht Staustufen benötigte. Die Altmühl wird dann noch zweimal aufgestaut, bevor der Kanal schließlich bei Kehlheim (354m) in die Donau einmündet. Da der künstliche Kanal nicht von natürlichen Zuflüssen gespeist wird, mussten einige große Stauseen in unmittelbarer Nähe angelegt werden, deren aufgestautes Wasser in die sogenannte Scheitelhaltung – also den höchsten Streckenabschnitt – eingespeist wird, damit die Schiffe das ganze Jahr über genügend Wasser unterm Kiel haben. Diese vielen Stauseen sind unter dem Namen *Fränkische Seenlandschaft* rasch zu einer touristischen Attraktion geworden.

Trotz dieser vielen Schleusen kann sich der Güterverkehr per Lastkahn mit dem Schienen- und Straßenverkehr gut behaupten, er ist zwar langsamer, aber wenn kontinuierlich Massengüter wie Kohle, Erz, Sand, Getreide oder Holz transportiert werden, dann fällt der Zeitverlust gar nicht auf, schließlich passt in einen Lastkahn von über 100 m Länge so viel rein wie in einen Güterzug oder in 25 Lkw und das nur mit einer minimalen Besatzung und wenigen Diesel-PS. Mal ganz zu schweigen vom Transport überbreiter Gegenstände wie Turbinen und ganzer Maschinenkomplexe, geht das doch nur auf den bis zu 7m breiten Schiffen zu bewerkstelligen.

Doch der neue Kanal ist nicht nur ein bloßer Schifffahrtsweg geworden, er wurde allen Unkenrufen der Umweltschützer zum Trotz ein Naherholungsgebiet par excellence. Die an seinen grünen Ufern durchgehend angelegten Rad- und Wanderwege laden förmlich dazu ein, per Rad mit den langsam vorbeituckernden großen Schiffen um die Wette zu fahren oder auch nur, um sich als Wanderer der im Wasser widerspiegelnden Sonne hinzugeben. Aber das Schönste am Kanal ist, dass der großstadtmüde Radler aus Nürnberg einen idealen Anfahrtsweg zu den neuen fränkischen Seen hat.

Der nächstgelegene Stausee auf halbem Weg zur neuangelegten fränkischen Seenlandschaft ist der *Rothsee* mit seinen fast voralpenländischen Ausmaßen. Er liegt in Sichtweite des neuen Kanals und lockt mit seinen flachen Ufern besonders die radfahrenden Wasserratten vom Liebespärchen bis hin zur Großfamilie an. Und wer ein Sonnenfreak ist, der nutzt schon die Fahrt am schattenlosen Ufer des Kanals aus, indem er mit seiner Marscherleichterung beginnt, sobald er die letzten Vororte von Nürnberg hinter sich gelassen hat.

Doch wem die Sonne am neuen Kanal zu sehr auf den Pelz brennt, der sollte sich lieber dem alten Ludwigs-Kanal anvertrauen, der sich meist durch stille Wälder schlängelt. Da hat man das Gefühl mutterseelenallein auf einer altehrwürdigen Allee zu radeln, denn weit und breit gibt es hier keine Autos. Hier herrscht und herrschte eine beschauliche Ruhe, denn der Kanal barg noch ein weiteres Kuriosum in sich: weil es damals natürlich noch keine durch Dieselmotoren angetriebenen Schiffe gab, hätte man nur mit Kohle befeuerte Dampfer einsetzen können, was aber wegen der schmalen Kanalbreite nicht machbar war. So wurden die Lastkähne ganz einfach von nur *einem* Pferd – also von nur *einem* PS – auf den sogenannten Treidelpfaden gezogen, die beiderseits angelegt waren, was somit auch den Gegenverkehr erlaubte. Diese schmalen, nur von Pferden gezogenen Lastkähne führten letztendlich 1945 zum Ende des Kanalbetriebs. Aber er ist ein Eldorado für Naturfreunde geblieben, denn man restaurierte etliche Kilometer mitsamt einigen schmalen Brücken und vielen kleinen wenn auch jetzt funktionslosen Schleusen, wobei man die gut-ausgebauten alten Treidelpfade als Rad- und Wanderwege wunderbar nutzen kann.

Ich war also mit dem Rad am Ufer des Ludwigskanals unterwegs, natürlich nur leicht geschürzt, denn die Temperaturen lagen derzeit im Schatten schon bei 30 Grad. Musste ich wieder einmal längere sonnige Abschnitte durchqueren, dann brannte die Sonne unbarmherzig auf mich nieder, doch gottlob war ich eingeölt. Was mich aber zusehends nervte, waren kleine Fliegen, die auf meiner feucht-fettigen Haut förmlich festklebten. Also hielt ich im Wald kurz hinter der alten Römerbrücke bei Röthenbach an, um mir lieber wieder T-Shirt und Shorts anzuziehen, die ich auf dem Gepäckträger abgelegt hatte. Doch bevor ich noch dazu kam, war in unmittelbarer Nähe das Kreischen scharf gebremster Reifen zu hören, dem sich ein kräftiger Knall anschloss, Metall auf Metall, also ein Verkehrsunfall.

Doch wo konnte das nur passiert sein? Zwar hatte ich kurz zuvor an der *Römerbrücke* eine schmale Straße passiert, auch hörte man eine in der Nähe verlaufene Autobahn, aber der Knall kam irgendwie aus allernächster Nähe.

Rasch unterließ ich das Anziehen und schob das Rad in einen großen Busch, wo ich es mit einem kräftigen Stahlseilschloss sichern wollte, als ein wiederholtes Hupen ertönte, was nur bedeuten konnte, dass da jemand in Gefahr war. Kurzentschlossen rannte ich in jene Richtung, aus der das Hupen kam, und erkannte bald darauf einen gelben Lieferwagen. Unmittelbar dahinter stand ein grauer Mercedes, der aber noch völlig unversehrt aussah, somit konnte er unmöglich den kräftigen Aufprallknall erzeugt haben. Also müsste es vor dem Lkw noch ein weiteres Fahrzeug geben.

Es war gar nicht so leicht, sich durch das Unterholz vorzuarbeiten. Die Nachwuchskiefern mit ihren spitzen Nadeln waren zwar lästig – schließlich trug ich nur meine Badehose –, aber sie waren nicht unüberwindbar, ganz im Gegensatz zu großen Brombeerbüschen, die es zu umrunden galt. Schließlich sah ich einen braunen VW-Bus, der quer zur Fahrbahn stand und in den der Post-Lkw reingefahren war – ein schwarz aufgemaltes Posthorn kennzeichnete ihn als einen solchen. Jetzt bekam ich erst mit, wer hier hupte: es war der Mercedes, denn der Lkw-Fahrer versuchte wiederholt, seinen großen Kastenwagen zurückzusetzen, wohl um von dem VW-Bus freizukommen, doch der Mercedes gab keinen Deut nach.

Typisch Mercedes, schoss es mir ärgerlich ins Hirn, fuhr ich doch einen Wagen gleichen Typs, sogar ebenfalls in Silbergrau.

Da sprang ein Mann aus dem Mercedes und rannten nach vorn zum VW-Bus, wohl um zu helfen. Doch zu meinem Entsetzen sah ich, wie er eine Pistole zückte und mehrmals auf das Führerhaus als auch auf den Vorderreifen vom Post-Lkw schoss. Die kleinen Rauchwolken ließen das zumindest vermuten, die Schüsse selbst konnte ich nicht hören, ein Schalldämpfer dürfte da wohl zum Einsatz gekommen sein. Ich presste mich auf den Waldboden, um nicht als nächstes Opfer herhalten zu müssen.

Ein zweiter Gangster – der wohl den VW-Bus quergestellt hatte – rannte nun zur Hecktür, zog einen Hammer hervor und schlug mit kurzen kräftigen Schlägen auf das Schloss ein. *Dilettant* wollte ich schon sagen, doch er schaffte es tatsächlich, den Riegelmechanismus zu öffnen. So konnte er die Hecktür des Kastenwagens aufmachen und kletterte in den Lkw hinein. Inzwischen war der Mercedesfahrer zu seinem Wagen zurückgerannt, setzte ihn zurück und wendete, um sogleich rückwärts an den Lkw heranzufahren. Er sprang heraus und öffnete die Kofferraumklappe, schob doch sein Kumpel schon einen Metallbehälter an den Rand der Ladefläche, den er nur noch in den Kofferraum verstauen musste.

Ich wurde also Zeuge eines Raubüberfalls auf einen Geldtransporter, und das alles lief keine zehn Meter vor mir ab. Und da man hier keine Kameras aufgebaut hatte, war das ein *echter* Raubüberfall.

Nachdem so in Folge vier Kästen verstaut waren, kletterte der außen agierende Ganove ins Innere des Lkw. Kurz darauf tauchten beide wieder an der Türöffnung auf, sie hatten Mühe, eine wohl sehr schwere Metallbox nach vorn zu tragen. Dann sprangen sie herab und versenkten den Behälter vorsichtig im Kofferraum des Pkw, der dabei sichtlich in die Knie ging. Wieder verschwanden sie im Lkw.

Inzwischen hatte ich mich unauffällig dichter an den Post-Lkw vorgearbeitet, meine sonnenverwöhnte Haut und meine getigerte Badehose bildeten zusammen eine vollkommene Tarnung. Aus nächster, aber noch sicherer Entfernung gelang es mir, den durch die heftigen Hammerschläge beschädigten Riegelmechanismus zu beäugen: Das Gestänge schien nicht beschädigt zu sein, somit dürfte der Hammer nur zum üblichen Aufsprengen eines angebrachten Vorhängeschlosses gedient haben.

So war in mir rasch ein kühner Plan gereift: Ich müsste eigentlich nur die Tür zuwerfen und den Riegel wieder umschwenken, den dann mit dem weggeworfenen Schloss sichern – denn von innen ließe sich das wenn auch labile Hindernis nicht überwinden – und schon wäre ich ein reicher Mann. Die Suche nach dem weggeworfenen Schloss verwarf ich schnell, denn ich konnte es zumindest auf dem Asphalt der Straße nicht erkennen. Doch da ich noch immer mein Fahrradschloss krampfhaft festhielt, könnte das Ende mit dem Zapfen bestimmt in die Öse vom Gestänge reinpassen. Also hatte nach dem nächsten Kasten der Spurt zu erfolgen.

Der nächste schwere Behälter, vermutlich auch mit Münzen angefüllt, wurde angeschleppt und wohl aus Zeitgründen einfach von der Ladefläche aus vorsichtig in den Kofferraum versenkt, was den Mercedes erneut kurz in die Knie gehen ließ. Und wieder verschwanden die beiden Gangster im Innern des Kastenwagens.

Da setzte ich zum Spurt an, schoss auf die Ladetür zu und drückte sie im Fluge mit kräftigem Knall zu, warf den Riegelmechanismus herum und schob das Stahlseil vom Fahrradschloss durch die Öse zum Arretieren des Riegels. Da sich auch schon jemand von innen brüllend gegen die versperrte Tür warf, der Riegelmechanismus aber weder wich noch wankte, sollte ich mich jetzt lieber schleunigst in Sicherheit bringen. Denn dass sie von ihren Pistolen wieder Gebrauch machen würden, das war so sicher wie das Amen in der Kirche. Da der Motor des Mercedes noch lief, wohl damit sie schneller abhauen konnten, schwang ich mich rasch hinter das Lenkrad und ab ging die Post.

Natürlich machten sie von der Pistole Gebrauch, wobei es mich schon überraschte, wie professionell sie dabei vorgingen, denn ein Geschoss durchschlug sogleich die Heckscheibe und verlor sich im Handschuhfach. Noch hatten sie die Tür nicht öffnen können, wie ich im inneren Rückspiegel erkennen konnte, sie schossen also blindlings durch die geschlossene Hecktür des Geldtransporters.

Nun fuhr ich erst recht in Schlangenlinien und behielt den gelben Lkw via Rückspiegel voll im Blick. Doch als ich meinen Blick wieder mal kurz vom Innenspiegel löste, um mich nach vorn zu orientieren, da setzte mein Herzschlag aus, kam doch ein roter Audi geradewegs auf mich zugerast. Zum Ausweichen war es bereits zu spät, ich befand mich voll auf seiner Straßenseite, daher trat ich entschlossen auf die Bremse und schloss die Augen, man sollte dem Tod nicht unbedingt ins Auge sehen. Da nichts passierte und der Wagen ganz normal zum

Stillstand gekommen war, öffnete ich schon verwundert die Augen: vom Audi war nichts zu sehen, zumindest nicht vor mir. Im Rückspiegel erkannte ich gerade noch, wie der rote Wagen in einer leichten Kurve verschwand.

Nun hieß es auf und davon, denn dass der Audi-Fahrer mich mit dem Überfall in Verbindung bringen würde, davon durfte ich ausgehen. Dass er womöglich auf die dumme Idee kommen könnte, den beiden Eingeschlossenen helfen zu wollen, damit musste ich auch noch rechnen, was natürlich seinen sicheren Tod bedeutete.

Ich näherte mich der Römerbrücke, ließ sie aber links liegen und bog nach rechts ab. Ohne jegliche Behinderung im verkehrsberuhigten Teil von Röthenbach erreichte ich kurz darauf eine gutausgebaute Verbindungsstraße. Links ging es nach Wendelstein, wobei es auf halbem Weg eine Abzweigung zur A73 Richtung Nürnberg gab. Würde ich nach rechts abbiegen, käme ich direkt auf die A9, also nach München bzw. Berlin, auch ein guter Fluchtweg. Da ich letztendlich aber in mein heimatliches Nürnberg wollte, bog ich nach links ab und steuerte auf die besagte Abzweigung zur A73 zu.

Doch so sehr ich auch auf das Gaspedal drückte, es war zum Verzweifeln, wie langsam der Mercedes Fahrt aufnahm. Ich fuhr den gleichen Wagentyp, nur statt des Benziners hatte ich einen Diesel, der aber erheblich mehr Temperament an den Tag legte als diese lahme Ente hier. Als ich schließlich in den zweiten Gang zurückschalten wollte, da bemerkte ich erst, dass ich vorhin statt im dritten, gleich im fünften Gang gelandet war. Mein Fluch galt der ausgeleierten Fünf-Gang-Schaltung. Also zurück in den zweiten, dann den dritten, den vierten und schließlich in den fünften Gang und schon war ich weg.

Als ich vor einer leichten Kurve nochmals in den Rückspiegel schaute, erkannte ich ein rotes Fahrzeug, das gerade aus genau jener Seitenstraße heraus auch in diese Verbindungsstraße einbog. Meine

Gangster waren mir also auf den Fersen. Mal sehen wer jetzt länger durchhalten würde, mein Neuer hatte jedenfalls einen vollen Tank, vermutlich hatten sie was Längeres an Fahrt vorgehabt.

Doch da musste ich auch schon stark in die Bremsen steigen, damit ich nach links abbiegen konnte, um über einen engen Bogen unter der Verbindungsstraße hindurch auf den Zubringer zur A73 zu kommen, als ich erst unter der Unterführung weiter vorn einen Stau erkannte. Zum Glück befand ich mich noch nicht auf der Autobahn mit ihren durch stählerne Leitplanken geteilten Fahrbahnen, denn dann wäre ich jetzt in einer aussichtslosen Position und müsste mein Heil in der Flucht zu Fuß suchen. Da der Gegenverkehr nur ein sporadischer war, ließ ich noch einen Lkw passieren und legte vor dem nächsten mit gezogener Handbremse eine gekonnte rasante Drehung über die weiße durchgehende Linie hin, wohl Dank des überladenen Hecks. Dann gab ich wieder Gas und schloss rasch zum Laster auf, der sich auch schon auf die Linksabbiegespur eingeordnet hatte, um in genau jene Richtung abzubiegen, aus der ich gerade eben erst gekommen war, vermutlich wollte er den Stau auf der A73 umfahren.

So konnte ich mich in seinem Sichtschatten an der Einmündung in die breite Staatsstraße aufstellen, um nach rechts Richtung Wendelstein abzubiegen. Leider hatte ich nicht die Poleposition ergattert, ich stand in zweiter Position, dadurch ließ sich leider nicht erkennen, ob das gewisse rote Auto auch abbiegen würde, um mir auf die A 73 nach Nürnberg zu folgen. Doch da mein Linksabbieger schon wieder losrollte, brauchte ich mir darüber keine weiteren Gedanken zu machen, denn mein Vordermann fuhr ebenfalls an, dem ich blindlings nach rechts folgte, konnte mir doch im Sichtschatten des langen Sattelschleppers kein Auto in die Quere kommen. Da aber der rote Wagen auf der Staatsstraße noch nicht vorbeigekommen war, dürfte er tatsächlich auf die A 73 abgebogen sein, um mich irgendwo auf dem Weg nach Nürnberg zu stellen / abzudrängen / totzuschießen.

Somit war für mich jetzt Plan B angesagt, diesen ausgeborgten Mercedes lieber so schnell wie möglich wieder abzustellen und dessen Inhalt kurzerhand in meinen Wagen umzuladen. Den hatte ich auf einem nahen Parkplatz in nächster Nähe zum Kanal geparkt.

Ich beachtete brav die 5-Gang-Schaltung und beschleunige nun mühelos den schwerbepackten Wagen, dabei zog ich noch an einigen Fahrzeugen vorbei, die breite Straße lud regelrecht zum Rasen ein. Vor Radarfallen brauchte ich keine Angst zu haben, ich hatte ja nichts zu befürchten. Hinter mir war nichts von einem roten Audi zu sehen, vor mir sowieso nicht. So bog ich am Ortseingang von Wendelstein nicht scharf nach links ab, also der vorgegebenen Straßenführung in den Ortskern hinein folgend, sondern zu meinem Parkplatz nach rechts ab. Wäre ich übrigens weiter geradeaus gefahren, ich hätte mich im alten Ludwigskanal wiedergefunden, der hier wegen der Schnellstraße eine abrupte Unterbrechung erfahren hatte. Lediglich ein filigranes Brückengeländer aus dünnen Stahlstangen – so wie man sie für Treppengeländer verwendet – hätte mich daran gehindert, ein unfreiwilliges Bad zu nehmen. Der reinste Wahnsinn!

Meine neue Straße war nur von kurzer Länge. Links und rechts ging es zu ein paar Häusern, geradeaus gelangte man tiefer in den Wald hinein, wo die Stichstraße kurz darauf mit einem länglichen Parkplatz vor einem kleinen Umspannwerk endete. Von da aus waren es nur noch ein paar Minuten zu Fuß und man erreichte einen kleinen aufgelassenen Steinbruch, Wernloch genannt. Er war bis zum Rand mit Wasser gefüllt und mit seinen baumhohen rötlichen Sandsteinfelsen ganz idyllisch in den Wald eingewachsen, die gelungene Kulisse für einen Karl-May-Film.

Doch mir war nicht nach romantischen Spaziergängen gewesen, ich hatte den Parkplatz nur deswegen angesteuert, weil ich da meinen Mercedes im Schatten parken konnte, um neben dem in der Nähe verlaufenden Ludwigskanal gen Neumarkt zu radeln.

119

Ich rollte in den länglichen Parkplatz ein und musste leider an meinem abgestellten Wagen vorbeifahren, war doch daneben kein Platz mehr frei, so dass ich schon fast verzweifeln wollte. Der ganze Parkplatz schien besetzt zu sein und das mitten in der Woche – richtig, es waren ja Schulferien. Fast ganz am Ende unmittelbar hinter einem Sanitätsfahrzeug der Bundeswehr war dann doch noch ein Stellplatz frei. Ich musste schon etwas rangieren, um da noch reinzupassen.

Erleichtert sackte ich in meinem Sitz zusammen, schloss die Augen und genoss die Blutleere im Hirn. Leider währte der Genuss nur wenige Sekunden, denn ein sich näherndes Martinshorn schreckte mich regelrecht auf: die Polizei. Wie konnte ich nur die Polizei verdrängen. Ich musste mich also nicht nur vor dem roten Audi in Acht nehmen, sondern auch noch vor der Polizei. Es war nur noch eine Frage der Zeit, wann sie hier auf der Bildfläche erscheinen würde, wobei natürlich die zweite Frage unbeantwortet im Raum stand: Hatte jemand das Nummernschild meines ausgeborgten Mercedes ablesen können? Vielleicht der Fahrer des Geldtransporters? Die Post dürfte ihre Fahrzeuge für den Geldtransport schon irgendwie diesbezüglich gegen Pistolenkugeln gesichert und mit einer Funksprechanlage ausgestattet haben.

Ich stieg aus, drückte die Fahrertür dezent zu und schmulte unauffällig um das Heck herum den Parkplatz hinunter, doch kein blaues Blinklicht verriet das Auge des Gesetzes. Ganz schön aufgeregt öffnete ich etwas die Klappe vom Kofferraum und konnte mich an den vielen Alu-Kisten nicht sattsehen. Dann drückte ich den Deckel lieber wieder zu, um erst einmal meinen Mercedes auf ein rasches Umladen vorzubereiten, befand sich doch noch ein zweites Klapprad drin.

Meine Jasmin, meine derzeitige Primaballerina aus der Praxis, begleitet mich des Öfteren auf meinen Exkursionen. Sie war es auch gewesen, die mich mal dazu überredet hatte, nur mit Badesachen bekleidet am neuen sonnigen Kanal zum Rothsee zu radeln, wobei sie es mir mit ihrem Bikini nonchalant vorgemacht hatte. Und da sie stets kleine Bikinis mit Tigerfellmuster liebte, hatte ich mir jetzt ein Pendent gekauft, das fellmäßig genau zu ihrem Bikini passte, wobei mein Badeslip nur unwesentlich größer war als ihr Tanga. Zugegeben, ein Mann muss da heutzutage schon Mut aufbringen, sich in solch einer kleinen Badehosen zu zeigen, trägt der modebewusste Herr heutzutage beim Baden doch fast ausschließlich Badeshorts, die bis zu den Kniekehlen reichen. Diese Moderichtung war Ende des vorigen Jahrhunderts aus dem prüden Amerika über den Teich geschwappt und hatte die knackigen Badehosen à la Italy abgelöst, warum auch immer, möglich dass es mit der zunehmenden Körperfülle der Männer zu tun hatte.

Aber heute Morgen hatte Jasmin abgesagt, sie wäre krank. Da ich aber schon im Auto unterwegs war, hatte ich mich nicht mehr diesbezüglich umziehen können. Zwar war ich schon noch in meinen Bermuda-Shorts auf das Rad gestiegen, aber unterwegs hatte ich wegen der hochsommerlichen Hitze dann doch Marscherleichterung gemacht. Da diese Shorts aber derzeit noch auf dem Fahrradgepäckträger schlummerten, war eine Rückbesinnung jetzt nicht mehr möglich, ich musste mich also mit dem getigerten Outfit abfinden.

Sicherheitshalber wollte ich den Kofferraum absperren, doch der Schlüssel ließ sich nicht in das Schloss schieben. Mir lief ein eiskalter Schauer über den verschwitzten Rücken als ich entdeckte, dass einer der zwei Schüsse den Schließmechanismus nur knapp verfehlt hatte. Doch dafür war die verdrehbare Kappe gegen Staub in Mitleidenschaft gezogen worden, so dass ich den Schlüssel eben nicht mehr in den Schlitz reinschieben konnte. Die Kugel dürfte in einem der Alukästen stecken, kaum auszudenken, wo sie sonst gelandet wäre. Das andere Einschussloch fiel in der Heckscheibe kaum auf, war die Kugel doch mitten durch einen kreisrunden Werbeaufkleber der GdP gegangen, also der Gewerkschaft der Polizei – wie originell.

Da sich in allernächster Nähe ein paar Jugendliche auf einer Rast-platzbank rumlümmelten, machte ich lieber keinen Aufstand, um das Problem mit dem Kofferraumschloss lösen zu wollen, hieß es doch die Behälter gegen unbefugtes Wegnehmen zu sichern. Noch waren sie mit Rauchen und Trinken beschäftigt, aber wie lange noch? Da sie mich und meine Badekleidung aber voller Interesse betrachteten, öffnete ich noch einmal den Kofferraum, um nach einer irgendwie unverfänglichen Decke zu sehen. Ein nicht mehr vorzeigbares Hand-tuch war die ganze Ausbeute, als Liegeunterlage für den Kanal aber durchaus noch verwendbar. Abermals täuschte ich das Abschließen des Kofferraums vor und schob dann den Wagenschlüssel in ein klei-nes für Münzen und dergleichen gedachtes Täschchen, das innen im vorderen Triangel eingearbeitet war.

Sodann machte ich mich auf den Weg zu meinem Mercedes, wobei mein Blick kurz das Nummernschild vom VW-Bus tangierte: Er besaß ein ziviles Nummernschild aus Roth, war also ein ausge-musterter Bundeswehr-Sanitätswagen. Dazu passten dann allerdings auch die ausgemusterten Jünglinge.

Als ich bei meinem Mercedes anlangte, bekam ich einen gewalti-gen Schreck: Er war total zugeparkt. Rechts stand ein großer Volvo-Kombi – auch noch rückwärts eingeparkt –, links ein Opel Cabriolet. Da der Kombi über Kindersitze auf der Rücksitzbank verfügte, bedeu-tete das, hier fand ein Familienausflug statt und der dürfte so kurz nach Mittag bestimmt noch nicht beendet sein. Ärgerlich schlängelte ich mich neben dem Opel hindurch, um meine Mercedestür aufzu-sperren, damit ich wenigstens die Handbremse lösen könnte, so ließe sich zumindest der Wagen zurückschieben. Unauffällig warf ich dabei einen Blick in das dunkle Innere des Wagens, es hätte ja sein können, dass sich drinnen ein Liebespaar abrackerte. Doch dem war nicht so, andererseits erkannte ich flüchtig einen Hund, der aber keine Anstalten mehr machte, mich anzubellen, obwohl er mich anstarrte. Sollte er schon erstickt sein? Schließlich stand der Wagen in der Sonne. Ich klopfte gegen die Scheibe, keine Reaktion, jedenfalls nicht aus dem Wagen heraus.

»Suchst du was bestimmtes?«, tönte es von vorn.

Mich traf fast der Schlag, sah es doch so aus, als hätte jemand einen ausgewachsenen Tiger in einem Netz gefangen, und der hockte unmittelbar vor meinem Mercedes. Als sich die Erscheinung vom Boden erhob, durfte ich weiteratmen, wenn man die neuerliche Über-raschung auch nicht gerade als Entwarnung einstufen konnte. Ich erkannte eine junge Frau, die lediglich in einer Art Strandkleid steckte, wie frau es sich überzieht, wenn sie zum Essen ins Hotel zurückkehren will. Nur war es kein Bikini, den sie da drunter trug, es hatte mehr den Anschein, als steckte sie in einer Tigerfell-Imitation, also ein Kostüm wie es die Darsteller des Musicals *Cats* auf der Bühne tragen, gestreift von Kopf bis Fuß.

»Hallo Peter«, sprach sie mich an, wobei mir die Stimme schon bekannt vorkam.

Ich erschrak. »Mensch Kai, was machst du denn hier?«, hörte ich mich verblüfft fragen, denn Kai war nach meiner Jasmin die Nummer zwei in meiner Praxis und zugleich ihre beste Freundin.

»Ich habe auf dich gewartet, kannst du mich mitnehmen?«

»Und wo willst du hin?«, war ich ob der Frage dann doch verblüfft, denn ich hatte sie noch nie mit zu mir nach Hause mitgenommen, war sie doch eigentlich schon fest mit ihrem Jens liiert.

»Na zu dir, geht doch – oder?«

Ich schluckte, denn ob Jasmin das auch schlucken würde?

»Wo ist Jasmin?« Suchend blickte ich an ihr vorbei, denn ihr Outfit machte mich ganz schön an.

»Schon nach Hause gefahren ... «

»Habt ihr euch etwa verkracht?«

»Wir hatten nur ein Shooting Date mit Jens.«

»Und wo ist Jens?«

»Auch abgehauen«, gab sie trotzig zurück, doch dann flossen Tränen. »Der Kerl hat mir den Laufpass gegeben, jetzt weiß ich nicht mehr wohin. Da hab ich dein Auto gesehen ... «

Und schon war ich bei ihr, um sie zu trösten, wobei ich meine Hände ausschweifen ließ, um sie dann verblüfft anzusprechen, dass das doch niemals ein Body wär.

»Bodypainting«, erläuterte sie mir und heulte nun erst recht los.

»Mensch Kai, das sieht echt super aus, lass dich mal ansehen.«

Ich trat einen Schritt zurück und bewunderte die fachmännische Arbeit, wenn sie auch durch das schwarze Netz schon etwas kaschiert wurde. »Das sieht echt super aus«, befand ich begeistert und trat wieder auf sie zu. »Aber ganz schön gewagt ... «, musste ich feixend einräumen. »Und Jasmin?«, fragte ich innerlich schon erregt und hoffte tatsächlich, bei ihr auch solch eine Kriegsbemalung vorzufinden, denn bei ihr würde ich mich trauen, diese mit den Fingern nachzumalen. Bei Kai traute ich mich das dann doch nicht, ihr Jens war ziemlich launisch.

»Jens hatte für seinen Kalender wieder mal eine Idee gehabt, Jas als sibirischen Tiger, mich als bengalischen abzulichten, wir sollten uns am und im Wasser balgen ... «, begann sie weinerlich.

»Wo? Etwa hier am Kanal?«

»Da beim Steinbruch. Wir hatten uns gestern angemalt, Jens hatte Standfotos gemacht und war begeistert von der neuen Farbmischung, denn jetzt hob sich das aufgemalte Muster besser vom Untergrund ab. Natürlich schärfte er uns ein, das alles gleich wieder abzuwaschen, dann verschwand er in seinem Labor.«

»Und es ging nicht wieder ab?«

»Wir haben es nicht gleich abgewaschen, denn Jasmin hatte einen Termin im Sonnenstudio, den wollte sie nicht platzen lassen, also nahm sie mich mit ... «

»Was war das für eine Farbmischung?«, fiel ich ihr ins Wort, denn mir schwante etwas, weil Jens ja eigentlich Fotograf war und das Bodypainting normalerweise nicht zu seinem Metier gehörte.

»Er hatte was von Silber gesagt, das er in die Farben reingemischt hat, damit das Blitzlicht besser reflektiert wird oder so.«

»Silberbromid?«, hakte ich beunruhigt nach.

»Kann auch Silberjodid gewesen. Jedenfalls geht das wohl jetzt nicht mehr so schnell weg, da durch die UV-Bestrahlung auf der Sonnenbank eine tiefreichende Reaktion mit dem Unterhautfettgewebe entstanden sein dürfte oder so ähnlich, hatte er gesagt.«

»Wie bei den Altersflecken auf der Haut alter Menschen, die sich zu lange in der Sonne aufhalten«, erkannte ich den Zusammenhang.

»Geht das wirklich nicht mehr weg?«, fragte sie in Panik.

»Schwer zu sagen, da müsste man einen Dermatologen fragen. Hat das Jens gemalt?«

»Anfangs ja ... «

»Was heißt *anfangs ja*?«

»Jens hat uns nur am Körper angemalt, also Brust, Bauch, Rücken, Po und so, dann musste er mal kurz weg. Da haben wir uns gegenseitig noch mehr angemalt, bis wir aussahen wie bei den Darstellern in *Cats*, wir hatten das Musical doch zusammen besucht gehabt, wie du dich noch erinnern kannst – oder?«

Ich nickte, denn bei diesem Besuch in Hamburg hatte er uns hinter die Bühne mitgenommen, ein Kumpel aus seiner Hochschulklasse arbeitete da. So durften wir live miterleben, wie man die Mitwirkenden für die Auftritte schminkt, was in diesem Fall eben das Ergänzen des Katzenfellmusters vom Ganzkörperkostüm auf die nicht bedeckten Hautareale war, wie Gesicht und Hände.

»Jens hat uns natürlich zur Schnecke gemacht, als wir ihn abends anriefen, was wir jetzt machen sollten. So trauen wir uns jedenfalls nicht in deine Praxis – oder?«

»Oh Gott«, stöhnte ich auf, denn so konnten die Mädels niemals in meiner Praxis arbeiten, auch wenn zumindest bei Kai das Gesicht frei von den schwarzen Streifen war, mal abgesehen von den dünnen Barthaaren der Raubkatzen, was wie ein Schnurrbart aussah.

»Ich mit meinen schwarzen Haaren und der dunkleren Haut spielte den bengalischen Tiger, Jasmin mit ihren blonden Haaren sollte den sibirischen Tiger darstellen. Sie hat zwar einen helleren Teint, doch für das eher bräunliche Fell des sibirischen Tigers war das zu hell. Daher hatte Jens sie vorher total mit einer wässrigen Lösung quasi grundiert, was dem gelblich-bräunlichen Farbton des sibirischen Tigers schon sehr nahe kam. Sie sieht jetzt also aus wie ein knusprig gebratenes Huhn, nur eben mit schwarzen Tigerstreifen.«

»Ach du großer Gott!«, stöhnte ich entsetzt auf.

»Sie sieht schon echt geil aus. Als wir anriefen, dass die Farbe nicht mehr runtergeht, da hat er getobt, weil wir uns nicht gleich danach geduscht hatten. Doch dann hat er vorgeschlagen, wir sollten uns heute in aller Frühe hier am Steinbruch treffen, weil da noch keine Gaffer da sind. Er wollte noch schnell ein paar Fotos schießen, dann würde er uns auch sagen können, wie wir das Zeug wieder runterkriegen, er müsste erst einen Dermatologen fragen.«

»Und?«

»Er hat die Fotos gemacht, wir haben uns auch brav im kalten See gebalgt ... «

»Was hat der Dermatologe gesagt«, unterbrach ich sie ungeduldig.

»Das würde von allein verblassen wie die Urlaubsbräune.«

»Also erst im Winter ... «

»Aber ich vermute, er wollte nur noch einmal die heißen Fotos von uns machen. Da hab ich Jasmin zur Schnecke gemacht, denn sie wollte nicht den Termin im Sonnenstudio verfallen lassen. Da hat sie Jens zur Sau gemacht, weil er doch die Farben erstmalig so gemixt hatte. Daraufhin hat er mich zusammengeschissen, weil ich mit der Ganzkörperbemalung angefangen hatte. Und als Jas dann auch noch ausgerastet war, weil sie jetzt wie ein leberkranker Afrikaner aussieht, da hielt doch der Hurensohn dagegen, dass wir ihn ja auch verschandelt hätten, schließlich haben Tiger keinen längsgestreiften Schwanz. Stimmt das?«

»Was?«

»Wir hatten ihn quer-, den Schwanz aber längsgestreift bemalt.«
Ich musste auflachen.

»Zum Lachen war das ganz und gar nicht, wir haben uns gegenseitig angeschrien. Dann sind die beiden in ihre Autos gesprungen und losgebraust.«

»Und haben dich so zurückgelassen.«

Sie zuckte mit den Schultern. »In der Rage hatten sie wohl angenommen, ich würde bei dem jeweils anderen zusteigen, aber ich war nicht schnell genug gewesen. So dürfte Jens nach Schwarzenbruck und Jas nach Nürnberg gedüst sein. Stell dir mal vor, wenn ihr Mann sie so zu Gesicht bekommt, dann möchte ich nicht in ihrer Haut stecken.«

»Ach du gütiger Himmel ...«, schreckte ich auf, denn *das* Theater konnte ich mir richtig bildlich vorstellen, wie der auf sie bzw. mich losgehen dürfte, er der pikfeine Flugkapitän, was ich Kai auch anvertraute.

»Er weiß nichts von eurer intimen Beziehung, Jas konnte ihm immer vorgaukeln, dass du schwul bist.«

»Ich und schwul?«, fiel ich aus allen Wolken.

»Warum bist du sonst noch Junggeselle«, hielt sie mir schulterzuckend vor. »Also hatte sie ihm die ganze Zeit über vorgeschwindelt, dass sie mit mir zusammen ist, denn du hast ja ein Verhältnis mit Jens. Aber was sollen wir jetzt machen? So wie ich Jas kenne, wird sie entweder vor deiner Haustür rumheulen oder in meinem Bett liegen und nicht eher aufstehen, bis sie wieder so weiß ist wie ein Unschuldsengel.«

»Dann muss ich mir also neue Mädels suchen ...«

»Nein, Peter tu das nicht, ich bringe mich um! Ich kann nirgendwo anders mehr arbeiten. Ich liebe dich.«

Und schon schlüpfte sie aus dem schwarzen Netz und schmiegte sich an mich an, ihre Hand unterwanderte mein Tigerfell. »Darf ich ihn wenigstens quergestreift anmalen? Das Bodypainting macht mir echt Spaß.« Ich starrte sie entgeistert an, obwohl ich mich dafür auch begeistern konnte. »Ich würde auch gern den Rest von dir anmalen. Dann wandern wir nach Florida aus und treten als Liebespaar in der Manege von so einem Dompteur in Las Vegas auf.«

»Nur mit dieser Kriegsbemalung?«

»Das ist ja gerade der Reiz der Show, er führt weiße Tiger vor. Komm, lass mich jetzt nicht allein. Warum bist du eigentlich so nackt hier aufgetaucht?«, hinterfragte sie erst jetzt.

»Ich war am Kanal Radfahren gewesen.«

»Und wo ist dein Rad abgeblieben?«

»Das habe ich da in einen Busch geschoben ...«

»Hast wohl pinkeln müssen und dann vergessen, wo du es abgestellt hast«, spottete sie lachend. »Aber da kannst du mal sehen, wie so was in die Hose gehen kann.«

»Ich musste nicht pinkeln, das müsste ich eher jetzt«, verwahrte ich mich gegen diese Unterstellung.

»Dann bist du also aus Spaß so nackt hierher gejoggt? Du bist ja geiler als Jens, der läuft nur immer in seiner Wohnung nackt rum.«

»Noch hab ich was an, im Gegensatz zu dir«, fiel ich ihr erregt ins Wort und half ihr wieder ins Netzkleid. »Außerdem war ich ja mit dem Mercedes hergekommen.«

»Also horche mal, ich bin doch nicht blind.«

Mir fehlten plötzlich Worte der Erwiderung. Sollte ich sie in den Raubüberfall einweihen? Ich entschied mich gegen Kumpanei.

»Aber wie soll ich jetzt hier weg? Der Platz reicht nicht zum Einsteigen, wie du siehst.«

»Wenn du mir den Schlüssel gibst, kann ich es versuchen, ich hab da schon mehr Übung drin, seine Garage ist genauso eng, da passt der kleine Audi mal gerade so rein.«

Ich griff in meine geheime Schlüsseltasche und bekam natürlich nur den Schlüssel vom ausgeborgten Mercedes zu fassen.

»Verdammte Scheiße«, murmelte ich ärgerlich.

»Suchst du was bestimmtes«, glaubte Kai scherzen zu müssen.

»Der ist nicht mehr drin ... «

»Das glaubst du doch selber nicht. Soll ich mal suchen?«, bot sie mir feixend an und wollte schon in das Eingeweide meiner Badehose greifen.

»Ich vergaß, den Schlüssel von *meinem* Wagen mitzunehmen.«

»Und was hältst du da in deiner Hand versteckt?«

»Das ist nicht mein Schlüssel, bei mir hängt ein Foto dran.«

»Von wem?«

»Von Jasmin. Du warst ja bislang mit diesem verrückten Fotografen liiert gewesen, sonst ... Die Idee, ein Foto von Jens.«

»Ich denke, du bist nicht schwul?«, hinterfragte sie entgeistert.

»Ich meinte sein letztes Foto: du als nacktes Tigerweibchen.«

Kai klaubte mir den Schlüssel aus der Hand. »Und was ist das für ein Schlüssel? Ist doch auch von Mercedes.«

»Aber der passt nicht.«

Sie fasste mir besorgt an die Stirn. »Also Fieber hast du noch nicht«, stellte sie nur leicht kopfschüttelnd fest und versuchte dann, den Schlüssel ins Türschloss zu schieben, was nicht gehen wollte.

»Ich sagte dir doch eben, das ist nicht *mein* Schlüssel.«

»Wozu gehört der sonst?«, blickte sie nun nicht durch.

»Also, da war Folgendes passiert: da war ein Unfall auf der Straße nach Schwarzenbruck ... «

»Doch nicht Jens roter Audi?«, fiel sie mir besorgt ins Wort.

»Wieso?«, stutzte ich.

»Der wohnt da.«

»Da war ein gelber Post-Lkw einem grünen VW-Bus in die Seite gefahren, der da wohl wenden wollte. Ich runter vom Rad, um dem verunglückten VW-Fahrer zu helfen. Doch da kam ein silbergrauer Mercedes, dann ging alles ganz schnell ... «

»Was ging ganz schnell?«, fragte mich Kai beunruhigt in meine Gedankenpause hinein, denn ich überlegte gerade, ob wir lieber doch nicht zum Ort des Geschehens zurückfahren sollten, sollte ihr Jens dort zwischen die Fronten geraten sein.

»Der Mercedesfahrer schoss mit einer Pistole auf die Reifen und das Führerhaus vom Postauto. Dann half ihm ein zweiter Mann, wohl der aus dem VW-Bus, die Hecktür des gelben Lkw zu öffnen, dann holten sie mehrere Metallbehälter vor und versenkten sie im Kofferraum vom Mercedes ... «

»Und mein großer Held hat einfach so zugesehen ... «, lästerte sie auch schon, wohlwissend dass ich zumindest sportlich gesehen mit der Polizei zusammenarbeite.

»Von wegen, als sie wieder im Wagen verschwanden, rannte ich runter und warf die Tür zu, verriegelte sie mit dem noch intakten Verschlussgestänge und bin mit dem Mercedes abgehauen.«

»Aber nicht mit dem hier – oder?«

»Nein natürlich nicht. Ich will damit nur sagen, der Schlüssel von *meinem* Mercedes steckt noch in den Bermudas, die ich beim Losfahren noch anhatte und die ich mir unterwegs ausgezogen hatte, weil mir vom Radfahren in der Sonne heiß wurde. Und diese Shorts hatte ich auf den Gepäckträger meines Fahrrades geklemmt.«

»Aber du bist schon mit einem Mercedes hier angekommen«, stellte sie schon mal klar, wobei sie das auch noch mit dem Autoschlüssel bewies. »Und wo steht der jetzt?«

»Am Ende vom Parkplatz.« Und damit zeigte ich in diese Richtung.

»Dann werden wir jetzt damit wieder zurückfahren und *deinen* Autoschlüssel aus der Hosentasche *deiner* Shorts holen, die du unter den Gepäckträger *deines* Fahrrades geklemmt hast. Und da wir schon auf dem Weg zu Jens sind, wirst du mich gleich noch zu ihm fahren, ist doch dann ein Aufwasch.«

»Aber wenn da ein Raubüberfall stattgefunden hat, wird die Polizei das Gelände bestimmt schon weiträumig abgesperrt haben, dann können wir unmöglich mit dem Mercedes dahin fahren, die werden uns einkassieren.«

»Glaub ich nicht, wer wird schon so blöd sein, in so einem auffälligen Outfit einen Raubüberfall zu machen.«

»Und als was sollen wir dann dort auftauchen? Etwa als Liebespärchen?«

»Ich hätte nichts dagegen, für eine Million tu ich alles was du willst. Der Kamasutra ist dir doch ein Begriff – oder?«

»Du bist wohl auch nicht klein zu kriegen ... «

»Du doch hoffentlich auch nicht«, kam es kess zurück und sie wollte schon mit einer Hand ihre These überprüfen, doch ich konnte die Pranke des Tigers gerade noch festhalten.

»Und wo war das passiert? Ich kenn mich da aus.«

»Diese Straße hier runter bis zur Hauptstraße, in die links einbiegen, dann nach gut zwei Kilometern rechts nach Röthenbach abbiegen, dann kurz darauf im Ort wieder nach links abbiegen Richtung Schwarzenbruck und hinter dem Ort da ist die Römerbrücke, die aber rechts liegen lassen und nach links ein Stück am Kanal entlang«, versuchte ich, ihr meinen bildlich fixierten Rückweg zum Parkplatz vorzutragen.

»Und wie lange braucht das?«

»Vielleicht fünf Minuten.«

Und schon machte sie sich entschlossen zum anderen Mercedes auf, was mir den Atem verschlug, der ich ihr notgedrungen nachfolgen musste, denn in Anbetracht der dort rumlümmelnden Jünglinge dürfte sie das gefundene Fressen sein. Beim Mercedes angekommen und von den Jünglingen natürlich mit flotten Sprüchen genüsslich bedacht, schob sie unbeeindruckt den Schlüssel ins Türschloss, zog die Tür auf und schwang sich kurz entschlossen hinter das Lenkrad, die Tür fiel geräuschvoll ins Schloss.

»Leichtsinniges Huhn«, empfing sie mich, als ich neben ihr ins Polster sank. »Hattest du nicht die jungschen Burschen da drüben bemerkt?«

»Wieso?«, tat ich unwissend.

»Du hattest nicht abgesperrt. Wär der Wagen geklaut worden, hätte die Versicherung nicht gezahlt.«

»Ich war mir sicher, abgesperrt zu haben.«

»Okay, dann war mir das Aufschließen eben nicht bewusst geworden. Toller Schlitten. Rauchst du beim Fahren?«

»Ich rauche gar nicht.«

»Dann ist das tatsächlich nicht dein Wagen«, stellte sie fest, als wäre sie als Kriminalkommissarin schon mit dem Fall beschäftigt. »Und wo ist der Zaster?«

»Du meinst die Beute?« Sie nickte erwartungsvoll. »Ich weiß nur von mehreren Blechkisten, die sie von der Ladefläche des Lkw direkt in den Kofferraum von diesem Mercedes versenkt hatten, wobei eine besonders schwer gewesen sein muss, denn da mussten sie beide anpacken. Nein, es waren zwei gewesen.«

»Zwei Gangster?«

»Zwei schwere Kisten, vermutlich Hartgeld.«

»Wollen wir mal rasch nachschauen gehen?«, fragte sie mich spitzbübisch und war schon im Begriff, die Tür aufzustoßen.

Doch da die irren Typen den Wagen schon umringt hatten und schamlos zu uns reinstarrten, hatte ich natürlich noch rechtzeitig auf Zentralverriegelung gedrückt gehabt, so dass ein sowohl als auch nicht mehr möglich war.

»Ich würde jetzt an deiner Stelle keinen Kavaliersstart machen.«

»Hast wohl Angst, Erste-Hilfe leisten zu müssen«, hatte sie mich durchschaut und startete den Benziner mit einer blauen Auspuffwolke, was die hinten stehenden Spanner sich rasch in Sicherheit bringen ließ.

»Wie hast du denn das hingekriegt?«, war ich bass erstaunt.

»Man pumpt mehrmals auf das Gaspedal, bevor man startet, und schon hast du ein überfettes Gemisch, sagt Jens.«

Ich bezweifelte das Vorhaben, denn die Benzinpumpe läuft erst an, wenn der Motor gestartet wird. Aber sich jetzt und hier auf eine Fachdiskussion mit ihr einlassen zu wollen, war genauso abwegig, als jetzt die Blechkisten auf deren Inhalt überprüfen zu wollen. Also schwieg ich, was mir ein Grinsen einbrachte, weswegen auch immer.

Kai setzte den Wagen behutsam zurück, doch beim Vorwärtsfahren legte sie doch einen gekonnten Kavaliersstart hin, auf dass die jungen Burschen rasch zur Seite sprangen, wobei sie ohne zu zaudern bis auf wenige Millimeter an den VW-Bus herankam.

»Flotter Käfer!«, rief uns jemand nach, Kai errötete nicht einmal.

»Von wegen flotter Käfer, heiße Raubkatze wäre zutreffender«, erwiderte ich lachend und streichelte ihren Oberschenkel aufwärts.

»Toll hingekriegt, stimmt's?«

»Von wegen du bist noch nie mit diesem Wagentyp gefahren ... «

»Ich sprach vom Bodypainting. Aber wenn du noch weiter eruieren willst, wo die Fellimitation aufhört, dann solltest du mir vorher einen Heiratsantrag machen, sonst fahr ich den Wagen absichtlich in den Kanal. Ganz schön lahmarschig das Getriebe«, befand sie im gleichen Atemzug, weil sie wegen vieler Kinder auf der Fahrbahn abbremsen und herunterschalten musste, was nur geräuschvoll ging.

»*Musik wird störend oft empfunden, zumal wenn mit Geräusch verbunden*«, versuchte ich Wilhelm Busch zu zitieren, was sie mich nur fragend anschauen ließ. »Du musst das gefühlvoller angehen, die alte Lady liebt es liebevoller.«

Sie blickte mich nur vorwurfsvoll an, der ich gerade damit beschäftigt war, mich anzuschnallen. Daraufhin reichte sie mir ihr Gurtende zu, damit ich es für sie ins Gurtschloss stecken sollte. So spürte ich erstmalig, wie sich so ein scharfkantiger Gurt auf nackter Haut anfühlt.

»Wie kann man nur so einen widerlichen Gurt erfinden.«

»Du sagst es. Was man(n) erfindet, ist nicht immer ladylike.«

Schließlich blieb sie auf der Brücke über den Ludwigskanal stehen. »Und jetzt nach links?«, fragte sie, was ich mit einem stummen Kopfnicken bejahte, denn ein heranbrausender Streifenwagen hielt mich in Atem, sein stummes Blaulicht zeigte die Brisanz seines Einsatzes an. Sollten wir unser Heil lieber in der Flucht suchen?

Doch bevor ich noch Kai in mein Gedankenspiel einweihen konnte, nutzte sie sogleich die einmalige Gelegenheit, sich durch die zum Stehen gekommene Kolonne hindurch zu mogeln, indem sie mit Vollgas nach links abbog. Das Gehupe der wieder anfahrenden Blechlawine ignorierend, folgte sie dem Streifenwagen hinterher, als führe sie den Kriminalhauptkommissar persönlich zum Ort des Geschehens, nur eben ohne aufgesetztes Blaulicht. Natürlich bogen wir auch bei besagter Abzweigung nach rechts ab in Richtung Röthenbach, doch dann ging sie alles wieder ganz langsam an, indem sie den Hinweis auf das beruhigte Wohngebiet befolgte, also die vorgeschriebenen 30 km/h einhielt.

»Warum jetzt wieder die brave Tochter aus gutem Haus?«

»Man kann nie wissen.« Und schon trat sie hart auf die Bremse, woraufhin ich unsanft nach vorn geworfen wurde.

»Was ist?«, sprach ich sie ärgerlich an.

»Rechts vor links«, kam es ruhig zurück.

Ein Zivilfahrzeug kreuzte langsam unseren Weg, die gelblichen Hemden der Insassen trugen Schulterklappen. Ich hielt die Luft an, doch sie fuhren ganz normal weiter, auch Kai ließ den Wagen wieder anrollen.

Ich atmete beruhigt weiter. Demnach schien niemand das Nummernschild des Tatfahrzeugs abgelesen zu haben.

»Hast du gesehen, wie die unser Nummernschild förmlich abfotografiert haben?«

»Unser Nummernschild abfotografiert?«, konnte ich mich nur schwer beherrschen, das nicht in Panik raus zu schreien.

»Reg dich ab, die haben es nur abgelesen. Wenn die uns nicht jetzt angehalten haben, dann hat ihnen niemand die richtige Zahlen-Buchstaben-Kombination durchgegeben. Richtig aufregend. Wann warst du auf die Idee gekommen, den Wagen dort am Steinbruch unterzustellen? Hast du den Raubüberfall eingeplant gehabt?«

»Spinnst du?«

»Ich wär damit nach Hause gefahren, hätte den Inhalt in der Garage ausgeladen und den Wagen dann an einer belebten Straßenkreuzung mit versehentlich stecken gelassenem Zündschlüsseln abgestellt.«

»Auch nicht schlecht. Nur mir war ein Wagen gefolgt, ich konnte ihn kurzzeitig abhängen, aber wenn ich in einen Autobahnstau geraten wäre, hätten die mich bestimmt gestellt.«

»Die Polizei?«

»War ein roter Wagen.«

»Doch nicht etwa Jens?«, kam es beunruhigt rüber.

»Das war passiert, als ich zu meinem Wagen im Steinbruch *zurück* fuhr.«

»Dann kann er es nicht gewesen sein.«

»Und wenn er erst unterwegs gemerkt hatte, dass du nicht an Bord warst?«

»War es ein kleiner roter Audi, RH–SA 13?«

»Der Abstand war zu groß, aber groß sah er nicht aus«, wollte ich sie schon mal auf das Unausweichliche vorbereiten, falls wir ihn ohne Auto da irgendwo antreffen sollten.

»Aber die Idee, den Wagen im Wald abzustellen, den Zaster umzuladen und damit nach Hause zu fahren, ist auch genial, wäre aber schief gegangen.«

»Wieso?«

»Okay, wir hätten den Typen da ein Schweigegeld zahlen können, wenn sie uns beim Tragen der Behälter geholfen hätten.«

Dass sie sich jetzt in das Komplott eingebunden fühlte, hatte ich nicht überhört.

»Und in den Blechkisten war wirklich Geld?«

»Schwer zu sagen, aber warum sollten die sonst einen Post-Lkw überfallen, wenn der nur Briefe ausfährt?«

»Dann fahren wir am besten gleich zu Jens, vielleicht weiß der mehr, wenn er dir begegnet war.«

Ihre Logik war verblüffend realistisch, nur ob sie das Risiko für Jens richtig einschätzte, falls er da angehalten haben sollte, um den Eingeschlossenen zur Hilfe zu kommen, konnte ich jetzt schwer einschätzen, also hielt ich mich weiterhin bedeckt.

»Ich hatte mehr an umladen gedacht, wer kommt schon auf den abgelegenen Parkplatz, die Typen werden da bestimmt nicht ewig ausharren. Natürlich könntest du mich auch zurückbringen, du fährst mir dann hinterher, bis wir irgendwo heimlich umladen können.«

»Ich die heimliche Räuberbraut. Und wann stellst du mir den Heiratsantrag? Vorher oder hinterher?«

»Wenn wir alles zu unserer vollsten Zufriedenheit geregelt haben«, gab ich lachend mein Einverständnis.

»Du, ich möchte kein Zeugnis, wenn du dich danach heimlich aus dem Staub machen willst. Ich möchte nur real dran beteiligt werden. Also brauchst du trotzdem dein Fahrrad wegen des Schlüssels.« Das war eindeutig keine Frage sondern eine Feststellung. »Sollen wir es wagen, bis ran zu fahren?«

»Lieber nicht, auch wenn die das Nummernschild schon als unverdächtig eingestuft haben, aber Mercedes bleibt Mercedes, zumal wenn er die gleiche Farbe hat, wir müssen damit rechnen, angehalten zu werden ... «

»Siehst, darum habe ich dich schon mal gefragt, ob wir auf Hochzeitsreise machen sollen mit Bussi, Sex und Co. oder ob wir nur für das Triathlon von Roth trainieren wollen, von wegen Laufen, Schwimmen und Radfahren. Du hast so gut wie nichts an.«

Wir näherten uns dem Ende des beruhigten Wohngebietes.

»Soll ich nun weiterfahren bis zum Kanal oder lieber schon hier anhalten?« Sie schien schon voll zu kooperieren.

»Der Weg geht zum Friedhof«, las ich von einem Wegweiser ab. »Wie wäre es damit?«

Sie lenkte den Wagen zum Friedhof, eine Beerdigung war gerade angesagt. Also hielt sie der Pietät halber lieber gleich am Anfang vom Parkplatz an. Ein weiterer Wagen parkte hinter uns ein, gottlob ein schwarzer. Wir blieben sitzen, bis diese Trauergäste ausgestiegen und zum Friedhof vorgelaufen waren. Kai schloss natürlich die Fahrertür ab.

Wir joggten zum Kanal und nahmen den vorderen Weg, den ich auch zum Radeln benutzt hatte. Wegen entgegenkommender Radfahrer liefen wir hintereinander, ich vorne weg. Da sie nicht mehr zu mir aufschloss, obwohl der Weg vor uns frei war, drehte ich mich verwundert zu ihr um, doch von Kai war weit und breit nichts zu sehen. Verblüfft blieb ich stehen. Aus dem Wasser des dunklen Kanals hoben gerade ein paar Enten ab und flogen schnattern über mich hinweg genau in jene Richtung, wo mein Fahrrad stand. Sollte sie zum Wagen zurückgelaufen sein, um jetzt mit dem Mercedes allein abzuhauen? Sie besaß schließlich noch den Wagenschlüssel. Doch ich konnte sie beim besten Willen auch nicht weiter zurück ausfindig machen.

»Verdammt!«, fluchte ich laut und stampfte dabei ärgerlich mit dem Fuß auf.

Doch damit schien ich wohl schlafende Hunde geweckt zu haben, denn ein solcher trat in Laufrichtung aus dem Gebüsch heraus und glotzte mich stumm an, der Abstand betrug keine zehn Meter. Als dem Hund sein Herrchen folgte, bekam ich dann doch noch meinen Schreck, denn das Herrchen trug Uniform.

»Keine Angst, der tut Ihnen nichts«, schien der Beamte mein Innehalten gottlob falsch einzuschätzen, woraufhin ich langsam auf sie zuging.

»Bin schon mal beim Joggen angefallen worden«, tat ich beunruhigt, obwohl ich es auch tatsächlich war. »Ihrer hat keinen Maulkorb um.«

»Wir sind hier im Einsatz, aber die Hunde sind angeleint, erst wenn wir sie losmachen, dann sollten Sie lieber stehen bleiben.«

»Okay, vielen Dank!«, bedankte ich mich für sein Verständnis und ging schreitenden Fußes an den beiden vorbei, um dann wieder in meinen Joggingstil zu verfallen. Trotzdem beunruhigte mich Kais Verschwinden.

Wegen erneuter Radfahrer – diesmal kamen sie mir zu mehreren nebeneinander fahrend entgegen – wich ich auf den Grasstreifen zur Kanalböschung aus und erkannte leichte Wasserwellen, als wenn da eine Bisamratte schwimmen würde. Der schwarze und daher unauffällige Haarschopf gehörte eindeutig zu Kai.

»He, was treibst du da im Wasser«, rief ich ihr verhalten runter.

»Ich treibe nicht, ich schwimme«, glaubte sie mich korrigieren zu müssen.

»Hast du dich etwa wegen des Hundeführers ins Wasser gestürzt?«

»Nicht bemerkt«, kam es zurück und sie schwamm weiter.

Eigentlich war das logisch, dass sie ihn nicht bemerkt haben dürfte, denn dann wäre auch er auf sie aufmerksam geworden. Also joggte ich jetzt langsam weiter, denn so schnell konnte sie natürlich nicht schwimmen. Doch langsam aber sicher näherten wir uns dem Ort des Verbrechens, genaugenommen dem Abstellplatz von meinem Fahrrad. Ich stieg zum Wasser runter und machte sie mit den Örtlichkeiten vertraut, sie wollte aber noch weiterschwimmen, das Wasser wäre so angenehm warm, sagte sie. Also ließ ich sie im kühlen Nass, denn so nackt wäre sie hier oben auf dem Treidelpfad dann doch fehl am Platze. Ich stieg also wieder zum Treidelweg hoch und ging jetzt zu Fuß neben ihr her, wobei ich ihr noch einige Verhaltensmaßregeln zurief, falls sie dann aus dem Wasser steigen wollte.

»Junger Mann, ist das ihre Freundin?«, sprach mich jemand an, der sich mit einem weiteren Schäferhund und einem weiteren Kollegen vor mir aufgebaut hatte. »Das Baden im Kanal ist verboten.«

»Wat is nich alles verboten«, maulte ich, »wir trainieren für det Triathlon.«

»Das Wasser ist keimbelastet«, fügte der andere Beamte hinzu. »Ein stehendes Gewässer, Sie verstehen?«

»Hat man Sie etwa deshalb nur hier abjestellt, um uff det dreckerte Jewässer uffzupassen?«

»Sie sind wohl nicht von hier?«

»Nee, wir kommen von Berlin und trainieren für det Triathlon.«

»Dann joggen Sie am besten bis zum Rothsee, da ist das Baden wieder erlaubt.«

»Danke«, bedankte ich mich und rief Kai zu, rauszukommen, das Wasser hier wäre verseucht.

Sie kam brav ans Ufer gepaddelt und ließ sich von mir aus dem Wasser ziehen.

»Wegen der Bakterien sollten Sie sich so schnell wie möglich abduschen und falls Sie Temperatur kriegen, einen Arzt aufsuchen.«

»So schlimm?«, fragte Kai besorgt nach.

»Also in der braunen Brühe würde ich nicht baden«, brachte es sein Kollege auf den Punkt und ignorierte Kais Nacktheit, als trüge sie einen hautengen Neopren-Badeanzug, also einen Ganzkörper-Badedress, wie er ja heutzutage bei Schwimmwettbewerben des Öfteren zum Einsatz kommt, um schnellere Zeiten rauszukitzeln.

»Okay, aber wir können hier doch noch a weng loofen – oder?«, wagte ich zu fragen.

»Von wegen ein wenig, wir haben noch 32 Kilometer vor uns«, wurde ich von Kai korrigiert, wobei sie schon loslief.

Ich ließ die völlig verblüfften Beamten stehen und joggte Kai hinterher. So von hinten gesehen war bei ihr eigentlich nichts zu beanstanden.

»Ich hoffe, die haben deinen Badeanzug nicht durchschaut und reichen dich an die nächste Wacht am Rhein weiter.«

»Na und? Der ist doch wasserfest«, tat sie unbeeindruckt und schnippte leicht gegen ihre Brustspitzen, woraufhin etliche Wassertropfen abrollten. »Wo steht dein Rad?«

»Noch an die 50 m weiter.«

Erst als wir die Strecke fast durchlaufen hatten, bemerkte ich den Verlust des grobmaschigen Kleides und teilte es Kai mit.

»Kein Problem, ich habe es am Wegesrand abgelegt, würde doch beim Schwimmen stören. Ich nehme es wieder an mich, wenn wir zurückfahren, du fährst natürlich Rad, ich laufe lieber.«

»Umgekehrt wäre es mir aber lieber«, befand ich, denn *den* Anblick dürften sich die beiden Beamten bestimmt nicht entgehen lassen, wenn die nackte Kai auf sie zugejoggt kam.

»Ist aber dein Rad.«

Doch wer auf dem Rad fahren sollte, war jetzt eigentlich nicht mehr wichtig, denn das Fahrrad kam auf uns zu.

»Hallo Kai, bist du wahnsinnig?«

»Oh Gott, Jens«, raunte mir Kai zu und blieb stehen, der Radler rollte bis zu uns ran. Er trug einen Verband an einer Hand, ein zweiter zierte seinen Kopf.

»Was ist denn mit dir passiert?«

»Was macht ihr denn hier?«, kam er mit einer Gegenfrage einer Antwort zuvor, wobei er mein Outfit überflog. »Sie sind wohl auch unter die Triathleten gegangen?«, scherzte er.

»Peter begleitet mich nur nach Hause, weil du ja abgehauen bist. Wo hast du das Fahrrad her? Du besitzt doch gar keins.«

»Das habe ich hier am Wegesrand gefunden ... «

»Und dein roter Audi?«, schien Kai Zusammenhänge zu erahnen.

»Der dürfte wohl unter *ferner liefen* laufen. Die Polizei hat schon eine Großfahndung eingeleitet.«

»Und wo wollten Sie mit meinem Fahrrad jetzt hin?«, wollte ich wissen und machte Anstalten, meine Kleidung vom Gepäckträger zu entfernen.

»Das ist Ihr Rad?« Ich bejahte. »Und warum laufen Sie dann hier so nackt mit Kai rum?«

»Ich habe ihn am Steinbruch getroffen, er war gerade zurück-gekommen, dachte er hätte seinen Wagenschlüssel am Auto stecken gelassen, da traf er auf mich.«

Inzwischen hatte ich die Shorts auseinander gezogen und aus einer der Taschen den vermissten Wagenschlüssel geholt.

»Gott sei Dank, der ist noch da«, sagte ich zu Kai.

»Was hat es auf sich?«, wollte Jens wissen.

»Ich war mit dem Rad am Kanal unterwegs gewesen, musste mal pinkeln gehen und ließ das Rad am Wegesrand stehen. Als ich zurück-kam, fuhr gerade jemand damit weg. Da blieb mir nichts anderes übrig, als zum Wagen zurückzulaufen, wo ich auf Kai stieß. Ich habe schon von dem Missgeschick gehört, die Mädels dürften wohl für die nächste Zeit in der Praxis ausfallen«, musste ich erst mal Dampf ab-lassen.

»Aber du hast wenigstens deinen Wagenschlüssel wieder«, wurde ich von Kai getröstet. »Da ist Jens jetzt viel schlimmer dran, wie kommt er jetzt nach Nürnberg rein? Sag mal, brauchst du eigentlich zwei Mercedesse? Kannst du nicht einen Jens abgeben?«

»Wieso hat er zwei?«

»Den einen hat er unterwegs gefunden ... «

»Doch nicht der vom Unfall?«

»Genau der. Gib du ihm sein Fahrrad zurück, was dir nicht gehört, dafür bekommst du von ihm seinen zweiten Mercedes, der ihm nicht gehört. Wir sehen uns Sonntag bei dir, ich werde Jas mitbringen, damit du dich nicht langweilst.«

Das war eindeutig an mich gerichtet. Und damit bekam ich von Jens das Fahrrad in die Hände gedrückt, denn er musste Kai hinter-herlaufen, die schon direktemang auf die beiden Polizisten zu joggte, als wären das nur Pappkameraden.

5

Die **Statue**
oder Marlene und das Alcazar

Ich saß im Varieté Alcazar, Dirk hatte mich eingeladen, um mal seinen Gedanken einen freien Abend zu spendieren. Als Archäologe kannte er den Nightclub nicht nur aus der Perspektive eines Gastes, sondern auch als Requisiteur, wurde er vom Magazinverwalter doch des Öfteren um Hilfe gerufen, wenn es darum ging, ausgeliehene antike, aber bedauerlicherweise beschädigte Requisiten heimlich wieder fachgerecht reparieren zu lassen, wenn nicht gar zu kopieren. Auch war sein Rat gefragt, wenn es darum ging, den neuen Revuenummern neue Kulissen zu beschaffen. Also alles in allem eine sowohl lukrative als auch interessante Nebentätigkeit, wie er mir augenzwinkernd versicherte.

Abdul Cassier hatte ihm diesen Job verschafft. Früher war Abdul hier selbst ein gern gesehener Gast und natürlich das Mädchen für alles, was mit den Dekorationen zusammenhing. Aber nun fürchtete er um sein altes Herz beim Anblick der ganz schön unter die Haut gehenden Halbwelt im Varieté vom Alcazar, ganz besonders, wenn er hinter die Kulissen musste.

Wir hatten einen Tisch ganz vorn, wenn auch mehr an der Seite bekommen. Die Show war ganz schön aufreizend, ein Bauchtanz vollbusiger Schönheiten aus nächster Nähe ist schon atemberaubend. Manchmal kamen diese nur spartanisch verhüllten Tänzerinnen mit ihren berauschenden Kurven in unsere Nähe, wobei sie Dirk stets mit einem Augenzwinkern begrüßten, was einiges vermuten ließ. Dirk war nämlich ein Hüne von einem Germanen: etwas über 1,90 groß, athletisch gebaut und blond. Und das hatte bei arabischen Frauen dieselbe Anziehungskraft, wie bei uns hellhäutigen Mitteleuropäern die brünetten Schönen aus den Ländern rund um das Mittelmeer.

Der Vorhang hob sich, diesmal konzentrierte sich das abstrakte Bühnenbild direkt auf ein längsovales Wasserbecken, ein schmaler Laufsteg überspannte dieses. Auf den beiden Seiten des schmalen Stegs erschien jeweils ein Model in einer hüftlangen Tunika, also ohne Armbedeckung, wobei der Ausschnitt für den Kopf sehr freizügig bemessen war. Zusammengehalten wurden die beiden seitlich offenen Stoffbahnen lediglich durch eine farblich kontrastierende Schärpe, die vorn mit einer großen Schleife gebunden war. Der einzige Unterschied zwischen den beiden Models bestand im Stoff, die Brünette trug eine Tunika aus schwarzem Voile, die Weißblonde eine aus weißer Spitze, beides ziemlich durchscheinend.

Da beide Models gleichzeitig den brückenbogenförmig ansteigenden Laufsteg betraten, dessen Breite aber eigentlich nur für eine Aspirantin ausreichte, sollte wohl ein Zusammentreffen der beiden Kontraste in der Mitte des Stegs erfolgen. Dabei kam der Reiz der Show erst jetzt beim Laufen so richtig zur Geltung, denn es sah aus, als trügen die beiden jungen Damen nur Schals, die eine in Weiß, die andere in Schwarz. Nun gut es war eine gewagte Vorstellung, aber sie fügte sich gut an die Show mit den Bauchtänzerinnen an, eine im arabischen Raum durchaus oft anzutreffende Attraktion.

Doch dann geschah etwas, das unmöglich so einstudiert sein konnte, denn das eine Model versuchte am anderen vorbeizukommen, wohl um auf die andere Seite des Steges zu gelangen, wobei sie sich selbstverständlich von Angesicht zu Angesicht zu passieren gedachten. Doch da verlor das Model mit der schwarzen Tunika das Gleichgewicht und drohte rücklings in den hinteren Teich zu fallen. Erschrocken packte ihre Kollegin zu, konnte aber nur noch die Schärpe erwischen, wobei sie wohl versehentlich die Schleife aufzog, was somit den Sturz leider nicht mehr aufhalten konnte.

Erstarrt blickte die junge Frau auf das in ihren Händen verbliebene weiße Band. Dann ließ sie es los und beugte sie sich sofort zu ihrer Kollegin runter, um sie aus dem Wasser zu ziehen. Diese war voll untergetaucht, kam aber gerade wieder wenn auch prustend zurück an die Oberfläche.

Das Publikum – das den Zwischenfall wohl eher als einen Gag eingestuft hatte –, klatschte begeistert Beifall und erst recht, als das verunglückte Model sich wieder zu voller Länge auf dem Laufsteg aufrichtete, denn die schwarze Tunika sah jetzt ganz und gar nicht mehr nach einem Nachtgewand aus, der dünne Stoff war der Trägerin förmlich auf die Haut geklebt, wenn auch etwas derangiert. Verlegen versuchte das trockengebliebene Model den Fauxpas wieder auszubügeln, indem es den nassen Stoff vorsichtig von der Haut ihrer Kollegin abzog, um ihn liebevoll, sprich behutsam wieder über die anatomischen Vorgaben zurückzulegen, wobei es schon aussah, als ob sie das Ganze eher etwas lasziv anging, denn nur hilfsbereit.

Doch das rief rasch emotionelle Regungen hervor, was schließlich in eine wilde Rangelei ausartete, woraufhin nun die Blondine das Gleichgewicht verlor und in den vorderen Teil des Teiches zu stürzen drohte. Sogleich packte die Brünette zu, erwischte aber nur die schwarze Schärpe vom weißen Gewand, die Schleife gab nach und das blonde Model fiel rücklings ins Wasser.

Natürlich tauchte die Blondine auch wieder prustend auf und reichte der Kollegin die Hand hoch, um wohl auch wieder auf den Steg gezogen zu werden. Was jetzt aber geschah, dürfte entweder unter die Rubrik *Revanche* fallen oder das zartgebaute Model hatte die realen

Fakten nur falsch eingeschätzt, denn 50 Kilo mit einer Hand aus dem Wasser hochziehen zu wollen, so etwas ist nicht jedermanns Sache.

Wie heißt es so schön in einem Gedicht: *halb zog sie ihn, halb sank er hin*, hier sank nun die Brünette mit einem wüsten Aufschrei abermals ins nasse Element. Genaugenommen traf sie erst auf ihre Kollegin, woraufhin beide erst einmal von der Bildfläche verschwanden. Doch als sie wieder auftauchten, da setzte sogleich eine wilde Keilerei ein. Immer wieder drückten sie sich gegenseitig unter Wasser, um kurz darauf prustend wieder aufzutauchen. Bald waren sie nicht mehr auseinander zu halten, mal abgesehen vom Haarschopf, von kollegialer Fairness keine Spur mehr.

Da sprang Dirk auf und eilte auf sie zu, wohl um zu schlichten. Zumindest hoffte ich, dass er sich nicht als Lebensretter aufspielen und zu ihnen in den Pool springen würde, um wen auch immer vor dem Ertrinken zu retten. Gottlob brüllte er ihnen nur auf Französisch zu, den Unsinn sofort einzustellen. Doch wenn Frauen erst mal zu Furien ausgeartet sind, dann hilft kein noch so böses Wort, da müssen Taten her. Zwar sprang er nicht zu ihnen ins kühle Nass, denn vermutlich hätten sich die beiden Badenixen sofort gegen ihn verschworen, aber er bekam wenigstens die schwarze Tunika in seine Hände und zog sie mit aller Macht an Land, wenn auch ohne das Frauchen. Als er erneut in blinder Wut zupackte, da hatte er den weißen Stoff ebenfalls pur in der Hand.

Das zahlende Volk johlte vor Freude, was mich an die in Amerika so beliebten Schlammschlachten erinnerte, wo die fast erstickenden Akteure letztendlich nur noch um das nackte Überleben kämpfen müssen, bis der Schiedsrichter endlich ein Einsehen hat und die Partie abpfeift.

Da erloschen die Bühnenscheinwerfer und der schwere Vorhang senkte sich unerbittlich herab, was das hoffentlich glückliche Ende der Shownummer bedeutete, denn nackte Frauen im moslemisch geprägten Teil Afrikas zur Schau zu stellen, dürfte auch in einem Night-club ein Tabu sein. Aber das Absenken des Vorhangs ging dann doch wieder so langsam vonstatten, dass man noch mitbekam, wie Dirk beide Frauen gleichzeitig zu sich an Land zog und sich dafür als Dank jeweils einen Kuss einhandelte.

Kurz darauf tauchte er wieder am Tisch auf, wenn auch solo, aber sein nasses Hemd bewies, dass ich mir das nicht nur erträumt hatte.

»Wahnsinn, und das hier im arabischen Raum«, empfing ich ihn.

»Das sind Models aus Paris, also keine Muslime«, erwiderte er schmunzelnd.

»Wärst du ins Wasser gesprungen, falls es schief gegangen wäre? Das Becken scheint tief zu sein.«

»Die Mädels gehören eigentlich einem Wasserballett in Paris an, sind es also gewohnt, längere Zeit unter Wasser auszuhalten.«

Da traten zwei junge Männer vor dem Vorhang auf und begannen mit drei Keulen zu jonglieren, die sie sich gegenseitig zuwarfen.

»Na hör mal, was soll denn das?«, wollte ich mich schon lasterhaft über das einfache Kunststück aufregen.

Doch da begannen sie sich auszuziehen, jeder für sich, wobei das Spiel natürlich weiterging, erst das Jackett, dann das Hemd, dann die Schuhe und schließlich die Hose. Doch als sie letztendlich auch noch den Rest ausziehen wollten, da ertönte ein hysterisches Kreischen aus dem Zuschauerraum, was sie sogleich innehalten ließ, auf dass die Keulen zu Boden fielen.

Verwundert betrachteten sie sich gegenseitig, wobei sie sich auch noch neugierig umrundeten, so dass man sie von allen Seiten gebüh-rend bewundern durfte. Da sich ihre beutelförmigen Strings ledig-lich in den Farben schwarz und weiß unterschieden, war da natürlich schon die Frage erlaubt, ob diese Nummer an die vorherige anknüp-fen sollte. Und tatsächlich, als hätten die beiden Badenixen nur auf mein Stichwort gewartet, tauchten sie auch schon von beiden Seiten her auf, natürlich ohne ihre nassen Nachtgewänder. Stattdessen hatten sie sich gekleidet wie die vorhin aufgetretenen Bauchtänzerinnen: also Büstenhebe und String, allerdings ohne den bodenlangen wenn auch durchsichtigen Rock. So fand rasch Weiß zu Weiß und Schwarz zu Schwarz, wobei man jetzt erst so richtig erkennen konnte, dass die vier Strings die gleiche Handschrift eines mutigen Schneiders trugen, der nach dem Motto zu arbeiten pflegt: *warum mehr anziehen als unbedingt nötig.* Und wie bei Liebespärchen üblich umgarnten die Frauen ihre Gebieter, wobei ihre Hände besitzergreifend über nackte Haut ausschwärmten, bis die Herren sich erweichen ließen und ihre Jungfrauen wie eine Trophäe in die Höhe stemmten, um sie zu beiden Seiten der Bühne davonzutragen.

Der heftige Applaus war berechtigt, das erneute Auftauchen der Pärchen selbstverständlich, nur erschienen die Damen diesmal in kontrastierenden Farben zu ihren Partnern. Also Partnertausch in Blitzeseile?

Nun war eine Gartenlandschaft mit einer Brücke anstelle des Laufstegs angelegt worden, die den Teich in einem leichten Bogen überspannte. Die Brücke wurde auf je zwei Sockeln abgestützt, auf denen je eine weibliche Skulptur in unterschiedlichen Posen stand. Aber alle hatten etwas gemeinsam: sie waren total nackt, wie man es bei Skulpturen eben häufig findet, und sie waren total goldüberzogen.

»Ach übrigens, die Nummer die jetzt kommt, habe ich entworfen, beachte daher bitte die vier Steinfiguren auf den Brückensockeln.«

»Die vergüldeten Jungfrauen?«

»Genau, die goldigen Jungfrauen, aber nur drei wurden von mir beigesteuert.«

»Und welche nicht?«

»Wart's ab«, war sein ganzer Kommentar.

Da betrat ein Jüngling in einem legeren weißen Anzug das Bühnenbild und steuerte langsam und beseelt auf die Brücke zu, in den Händen hielt er eine langstielige Rose, deren Blüte er des Öfteren küsste. Wiederholt schaute er sich suchend nach jemandem um.

Und tatsächlich, da tippelte eine holde Maid mit feschem schwarzen Pferdeschwanz jenseits der Brücke herbei, sie trug einen schwarzen langbeinigen Body und hatte sich zusätzlich noch ein weißes Tuch um die Taille geschlungen und seitlich verknotet. Die weißen Joggingschuhe deuteten eindeutig auf eine sportliche Note ihrer Garderobe. Sie winkte dem Jüngling freudig zu, der nun beglückt seine Schritte beschwingt auf die Brücke zu lenkte.

Doch da wurde er auch schon von einem männlichem Jogger überholt, der ebenfalls in Schwarz gekleidet war, natürlich nicht in einem so hautengen Trikot, sondern in kurzer Turnhose und Trägershirt, der sich sogleich zur holden Maid hingezogen fühlte. Das beruhte sogar auf Gegenseitigkeit, denn die beiden begrüßten sich kurz mit einer innigen Umarmung und einem Kuss auf die Wange, um sogleich im leichten Laufschritt gemeinsam in jene Richtung zu entschwinden, aus der die Maid gerade gekommen war.

Der Jüngling blieb wie versteinert stehen, langsam sank die Rose herab. Dann steuerte er verzweifelt auf die eine Statue zu, legte ihr die Rose zu Füßen und lehnte seine heiße Stirn an das vergoldete Gestein, wobei seine Hände über die Schenkel der Skulptur mutlos entlang strichen. Dann nahm er all seinen Mut zusammen und küsste die steinerne Dame einfach an genau der Stelle, die seinen Lippen gegenüber lag. Nun gut, es war der hochglanzpolierte Venushügel, doch Stein ist Stein dachte sich wohl der maßlos enttäuschte Knabe und blickte sehnsüchtig an der holden Maid empor, um ihr erneut die Scham zu küssen. Dann lehnte er seine Stirn an eben diese Region und umarmte erneut voller Wehmut die Statue.

Doch da kam Leben in die vergoldete Jungfrau, denn ihre Hände bewegten sich auf das Haupt des verzweifelten Jünglings zu und begannen zartfühlend sein Haar zu streicheln, was den Knaben wohl unbewusst dazu anregte, seine Hände liebevoll über die rückseitigen Rundungen der holden Statue auszudehnen, woraufhin dessen einfühlsame Streicheleinheiten sie in eine leichte Ekstase versetzte. Doch als der Knabe die Statue nun wildentschlossen umarmte und abermals ihre Scham küsste, da verlor sie die Balance. Beim Versuch, mit den Beinen das Gleichgewicht wieder herzustellen, rutschte ihr Fuß vom schmalen Sockel, woraufhin sie – nun wieder zur Statue erstarrt – in Zeitlupe dem Wasser entgegen fiel.

Da dem Jüngling wohl die Gemütsveränderung der versteinerten Jungfrau nicht aufgefallen war und er sie noch immer mit seinen Armen eng umschlungen hielt, stürzte er zusammen mit ihr in den hinteren Teich. Wie im Trance ging er sang- und klanglos mit ihr unter.

Doch da geriet die daneben stehende vergoldete Statue ebenfalls ins Wanken und folgte den beiden mit einem heftigen Spritzer nach.

Dirk hatte das ganze Geschehen wohlwollend verfolgt gehabt, also wieder mal eine voll eingeplante Wasserlandung, wie ich mal annehmen möchte. Doch als die zweite Statue ins Wanken kam, war er entsetzt aufgesprungen. Wieder schien etwas außer Kontrolle geraten zu sein.

»Die hätten schon längst wieder auftauchen müssen«, hörte ich ihn völlig perplex sagen, was mich sogleich aus meinem Stuhl hochkatapultierte, schließlich ist man zumal als Notfallarzt auf jede Situation gefasst, egal wie unsinnig sie einem auch erscheint. Während ich sofort zur Brücke spurtete, mich hinkniete und suchend ins Wasser starrte, tauchte der Jüngling wieder auf, sein Kopf blutete, Dirk zog ihn aus dem Wasser.

»Die Säule ...«, stammelte er und zeigt in die Tiefe.

Weil das Wasser noch vom Auftauchen in Unruhe war, konnte ich nur ein diffuses Glitzern ausmachen, das aus der Tiefe des Beckens zurückstrahlte, aber es schien sich nichts mehr zu bewegen.

»Die schwere Statue muss auf sie drauf gefallen sein«, hörte ich Dirk mir noch zurufen, dann war ich schon im Wasser und tauchte auf das glitzernde Etwas zu.

Durch Fühlen konnte ich schon unterscheiden, was Mensch und was Stein war, doch den leblosen Körper konnte ich nicht unter der Säule vorziehen. Also tauchte ich wieder auf, um mir einen Luftvorrat zu verschaffen.

»Sie liegt unter der schweren Steinsäule eingeklemmt. Habt ihr eine Winde zum Anheben?«, rief ich den Umstehenden zu.

Doch statt einer Antwort spritzte auch schon das Wasser neben mir auf und Dirk rauschte an mir vorbei in die Tiefe, ich folgte ihm nach. Er versuchte gar nicht erst den menschlichen Körper vorzuziehen, er versuchte sogleich die Säule anzuheben, damit ich wohl den menschlichen Körper drunter vorziehen sollte, was mir auch gelang. Dann stieß ich mich vom Boden ab und tauchte zusammen mit ihr wieder auf, wo mir jetzt ein kräftiger Leibwächter die Frau abnahm, denn außerhalb des Wassers werden leblose Körper bekanntlich schwer wie Zementsäcke. Da er die Ertrunkene ohne jegliche Wiederbelebungsversuche einfach wegtrug, als wäre sie ein bedauernswertes Opfer, für das es keine Rettung mehr gab, kämpfte ich mich kurzentschlossen an Land und eilte ihm hinterher, um ihn aufzuhalten. Doch wer aufgehalten wurde, das war ich, ein weiterer Leibwächter baute sich vor mir auf.

»Lassen Sie mich durch, ich bin Arzt«, sprach ich ihn auf Englisch an, doch er ließ nicht mit sich reden. Gottlob stieß Dirk zu uns und erklärte ihm auf Arabisch meine Kompetenz, was ihn einlenken ließ, wobei er uns aber auf dem Fuße nachfolgte.

In einem Vorraum konnten wir den Träger mit der leblosen Person anhalten. Dirk erklärte ihm wieder auf Arabisch, dass ich ein Arzt wäre und sie ins Leben zurückholen könnte.

Der Hüne blickte mich zweifelnd an, schließlich war ich gegen ihn nur eine halbe Portion, doch Dirk war auf gleicher Augenhöhe mit ihm und verwies ihn mit energischen Worten in seine Schranken, anscheinend verfügte er hier in der Hierarchie des Nightclubs über eine gesicherte Position an gehobener Stelle.

Als wäre das leblose Bündel Mensch schon nur noch ein Kadaver, legte der Typ die Ertrunkene eher etwas lieblos auf den wie üblich mit einem Teppich bedeckten Fußboden und betrachtete mich dann mit hämischem Interesse. Da ich aber unter Dirks Schutz stand, kümmerte ich mich nicht weiter um seine Feindseligkeit.

Ich tastete kurz nach dem Carotis-Puls, er war im Prinzip nicht mehr zu fühlen, die Atmung war nicht mehr wahrnehmbar. Also war eine Wiederbelebung nötig.

»Heb sie mal an, damit das Wasser aus der Lunge abfließen kann«, forderte ich Dirk auf, die Goldmamsell mal kopfüber anzuheben, doch es tropfte nur wenig Wasser aus ihrem Mund heraus.

»Wir müssen sie wiederbeleben«, sagte ich Dirk und half ihm, sie wieder flach auf den Boden zu legen, um sogleich mit der manuellen Herzmassage zu beginnen. Dirk kniete sich neben ihren Kopf und gab auf mein Zeichen hin zwei Atemspenden. Inzwischen standen eine Reihe nackter Füße, die in ledernen Sandalen steckten, um uns herum, also die ganze Palastwache. Da ertönte ein arabisch ausgerufener Befehl, die nackten Füße wurden schlagartig weniger, dafür tauchten ein Paar Füße in blankgeputzten Halbschuhen auf. Als ich hochblickte, erkannte ich über mir ein bärtiges arabisches Gesicht, das aus einem maßgeschneiderten dunklen Anzug zu uns herabblickte. Dirk sprach ihn auf Arabisch an.

Ich wollte die Prozedur schon unterbrechen, um wohl den Chef des Nightclubs zu begrüßen, doch der sagte in perfektem Deutsch: »Machen Sie weiter, wir sehen uns nachher.«

Als er wegging, nahm er mit einem Handzeichen seine Leibwächter mit, so dass wir jetzt allein waren.

»Wie sieht es aus?«, wollte Dirk besorgt wissen.

Ich fühlte nach dem Puls am Hals und schüttelte den Kopf, also machten wir weiter. Doch bald darauf glaubte ich ein Zucken der Augenlider zu bemerken, hielt inne und legte mein Ohr auf ihre linke Brust, was eine reflexartige Anspannung der Bauchdecke zur Folge hatte. Erfreut tastete ich nach dem Radialis-Puls, um durch allmähliches Abdrücken mit zwei Fingern den Blutdruck abschätzen zu können, wobei ich eine erhebliche Tachykardie in Kombination mit einer Hypotonie feststellen musste, was nach dem Kollaps durchaus verständlich war. Dann hielt ich mein Auge über den geöffneten Mund. Da Dirk ihren Kopf noch immer nach hinten überstreckt fixiert hielt, konnte die Zunge nicht nach dorsal rutschen und die Atemwege blockieren. Auch hier spürte ich einen Erfolg unser Bemühungen: Luftbewegungen.

»Herz und Atmung funktionieren wieder, wenn auch eher unterschwellig.«

»Also ist sie noch nicht aus dem Schneider?«, wollte er besorgt wissen.

»Keinesfalls, aber wir müssen ihr jetzt Zeit geben, die Autoregulierung muss sich wieder von allein stabilisieren, ich habe nichts da, was ich ihr jetzt spritzen könnte.«

Dann empfahl ich, die Goldbronze so schnell wie möglich von der Haut zu entfernen, denn das Bemalen der ganzen Körperoberfläche mit Goldbronze blockiert die wenn auch geringe Luft- und Wasserzirkulation der Haut. Aber wenn die Funktion der Lunge schon durch noch vorhandenes Wasser stark eingeschränkt ist, wäre der nötige Sauerstoff-Austausch eben über die Haut doch hilfreich, anderenfalls sinken die Überlebens-Chancen gen Null.

»Das macht die Jesuffa«, wurde ich leise aufgeklärt und die Augen der vergoldeten Maid öffneten sich etwas.

»Mensch Marlene, schön, dass es dich wieder gibt«, flüsterte Dirk erleichtert und gab ihr einen Kuss.

»Jetzt keine Mund-zu-Mund-Beatmung mehr«, ging ich gleich mit hörbarer Stimme dazwischen, denn dass man uns belauschen würde, war so sicher wie das Amen in der Kirche.

Daher fasste ich noch einmal zusammen: »Also das Herz schlägt wieder, die Atmung muss noch überwacht werden. Da das Wasser bestimmt nicht keimfrei war, wäre ein Antibiotikum sinnvoll, damit sie keine Lungenentzündung kriegt. Aber jetzt runter mit der goldenen Farbe«, gab ich mit fester Stimme meine Anweisung, die zwar an Dirk gerichtet war – den ich sogleich mit meinen Augen festnagelte –, die aber natürlich mehr für alle möglichen Lauscher und Spanner gedacht war, aber Dirk schien mich sofort verstanden zu haben.

»Da muss ich passen, was die Farbe angeht, aber wir bringen sie am besten erst einmal in die Garderobe, vielleicht weiß man da Bescheid. Aber ich war noch nie da drin«, beteuerte er bedauernd und wollte sie schon anheben.

Doch da betrat auch schon der Zivilist von vorhin wieder den Raum und sprach Dirk vorwurfsvoll an. »Wie konnte das passieren?«

»Keine Ahnung, vermutlich hatte man vergessen, die Statuen am Boden festzuschrauben.«

»Das das ist unverzeihlich«, tönte der Typ sogleich wenn auch beherrscht, aber der Zorn war ihm anzusehen.

»Sie wissen, ich besorge nur die Requisiten, für die Bühnenarbeiten bin ich nicht zuständig.«

»Das galt nicht Ihnen. Aber wie geht es Marlene?« Besorgt beugte er sich zu ihr runter. »Wie geht es dir?«

»Wer sind Sie?«, flüsterte sie verwirrt.

Der Chef starrte mich entgeistert an.

»Keine Angst, sie ist noch nicht ganz da, außerdem stehen Sie Kopf?«

»Ich steh Kopf?«, konnte er mir nicht ganz folgen.

»Sie sieht Sie kopfstehend«, korrigierte ich mich. »Aber kein Grund zur Unruhe, das passiert auch beim Aufwachen aus einer Narkose, wenn das Gehirn langsam wieder anläuft. Sie braucht jetzt Ruhe, wir sollten sie aber überwachen können, damit sie sich keine Lungenentzündung einhandelt, das Wasser wird bestimmt nicht täglich gewechselt – oder?«, wandte ich mich fragend an Dirk.

»Kaum zu glauben … «

»Was ist kaum zu glauben?«, fuhr der Chef sofort beleidigt dazwischen.

»Das Wasser vom Pool wird zwar durch Filter gereinigt, aber nicht laufend erneuert, dazu ist zu viel Wasser im Becken«, erläuterte er ihm seine Ansicht.

»Also sauber schon, aber unmöglich keimfrei«, akzeptierte ich, um eine weitere Eskalierung zu verhindern.

»Beim Swimmingpool macht man das mit Chlor, aber das geht hier nicht, dann würde die ganze Bühne nach Chlor stinken«, bestätigte mich Dirk.

»Also werde ich ihr schon rein prophylaktisch ein Breitbandantibiotikum geben müssen«, fasste ich unsere Beratung zusammen.

»Okay, ich überlasse sie Ihnen, bei Ihnen ist sie besser aufgehoben als bei den Quacksalbern hier«, bemerkte der Zivilist mit einem gewissen Grinsen an Dirk gerichtet und verließ wieder genau so leise den Raum, wie er hereingekommen war.

»War das der Chef?«, fragte ich leise.

»Sulaiman ist nur der Verwaltungs-Chef, hat in Deutschland BWL studiert und schmeißt hier den ganzen Laden«, klärte mich Marlene leise mit geschlossenen Augen auf.

»Marlene?«, sprach ich sie an, was sie sogleich kurz die Augenlider öffnen ließ, wenn auch nur für den Bruchteil einer Sekunde, »hast du etwa die ganze Zeit die Luft angehalten?«, kam mir ein vager Gedanke, was sie lediglich mit einem kaum sichtbaren Grinsen beantwortete.

»Ali!«, rief Dirk in den Raum, und sogleich erschien unser Leibwächter. Er gab ihm auf Arabisch Anweisungen, auf dass der kräftige Mann Marlene wieder wie ein Püppchen auf seine Arme nahm und forttrug, wir folgten ihm nach.

Wie von Geisterhand öffnete sich eine Tür in der Wand, die ich nicht als eine solche erkannt hätte, also eine Art Tapetentür, dahinter tauchte ein neuer Leibwächter auf. Über einen schmalen Flur kamen wir zu einer anderen Tür, vor der natürlich wieder ein Leibwächter stand, der aber sogleich die Tür aufriss, als er den Anführer der kleinen Armada erkannte. Ohne groß auf das leblose Bündel Mensch in seinen Armen zu blicken, ließ er uns passieren, wobei sein misstrauischer Blick allerdings auf mir ruhte.

Wir kamen durch einen Raum, in dem etliche Frauen mehr oder weniger be- bzw. entkleidet relaxten. Den Leibwächter betrachteten sie zwar mit Argwohn, als aber Dirk hinter ihm auftauchte, da kam Bewegung in den kleinen Harem, doch ein aufgequollener Aufseher, wohl ein Eunuch, machte jeden Aufruhr allein mit seinem Auftauchen zunichte. Natürlich bekam ich auch noch ein paar von den hoffnungsvollen Blicken ab bzw. mit. Doch hier helfen zu wollen, war genau so sinnlos, wie einen ausgebrochenen Vulkan mit einem Handfeuerlöscher anzugehen.

Wieder öffnete sich eine geheimnisvolle Tür von allein und ein unübersehbarer Wächter in opulenter Uniform baute sich in der Türöffnung auf. Unser Tross musste warten, der Wächter informierte jemanden über eine Sprechanlage und bekam wohl Order, uns zum nächsten Raum durchzulassen.

Damit betraten wir wohl den heiligsten Raum des noblen Revue-Theaters, der mit sündhaft teuren Teppichen und prachtvollem Ledermobiliar ausgestattet war. Auf einem der Teppiche hockte ein älterer Herr in arabischer Kleidung, vor ihm ein niedriger Tisch mit einer Tischplatte aus blankpoliertem, feinst verarbeiteten Wurzelholz. Darauf standen ein Notebook mittlerer Größe, eine kleine Telefonanlage und eine Lampe mit einem ovalen Tiffany-Schirm, dem elektrischen Kabel nach zu urteilen also keine Öllampe. Zwei Wasserpfeifen in naher Reichweite am Boden auf der einen Seite des Tisches, zwei Windspiele auf der anderen Seite rundeten das Bild ab, wobei die beiden Hunde als einzige etwas Leben in das ruhige Bild brachten, dass sich uns bot, denn sie hoben ihre Köpfe, blieben aber ansonsten abwartend liegen. Zu beiden Seiten der Sitzgruppe standen noch etwas zurückversetzt zwei goldene Sklavinnen bar jeglicher Garderobe, also ähnlich den Skulpturen, die ich eben in der Show bestaunen durfte, es schien, als warteten sie nur auf einen Wink ihres Herren und Gebieters.

Dies musste das Arbeitszimmer des Besitzers vom Alcazar sein, vermutete ich mal, denn sein Alter hatte die Lebensmitte schon längst überschritten. Huldvoll wurde Dirk begrüßt, dann forderte er den Leibwächter auf, seine Last auf einem Bett mit edlem Baldachin abzulegen. Ganz im Gegensatz zu vorhin geschah das Ablegen ehrerbietend, behutsam, angstvoll. Dann verneigte er sich zunächst gegenüber Marlene, dann erfolgte eine respektvolle Verneigung vor dem alten Mann, uns gegenüber genügte ein Nicken mit dem Kopf.

»Von wegen auf gleicher Augenhöhe«, raunte ich Dirk lautlos zu, der nur ein Lächeln über sein Gesicht huschen ließ.

Doch als ich zu Marlene schaute, lag sie völlig regungslos da, ihr Blick war voll auf die eine Figur gerichtet, die ihr bis auf das Haar glich, mal abgesehen davon, dass sie auch keine Haare hatte. Dirk unterhielt sich jetzt auf Arabisch mit dem Besitzer des Alcazar, wobei sich die etwas erregt geführte Unterhaltung auf den jetzigen Zwischenfall zu beziehen schien, denn seine Handbewegung ging wiederholt zu Marlene rüber. Darum konzentrierte ich mich mehr auf Marlene, die weiterhin nur die eine Statue hinter dem Araber im Blick hatte. Also besah ich mir die güldene Dame genauer, was mein Herz mit einem Mal zum Rasen brachte: das waren keine lebendigen Sklavinnen oder Dienerinnen, das mussten Mumien sein.

Beide Frauen waren von gleicher Größe und gleichem Alter wie Marlene. Sie standen in engen Glaszylindern. Da sie sich nicht regten, weder was die Mimik noch die Atmung betraf, dürften sie an der Goldbronze erstickt sein. Aber andererseits sahen sie voll vital aus, so dass ein Tod noch nicht eingetreten sein konnte, als man sie in die gläsernen Zylinder steckte, ich kann schon erstickte oder vergiftete Leichen von regulär verstorbenen Menschen unterscheiden. Aber wie kamen sie dann in diese Gläser? Wasser als auch Stickstoff schieden als Medium aus.

Als ich wieder zu Marlene sah, lag sie noch immer genau so bewegungslos da und ich konnte auch bei ihr keine Atmung erkennen. Da die beiden Männer noch heftig miteinander beschäftigt diskutierten, trat ich zu ihr hin und fühlte nach dem Puls, der Herzschlag war von der Tachykardie in eine Bradykardie gewechselt. Eine Folge der Bemalung? War das wirklich nur Goldbronze?

Als mich der greise Despot – denn als einen solchen möchte ich ihn jetzt schon einschätzen – neben seinem nächsten Opfer sitzen sah, kam er sogleich zornig auf mich zu, als wollte er mich mit seinem Krummsäbel abstechen, den er erregt in der Luft schwang.

Doch Dirk bremste seinen Elan sofort ab, indem er seine Hand festhielt und ihn mit ruhigen Worten über mich informierte.

»Medicus?«, hörte ich ihn misstrauisch fragen.

»Germany«, fügte Dirk noch hinzu.

Das erst ließ ihn wieder zur Besinnung kommen.

Ich legte eine Hand auf Marlenes Stirn und tastete nach dem Radialis-Puls an der Hand, dann zog ich ein Augenlid etwas hoch und schaute mich nach einer Lichtquelle um. Auf einem Schreibtisch neben dem Telefon sah ich eine kleine Taschenlampe stehen und deutete auf sie. Dirk deutete ebenfalls darauf und befragte den Despoten, er nickte verblüfft. Ich dürfte wohl der erste Mensch sein, der ihn um etwas bat.

Mit der Taschenlampe leuchtete ich in die von mir aufgehaltene Lidspalte, der Pupillenreflex funktionierte noch, auch das Herz schlug noch, aber warum stellte sie sich tot?

»Das Gold muss runter«, sagte ich zu Dirk, was er dem Despoten übersetzte.

Doch der schüttelte betrübt den Kopf.

»Aber es ist nötig, sie erstickt sonst«, monierte ich wenn auch beherrscht.

Dirk vermittelte wieder und meinte dann zu mir: »*Das geht nicht mehr ab*, sagt er«, und deutete auf die beiden Glaszylinder, was meinen Verdacht leider bestätigte.

Ich war ratlos. Sollte sie etwa an einem Morbus Addison leiden? Das ist eine eher seltene Erkrankung der Nebennierenrinde, was u. a. zu einer bronzefarbenen Pigmentierung der Haut führt. Doch sie war eindeutig goldfarben. Sollte sie etwa die Bronzefarbe durch Übermalen mit Gold übertüncht haben? Da sie keine Haare aufwies, wäre auch eine Chemo wegen einer Erkrankung wie AIDS, Hepatitis C oder Syphilis & Co, möglich gewesen.

»Können Sie mich hören?«, sprach ich sie auf Deutsch an, doch bevor sie noch antworten konnte, war der Despot wieder neben mir und beschimpfte mich auf Arabisch.

Doch Dirk beruhigte ihn nun auf Englisch, so dass ich mithören konnte. Er sagte ihm, dass ich ein Frauenarzt aus Deutschland war und als Notarzt bei der Feuerwehr arbeitete. Er verbürgte sich für mich, dass ich die Frau nicht begehren würde, schließlich hätte ich als Arzt den Hippokratischen Eid abgelegt.

Erstaunlich, dass erst die Erwähnung des Namens *Hippokrates* den Mann beruhigte, als wäre er ebenfalls aus meiner Zunft. Oder war er ein Jurist? Der musste sich natürlich mit den Belangen des alten griechischen Arztes auskennen. Oder war er wie Dirk ein Archäologe, der natürlich auch von dem alten Griechen um 400 vor Christus wusste?

Ich sagte noch was von Commotio, doch er nickte nur bedrückt und resigniert zugleich, wobei er seinen Blick über die beiden Statuen gleiten ließ, als wollte er von ihnen Rat erbitten.

Da kam ein alter Araber und besprach sich leise mit seinem Herren und Gebieter. Dirk blieb abwartend neben mir stehen. Als beide für einen Moment zur Tür schauten, raunte mir Dirk zu, dass Marlene derzeit die Lieblingsfrau von El-Mansur war, also dem Besitzer des Alcazar, und er liebte goldglänzende Frauen.

Also nichts von wegen Morbus Addison, sondern eine Marotte des alten Mannes, der dann seine abgehalfterten Maskottchen vermutlich in Acryl gießen ließ, um sie für immer um sich zu haben. Ich betrachtete kurz noch einmal die ruhigen Gesichtszüge der Mumien, als hätte man sie vor dem Ersticken mit Drogen zum Schlafen gebracht.

Dann winkte er Dirk zu sich und besprach sich kurz mit ihm.

Dirk rief mir zu, dass die ins Wasser gefallene Statue beim Anheben zerbrochen sei und er sie für den nächsten Tag reparieren müsste. Der dicke Haremswächter würde auf uns aufpassen. Dann verließen sie den Raum.

Als ich mich nach dem Haremswächter umschaute, war nichts von ihm zu sehen. Doch Vorsicht ist die Mutter der Porzellankiste, sagte ich mir, arabische Wände sind bekanntlich hellhöriger als die dünnen Wände in den spanischen Urlauberhotels, wo man das Schnarchen der Nachbarn hören kann, mal ganz zu schweigen vom lustvollen Aufstöhnen der weiblichen Urlaubsgäste zu mitternächtlicher Stunde. Allerdings durfte ich annehmen, dass niemand von den uniformierten einfältigen Gewaltmenschen deutsch sprach.

»Sie heißen Marlene?«

»Ja.«

Doch da ging sogleich die Tür auf und ein Muskelpaket erschien.

»Sie hat Durst«, sagte ich, er reagierte nicht. »She is thirsty.« Er reagierte wieder nicht. »Tea?« Ich zeigte das Trinken einer Flüssigkeit an und deutete dabei auf Marlene. Da schien er zu verstehen, denn er grinste und zog sich zurück.

»Wie fühlen Sie sich? Ist Ihnen übel?«, fragte ich leise.

Sie verneinte stumm.

»Haben Sie bemerkt, dass sie von der Marmorstatue getroffen wurden?«

»Ist aus Gips«, flüsterte sie.

Kurz darauf kam der Leibwächter wieder zurück, er trug ein Tablett mit zwei Tassen und einer Teekanne drauf. Dass er auch mich damit beglückte, rechnete ich ihm hoch an und bedankte mich leise. Er zeigte mit der Hand eine Drei an, also sollte der Tee wohl noch drei Minuten ziehen. Dann zog er sich unauffällig wieder zurück.

Während ich auf meine Armbanduhr schaute, fragte ich fast lautlos, warum sie nicht mit mir sprach.

»El-Mansur hat mir jede Unterhaltung mit anderen verboten, sonst würde er mich auch in Plexiglas gießen.«

Als die drei Minuten rum waren, goss ich den Tee in die zwei Tassen und als Marlene ihre Hand danach ausstreckte, wehrte ich ab, weil er ja noch viel zu heiß sein dürfte. Dafür kam ich mit der Tasse dicht an sie ran und pustete geräuschvoll Luft darüber hinweg, damit er schneller abkühlen sollte.

»Hol mich hier raus, ich werde bestimmt die Nacht nicht mehr überleben.«

»Wegen dem Gold?«

»Wegen dir, du hast mich gerettet und mit mir gesprochen.«

Da hatte ich natürlich eine schöne Bürde auf mich geladen, doch wie sollte ich vorgehen? Hier war ich unsichtbar gekidnappt, alle meine Schritte dürften überwacht werden, dabei müsste ich dringend mal auf die Toilette.

»Wo repariert Dirk die Statue?«

»Bei Abdul.«

»Wo holt er sie ab?«

»Im Magazin.«

»Sei um Mitternacht dort.«

»Das geht nicht, die kennen den Trick.« Sie deutete zu den Statuen in Glas.

»Dann trickse sie aus, Dirk wird es schaffen.«

Sie nippte an ihrem Tee und gab mir die Tasse zurück.

»Trinke nicht, ist ein Schlafmittel drin.«

Ich nahm dennoch meine Tasse und versuchte mich an meinem heißen Tee, um mir nicht die Gastfreundschaft zu verscherzen, doch er war noch immer zu heiß, also stellte ich die Tasse zurück und sah mich im Zimmer suchend um. Dann fragte ich so in den Raum hinein, wo hier bloß die Toiletten sein könnten.

Und tatsächlich tat sich wie von Geisterhand geöffnet eine Tür auf, natürlich diesmal eine andere, und sie schien in ein WC zu führen, den Fliesen nach zu urteilen. Ich nahm die Teetasse rasch hoch und trank den Inhalt in einem Schluck aus, obwohl ich mir an dem heißen Tee fast den Mund verbrannte, schluckte ihn aber nicht runter. Dann ging ich eiligst in den gefliesten Raum und sah noch, wie ein Haremswächter meinen Platz neben ihr einnahm. Also wurde sie tatsächlich hautnah bewacht, leider auch ich, an eine Flucht war also nicht zu denken.

Der Tee verschwand ebenso wie das andere Wässerlein unauffällig in der Kanalisation, denn ich hatte meinen Kopf gegen die kühlen Fliesen vor mir gelehnt, so fiel das obere Rinnsal nicht weiter auf. Als ich wieder in den Raum zurückkam, verschwand die Wache stumm. Ich war wieder mit ihr allein und hatte noch immer keinen Plan.

Doch jetzt setzte sie sich auf und griff nach der Tasse.

»Ich hab alles ausgespuckt«, informierte ich sie leise, was sie erstaunlicherweise auflachen ließ.

»Alles wieder okay?«, fragte ich erleichtert und verwundert zugleich, denn ihre plötzliche Gemütsänderung konnte ich nicht nachvollziehen, weswegen ich mich etwas von ihrem Bett zurückzog.

»Die Farbe macht mir Sorgen, wie lange darf sie auf der Haut bleiben?«

»El-Mansur liebt alles was aus Gold ist«, erklärte sie mir gut hörbar.

»Und erst danach wird sie abgewaschen?«

»Erst wenn er eingeschlafen ist.«

»Wer wäscht dich ab? Auch ein Haremswächter?«

Sie lachte auf, dann verriet sie nur wieder den Namen »Jesuffa«.

»Hier in seinem Refugium?«

»Natürlich im Türkischen Bad.«

»Dann solltest du endlich nach ihr verlangen«, forderte ich sie jetzt zum Handeln auf.

Und sie handelte tatsächlich, aber anders als ich gedacht hatte, denn sie hockte sich im Schneidersitz mir gegenüber aufs Bett, auf dass mein Blick natürlich voll automatisch auf ihren goldglänzenden Schoß gelenkt wurde. Was für eine fantastische Frau, verständlich, dass sie El-Mansurs Lieblingsfrau war.

Und in dem Moment tauchte nicht nur Dirk, sondern leider auch ihr Herr und Liebhaber auf, als hätte sie das geahnt. Als er sie so frech vor mir dasitzen sah, bekam er nicht nur große Augen, seine Zornesadern schwollen sogleich an und er brüllte etwas in den Raum, auf dass der Leibwächter angerannt kam. Eindeutig deutete er auf die beiden Glaszylinder, dann auf Marlene und dann auf mich. Wutschnaubend eilte er aus dem Raum.

»Warum hast du ihn provoziert?«, fuhr ich sie wütend an.

»Ich habe ihn nicht provoziert, ich bin wieder okay.« Doch dann fügte sie fast lautlos hinzu, dass es die einzige Möglichkeit wäre, um von hier wegzukommen.

»Als Leiche.«

»Noch lebe ich und erst im Labor werde ich in Plexiglas gegossen. Das ist meine einzige Chance.«

Da kam eine Frau rein, in eine Burka gehüllt, zumindest hoffte ich, dass es Jesuffa war und nicht ein als Frau verkleideter Wächter. Sie packte Marlene am Arm, zog sie vom Bett runter und mühte sich dann ab, ihr ein Tuch um den Körper zu schlingen und mit einer Kordel abzusichern, wobei Marlene ihr in keiner Weise behilflich war, sondern wie ein bockiges Kind Zeit raus zu schinden versuchte, denn Dirk informierte mich von der Tür aus über seine nächsten Schritte.

»Komm Peter, wir müssen uns jetzt um die Statue kümmern, ein Bein ist beim Rausheben abgebrochen. Sie muss erst im Magazin für den Abtransport vorbereitet werden, damit ich sie bei Abdul reparieren kann. In einer halben Stunde kommt schon der Lkw von Hassan, nicht viel Zeit für die Verladung der nassen Plastik in eine Kiste.«

Da die beiden Frauen erst jetzt aus dem Raum verschwanden, müsste Marlene eigentlich die Regieanweisung gehört haben, so dass wir nur noch hoffen konnten, dass sie rechtzeitig zu uns stoßen würde.

»Was ist passiert?«, fragte er verblüfft als ich zu ihm stieß, wobei ich schon bemerkte, dass der westlich gekleidete, deutschsprechende Araber auch im Raum anwesend war.

»Sie ist übergeschnappt, verrückt, schizophren. Kaum habe ich sie reanimiert, machte sie auf Nutte und baggerte mich an.«

»Das darf nicht wahr sein«, tönte Dirk entsetzt, möglich dass er es auch war, um dann betrübt anzufügen, dass das ihr Todesurteil sein dürfte.

»Und meines auch«, fügte ich ärgerlich an.

»Das will ich nicht hoffen, du bist hier mein Gast, eine Gastfreundschaft wird hier nicht gebrochen.«

»Er hat sie missbraucht«, tönte es erregt aus einer Ecke.

»Ich habe die Frau nicht missbraucht«, widersprach ich ärgerlich in jene Ecke, aus der eben der Vorwurf erklang.

»Er meinte die Gastfreundschaft.«

»Dann dürfte es hier ja bald keine Ärzte mehr geben.«

»Keine Sorge, ich werde El-Mansur schon noch umstimmen, sonst schalte ich die Deutsche Botschaft ein, darauf wird er es nicht ankommen lassen.«

Da mir mein Leben lieber war als das der Nymphomanin – oder als was sie sich wie auch immer hier bis zu seiner Lieblingsfrau hochgearbeitet hatte –, ließ ich es an Deutlichkeit nicht fehlen, schließlich hatte ich keine Lust in solch einem Glaszylinder zu enden. Wobei die

Frage schon interessant war, ob nackt oder mit so einem winzigen String, wie ihn die beiden Jongleure anhatten. Ich musste lachen.

»Was ist?«, fragte Dirk verunsichert und folgte meinem Blick hin zu den beiden Statuen, als ob die mir mit den Augen zugezwinkert hätten.

»Glaubst du, man wird mich auch in solch einen Zylinder stecken?«

»Du meinst in Acryl gießen?«

»Ach, die stehen nicht bloß so in den Glaszylindern drin, als schliefen sie?«

»Das sind Mumien, fachgerecht hergerichtet.«

»Du meinst hingerichtet.«

»Kümmelspalter. Und warum hast du gelacht.«

»Mir kam der Gedanke, die Farbe meines Strings selbst aussuchen zu dürfen.«

»Und warum einen String? Die sind doch alle nackt.«

»Nun ja, damit Historiker nicht auf die Idee kämen zu glauben, ich wär bei einem Techtelmechtel mit der Lieblingsfrau des Emirs in flagranti ertappt worden.« Wohl rein reflektorisch hatte ich dabei unbewusst mit einer Hand angedeutet, auf was dann wohl das Augenmerk der Besucher gerichtet wäre.

»Du meinst, du könntest sonst wie eine der verdammt erotischen Priapus-Figuren aus Pompeji aussehen?«, hinterfragte er und musste dann lachen, woraufhin sogleich ein Wächter herein kam, der ihn missbilligend anstarrte. Dirk sprach ihn auf Arabisch an, woraufhin der uns mit einer Handbewegung aus dem Raum komplimentierte.

»Gut, gehen wir die Statue verpacken«, machte ich auf kooperativ, um von meinem Schicksal abzulenken. »Ist es weit bis zum Magazin?«

»Gleich hier auf dem Gelände.«

Und damit folgten wir unserem neuen Führer und verließen den geheiligten Raum des El-Mansur, natürlich gefolgt von einer weiteren Palastwache, wobei ich schon das dumpfe Gefühl hatte, dass uns Sulaiman folgen könnte.

Wir verließen das Gebäude und traten auf einen Vorplatz, den ein breites, jetzt natürlich geschlossenes Tor von der Straße abschirmte. Neben dem Tor war ein Wärterhaus, in dem sich natürlich auch eine Wache aufhielt. Doch unser Mann brachte uns zu einem Nebengebäude mit einer hohen Schiebetür, die wohl für hohe Requisiten gedacht war.

Ich überflog noch einmal unauffällig den Hof und bemerkte, wie Sulaiman im Torgebäude verschwand. An der hohen Schiebetür wurden wir an einen alten Mann übergeben, der Dirk freundlich mit Handschlag begrüßte.

»Hassan, das ist der Arzt Dr. Peter Graf aus Deutschland, er wird dir helfen, die Statue zu verpacken.«

»Ein Arzt?«, wunderte der sich schon.

»Und Feuerwehrmann«, fügte ich noch grinsend hinzu, was den Alten auflachen ließ.

»Dann alles gut.«

»Ich muss den Laster von Abdul holen, bin in etwa einer Stunde zurück – oder kann ich deinen Wagen nehmen? Dann brauch ich nur eine halbe bis zu ihm hin.«

»Du kannst den Laster nehmen, der schon für die Balsamierung ist beladen.«

»Wunderbar, dann geht es natürlich schneller.«

»Gut, dann kümmern wir uns erst mal um die kaputte Statue. Wo steht sie?«, fragte ich hilfsbereit.

»Stehen ist gut gesagt«, erwiderte Hassan lachend, »du als Arzt müsstest wissen, wie man sich fühlt, wenn Bein gebrochen ist, gebrochen im Sinne von Amputation.«

»Also ich habe noch beide Beine.«

»Dann hast du Glück gehabt, ich nicht, mir fehlt eines.«

Ich dachte schon, Hassan scherzt, doch dann zog er ein Hosenbein hoch und ich erkannte den schwarzen Stumpf einer Prothese.

»Oh Gott? Der Sueskrieg?«

»Ein Israelischer Beschuss. Dann Bein ab im ägyptischen Militärkrankenhaus. Dann hat geeitert. Ein deutscher Arzt hat mich nach Berlin ausfliegen lassen, sonst ich wäre da krepiert.«

»Wow«, war ich erstaunt über so viel Ehre.

»Er war Fahrer bei der deutschen Botschaft gewesen. So bekam er in der Charité schließlich seine erste Prothese. Und da es das linke Bein war, konnte er damit die Automatik-Wagen fahren.«

»Und warum muss er jetzt hier arbeiten?«

»Das war leider die Botschaft der DDR. So wurde er nicht mehr gebraucht und fand hier einen guten Job als Requisiteur.«

»Und jetzt ich habe neue Carbonat-Prothese aus der BRD, damit ich kann laufen wie Sprinter bei Olympischen Spielen.« Und damit lief er davon, um Kaffee zu holen, wie er uns noch versicherte.

Bis er zurück sein würde, führte mich Dirk zu den abgestellten goldenen Statuen.

»Und wo ist die kaputte?«

Dirk zeigte auf ein Bündel von Tüchern. »Wir versuchen sie zu trocknen, damit sie leichter wird.«

»Sandstein braucht lange, bis er trocken wird«, tat ich unbedarft.

»Gips braucht noch länger«, bedauerte Dirk.

»Auch schon eine Kopie?«

»Da gab es schon mal eine zerbrochene Skulptur, und weil wir in Zeitnot waren, haben wir einen Abdruck gemacht und den mit Gips ausgegossen.«

»Aber die Grazien haben alle eine andere Pose«, hielt ich dagegen.

»Siehst, Hassan, der Mann ist ein Arzt, dem entgeht nichts«, scherzte Dirk zum Magazinverwalter, der gerade wieder zu uns gestoßen war, »er hat bemerkt, dass unsere Kopie nur eine Kopie und darum nur aus Gips ist.«

»Und dass Daphne deswegen schon mal helfen musste, kannst du ihm ruhig sagen«, plauderte Hassan wohl ein wohlgehütetes Geheimnis aus und schenkte uns Kaffee ein.

»Das hatte mich übrigens erst zu der Nummer inspiriert.«

»Mit dem Sturz ins Wasser?«

»Genau, nur die zweite Statue hätte nicht umfallen dürfen.«

»Gips man kann nicht so festschrauben wie Marmor oder Sandstein«, räumte Hassan bedauernd ein.

»El-Mansur wird dich deswegen noch zur Schnecke machen«, warnte Dirk den alten Mann.

»Auweia! Er hat mir schon mal gedroht, mich rauszuwerfen.«

»Dann geh doch einfach in Rente«, befand ich banal.

»Die reicht nicht mal zum Sterben, es sei denn, man stürzt sich in Nil«, resümierte Hassan zerknirscht.

»Dann fang bei Abdul an«, schlug ich leichtsinnigerweise vor.

»Als was?«

»Als Fahrer ... «

»LKW haben keine automatische Getriebe«, befand Hassan.

»Hattest du nicht mal für die deutsche Botschaft gearbeitet?«

»Zu kurz, um eine Invalidenrente zu bekommen«, warf Dirk ein. »Aber vielleicht kriege ich ihn im Ägyptischen Museum in Berlin unter.«

»Dazu müsste er bestimmt Archäologie studiert haben. Aber da wird keine Stelle frei sein.«

»Aber als privater Fremdenführer mit Kenntnissen der ägyptischen Kultur müsste das doch gehen«, glaubte Dirk einen Weg gefunden zu haben.

»Das heißt, ich müsste auswandern?«, fragte Hassan verwundert, was mich ehrlich gesagt auch wunderte.

»Was heißt auswandern, du würdest nur eben nach Deutschland wieder zurückkehren. Ich glaube kaum, dass du hier anschließend noch eine Zukunft hast.«

»Anschließend an was?«

»An den heutigen Tag.«

»Was ist heute?«, verstand Hassan nicht.

»Ich glaube Freitag«, meinte Dirk unbekümmert.

»Nein Sonnabend«, widersprach Hassan.

»Nein Freitag«, blieb Dirk hartnäckig und somit lautstark, doch leise fügte er an ihn gerichtet hinzu: »Der Tag, an dem Marlene verschwinden muss.«

»Hab schon gehört, dieser alte Despot will ihn auch in Acryl verewigen«, murmelte Hassan in seinen Bart und deutete auf mich. »Also packen wir es an«, gab er lautstark das Signal, mit der Arbeit anzufangen.

»Gut, wir werden jetzt die Statue in die Kiste legen. Welche nehmen wir?«, fragte Dirk.

Ich schaute ihn verblüfft an. »Na die kaputte.«

»Logo«, bemerkte Dirk knurrend.

»Ob sie das aushält?«, fragte Hassan hingegen.

»Gips ist geduldig.«

»Ich meine die, die schon in der Kiste liegt, Kiste wird dann so schwer, dass wir sie nicht können bewegen«, wandte Hassan ein.

»Probieren geht über studieren. Welches ist die kaputte?«, wollte ich wissen.

Hassan zeigte auf die dritte goldene Statue, die im Raum an die Wand gelehnt stand, genau wie die beiden anderen mit den zwei gesunden Beinen.

»Und wo ist die kaputt?«

»Am Bein, das Bein ist gebrochen, ich habe fixiert provisorisch mit Gips, damit Bein nicht geht verloren und mit Goldbronze angemalt. Sieht nicht ganz echt aus, aber so ihr könnt sehen, wo es ist gebrochen. Und verladet sie ja vorsichtig.«

»Zeig mir mal das beschädigte Standbild«, tönte es hinter uns und Sulaiman schob sich ins Blickfeld.

»Hallo, Sulaiman«, tat Dirk überrascht. »Wenn wir die Statue jetzt wegbringen, müssen wir die Show morgen nicht abändern, bis dahin ist sie wieder zurück, zumal da Marlene wieder auf den Beinen ist.«

»Zeig mir mal die nasse Gipsstatue.«

Hassan führte ihn zu der einen goldenen Frau mit dem beschädigten Bein. Sulaiman schien der Braten gerochen zu haben und beschaute sich die angemalte Stelle. Dann stieß er heftig mit seiner Fingerspitze auf die Skulptur ein, auf dass ein ärgerliches Aua zu hören war, was mich aufschreckte. Doch es war Sulaiman, der seinen malträtierten Finger bepustete.

»Was ist?«, fragte Dirk verwundert.

»Ich weiß, was hier gespielt wird, ihr wollt Marlene rausschmuggeln.«

»Ich bin doch nicht lebensmüde«, tönte Hassan entsetzt und blickte Dirk echt verblüfft an. »Wollt ihr das wirklich?«

Mein plötzlich rasend schnell schlagendes Herz wollte sich nicht wieder beruhigen, denn ich konnte nicht erkennen, welche von den Statuen jetzt Marlene war.

»Glaube kaum, dass das geht«, warf ich mal so ein, um ihn von seinem Plan abzubringen, die anderen Statuen auf die gleiche Weise überprüfen zu wollen. »Bei den vielen Leibwächtern? Außerdem möchte ich mal annehmen, dass Ihr Chef dann alle Hebel in Bewegung setzen wird, um sie an der Ausreise aus Ägypten zu hindern.«

»Und ob er das wird, uns fehlen nur ein paar Chemikalien, die werden wir jetzt besorgen und dazu brauchen wir deinen Laster.« Und damit drehte er sich abrupt zu Hassan um.

»Kunstharz?«, fragte ich leichthin, um Sulaiman zu irritieren und Zeit herauszuschinden.

»Genau, erst sie und dann du, sagt der Chef.«

»Noch ist das letzte Wort nicht gesprochen«, erhob Dirk sogleich Einspruch.

»Also gut, dann wir holen die schon verladene Statue wieder von Laster runter und ihr könnt einkaufen Acrylsalz. Kommt, helft mir mal, die Kiste wieder heben runter«, schlug Hassan auch schon vor und ging zu seinem Lkw.

»Wieso, wer ist da in der Kiste?«, wurde Sulaiman sogleich hellhörig.

»Na das, was er zu Abdul bringen soll«, gab Hassan verwundert über die Schulter zurück.

Sulaiman schien kurz zu rechnen: »Das ergibt ja dann vier Statuen, hier stehen aber nur drei. Ihr wollt Marlene rausschmuggeln. Das wird euch noch leidtun.«

Damit riss er seinem ihn begleitenden Leibwächter den Dolch aus der Scheide. Sogleich stieß er ihn wutentbrannt in die Brust der nächststehenden Statue, was ihn einen Schmerzensschrei ausrufen ließ, weil der Dolch wegsprang und seine Hand auf den Stein prallte. Weil dabei aber ein großer Sandsteinbrocken aus der weiblichen Brust heraussplitterte, schrien nun Hassan und Dirk wütend auf.

Das Geschrei ließ sogleich die Wache vom Tor herbeieilen. Doch bevor sie noch eingreifen konnte, stach Sulaiman wutentbrannt in die nächste Statue ebenfalls in Höhe des Herzens, wobei der Dolch zerbarst. Seine Hand prallte auf den Stein und Blut spritzte hervor.

Nun reagierte er völlig hysterisch und siegesgewiss zugleich: Er riss dem ankommenden Wachmann dessen Dolch aus der Hand und jagte ihn mit voller Gewalt in die Brust der nächsten Statue, die mit dem markierten Beinbruch, die er eigentlich schon mit dem Finger geprüft hatte – was ihm wohl in der Rage entgangen war. Hier drang nun der Dolch tief in den Körper ein, was Sulaiman siegessicher aufschreien ließ, endlich Marlene gefunden zu haben. Doch der Dolch ließ im nassen Gips einen Längssprung entstehen, woraufhin der ganze Körper langsam schräg auseinander brach. Entgeistert starrte er auf die in sich zusammenbrechende goldene Gestalt, wobei sich immer mehr der weiße Gips hervor tat.

Aber dann raste er mit wütendem Gebrüll auf den Lkw zu, sprang förmlich auf die Ladefläche, riss den Deckel von der schon verladenen Holzkiste und holte aus, um mit einem siegessicheren hysterischen Lachen den Dolch in den drin liegenden goldenen menschlichen Körper zu jagen. Und tatsächlich, diesmal war er weder aus Stein noch aus Gips, daher stach er mehrmals zu. Dabei brüllte er die Wachen an, sowohl Hassan als auch Dirk und mich festzunehmen, weil wir Marlene, die Lieblingsfrau von El-Mansur, rausschmuggeln wollten.

Doch Hassan gebot sogleich Einhalt »Stopp, nicht so voreilig. Was du da eben getan hast, ist Leichenschändung! Du hast dich eben an der toten Daphne vergriffen.«

Sulaimans Gesicht verzerrte sich zu einer Fratze, dann blickte er entsetzt in die Kiste.

»Wer ist das?«, fragte er geschockt.

»Daphne, El-Mansurs letzte Frau, die in der Goldwanne ertrunken war, wir sollten sie bei Abdul einbalsamieren. Soll El-Mansur jetzt entscheiden.«

Er beauftragte die Wachen, Sulaiman festzunehmen und zu El-Mansur zu bringen, die sich sogleich den Mann griffen, der sich widerstandslos wegführen ließ.

Da trat eine in eine Burka gehüllte Frau an die Ladefläche des Lkw und wollte sie besteigen. Sie diskutierte kurz mit Hassan, er half ihr schließlich hoch. Dirk wollte ihn schon daran hindern, doch Hassan wehrte ihn ab.

»Das ist Jesuffa, sie will um Daphne weinen, lass sie beten.«

Und tatsächlich, sie beugte sich über die Kiste, strauchelte wohl wegen des langen Gewandes und fiel dabei der Länge nach rein.

»Schnell, das Tor ist nicht bewacht, ich mach es auf, ihr fahrt mit Daphne jetzt zu Abdul, damit er sie einbalsamieren soll, bevor die Fäulnis den toten Körper zersetzen kann.«

»Mit Jesuffa?«, fragte ich skeptisch.

»Ist Marlene«, flüsterte er uns zu und ging ohne Eile auf das Torhaus zu, woraufhin sich kurz darauf die beiden Torflügel von allein – also elektrisch – öffneten.

Dirk kletterte behände ins Führerhaus und ließ den Motor an, ich stieg rasch auf den Beifahrersitz. Hassan kam ans Tor, blickte kurz auf die Straße und gab uns ohne jede Hektik mit der Hand ein Zeichen, dass wir losfahren können.

Wenige Hundert Meter später lenkte Dirk den Lkw auf den Parkplatz eines Einkaufsmarktes, schwang sich auf die hinten offene Ladefläche, ich stieg ihm nach. Inzwischen hatte er der Muslimin aus der Kiste geholfen.

»Marlene, bist du das wirklich?«, fragte ich skeptisch.

Sie öffnete etwas das sie völlig einhüllende Gewand, wobei uns das vergoldete Antlitz anglitzerte.

»Wie hast du das geschafft?«, fragte ich verwundert.

»Ich habe Jesuffa k.o. geschlagen, sie dann ausgezogen und in die Wanne mit dem Goldzyanid gelegt, schön unter Wasser gehalten, bis keine Luftblasen mehr aufstiegen, genauso wie sie es mit Daphne machen musste.«

»Sie hat sie ertränkt?«, fuhr es Dirk verblüfft raus.

»Scheidung auf Arabisch, wenn es eine schönere Frau gibt und die alte will nicht weichen.«

»Oh Mann ... «, stöhnte ich auf.

»Du bist der Mann, nicht ich«, kam es lapidar zurück. »Ich warte auf euch bei Kaiman, Dirk kennt ihn.«

Und damit ließ sie sich im Sichtschutz eines anderen, daneben geparkten Lkw von der Ladefläche helfen und scharwenzelte in den Markt hinein, wo sie schon kurz darauf unter den anderen Frauen mit Burka nicht mehr auszumachen war.

»Können wir uns nicht rasch was zu essen kaufen, ich habe einen mörderischen Hunger«, bettelte ich zwar Dirk nicht gerade an, aber besser, wir kaschierten unseren Halt mit vollem Mund, denn mit leeren Händen.

Dirk klappte die Ladeklappe hoch, hakte die rückseitige Plane an den Ösen fest und lotste mich dann in den Markteingang rein.

Wir kauften etwas Teigartiges, wohl ein Fladenbrot, dazu etwas Döner, wohl vom Huhn, und so verproviantiert traten wir den Rückweg zum Lkw an.

Aber kaum dass wir ihn sahen, erkannten wir auch ein daneben stehendes Polizeifahrzeug. Doch Dirk ging ohne jeden Argwohn auf seinen Lkw zu und schloss die Fahrertür auf. Da erschienen zwei Polizisten und sprachen ihn an. Sie führten ihn zur Ladeklappe. Wie gewünscht löste er die Plane und klappte dann die Heckklappe runter, woraufhin einer der beiden Polizisten hochsteigen konnte, sein Augenmerk galt der Kiste. Dirk musste nachsteigen und sie öffnen, was er auch tat. Der Uniformierte rief seinem Kollegen etwas zu, der daraufhin sein Sprechfunkgerät aktivierte und sich mit jemandem besprach.

Sie stiegen wieder ab und Dirk unterhielt sich mit den beiden Männern, wobei er sich natürlich ausweisen musste. Ich konnte die Namen *Daphne, El-Mansur* als auch *Abdul Cassier* heraushören, wobei Dirk immer wieder auf die Kiste zeigte, dann fiel auch der Name *Sulaiman* und zwar aus dem Mund des einen Polizisten.

Da demonstrierte Dirk die Dolchstiche, mit denen Sulaiman wütend auf die tote Daphne eingestochen hatte.

Jetzt bestiegen beide Beamten zusammen mit Dirk nochmals die Ladefläche und im Scheinwerfer von Taschenlampen inspizierten sie genau den Inhalt der Kiste und die darin liegende Tote, die schon seit Tagen tot war und somit nicht Marlene sein konnte.

Dirk durfte den Deckel wieder auf die Kiste legen, alle verließen die Ladefläche, die Polizisten grüßten, wobei sie die Hand an die Dienstmütze legten. Dann gab mir Dirk, der ich die eingetüteten Fressalien immer noch wie erstarrt gegen die Brust gedrückt hielt, ein Zeichen wieder einzusteigen. Dann durfte er losfahren.

»Sie folgen uns, mal sehen wie lange«, hörte ich aus seinem vollen Mund.

»Oh Gott ... «

»Keine Angst, ich fahre wirklich zu Abdul, damit uns die arme Daphne nicht verfault.«

»Du hast Nerven ... «

»Ich bin halt ein Archäologe, die brauchen gute Nerven und haben viel Zeit«, gab er lachend zurück.

»Kann Abdul denn Leichen einfach so einbalsamieren?«

»Mit Totenschein schon.« Er tippte auf die Brusttasche seiner Latzhose.

Wir hatten uns natürlich im Magazin umziehen können und somit den nassen Abendanzug gegen trockene Arbeitskleidung eingetauscht. Dirk hatte sich sogar eine Baseballkappe mit dem Firmenlogo von

Abdul Cassier aufgesetzt, übrigens die Türen vom Lkw zeigten das gleiche Emblem, nur eben größer.

»Die arme Marlene, hat er die so einfach abgestochen«, war ich noch immer geschockt.

»Ich hätte nicht gedacht, dass er so einen Hass auf sie hatte.«

»Eine schöne Frau zwischen zwei Männern«, vermutete ich mal.

»Eine schöne Frau zwischen zwei Männern«, wiederholte er, dann sah er mich an und lachte los.

»Warum lachst du?«

»Weil es schon wieder eine schöne Frau zwischen zwei Männern gibt.« Verblüfft starrte ich ihn an. »Keine Angst, ich nehme sie dir nicht weg, ich habe Violetta.«

»Dass sie dazu fähig war, sich dafür herzugeben, das hätte ich ihr ehrlich gesagt nicht zugetraut.«

»Marlene?« Ich nicke stumm. »Eigentlich ist sie ja eine Stewardess und hat sich nur die Show mit uns angeschaut. Bei der Nummer mit den beiden Dessous-Models hat sie wohl schon angeheitert gesagt *oh toll, das würde ich auch gern mal machen*. Das hat Sulaiman gehört, der bei uns am Tisch saß, und hat sie eingeladen, am nächsten Abend mal aus Spaß mitzuspielen. Marlene ließ sich tatsächlich drauf ein. Doch wer in der Show mit den beiden Dessous-Models nicht auftauchte, war Marlene. Das hatte uns schon gewundert, denn sie war noch am selben Abend Sulaimans Einladung gefolgt, sich mal hinter den Kulissen des Nightclubs umzuschauen. Doch als die Nummer mit der Brücke und den vier goldenen Statuen ansetzte, da waren wir nicht sicher gewesen, ob Marlene *da* vielleicht mitspielen würde, der Größe der lebendigen Statue nach zu urteilen hätte das gehen müssen. Und tatsächlich, als sie nach dem Reinfall wieder auftauchte, da waren wir ganz sicher, dass sie sich für diese Nummer entschieden hatte, denn sie liebkoste den Jüngling derart aufreizend, wie es im

Programm eigentlich bislang nie geschehen war, zumal sie von da ab auch nicht mehr zur Crew zurückgekehrt war.«

»Sie hat sich freiwillig alle Harre abrasieren lassen, nur um sich total goldfarben anmalen zu lassen?«, bezweifelte ich.

»Ob es freiwillig war oder ob man sie unter Drogen gesetzt hat oder ob sie versehentlich in das Goldzyanid-Bad gefallen war ... «

»Eine Goldlösung, in die sie eingetaucht wird?«, horchte ich entsetzt auf.

»Ja, soviel ich weiß, ist El-Mansur ganz versessen auf vergoldete Frauen und hat das mit dem Goldzyanid-Bad derart perfektioniert, dass es in letzter Zeit keine Todesfälle mehr gegeben hat.«

»Todesfälle?«

»Na ja, die Mädels mussten sich für eine gewisse Zeit total untertauchen lassen, sie atmeten dann durch Schläuche oder hielten die Luft an, damit das Gold auf der Haut haftete.«

»Und wie geht das dann wieder ab?«

»Gar nicht mehr.«

»Aber ... «

»Im Gegenteil, die Mädels waren so davon besessen, dass sie sich jedes Mal vor dem Auftritt erneut für ein paar Minuten in die Wanne legten, damit das Gold so richtig total glänzte.«

»Dann wird die Schicht ja immer dicker.«

»Wie gegerbtes Leder.«

»Aber die Farbe muss doch nach einer gewissen Zeit wieder runter, die Hautatmung ... «

»Die Farbe wird nicht einfach luftdicht aufgemalt, sie geht mit der Haut irgendwie eine Verbindung ein, die einen osmotischen Luftaustausch weiterhin ermöglicht, so als hätte man sich durch die Sonne eine Hautbräunung eingehandelt, nur ist die Frau eben nicht braun, sondern goldig im wahrsten Sinne des Wortes.«

»Und warum will sie dann wieder nach Hamburg in die Zivilisation zurück? So findet sie niemals Arbeit.«

»*Auf der Reeperbahn nachts um halb eins...*«, begann Dirk zu singen, woraufhin ich auflachen musste.

»Dann hätte sie aber auch gleich hier im warmen Ägypten bleiben können«, konnte ich nur dazu sagen.

»Hättest du nicht mit ihr angebändelt, wäre sie bestimmt geblieben. Aber so was sieht El-Mansur nicht gern, hast ja die beiden Glaszylinder in seinem Heiligtum gesehen.«

»Und wie will sie legal aus Ägypten ausreisen? Antiquitäten darf man nicht exportieren«, wies ich ihn auf das Ausfuhrverbot hin.

»Du bist gut. Was machen Ärzte bei Hautverbrennungen?«

»Sie decken die Brandwunden mit Salben und Verbänden ab.«

»Siehst, so einfach kommst du zu einer Patientin.«

»So einfach krieg ich sie aber niemals in ein Flugzeug rein.«

»Du musst sie ja nicht gleich nackt in einem riesigen Airbus mitnehmen, es reicht auch ein Lear-Jet«, scherzte Dirk und fuhr los.

»Nur was werden die Nachbarn sagen, wenn ich mit meinem Goldmädchen zu Hause auftauche?«

»Sag, sie hat die Goldmedaille beim Triathlon gewonnen und kommt nicht mehr aus dem hautengen Neopren-Badeanzug raus.«

6
Die **Bank**
oder Nicole und das Interview alpiniste

»Nicole, für dich, dein Schwarm.«

Paul Williams reichte der grazilen Brünetten den Telefonhörer über den Schreibtisch.

»Wer?«, fragte sie verblüfft.

»Hauptkommissar Beckmann.«

Sie griff nach dem Hörer und ließ ihn erwartungsvoll unter ihren langen Haaren verschwinden.

»*Oui, Merdan*«, belebte ein französischer Akzent schlagartig den eher trockenen Redaktionsraum, wobei sie Bleistift und Zettel an sich zog, um sich dann in Teenymanier unbekümmert über das Papier zu beugen, woraufhin ihr Kollege sinnierend mit der Korrektur seines Manuskriptes innehielt.

»Nicole, ich hab was Vielversprechendes für Sie«, konnte man die sonore Stimme des Kommissars aus der Mithöranlage hören. »Auf dem Dach der Hypobank sitzt ein Lebensmüder und will sich in die Tiefe stürzen ... «

»*Oh non* ... «, flüsterte Nicole entsetzt.

» ... wenn sich ihm jemand nähert. Wäre das nicht ein Fall für Sie?«

»Aber *Monsieur commissaire*, wenn Sie das nicht schaffen ... «

»Sie sollen ihn ja nicht zurückholen, das verlangt keiner von Ihnen, aber Sie wollten doch Stoff für eine Live-Story. Und wenn Sie dann noch etwas Ihren Charme spielen lassen ... «

»Aber *Monsieur*, immer diese *compliments* ... Aber vielen Dank für den Tipp. Wie komme ich dort hin?«

»Ich schicke Ihnen einen Wagen, sonst springt der womöglich noch runter und Sie haben dann nur noch eine kurze Short-Short-Story. Gerald wird Sie abholen – der schwärmt immer so von den kleinen Französinnen, aber nicht weiter sagen. *Au revoir.*«

»*Merci, merci beaucoup*«, bedankte sie sich und reichte dem Kollegen den Hörer zurück. »Er hat mir gegeben einen heißen Tipp«, strahlte sie ihn an, »vielleicht komme ich jetzt zu meiner *reportage*. Wo ist die Hypobank?«

»Wenn du die Zentrale meinst? In der Königstraße – *Rue royal.*«

»Ist das ein *gratte-ciel*?«

»Ein was?«

»*Excusez-moi* ... *Un skyscraper*, ein hohes Haus?«

»Keine Angst, in Nürnberg wachsen die Häuser nicht in den Himmel wie in Frankfurt, hier ist nach vier Etagen Schluss.«

»Aber die Steildächer können ganz schön hoch sein«, mischte sich Beate ein.

»Komm, mach ihr keine Angst, die Hypo stammt noch aus der Kaiserzeit.«

»*Merveilleux* (wunderbar), dann: *au revoir.*«

Nicole Merdan griff sich ihre Umhängetasche, überprüfte die Digitalkamera, ob der Akku noch ausreichte, und verschwand mit einem erfrischenden Elan aus dem Zimmer, ein Hauch von Cloe folgte ihr nach. Sie sprang die drei Etagen runter, als eilte sie einem Rendezvous entgegen. Doch der Anschein trog, denn Kummerwolken umnebelten ihr Hirn. Wie sollte sie an das heikle Thema herangehen? Sie war doch erst seit zwei Monaten als Volontärin im Haus der Nürnberger Zeitung tätig. Ihr eben noch freudiger Elan erlahmte rasch, so dass sie unten am liebsten umgekehrt wäre, um dem Routinier Paul Williams den Tipp anzutragen.

Doch der Portier hatte sie schon erspäht, nur die rasche Flucht nach draußen konnte sie vor dem Charme des Charmeurs retten. Da rauschte auch schon der Streifenwagen mit Blaulicht heran, nahm sie auf und verschwand genauso schnell Richtung Lorenzkirche.

»Hallo Nicole, der Kommissar hat mir leider nicht Ihren Nachnamen anvertraut, für ihn sind Sie nur Nicole. Wie darf ich Sie nennen?«

»Nicole Merdan, aber Nicole ist okay, ich bin ja noch ein Teeny.«

»*Oh pardon, Mademoiselle Merdan*, aber ich liebe nun mal ... «

» ... kleine Französinnen«, fiel sie ihm ins Wort. »Aber ich bin 166 *centimètre* hoch. Und Sie?«

»Oh dann würden wir uns leider verfehlen«, konnte der junge Polizeimeister nur lachend erwidern.

»Leider?«

»Leider würden unsere Lippen nicht aufeinandertreffen, doch sechs ... «

»Ich will nichts hören von Sex«, fiel sie ihm sogleich echauffiert ins Wort.

Doch da musste er derart heftig lachen, dass sie rasch ins Lenkrad griff, um den Wagen vor einem Auffahrunfall zu bewahren.

»Oh danke. Sie können einen ganz schön um den Verstand bringen. Ich habe nie was von Sex gesagt ... «

»Haben Sie doch.«

»Okay, aber nur im Sinne von sechs Zentimeter, die ich größer bin als Sie. Wenn Sie Stilettos anziehen, wären wir wieder auf Augenhöhe.«

»Und warum?«

»Damit Sie mir meine bösen Gedanken noch rechtzeitig an den Augen ablesen können, bevor ich sie aussprechen muss.«

»Und was sind das für böse Gedanken?«

»Sind Sie schon aufgeklärt?«

»Na hören Sie mal, meine Mama ... «

»*Mon Dieu*! Lass die kleinen Französinnen doch mal an was anderes denken, als nur an *amour*. Also Ihr Auftrag ist nicht ganz einfach. Soweit ich informiert bin, soll ich Sie zur Hypobank bringen, da wartet der Kommissar auf Sie und wird Sie auf das Dach begleiten, also auf den Dachboden, wo Sie sich bei dem Mann, der da runterspringen will, in sein Vertrauen einschleimen sollen, um ihn von dem Vorhaben abzubringen ... «

»Einschleimen?«, fiel sie ihm misstrauisch ins Wort, was bei dem Wort, das man bestimmt nicht ins Französische übersetzen kann, schon verständlich war.

»Pardon, einschleichen passt auch besser, denn Sie sollen sich vom Dachfenster aus mit ihm unterhalten, um herauszufinden, warum er seinem Leben ein Ende setzen will. Vielleicht könnten Sie ihm mit Ihrem Charme ... «

»Das hat mir der *commissaire* auch schon unterstellt ... «

»Nur unterstellt? In meinen Augen sind Sie das Musterbeispiel einer jungen Frau, die alle Männer um den Finger wickelt, dass sie den Verstand verlieren und das nennen wir Charme.«

»Aber wir beziehen das auf Frauen, die sind schon älter als ich«, hielt sie dagegen.

»Von einer älteren Frau würde ich mich nicht mehr um den Finger wickeln lassen, aber von einer jungen ... Zur Sache Schätzchen.«

»Ich bin nicht Ihr Schätzchen.«

»Entschuldige, das ist nur so eine Floskel, wenn man in einer Unterredung zur Sache kommen muss. Soweit ich informiert wurde, lässt der Mann niemanden an sich ran, weil er damit droht, dann runter zu springen. Er ist Ende Dreißig, nicht verheiratet und mit seinem Latein am Ende ... «

»Ich kann nicht Latein.«

Gerald konnte nicht umhin zu lachen.

»Bei der Zeitung man nicht muss können Latein«, protestierte sie beleidigt.

Der junge Polizeibeamte legte ihr beruhigend kurz seine Hand auf ihren Arm. »Das ist auch nur wieder so eine Floskel. Er hat also nichts mehr zu verlieren, denn die Bank musste sein Konto sperren. Irgendwie hat da eine Frau ihre Hand im Spiel, hat wohl sein Konto abgeräumt. Die Bank hält sich leider noch bedeckt, keine Ahnung warum. Aber vielleicht können Sie ihn fragen, was da schief gelaufen ist.«

»Oh *Monsieur*, warum ich?«

»Sie sind für den Kommissar die einzige Frau ... «

»Aber er könnte mein Papa sein.«

Gerald musste schon wieder herzhaft lachen. »Darum ja, er hat Vertrauen in Sie, nur Sie könnten es schaffen, denn Ihr Charme haut jeden Mann um, *oh pardon*«, bat er devot, wobei er seine Hände in Art des Dalai-Lama aneinander fügte.

»Gerald, *attention*!«, rief sie und wollte schon wieder ins Lenkrad greifen, fuhr er doch geradewegs auf die Fußgängerzone zu.

Gerald musste sogleich auf Schritttempo runtergehen, denn die Fußgänger schlenderten betont verhalten über das Kopfsteinpflaster. Besonders die Damen mussten regelrecht auf Zehenspitzen gehen, um nicht mit den Absätzen in den Fugen zwischen den Basaltsteinen hängen zu bleiben.

Früher war das natürlich Asphalt, da gab es diesbezüglich keine Probleme. Doch in den Neunziger Jahren des letzten Jahrhunderts wollte man den Flair der Stadt ins Mittelalter zurücksetzen und beschloss, die Straßen wieder mit Basaltsteinen zu pflastern, dann gäbe es auch bei einem Wolkenbruch kein Problem mehr mit den

Wassermassen, die bislang über die Kanalisation nur zögerlich abfließen konnten. Doch was dann kam war ein Schildbürgerstreich: Man riss natürlich die alte teerhaltige Asphaltschicht aus dem Boden und entsorgte auch gleich den Boden da drunter, da der Teer den Untergrund verseucht hätte. Daraufhin wurde das Niveau wieder mit grobem Split aufgefüllt, festgewalzt und mit einer sauberen Bitumenschicht abgedeckt, als hätte man vergessen, dass da doch Basaltsteine hinkommen sollten. Aber man hatte sie nicht vergessen, denn jetzt kam eine Sandschicht auf das Bitumen und auf dieser Sandschicht wurden die Basaltsteine verlegt und eingerammt. Schließlich verfüllte man in mühevoller Handarbeit die Fugen zwischen den Basaltsteinen mit einer dünnfließenden Teerschicht, damit das Regenwasser die Basaltsteine nicht wieder unterspülen sollte. Natürlich füllte man die Fugen nicht randvoll, das hätte dann ja ausgesehen wie ein moderner Straßenbelag. So müssen die Damen der Bourgeoisie mit ihren standesgemäß hochhackigen Schuhen eben auf Zehenspitzen durch die Altstadt bummeln.

»Warum fahren Sie nicht mit Fanfare, dann wir sind schneller da?«

»Dann würde er erst recht springen.«

Doch wo das Blaulicht nicht half, da benutzte er seine normale Hupe. Kaum dass er die Lorenzkirche umrundet hatte, wurde der Einsatzwagen von einer dichten Traube neugieriger Menschen aufgehalten, die von einem Polizeikordon zurückgehalten wurde. Also war ein Weiterkommen nur zu Fuß möglich.

Gerald winkte eine Polizistin zu sich und beauftragte sie, Nicole so schnell wie möglich in die Bank zu Kommissar Beckmann zu bringen, der dort schon ganz dringend auf sie wartete.

Nicole stieg rasch aus und wurde sogleich von der jungen Beamtin in Empfang genommen, die ihren absperrenden Kollegen was zurief, woraufhin sogleich eine schmale Passage freigemacht wurde. Durch diese Gasse rannten die beiden Frauen auf den Eingang der Bank zu, lediglich den Feuerwehrleuten mit ihren noch abwartend ausgebreiteten Sprungtüchern mussten sie ausweichen.

Die unheimliche Ruhe machte Nicole erst recht nervös, alle Blicke waren nach oben zum Dach gerichtet, doch konnte sie nichts von einem Lebensmüden erkennen. Aber aus den Fenstern der gegenüberliegenden Gebäude sah sie verdeckt Polizisten und Feuerwehrleute stehen mit Sprechfunkgeräten am Mund.

Die normalerweise selbstschließende Schiebetür des Bankgebäudes war außer Funktion gesetzt, denn Kommissar Beckmann ging im Vorraum unruhig auf und ab gleich einem Tiger in seinem Käfig. Er war in ein Telefonat vertieft.

»Kommissar, Nicole ist hier«, rief die Polizistin ganz atemlos.

Der smarte Mittfünfziger klappte sofort das Handy zu und eilte ihnen entgegen.

»Schön Nicole, dass Sie schon da sind, der Typ macht uns die Hölle heiß.«

»Was macht er?«, war sie schon wieder mit der deutschen Sprache überfordert.

»Nichts macht er, er hockt wie eine Taube auf dem Dach und hält uns zum Narren. Wenn wir näher kommen, droht er runterzuspringen. Wenn wir Abstand halten, aalt er sich in der Sonne. Also lieber zehn Spatzen in der Hand, als einen Tauben auf dem Dach.«

»Wie sollen zehn Spatzen in Ihre Hand passen?«, missverstand sie ihn schon wieder.

»Ach Nicole, schade, dass du nicht meine Tochter bist.«

»Warum schade?«

»Dann hättest du für die Frage eben einen Klaps auf den kleinen Popo verdient. So, komm schnell, wir nehmen den Fahrstuhl.«

Und damit waren sie in den Fahrstuhl gestiegen. Er drückte auf *Türen schnell schließen* und dann auf die oberste Etage.

»Also der hockt da oben ... «

»*Qui* <wer>?«

»Peter Graf. Er hockt auf dem Schneefanggitter ... «

»Was ist das?«

»Ein schmales Metallgitter, damit der Schnee vom Dach nicht wie eine Lawine auf die Straße rutscht und Menschen erschlägt.«

»Und das schmale Gitter kann ihn zurückhalten?«

»Das Gitter ist stabil, aber er ist labil. Wenn er sich etwas vorbeugt, fällt er runter wie ein Stein. Der Mann hat Probleme ... «

» ... und ist am Ende mit dem Latein. Was heißt das?«

»Woher hast du das?«

»Gerald hat gesagt.«

»Er weiß nicht mehr weiter mit seinem Leben.«

»Gerald?«, kam es entsetzt rüber.

»Der Graf ... «

»*Oui, je comprends* <ich verstehe>. Und was soll ich machen?«

»Mach ein Interview, lass deinen Charme spielen, vielleicht erzählt er dir, warum er nicht mehr weiter weiß, was mit der Frau ist, die ihm möglicherweise das Geld vom Konto genommen hat ... «

»Nicht so schnell. Eine Frau hat genommen das Geld von seine Konto?«

»Alles Geld, sein ganzes Geld.«

»*Oh merde* <Scheiße> ... «, murmelte sie leise.

»Du sagst es«, bestätigte der Kommissar verbittert.

Oben angekommen wurden sie von einem älteren Mann in Zivil empfangen.

»Frank Beier, ich bin der Hausmeister. Ist sie etwa die versprochene Hilfe?«, schien er an ihrer Fähigkeit zu zweifeln, einen Lebensmüden zum Aufgeben zu überreden.

»Nicole Merdan, ich will versuchen es«, machte sie sich Mut und fragte nach dem Weg zum Gitter.

»Kommt gar nicht in Frage ... «

»*Pourquoi* <wieso>?«

»Was sagt sie?«, räumte er ein, kein Französisch zu verstehen.

»Warum darf ich nicht zu dem *monsieur*?«

»Und wenn er Sie mit in den Tod reißt? Herr Kommissar, das ist zu gefährlich!«

»Wir können ihr einen Sicherheitsgurt umlegen«, bot sich ein Feuerwehrmann an und löste seinen Gurt ab, um ihn sogleich um ihren Körper legen zu wollen, doch dann zögerte er. »Oh Gott, Sie zierliches Geschöpf ... «

Nicole verstand seine Verlegenheit und hob bereitwillig ihre Arme an, so dass er den Gurt fest um ihre Taille schnallen konnte. Doch beim zweiten Riemen zögerte er erneut und zeigte auf ihre Schamregion, was sie sogleich mit den Händen den Verschluss ihrer Jeans überprüfen ließ. Doch dann lachte sie auf und nahm ihm den Gurt, schob ihn zwischen ihren Schenkeln nach hinten durch, wo er ihn wieder entgegennahm, um ihn am Taillengurt festzuschnallen. Nun hakte er eine starkes Seil ein und gab dem Kommissar mit dem aufwärtsgestreckten Daumen das Startsignal, als wäre von jetzt ab jegliches Gespräch aus welchem Grund auch immer zu unterlassen. Dann führte er sie über den Dachboden zu einem Gaubenfenster, unter dem der Lebensmüde am Schneefanggitter hockte.

»Wir geben Ihnen genügend Seil, damit Sie sich frei bewegen können«, flüsterte er ihr zu. »Wenn es aber brenzlig wird, ziehen wir es straff zurück, halten Sie sich am Seil mit einer Hand fest, damit ihr Körper sich nicht überschlägt. Die Sprungtücher haben Sie gesehen? (sie nickte entsetzt) Die Männer geben zwar ihr Bestes, am besten Sie bleiben aber oben. Halten Sie unbedingt zu ihm Abstand, damit er Sie nicht als Geisel nehmen kann. *Compri*?«

»*Je comprends*. Wie heißt er eigentlich?«, fragte sie den Kommissar als auch die beiden Feuerwehrleute.

»Doktor Peter Graf.«

Nicole lehnte sich etwas aus dem Fenster und verspürte nicht im Geringsten die Wärme der hochstehenden Sonne. Ihr war, als ob sich alle ihre Härchen gegen das Unterfangen sträubten, als würde eine Gänsehaut über ihren Körper kriechen und all ihren Mut abwürgen. Sie konnte den Mann am Schneefanggitter etwa vier Meter unter sich erkennen. Er schien in Gedanken versunken zu sein.

»*Absurdité, j'ai froid malgré de la soleil* <Wahnsinn, mir ist kalt trotz der Sonne>«, hörte ich eine jugendliche Stimme über mir und blickte nach oben.

»Wenn Sie glauben, Sie können sich bei mir einschmeicheln, irren Sie.«

»Hallo *Monsieur Comte* oder wie darf ich Sie ansprechen? *Docteur Comte*? Ich bin Nicole Merdan. Darf ich Sie etwas fragen?«

»Wenn Sie versuchen sollten, sich mir zu nähern, springe ich.«

»*Espérons que non* <hoffentlich nicht> ... «

»Sind Sie Französin?«

»*Oui.*«

»Was soll's, ich kann kaum Französisch.«

»Schade, es gibt niemand in der Stadt, der mir kann verstehen. Das macht mir traurig.«

»Das macht mich traurig«, glaubte ich sie korrigieren zu müssen.

»Sie sind auch traurig?«

»Und was machen Sie dann hier?«

»Ich bin *journaliste, c'est à dire* d. h., ich bin nur un *volontaire*, ich bin hier zum Austauschen ... «

»Zum Austauschen?«

»*Oui*, dafür junge Frau ist gegangen für mir nach Paris und lernt dort bei einem Journal Französisch. Ich möchte also schreiben eine Interview, wie man kann verzweifelte junge Mann helfen aus *situation prekär*.«

»Warum wollen Sie das schreiben?«

»Oh, es gibt viele Menschen, die haben *un problème soudain*, oh ich meine die haben ein Problem und können nicht lösen es. Wenn ich schreibe *un article* und diese Menschen lesen, dann ich könnte ihnen helfen und das würde mich machen *heureux*.«

»Was würde es Sie machen?«

»*Oh pardon*, äh glücklich.«

»Mein Problem würde Sie nicht glücklich machen.«

»*Oh non non*, Sie verstehen mir falsch ... «

»Sie verstehen mich falsch«, glaubte ich sie erneut verbessern zu müssen.

»*Oh non*, ich verstehen Sie nicht falsch. Sie haben ein Problem, das sehe ich, aber ich weiß nicht, wie soll ich sagen ... ist der *problème très difficile*?«

»Drei Probleme? Ich habe nur eins und das ist in der Tat sehr diffizil.«

»Können wir etwas sprechen darüber?«

»Nein, ich will nicht, ich will nicht, dass mein Problem an die große Glocke gehängt wird.«

»Welche große Glocke?«, wiederholte sie fragend, als könnte sie nichts mit der Redewendung anfangen.

»Ich will nicht, dass wir uns deswegen anschreien und alle hören zu.«

»Und wenn wir beide *bas parler*, wenn wir beide sprechen leise, dann hört keiner zu. Nur wir beide.«

Ich lachte zynisch auf. »Nur wir beide?«

»Wenn ich komme zu Ihnen, dann wir müssen nicht so schreien, dann wird es niemand hören was wir sprechen zusammen, *compri*.«

»Wenn Sie glauben, Sie können mich überrumpeln ... «

»Trauen Sie mir das zu? Ich bin sehr *fragile*, sagen meine Kollegen.«

Und schon stieg sie sehr behände aus dem Dachfenster, der Feuerwehrmann half ihr dabei, wobei er unerkannt auf dem Dachboden agierte und auch noch den Kommissar zurückhalten konnte, ihr folgen zu wollen.

»Sind Sie verrückt, Sie werden abstürzen!«

»Ich bin nicht verrückt, ich komme aus der Provence, da kann man steigen auf Berge. Wenn Sie sitzen da auf Kante von Dach, ist wie sitzen auf Spitze von Alpenberg. Haben Sie keine Angst, fallen runter?«

»Ich will ja runter springen.«

»Aber erst wenn ich bin wieder zurück in Dach.« Und damit war sie bei mir angelangt, wobei ich sie mit den Händen auffing, da sie etwas ins Rutschen kam.

»Sie sind verrückt ... «

»Ich bin nicht verrückt, ich bin Nicole. Also was ist mit dem Problem, wo ich kann helfen.« Und schon setzte sie sich neben mich und stützte sich – genau wie ich – mit den Füßen am Schneefanggitter ab.

»Sie können mir auch nicht helfen. Niemand will mir helfen und Sie kleine Frau schon gar nicht.«

»*Petit? C'est bien possible* <das kann schon sein>, aber ich bin auch sehr *énergique*.«

Da musste ich leise auflachen.

»Sie glauben nicht?«

»Nein.«

»Soll ich springen zuerst?«

»Nein«, schrie ich wenn auch leise und hielt sie sogleich zurück, woraufhin die Sicherungsleine sofort straff gezogen wurde. »Sie sind doch verrückt – *crazy*.«

»Warum ist Sprungtuch sonst da? Aber wenn Sie mir nachfolgen, dann etwas *attendre*, äh etwas warten, damit ich kann steigen aus Sprungtuch, sonst Sie machen mir *cassé*, ich bin sehr ... «

» ... *fragile*. Was heißt *cassé*?«

»Oh, zerbrechen ... So jetzt wir können sprechen ganz leise. Ich will Ihnen helfen und dann können Sie sagen mir, was ich darf schreiben in Zeitung, *Monsieur Comte*.«

»Woher wissen Sie meinen Namen?«

»*Commissaire* Beckmann ist Freund von mir, hat mir gefragt, ob ich kann ihm helfen, weil er ist *désespéré*, äh verzweifelt ... «

»Gehen Sie wieder zurück, ich will nichts mit der Polizei zu tun haben.«

»Zu Fuß ich nicht komme wieder hoch, ist zu *escarpee*, äh zu steil. Und ich bin nicht von *police*, ich bin *journaliste*.«

»Ich hasse diese Revolverblätter, sie ziehen alles in den Schmutz und machen es viel schlimmer als es ist.«

»Vielleicht bei euch, aber wir Franzosen haben mehr *sensibilité* und haben auch mehr *respect* vor *sphere privé*. Wir wollen Leser sagen was ist Hinterhalt, non Hintersinn, non ... «

»Hintergrund.«

»*Oui, merci*, Hintergrund zu einem *mystérieux problème. Par exemple*: Warum Sie wollen runterspringen, das muss doch haben eine *cause*, einen Hintergrund.«

»Was interessieren Ihre Leser meine Probleme?«

»Oh viel mehr als Sie denken. Nicht alle haben eine dicke Fell. Ich liebe Chopin, nicht viele Menschen lieben Chopin ... «

»Ich auch ... «

»*Formidable* <großartig>, – aber muss ich das verleugnen? Darum ich will wissen, was Leute haben für Probleme, ich bin *curieux*.«

»Was sind Sie? Kuriert?«

»Oh pardon, ich vergesse, dass ich bin auf Dach von Bank in Deutschland. Ich sagte, ich bin neugierig. Ich weiß noch nicht, ob ich soll werden *journaliste* oder soll werden *romancier*.«

»Und wovon wollen Sie leben? Das bringt beides kein Geld.«

»Ich werde heiraten romantische Mann.«

»Einen romantischen Mann?«

»*Oui*, einen Mann mit viel Phantasie, damit ich kann schreiben *fantastique roman ou nouvelle*.«

»Ist Ihr Mann denn so fantastisch?«

»Oh, ich habe noch keine Mann, der auch liebt Chopin, schwer zu finden. Aber vielleicht haben Sie Phantasie? Warum sonst Sie sitzen auf Dach und runter schauen auf *rue royal*. Warten Sie auf einen König?« Dabei schmunzelte sie mich lausbübisch an. »Ich könnte schreiben über Ihr *problème* eine *histoire*.«

»Was *ist wahr*?«

»Ist doch wahr, dass Sie hier sitzen und nicht wissen, wie Sie wieder kommen runter ohne sich brechen Hals. Nun gut, ich weiß es auch nicht. Aber ich habe mich wie *alpiniste* gesichert mit Seil, so was man muss machen wenn man besteigt spitze Berg, Sie sind *irréfléchi* ... «

»Ich bin irre?«

»*Oh non, pardon*«, entgegnete sie lachend. »*Irréfléchi* ist Französisch und heißt nur äh leichtsinnig. *J'crois* – äh, ich glaube, ich muss mehr aufpassen auf dir, damit du nicht mehr steigst auf spitze Berg ohne *corde*, äh ohne Seil, du weißt ... «

Und damit zeigte sie mir ihr Seil, das sich oben im Fenster verlor, womit sie wohl schnell wieder zurückgezogen werden kann.

»Hast du einen Beruf?«

»Warum willst du das wissen?«

»Kannst du ernähren eine Frau, die schreibt Romane und kann nicht leben davon?«

»Was soll das?«

»Na ja, ich dachte, wenn ich wieder gehe zurück nach Frankreich, in die Provence oder nach Paris, du kommst mit vielleicht? Okay, du kannst nicht sprechen französisch?«

»Nur ein bisschen.«

»Kein Problem, ich kann dir lernen Französisch, ist nicht schwer: *je t'aime* heißt ... «

»Ich liebe dich ... «

»Ich dich auch. So leicht ist Liebe in Frankreich, viel leichter als hier bei dir in Deutschland, hier ist alles so *sévère* ... «

»*Sévère?*«, versuchte ich das Wort korrekt nachzusprechen, da sie eine fragende Pause eingelegt hatte.

»*Bon*, heißt streng. Ich werde dir morgen abfragen, ob du hast gelernt je t'aime und sévère. Compri?«

»Du bist eine verrückte Nudel ... «

»Was heißt das?«, kam es böse rüber und sie rollte mit den Augen.

»Nicole, das ist nicht dein Ernst – oder?«

»Oder doch, aber erst ich muss zurück in *rédaktion*, ich muss schreiben *un article* für Zeitung von arme Graf auf Dach von reiche Bank. Ich kann dir nicht ziehen nach oben am Seil, aber ich kann dir geben Seil, wenn ich bin oben, und du machst es fest an dir so wie bei mir. Oder du springst in Sprungtuch runter auf Straße, aber nicht fallen daneben, ich brauche dir noch, *cher Peter*. Äh nur *petit question*: was ist mit Geld, wer hat genommen dein Geld und was hat Bank gesagt?«

»Warum willst du dich mit meinem Problem belasten?«

»Ist das jetzt nicht *unser* Problem?« Dabei hatte sie ihre schlanken Finger auf meine Hand gelegt.

»Du hast ja eiskalte Hände ... «

»Ich habe Angst.«

»Also gut, die Frau mit der ich zusammen wohnte, hat einen neuen Freund und die hat mein Bankkonto abgeräumt mit gefälschten Schecks. Ich habe es erst jetzt bemerkt, als ich etwas abheben wollte. Die Bank hat mir gesagt, alle drei Schecks waren okay, es war meine Unterschrift drauf, sie war genauso korrekt wie die, die ich damals hinterlegt hatte. Sie können nichts machen, es wäre alles korrekt zugegangen.«

»Die Unterschrift auf Scheck war so wie deine Unterschrift damals?«

»Ja.«

»Du bist doch inzwischen geworden älter, also ist deine Unterschrift auch geworden anders.«

»Du meinst ... ?«, leuchtete plötzlich ein Hoffnungsschimmer in meinen Augen auf.

»Das lass mal Nicole machen, ich habe nicht nur *charme*, ich kann auch werden sehr böse. *Au revoir*, bis nachher und mach keine *bêtises* (auf den fragenden Blick fügte sie noch die Übersetzung hinzu) keine Dummheiten, ohne mich fragen vorher.«

Und damit drückte sie mir die Hand und richtete sich auf, um sich am Seil nach oben zu ziehen, wobei der Feuerwehrmann natürlich schon half.

Während ich ihr gebannt nachschaute, schob sich eine Gondel an das Dach heran, die an einer langen Feuerwehrleiter befestigt war. Doch als Nicole in der Dachgaube verschwand und ich die Gondel langsam aber sicher auf mich zu schweben sah, da schwand meine Hoffnung, ich erhob mich, um doch noch zu springen.

Da ertönte ein Gassenjungenpfiff von oben, was meinen Blick sogleich zur Dachgaube lenkte, wo Nicole mit dem Seil in der Hand stand und es zu mir herabließ.

Als ich es unschlüssig in den Händen hielt, half mir der Feuerwehrmann in der Gondel mit guten Ratschlägen, wie ich es anlegen sollte, was auf dem schmalen Gitter natürlich höchst gefährlich war. Doch dabei kam er mit dem Gerät immer dichter an mich ran, als wollte er mir beim Umschnallen helfen. Doch da verlor ich das Gleichgewicht und drohte rücklings vom Dach zu stürzen, woraufhin Nicole entsetzt aufschrie.

Doch der kurze Moment der Ablenkung reichte und der Feuerwehrmann konnte mich packen und zu sich in die Gondel ziehen, wobei sie schon recht unsanft auf die Dachkante aufschlug.

Erst als die Gondel wieder freikam und langsam zur Straße abgesenkt wurde, trat Nicole wieder vom Fenster zurück und fiel dem Kommissar in die Arme.

»*Mon Dieu*, das stehe ich nicht noch einmal durch.«

»Musstest du auch zu ihm runtersteigen?«, sprach er zwar vorwurfsvoll, strich ihr aber beruhigend über die Haare.

»Es gab nur diese *possibilité*.«

»Was hat er gesagt?«

»Es waren drei Schecks gewesen, aber er hat keinen geschrieben. Aber die Bank sagt, sie sind okay, denn sie haben alle gleiche *signature*, wie er hat vor Jahren hinterlegt bei der Bank. Aber das ist *impossible*, seine *signature* muss doch auch besser, *non* schneller, non sie muss jetzt sein *marqué* ... «

»Du meinst ausgeprägter sein. Stimmt, das ist unmöglich ... «

»Es kann eine *copie* sein von einem Scanner. Man müsste sehen nur die Schecks, ob Papier ist *original*, ob Fingerabdrücke, ob spezielle Stift oder reine Druckerfarbe von Computer drauf auch bei *signa-*

ture. Aber das ist jetzt *devoir* <Aufgabe> von Ihnen und wenn mein *soupcon* <Verdacht> ist *juste* <richtig>, dann Arbeit für *procureur* ›Staatsanwalt‹. Wo ist Peter jetzt?«

»Monsieur Comte? Nicole, sag bloß ... « Doch sie zuckte nur lächelnd mit den Schultern. »Komm wir fahren rasch runter, vielleicht können wir ihn noch abfangen ... «

»Abfangen? Ist er gestürzt auf Straße?«

»Nein, die Gondel wird wohl gerade unten angekommen sein.«

»Ich will zu ihm, *rapide*, ich habe ihm versprochen ihm helfen.«

Und schon brachte der Fahrstuhl sie wieder nach unten, wo sich sogleich ein Kamerateam auf sie stürzte.

»Kein Kommentar jetzt, wo ist der Mann«, wimmelte der Kommissar die Reporter kurz ab und suchte einen Ansprechpartner. Ein Feuerwehrkommandant stürzte auf sie zu.

»Der Mann tobt, er will zu Nicole. Wer ist Nicole?«

»*Je*«, fiel ihm Nicole ins Wort. »Wo ist er?«

»Sie sind Nicole? Ich bewundere Ihren Mut und tadle Ihren Leichtsinn.«

»Sie ist *alpiniste*«, erläuterte der Kommissar feixend, woraufhin der Kommandant erleichtert auflachte. »Aber wir müssen jetzt Prioritäten setzen, erst der arme Graf, dann die Meute von den Medien. Wo ist er?«

Der Feuerwehrmann führte sie in einen Raum, wo einige Sanitäter um den Geretteten bemüht waren.

»Nicole, ich dachte schon, du hast mich verraten«, wollte ich mich entnervt von den Sanitätern losreißen, doch Nicole war schon bei mir und legte ihre kleine Hand in meine Pranke.

»Und du bist nicht gefallen runter?«

»Nein, der Mann von der Feuerwehr hat mich aufgefangen, sonst ... «

»Sonst wäre es schief gegangen, denn da stand ein Baum«, ergänzte der Notarzt.

»Aber jetzt alles ist wieder gut?«

»Er ist okay, Sie können ihn mitnehmen«, gab er sein Okay und packte seine Tasche, um sich dann von Nicole und mir zu verabschieden.

»Aber vorher wollen wir noch kurz etwas klären«, mischte sich der Kommissar kurz ein. »Herr Graf, Nicole hat mich auf eine Idee gebracht, wie wir Ihnen zu Ihrem Geld doch noch verhelfen können ... «

»Sind Sie von der Polizei?«

»Ja, Harry Beckmann, Hauptkommissar. Nicole hat mir etwas von drei Schecks gesagt, die Sie ausgestellt haben sollen, so die Bank, und alle hätten die gleiche Unterschrift wie die, die sie hier vor vielen Jahren hinterlegt haben. Stimmt das?«

»Ich habe keine Schecks über jeweils 25.000 € ausgestellt.«

»Genau deswegen frage ich nach, weil ich einen Scheckbetrug vermute mit gefälschter Unterschrift. Nicole glaubt sogar, dass sie per Scanner auf die Schecks aufgedruckt sein könnten, also ohne Ihr Wissen. Hatte Ihre Frau Zugriff auf die Schecks?«

»Nein, ich habe nur Verrechnungsschecks in meiner Praxis, wenn auch im Safe und den Code kennt sie nicht.«

»Also keine Barschecks.«

»Nein, die habe ich gar nicht.«

»Wenn Sie also keine Barscheckvordrucke haben, können Sie auch keinen ausgestellt haben. Das ist jetzt wichtig, denn es könnte sein, dass ein kompletter Scheck – von Ihnen früher mal ausgestellt – mehrfach kopiert wurde, womöglich mit der gleichen Scheckblattnummer. Oder jemand hat den Scheck selbst neu ausgestellt und dann

Ihre Unterschrift drauf kopiert. Haben Sie zu Hause oder im Büro eine Kopie vom Unterschriftsblatt, das die Bank besitzt.«

»Nein, ich habe auch nie einen Barscheck über 25.000 € ausgestellt.«

»Dann muss jemand von der Bank gemacht haben den Betrug«, preschte Nicole vor.

»Bitte behalte den Verdacht für dich und auf keinen Fall veröffentlichen, das ist ein schwebendes Verfahren, ich muss mich jetzt mit der Staatsanwaltschaft besprechen.«

»Soll das heißen, ich bin jetzt verhaftet?«, brauste ich sogleich auf.

»Sie? Wenn, dann würde ich Sie nur in Schutzhaft nehmen, damit Sie nicht wieder auf so eine dumme Idee kommen«, erwiderte er lachend.

»Und die Schutzhaft wir nicht brauchen, ich werde aufpassen auf Peter.«

Der Kommissar wollte schon was sagen, doch dann fehlten ihm wohl die passenden Worte, schließlich schluckte er, doch der Kommandant legte sein Hand zwar nicht ins Feuer wohl aber auf seinen Arm, so dass der Kommissar wenigstens den Mund wieder schließen konnte.

»Aber du wirst nichts von deinem Verdacht in deinem Artikel erwähnen ... «

»Aber Monsieur *commissaire*, ich werde mich doch nicht mischen in Arbeit von Ihnen. Können wir jetzt gehen?«

»Du kannst zu deiner Zeitung gehen, um deinen Artikel zu schreiben, aber deinen armen Grafen brauche ich noch als Zeuge, um den Mann von der Bank festnageln zu können. Wenn du Glück hast, wartet Gerald noch auf dich, er wird dich zurück bringen, du weißt ... «

» ... er liebt kleine Französinnen und ist nur sechs *centimètre* höher als ich.«

7
Blüten
oder Kristin und die blaue Tasche

Eigentlich wollte ich von Rom aus einen kurzen Abstecher nach Sizilien machen, genaugenommen nach Taormina, doch wir kamen nur bis Neapel, auf das uns der Pilot zur Rechten hingewiesen hatte.

Ich flog in einer zweimotorigen Propellermaschine für vielleicht drei Dutzend Fluggäste, die nicht sehr schnell und auch noch relativ niedrig flog, weswegen der gelegentliche Hinweis auf interessante geografische Highlights schon ein echter Service war.

Doch ich konnte nicht viel erkennen, denn wir schienen gerade durch eine dichte Wolkenschicht zu fliegen, was schon erstaunlich war, hatte uns doch bis jetzt immer ein strahlend blauer Himmel begleitet. Vielleicht war der Vesuv wieder aktiv geworden, wollte ich schon einen Scherz machen, als von weiter vorn ein wildes Geschrei aus der Kabine zu mir ans Ohr drang. Rasch sprach es sich herum, dass einer der beiden Motoren wohl Feuer gefangen haben dürfte, denn er setzte dichte Rauchschwaden frei.

Der Landeanflug, eher die Notlandung, sollte eine kleine Ewigkeit dauern, denn die Maschine musste erst umkehren, um den Flughafen von Neapel ansteuern zu können. Ein Glück dass der Pilot eine steile Linkskurve flog, denn ich saß rechts und konnte somit in das Blau des Himmels schauen, wenn der dichte Qualm mal kurzfristig weggelenkt wurde. So blieb mir der Anblick der auf uns zuschießenden Mutter

Erde für kurze Zeit erspart, die Papiertüte wäre sonst auch meine letzte Rettung geworden.

Aber wir hatten ja noch den anderen Motor und einen routinierten Captain am Steuerknüppel, der den steilen Landeanflugwinkel zum Schluss so raffiniert abmildern konnte, dass wir tatsächlich auf die Landebahn von Neapel trafen, auch wenn er die Maschine etwas übertrieben hart aufsetzte. Aber wir rollten wenigstens auf den Rädern aus, wenn auch die Landebahn etwas zu kurz geraten war. Aber in Italien konnte man ja nie wissen, wohin das angelieferte Material in Wirklichkeit gelangt, wenn es mal zu einem Neubau kommt, zumal hier im Land der Camorra.

Also die Wiese bremste dann die kleine Maschine besser ab, als die Bremsen es schafften. Natürlich brauchte es dann eigentlich keiner weiteren Aufforderung mehr, die Maschine rasch zu verlassen, denn jetzt war der weiße Rauch in einen gelblichen übergegangen. Nun züngelten immer häufiger rote Flammen hervor, die sich rasch auf die Tragfläche ausdehnten, wo bekanntlich der Treibstoff gebunkert wird – gottlob das schwer entflammbare Kerosin.

Die Evakuierung der Maschine auf freiem Feld – wie der Terminus technicus für das rasche Verlassen einer brennenden Maschine lautet – war eigentlich kein Problem gewesen, denn die kleine Propellermaschine benötigt schließlich keine Gangway. Sie klappt normalerweise nach dem Erreichen der Endposition ihre eigene Gangway von rund fünf Stufen aus, und schon steht man auf dem Boden der gebuchten Destination.

Nun gut, mit dem Ausklappen dieser Stufen hatte es nicht geklappt, was aber bei der minimalen Höhe, die es zu überwinden galt, das kleinere Problem war. Das weitaus größere war, dass die einstmals grüne Wiese mangels Regen trocken wie Zunder zu sein schien, auf der es durch den Funkenflug schon überall zu qualmen bis zu brennen anfing. Da war natürlich jeder Passagier sehr dankbar, beim

Betreten italienischen Bodens wenigstens mit nassem Schaum statt mit Champagner und Sekt empfangen zu werden. Aber es tröstete irgendwie drüber hinweg, dass wir wohl auf unser Gepäck würden verzichten müssen, denn das Äußere der Maschine konnte zwar abgelöscht werden, doch das Innere brannte leider komplett aus. So hatte sich wenigstens der Spruch: *Neapel sehen und sterben* nicht bewahrheitet.

Man bringt das alte italienische Sprichwort gern mit Goethe in Verbindung, der bei seinen vielen italienischen Reisen auch Neapel besuchte. In Rom hatte er ab 1786 bei dem Maler Johann Heinrich Wilhelm Tischbein gewohnt, der ihn 1787 auf großer Leinwand portraitierte, in einer Pose, die dem damaligen Zeitgeschmack entsprach: Der Dichterfürst ruhte halb liegend auf den Resten eines umgestürzten Obelisken. Da man im Hintergrund zwei Hügel erkennen kann, die eine entfernte Ähnlichkeit mit dem Vesuv haben, hatte man das Bild immer gern in Neapel angesiedelt. Doch Tischbein pflegte auf all seinen Vesuv-Bildern diesen mit einer Rauchfahne zu krönen. Somit kann sich Neapel nicht mit diesem Gemälde schmücken, zumal der Titel eindeutig auf Rom verweist: *Goethe in der Campagna.* Wohl deshalb ist er auch nicht in Neapel gestorben sondern im heimischen Weimar.

Ich blieb also am Boden, genaugenommen in Neapel. Die Stadt war schon eine Attraktion, das quirlige Leben unter südlicher Sonne schon eine liebenswerte Variante zu unserer geregelten Ordnungsliebe. Aber die ständige Sorge um das bisschen verbliebene Eigentum auf der Haut, ließ in mir doch nicht *die* Ruhe aufkommen, die man sich eigentlich von einer Urlaubsreise erhofft.

Zugegeben, durch enge Gassen zu schlendern, die eigentlich fest in der Hand von Nichttouristen sind – wenn ich die Bewohner hier mal so zusammenfassen darf –, das sei schon ein leichtsinniges Unterfangen, würde zumindest die *Polizia* sagen, sollte das mal passieren, was natürlich *offiziell* auch nicht öfters passiert als z.B. bei mir zu Hause in Nürnberg. Nur dass ich eben kein italienisch kann, um mich im Falle eines Falles darüber mit den Ordnungshütern ein- bzw. auslassen zu können, das war schon ein gewisses Manko.

Aber ich wollte nun mal unbedingt das Leben der Neapolitaner aus nächster Nähe, also mit eigenen Augen erkunden. In der Uni hatte ich gehört, dass die Zähne dieses Völkchens besonders gut sein sollten, wenn auch mit dem Makel behaftet, dadurch etwas zu gelblich geraten zu sein. Also nichts mit dem strahlenden Weiß der Gina Lollobrigida, der Gina Nazionale, wie man sie hier so liebevoll nennt.

Schöne große Zähne haben sie in der Tat und ihre heitere Lebensart lässt sie bei jeder Gelegenheit aufblitzen. Ob sie auch so kariesresistent sein sollen, wie in Lehrbüchern behauptet wird, konnte ich natürlich nicht überprüfen, denn ich hatte noch keine Gelegenheit gehabt, eine der erfrischenden Neapolitanerinnen im ansprechbaren Alter anzusprechen. Doch die Vorderseite einer Medaille hat bekanntlich auch eine Kehrseite: hier der unwahrscheinliche Kinderreichtum. Tja, heiteres Leben und heiße Nächte hinterlassen schon mal bleibende Spuren.

Ich hatte mich mit meinem Reiseunternehmen dahingehend arrangiert, dass ich zwei Wochen in Sorrent Urlauben würde, bevor ich mich wieder mit einer renommierten Luftfahrtgesellschaft zurückfliegen ließ. Ich wollte hier unbedingt erst noch Goethes Spuren folgen, auch Richard Wagner soll hier geweilt haben, vom Italiener Verdi mal ganz zu schweigen.

Nur dass man hier offiziell von Lieschen Müller nichts weiß, ist schon verwunderlich. Sie soll es ja in Scharen hergezogen haben, in das Land, wo die Zitronen blühen, der böse Vesuv Pompeji verschüttet hat und prachtvolle Papagallos sich abrackern, um auch jeden Wunsch erfüllen zu können.

Also Neapel war vorgestern. Ich hatte mein Quartier in Sorrent aufgeschlagen. Das *Bristol* klebte am Hang wie ein Schwalbennest mit prachtvoller Aussicht auf den Golf von Neapel. Meinetwegen konnte jetzt sogar der Vesuv mal wieder aktiv werden, der Anblick wäre bestimmt berauschend gewesen, zumindest solange, bis die Aschewolke auch hier ankäme. In Neapel möchte ich nicht leben, auch nicht sterben. Sorrent hingegen ist wie eine hinreißende Signorina, man kann sich schnell in sie verlieben, aber beim ständigen Besteigen kommt man rasch außer Puste.

Morgen würde ich an einer Exkursion nach Pompeji teilnehmen, also mit Bus und Reiseführer. Zwar komme ich mir jedes Mal wie ein Konservendosentourist vor, sobald es einen Führer gibt, aber eine fundierte Führung bleibt mir jedes Mal wie ein roter Faden in meinem Gedächtnis haften, so dass ich später diese Exkursionen auch mal auf eigene Faust wiederholen könnte. Natürlich kann man sich das Wissen auch aus Büchern, Reiseführern und dergleichen aneignen, also selbst erarbeiten, aber das braucht bekanntlich seine Zeit. Bei mir ist Zeit gleich Geld, denn ich komme als freischaffender Berufstätiger nur zu Geld, wenn ich auch dafür arbeite, also nichts mit bezahltem Urlaub, mal ganz zu schweigen von Urlaubsgeld. Und bei mir hat das Jahr auch nur 12 Monate.

Doch heute wollte ich auf eigene Faust eine Rundfahrt um die Halbinsel von Sorrent machen, wobei mich der Linienbus von Ort zu Ort bringen sollte, also Positano, Amalfi und schließlich Salerno sollten meine Haltepunkte sein.

War Palermo schon ein malerischer Genuss, dann war Amalfi ein wahrer Leckerbissen. Der Blick auf die tief unter mir liegende Promenade und das sich daran anschließende unendlich weite blaue Meer war echt berauschend. Die Ruhe hier oben ließ mich an die ewige

Ruhe im Himmel denken, die mich fast ereilt hätte, wäre dem Piloten nicht rechtzeitig die glückliche Landung geglückt.

Doch da störte ein fernes Geschrei meine Meditation, was meinen Blick nach links unten lenkte. Jemand lag auf der Straße und etliche Menschen liefen auf die verunglückte Person zu, während ein kleines Motorrad davon brauste, von mutigen Passanten zu Fuß verfolgt, die aber rasch die Sinnlosigkeit ihres Tuns einsahen. Irgendwie prägten sich mir die Silhouetten der beiden Menschen auf dem Motorrad ein: zwei schwarz gekleidete Typen, wobei der größere vorn saß und der kleinere hinten, der auch ein Kind sein könnte, denn der Soziussattel ist wegen des Hinterrades stets wesentlich höher montiert. Ich verharrte noch etwas voller Neugierde, wie lange es wohl dauern würde, bis die Polizei endlich auf der Bildfläche erscheint.

Doch nun wurde meine Aufmerksamkeit auf ein mit zwei Personen besetztes Motorrad gelenkt, das weiter unten die steile Serpentinenstraße hochhetzte. Sollte das die Maschine gewesen sein, die in den Unfall da unten verwickelt war? Das Knattern des aufgemotzten Motors war eigentlich völlig fehl am Platze, ja geradezu verräterisch. Andererseits schien hier in Italien nahezu jedes Mofa frisiert zu sein, um mehr Leistung aus dem kleinen Motor rauskitzeln zu können, was bei den steil übereinander geschichteten Küstenstädtchen schon Sinn machte.

So gesehen konnte ich natürlich nicht sagen, ob es genau jenes Motorrad war, das da unten mit dem Unfall zu tun hatte. Andererseits erkannte ich, dass der kleinere Sozius sich förmlich an den großen Fahrer gepresst hatte, wobei ihm ein blaues Band hinterherflatterte, wie man es bei Umhängetaschen als Schulterriemen findet. War ich soeben Zeuge eines dreisten Straßenraubes geworden?

Natürlich hatte ich schon von Übergriffen gehört, wo Passanten vom Mofa aus die über die Schulter getragene Handtasche entrissen wurde. Wer da nicht loslässt, wird oft noch ein Stückchen hinterhergeschleift, bis er / sie mehr oder weniger verletzt dann doch die Tasche freigibt.

Ich wandte mich innerlich erregt von der hässlichen Szenerie dort unten auf der Uferpromenade ab und stieg durch ein enges Gässchen weiter in die Stadt rauf, um mir ein Lokal zu suchen, wo ich meinen Hunger stillen könnte. Meine Gedanken kreisten dennoch weiterhin um die Frage, ob es nicht besser gewesen wäre, zur Uferpromenade herabzusteigen, um meine Hilfe anzubieten, denn in der Mittagszeit dürfte kein Arzt aufzutreiben sein.

Da wurde mir das langsam näherkommende Geknatter wieder bewusst, das mich vorhin auf die zwei flüchtenden Ganoven aufmerksam gemacht hatte, und dieses hässliche Geräusch quälte sich hinter mir die enge Gasse hoch. Als ich mich umdrehte, erkannte ich die beiden Typen wieder, vorn der große, hinten der kleine.

Da die Gasse sehr eng war, schien es ratsam, auszuweichen, also in eine Hausnische zu treten, um sie passieren zu lassen, zu leicht konnte man bei deren rasanter Flucht auch noch behelligt werden. Da die nächsterreichbare Nische der Eingang zu einem Andenkenladen war, trat ich rasch in diese Zuflucht, wobei mir ein kurzer informativer Blick sagte, dass sich der Laden auch noch auf eine untere Etage erstreckte. Und da man bei der Hanglage der Stadt davon ausgehen konnte, dass es von da aus auch einen weiteren Zugang geben dürfte, reifte daraus sogleich ein recht kühner Plan in mir: Ich müsste nur im geeigneten Augenblick den herabhängenden blauen Trageriemen der an den Körper gepressten Tasche packen und dieselbe seinem derzeitigen Besitzer entreißen, um sogleich mein Heil in der Flucht durch den Laden zu suchen.

Ich taxierte den Abstand des Mofas und wartete unauffällig ab, wobei ich mir die Auslagen des Geschäftes anschaute. Da das für zwei Personen untermotorisierte Gefährt relativ langsam den Berg hochkam, müsste mein Plan eigentlich gelingen. Und gerade als mich die beiden passierten, griff ich rasch von hinten nach dem Riemen und entriss sie dem Soziusfahrer mit kräftigem Zug.

Augenblicklich verschwand ich im Laden und eilte durch die oberen Auslagen auf die Treppe zu, die mich zur unteren Ebene bringen sollte. Durch das harmonische Glockengeläut der selbstschließenden Tür konnte ich noch ein grässliches Scheppern hören, wie es nur von einem verunglückten Motorrad stammen konnte.

Unten musste ich mich natürlich wieder in Geduld üben, um mich unauffällig durch das dichte Gedränge zu schieben. Da setzte oben auch schon ein heftiges, wütendes Stimmengewirr ein, wohl von meinem kriminellen Gespann herrührend. Und schon mischten sich deftige Flüche aus meiner Muttersprache darunter, was wohl von bedrängten deutschen Touristen herrühren dürfte, die sich das Gedrängel nicht gefallen ließen, was hoffentlich das Näherkommen der beiden Typen abbremsen würde. Schließlich erreichte ich die untere Tür und somit die untere Gasse, die diesmal etwas breiter und somit auch belebter war.

Da mir die Zeit fehlte, um mich jetzt mit den geografischen Eigenheiten von Amalfi vertraut machen zu können, strebte ich rasch dem nächsten Restaurant zu. Zwar gab es auch hier wieder eine Treppe zum unteren Bereich, also einen zweiten Fluchtweg, aber ich brauchte jetzt erst einmal Ruhe, um den weiteren Ablauf meiner Vorgehensweise planen zu können, bzw. zu sehen, was das Duo jetzt anstellen würde, da es mich bestimmt aus den Augen verloren haben dürfte. Und der beste, sprich der sicherste Platz dafür war ein hinterer Tisch direkt vor der Küche bzw. den Toiletten mit unauffälligem Blick auf den Eingang.

Obwohl die diversen Ober ständig an mir vorbei mussten, um zur Küche bzw. zur Theke mit den Getränken zu kommen, wurde ich einfach nicht beachtet. Aber ich übte ich mich lieber in Demut, um ihnen nicht in unangenehmer Erinnerung zu bleiben, falls sie mal von der Polizei als Zeugen befragt werden sollten, warum auch immer. Auch möglich dass die Kellner hier eine Art Rangliste abzuarbeiten hatten – zuerst die besseren Tische am Fenster, dann der Rest – oder eine interne Zeitliste aufgestellt haben – wer zuerst kommt, mahlt zuerst.

Schließlich erbarmte sich der Thekenwirt meiner und kam an den Tisch und fragte nach meinen Wünschen. Als ich aber auf ein Gericht aus der Speisekarte zeigte, deutete er in Stummfilmmanier ein zu trinkendes Getränk an, was schon verständlich war, also bestellte ich ein Bier. Die Alternative wäre eine Cola gewesen, aber die löscht den Durst nicht so nachhaltig wie ein Bier, und das wird auch in Italien noch nach alten Grundsätzen gebraut. In meinem Hotel hatte ich jedenfalls nichts dran auszusetzen gehabt.

Die auf dem Tisch fein säuberlich aufgereihten diversen Weingläser dürften wohl mehr für das Auge hingestellt worden sein, denn für das akkurat aufgelegte Gedeck – das coperto – muss man in Italien bekanntlich eine Art Grundgebühr von niederem Wert bezahlen. Manche Gäste betrachten das als eine Art aufoktroyiertes Trinkgeld und glauben, damit den Kellner abspeisen zu können. Hingegen viele Deutsche tun das genaue Gegenteil: Sie geben dem Kellner das bei uns übliche Trinkgeld, was etwa 10 % der Rechnungssumme ausmacht. Doch in Italien ist das ein fürstliches Trinkgeld, also unangemessen hoch, dafür sind deutsche Urlauber hier gern gesehene Gäste.

Die Speisekarte enthielt eine erstaunliche Vielfalt von Gerichten, was ich dem kleinen Restaurant gar nicht zugetraut hätte, ebenso wenig die stolzen Preise. Aber auch hier dürfte der Leitsatz gelten: die Nachfrage bestimmt das Angebot.

Als ich mir die Gäste etwas genauer anschaute, da bemerkte ich schon die gehobenere Preisklasse: keine Familien mit Spagetti essenden Bambinis, nur eher die üblichen, sich gelangweilt unterhaltenden

Urlauber und die tatsächlich in weißen Hemden mit Krawatte arbeitenden Büroangestellten, die hier ihre Mittagspause verbrachten. Also war ich hier gut aufgehoben, denn dann trauten sich meine beiden Ganoven gewiss nicht, hier einfach so reinzustürmen.

Ich würde mir *Calamari fritti* bestellen, also den Tintenfisch nach Art des Hauses, bestimmt besser als die mögliche Alternative *Schnitzel milano*. Ich kann mich noch entsinnen, stattdessen mal ein Kotelett vorgesetzt bekommen zu haben, das man wohl schon tags zuvor gekocht hatte, um es bei der Hitze haltbarer zu machen. Das hatte man dann nur noch kurz angebraten, was auf jeden Fall wie Suppenfleisch schmeckte.

Doch bis ich an der Reihe war, musste ich mich bestimmt noch etwas gedulden und natürlich dann erst recht noch einmal, bis das Essen serviert werden würde. Aber ich hatte ja jetzt Zeit, viel Zeit, bis sich der Aufruhr um die Tasche gelegt haben dürfte. Doch die Tasche machte mich schon neugierig, was da drin sein könnte.

Unauffällig zog ich sie auf meinen Schoß, doch als ich auf das Schloss drücken wollte, bemerkte ich den Zahlencode, wenn auch nur dreistellig – also problemlos knackbar. Doch im gleichen Augenblick kam der Ober an den Tisch und blickte mir auf die Finger.

Ich beherrschte mich, die Tasche nicht gleich wieder unter das weiße Tischtuch verschwinden zu lassen, und zog sogleich die Speisekarte heran, um den italienischen Namen des Gerichts abzulesen, auch wenn die deutsche Übersetzung drunter stand. Und kaum ausgesprochen wiederholte der gute Mann das tatsächlich auf Deutsch. Ich konnte mir ein Lächeln nicht verkneifen, er aber seines schon.

Woran könnte der mich erkannt haben?

Wegen des verlustig gegangenen Gepäcks hatte ich mich natürlich in Neapel als auch in Sorrent neu einkleiden müssen, was schon einheimische Ware war. Möglicherweise hatte er mich am Bier er-

kannt, obwohl auch Engländer immer auf den Gestensaft zurückgreifen, Wein ist für sie ein Fremdwort und Cola unter ihrer Würde.
Wieso hatte er mich nicht auf Englisch angeredet?

Da ich perfekt englisch sprechen konnte, würde ich es ihm schon
zeigen, dass er sich geirrt hat, schwor ich mir.

Doch jetzt galt es, den Nummerncode zu knacken. Da es kein elek-
tronisches Schloss war, hatte ich also 999 Möglichkeiten. In Ganoven-
manier begann ich mit dem ersten Rad und ließ mit geschlossenen
Augen das Rad seine Runde drehen, bis ich ein verräterisches Ein-
rasten fühlte, das zweite glitt genauso leicht in seine Raste rein, logo
dass dann das dritte Rad förmlich in die ausgeleierte Kerbe einhaken
musste, was es aber nicht tat.

Doch da trat der Ober schon wieder an meinen Tisch, möglich
dass das Gericht ausgegangen war. Doch er hatte eine Dame im besten
Alter im Gefolge und fragte mich, ob sie sich zu mir setzen dürfte,
natürlich wieder auf Deutsch.

Ich stutzte kurz, als ob ich das erst übersetzen müsste, und antwortete dann auf Englisch, dass es mir eine Freude sein würde, die
Dame am Tisch begrüßen zu dürfen, wobei ich mich rasch vom Stuhl
erhob, woraufhin die Tasche zu Boden glitt.

Entweder hatte er schon damit gerechnet gehabt oder er war noch
besser drauf als ich, denn er hatte sich schneller danach runtergebeugt
und überreichte sie mir, diesmal mit einem überheblichen Lächeln

Ich bedankte mich natürlich in bestem Oxford-Englisch wie ein
englischer Lord, woraufhin er sich mit einer angedeuteten Verneigung
entfernte.

Doch nun hatte ich die gute Dame am Hals, die mich allerdings
auf Deutsch fragte, ob ich Engländer sei, was ich – wenn auch mit
Akzent – auf Deutsch bejahte. Auf eine bestimmte Grafschaft wollte
ich mich lieber noch nicht festlegen, möglich dass sie als weitgereiste
Lady vielleicht auch schon in England gewesen war.

Doch da tauchte der Ober auch schon wieder auf und erkundigte sich nach ihren Wünschen, wobei er ihr die Speisekarte zureichte, was mich schon wunderte, hatte er mich doch ziemlich lange unbeachtet gelassen. Sie bestellte einen *caffè filtrato* und vertiefte sich sodann in die Karte. Kaum war er gegangen, murmelte sie etwas in ihren noch nicht sichtbaren Damenbart, zog einen großen Beutel aus einem dezent gemusterten Gobelinstoff auf ihren Schoß und begann drin zu wühlen.

Ich wollte schon scherzhaft sagen, *das Portmonee liegt bestimmt zuunterst*. Doch warum sollte ich ein Gespräch anleiern, zumal sie schon etliche Jahre älter war als ich. Auch war nicht anzunehmen, dass sie einen auf Englisch gehaltenen Small Talk führen wollte, schließlich waren ihre wenigen geäußerten Worte in einem akzentfreien Deutsch gesprochen gewesen. Doch da holte sie auch schon ein Brillenetui hervor, nahm ihre modisch schicke Brille ab und tauschte sie gegen eine zweigeteilte Lesebrille ein, das Etui verschwand wieder im Beutel. Dafür hielt sie nun einen roten Reiseführer in der Hand. Der Beutel wurde diesmal über die Stuhllehne gehängt.

In meiner Herrenhandtasche herrschte natürlich Ordnung, in der Aufsetztasche steckten die Lesebrille, im ersten Fach mein Portmonee und der Reiseführer, im zweiten Fach je eine Packung Tempotaschentücher und Pflaster ...

Doch da bekam ich einen gewaltigen Schreck, denn ich hielt ja nur die blaue Handtasche mit dem Umhängeriemen in den Händen. Aber wo war meine kleine Herrenhandtasche? Sollte ich sie im Andenkenladen liegen gelassen haben? Oder hatte ich sie gar fallen lassen, als ich dem Ganoven die geraubte blaue Tasche entriss?

Mir wurde siedend heiß, wobei mir der Schweiß von der Stirn in die Augen lief, woraufhin ich rasch ein Taschentuch aus meinen Jeans ziehen wollte. Doch das kann man bekanntlich vergessen, denn im Sitzen ist das einfach unmöglich. Diese engen festen Hosen waren ja mal für die Westernhelden gedacht gewesen, die auf stolzen Mustangs durch die Prärie ritten, da war kein Taschentuch gefragt, da schnäuzte man sich in Wildwestmanier mit der Hand. Doch zum Aufstehen hätte ich die Damentasche – und als solche musste ich sie schon einstufen – wieder beiseitelegen müssen.

Und schon blickte die Dame auf und beäugte mich mit einem besorgten Blick, woraufhin ich das Gefühl hatte, puterrot angelaufen zu sein. Das passierte mir leider des Öfteren, wenn mal etwas Peinliches in meiner unmittelbaren Umgebung geschah, wobei ich nicht mal die Quelle des Übels sein musste.

»Ist Ihnen nicht gut?«, kam auch schon die besorgte Frage.

»Oh, oh nein, es geht schon, nur eine Herzattacke, das passiert öfters ... «, hörte ich mich sagen und bekam erst nachträglich meinen Schreck, das nicht auf Englisch gesagt zu haben.

Ich nahm die Serviette und tupfte mir verlegen die Stirn ab.

»Ist das etwa eine hypertensive Krise?«, hakte sie auch schon nach.

»Nun ja, ich habe einen etwas erhöhten Blutdruck und habe meine Tablette leider mit der Notlandung verloren, ich werde wohl zum Arzt gehen müssen.«

»Das soll man nicht auf die leichte Schulter nehmen. Eine Notlandung?«, hakte sie dann aber wissbegierig nach.

»Ich war in einer zweimotorigen Propellermaschine auf dem Weg nach Sizilien, als ein Motor Feuer fing. Die Notlandung hier in Neapel glückte, aber dann brannte die Maschine völlig aus und somit auch unser Gepäck.«

»Verstehe, darum die Damentasche«, sah sie den Vorfall mit meiner blauen Tasche wohl in einem anderen Licht. »Da haben Sie aber Glück gehabt.«

Da brachte mir eine Küchenmaid meine Tintenfische, was die Aufmerksamkeit der alten Dame auf mein Gericht lenkte. Doch sie wünschte mir nur einen guten Appetit und vertiefte sich wieder in ihren Reiseführer.

Da ich an der Wand saß mit Blick in den Gastraum, konnte ich unauffällig den Trageriemen der blauen Tasche über die Stuhllehne hängen, also unauffällig für vorbeikommende Gäste, die an meinem Tisch vorbei zu den Toiletten strebten. Jetzt konnte ich mir die Stoffserviette auf dem Schoß ausbreiten und schob gleich noch meine Windjacke etwas beiseite, um zu verhindern, dass sie befleckt werden könnte, denn die Tintenfischringe auf dem Teller glänzten in zerlassener Butter oder einem Zuviel an Olivenöl. Doch dabei stieß ich auf etwas Hartes in meiner Jacke: meine Herrenhandtasche, die ich mir wohl wegen des Raubzugs rasch in eine der tiefen Außentaschen geschoben hatte. Und da es in einer der Innentaschen der Jacke immer ein Stofftaschentuch für alle Fälle gab, zog ich das erleichtert heraus und tupfte mir die Stirn ab, was natürlich den Blick von Madame wenn auch unauffällig kurz auf mich lenkte.

Doch dann konnte ich wie Gott in Italien schwelgen, denn das Gericht war ein Gedicht.

Da tauchte der Ober wieder auf und fragte mich, ob ich zufrieden wäre, was ich natürlich wieder in Oxfordmanier bejahte. Dann wandte er sich an die Dame, um ihre Wünsche aufzunehmen.

»Können Sie das Gericht empfehlen?«, fragte sie mich unverblümt.

»Aber selbstverständlich«, erwiderte ich in gebrochenem Deutsch, woraufhin sich die reiseerfahrene, sprich durch Erfahrung misstrauisch gewordene Dame das gleiche Gericht bestellte. Der Ober bedankte sich – auch bei mir – mit einer angedeuteten Verbeugung und eilte davon.

Doch jetzt war der Bann gebrochen, sie verwickelte mich rasch in ein Gespräch, wobei sie lediglich kurze gezielte Fragen stellte, auf die ich nur etwas langatmig antworten konnte, bis ihr Essen auch schon eintrudelte. Sie fing sogleich mit dem Verspeisen der knusprigen Tintenfisch-Ringe an und brachte mich durch immer neu gestellte Fragen langsam ins Hintertreffen. So war sie mit ihrem Gericht schneller fertig als ich, der ich mich mit den inzwischen kalt gewordenen Ringen zufrieden geben musste.

So was konnte nur eine kurz vor der Pensionierung stehende Lehrerin sein, bestimmt eine kaisertreue, denn Wilhelm Zwo war bekannt dafür, es genauso anzustellen wenn er Gäste geladen hatte: Er ließ plaudern und sobald *er* fertig war, war die Mahlzeit beendet, natürlich für alle und man erhob sich – mit knurrendem Magen.

Madame schob dann ihren frisch angesetzten Salat ebenso hastig zwischen ihre perlartig aufgereihten weißen Zähne, was mich daran erinnerte, mir meine auch wieder mal bleichen zu lassen, denn sie ähnelten farblich gesehen langsam denen der Neapolitaner. Nicht dass ich mich jetzt nach dem Verlust meiner Kulturtasche dem Schlendrian hingab – ich hatte mir natürlich schon die fehlenden Utensilien inzwischen nachgekauft –, sie waren nachgedunkelt wegen meiner Lust nach Rotwein vor dem Schlafengehen.

Beim Abräumen ihres Tellers bestellte sie sich einen *caffè*, also einen Espresso mit dem obligatorischen Glas Tafelwasser, was bedeutete, dass sie anschließend wohl in meiner Begleitung Amalfi erobern wollte, wobei sie mir dabei ihren neuesten Wissensstand aus dem Reiseführer vortragen würde.

Da inzwischen eine Stunde vergangen war, konnte ich davon ausgehen, dass sich die Ganoven endgültig verzogen haben dürften, so dass ich mich wieder auf der Straße zeigen konnte. Obwohl ich versäumt hatte, am Eingang des Restaurants nach dem Emblem für die Diners-Club-Card zu sehen, hoffte ich doch, dass man sie akzeptieren würde, denn ich war noch nicht zur Bank gekommen. In Taormina wollte ich mir eigentlich erst frisches Geld holen, denn in Neapel war mir das zu riskant gewesen, vor jeder Bank standen schließlich Karabinieri mit einer MP im Anschlag, was gewisse Rückschlüsse zuließ.

Der Ober tat wie gewünscht, und als er mit der Karte und dem Beleg wieder zurückkehrte, bekam er nicht nur meine Unterschrift, sondern auch ein gutes Trinkgeld für die ganze Mannschaft, die mich bedient hatte.

Mit einem *mille grazie, dottore*, bedankte er sich und kassierte dann bei meiner Tischdame in bar ab, ihr Trinkgeld war landesüblich angepasst.

Ich erhob mich mit dem Hinweis auf das WC und ließ sie allein am Tisch zurück, da sie ihren Kaffee noch nicht ausgetrunken hatte.

Als ich wieder zurückkam, wartete sie förmlich auf mich und zeigte lächelnd auf meine über die Stuhllehne gehängte blaue Umhängetasche. »Vergessen Sie Ihre Umhängetasche nicht«, wobei sie das *Ihre* etwas zu sehr betonte.

Wäre sie etliche Jahre jünger gewesen, ich glaube ich hätte mich bei ihr mit einem Küsschen bedankt, so beließ ich es bei einem lächelnd angebotenen *mille grazie*, was sie ebenfalls mit einem gewissen Lächeln annahm. Da ich mich auf dem picobello sauberen *gabinetto* der Windjacke entledigt hatte, schob ich mir den Trageriemen über die Schulter und legte meine zusammengelegte Jacke der Bequemlichkeit halber einfach zwischen die Riemen über die blaue Tasche.

Doch beim Rausgehen fragte sie mich, welche Fachrichtung ich studiert hätte, wobei sie das Wort *dottore* anfügte, was mich schon verblüffte, denn das *dottore* benutzt der Italiener auch als eine schmeichelhafte Ehrerbietung gegenüber Nichtakademikern. Doch da sie sich sogar zu mir umdrehte, um mir bei dem sich anbahnenden Small Talk in mein Gesicht schauen zu können, da musste ich wohl oder übel etwas antworten.

»Dentista, ich meine Zahnarzt.«

Doch da fiel mir wieder siedend heiß ein, dass sie ja künstliche Zähne besaß. Hoffentlich erwartete sie jetzt keine diesbezügliche Auskunft von mir wegen eines Problems.

»Schade ... «

»Wieso?«

»Ich hoffte, Sie wären Arzt. Aber das macht nichts, ich kann mir auch so helfen.«

»Und wo liegt das Problem?«

»Oh, ich bin vorhin gestürzt und habe mir das Knie aufgeschlagen.«

Mein Herz überlegte es sich ziemlich lange, ob es sich noch lohnte, weiter zu schlagen. »Doch nicht etwa bei dem Unfall da unten?«, fragte ich mitfühlend.

»Ja genau da. Haben Sie den etwa auch gesehen?«

»Ja, von da oben her, zu weit weg, um helfen zu können«, wobei ich auf eine weiter oben liegende Serpentine zeigte, die möglicherweise sogar zu genau der Straße gehörte, auf der wir jetzt gerade abwärts bummelten.

»Ich war noch hinterhergelaufen und habe versucht, nach dem Trageriemen zu greifen, aber die haben mich einfach umgerissen.«

»Sie sind ja ganz schön mutig, um nicht zu sagen leichtsinnig, Sie hätten sich einen Oberschenkelhalsbruch oder was auch immer einhandeln können. Und wo haben Sie sich verletzt?«

Sie zeigte auf ihr aufgeschürftes Knie, wobei sie den Rock etwas anheben musste, denn mit der Minimode hatte sie entschieden nichts am Hut. Ich holte meine Herrenhandtasche aus meiner Windjacke raus und zog eine Packung mit silberbeschichteten Pflastern vor, entnahm ihr das größte Exemplar und löste das Schutzpapier ab, um es vorsichtig auf die Schürfwunde zu drücken.

»Ich hoffe, Sie sind Tetanus schutzgeimpft«, stellte ich mal als Realität in den Raum. »Und jetzt fehlt Ihnen also die Tasche.«

»Mir nicht, aber sie sah in etwa so aus wie Ihre.«

»Die gehört meiner Frau.«

»Das meinte ich nicht«, fiel sie mir rasch eher entschuldigend ins Wort, »ich meinte nur, sie sah so ähnlich aus wie Ihre.«

»Okay, dann werde ich mal aufpassen, ob mir so was über den Weg läuft oder besser gesagt fährt, ich möchte mal annehmen, der Motorradfahrer hat sie der alten Dame von der Schulter gerissen.«

»Na so alt war die Frau nicht, ich schätze sie mal auf Ende Zwanzig.«

»Und die lässt sich so was einfach gefallen?«, tat ich erstaunt.

»Sie hatte sie ja festgehalten gehabt, dabei kam sie eben zu Fall und wurde mitgeschleift.«

»Oh Gott«, entfleuchte es mir entsetzt. »Schwer verletzt?«

»Na ja, Hautabschürfungen, können Sie sich ja denken ... «

Da ertönte hinter uns wieder das schon bei mir zum Albtraum gewordene hässliche Knattern eines frisierten Motorrades, was mich schnell umdrehen ließ. Zwar war die Maschine noch etliche Häuser entfernt, aber es ging bergab, doch die beiden Typen erkannte ich zehn Meilen gegen den Wind. Schwer zu sagen, ob die mich wiedererkennen würden, kleidete mich doch jetzt ein dunkelblaues Polohemd statt der beigefarbenen Windjacke, doch die weißen Jeans waren natürlich noch immer weiße Jeans. Und da ich die Tasche natürlich auf meiner linken Körperseite trug, denn rechts lief meine weibliche Begleitung, musste ich rasch eine Entscheidung treffen.

»Kommen Sie schnell, bevor es die beiden Ganoven auf uns absehen.«

Und schon war ich im nächstbesten Laden auf meiner Straßenseite eingetreten, während Madame noch zögernd abwartete, was jetzt passieren würde. Und tatsächlich versuchten die beiden Ganoven ihr den leger über ihre Schulter gehängten Beutel abzunehmen. Doch sie sprang behände zur Seite, zog einen Revolver raus und feuerte ein Paar Schüsse auf die davonrasenden Kerle.

Auf den Krach hin stürzten sogleich etliche Leute aus den umliegenden Geschäften heraus und umringten sie, die sie ihre Schusswaffe in aller Ruhe wieder in ihrem Beutel verstaute und den Leuten eine Plastikkarte zeigte, woraufhin man sie in Ruhe ließ, was mich hingegen aufschreckte.

Den Moment der Unruhe hatte ich rasch benutzt, um von meinem Ladengeschäft – einem Damenfriseur – in das nächste zu gelangen. Doch da kam ich erst recht vom Regen in die Traufe, denn ich bemerkte erst beim Betreten des eleganten Ladens das heikle Sortiment, was sich mir da offenbarte. Aber jetzt wieder aus dem Dessousgeschäft rauszulaufen, das war mir dann doch zu auffällig, zumal mir schon eine junge Verkäuferin mit erwartungsvollem Interesse entgegen sah.

Da ich der einzige Kunde im Laden war, hieß es nun, gute Miene zum heiklen Spiel machen. Ich blickte mich zwecks Orientierung erst einmal um, wobei ich einen Ständer mit bunten Badeanzügen bemerkte, einen anderen mit eher heißen Dessous für junge Frauen und einen weiteren für die reifere Dame mit eher unattraktiven Maßen.

Natürlich steuerte ich auf den Ständer mit den Badeanzügen zu und begann ziellos drin zu wühlen, genaugenommen bewegte ich den drehbaren Ständer langsam immer weiter und betrachtete die Schnitte und studierte die Preise. Leider hatte ich vergessen, ob am Ladeneingang der Hinweis auf die Akzeptanz für die Diners-Club-Karte angebracht war.

»Der Herr, kann ich Ihnen behilflich sein?«, wurde ich auch schon auf Deutsch angesprochen, was mich schon verblüffte, dass man mich hier überall als einen Deutschen einschätzte.

Verwundert löste ich meinen Blick von der Ladeneingangstür, denn die hatte ich die ganze Zeit über im Blick behalten, die Bademode war nur ein interessanter kleiner Nebenschauplatz gewesen. Ich blickte in zwei braune Augen, die mich aus einem sonnengebräunten Gesicht anblitzten, von nackenlangen schwarzen Haaren umrahmt, das jedoch von zwei Pflastern am rechten Jochbein und am Unterkieferrand zwar nicht gerade verschandelt wurde, aber sie störten die Ästhetik. Ihr Alter taxierte ich mal grob geschätzt auf Ende Zwanzig.

»Ich suche was für meine … Frau«, fügte ich rasch an die Atempause an, hatte mich doch eine etwas seltsame Kreation im Ständer für Bademoden stutzig gemacht: eine Art langer Schal, mit einem Python-Muster bedruckt. Sollte das etwa auch ein Badeanzug sein?

Da meine Hand zwischen einem geblümten Einteiler und diesem fraglichen Badeanzug eingetaucht war, nahm sie beides aus dem Ständer. Zunächst einmal hielt sie sich den hoch angeschnittenen Badeanzug mit dem Blütenmuster an ihren Körper, ich nickte verhalten. Daraufhin packte sie ihn beiseite und legte sich dafür den Python-Schal um den Nacken, so dass die beiden Enden des Schals an ihrer Vorderseite herabhingen. Bei letzterem scherzte ich, ob der Schal wohl für eine Erkältung am Strand gedacht sei, was die junge Frau auflachen ließ.

Doch dann breitete sie die Python gezielt über ihren Brüsten aus, um den Schal dann zwischen ihren Beinen verschwinden zu lassen. Da sie Jeans trug, konnte sie nun problemlos die beiden Enden des Schals von hinten über die Taille wieder nach vorn führen, wo sie sie mit einem Knoten in Höhe des Bauchnabels zusammenfügte.

»Wow!«, konnte ich nur dazu sagen. »Sie dürften echt sexy drin aussehen … «

Sie steckte das Lob reaktionslos weg. »Dieser Badeanzug sieht besonders gut aus, wenn die Dame schon von der Sonne nahtlos verwöhnt wurde.«

»Aus dem simplen Schal wird so ein heißer Badeanzug«, erfasste ich die geniale Idee eines begnadeten Couturiers.

»Nun gut, er muss jedes Mal erst neu gebunden werden«, räumte sie ein und schenkte mir ein verführerisches Lächeln, um sich dann wieder von dem verführerischen Kleinod zu trennen.

»Aber das tut man doch gern«, erwiderte ich lächelnd.

»Das ist aber ein Badeanzug für eine Dame«, hielt sie dagegen, um dann aber erst über die Doppeldeutigkeit meiner Bemerkung zu lachen. »Entschuldigung, ich dachte schon, *Sie* wollten sich den Badeanzug umbinden.«

Ich lachte leise auf. »Den würde ich lieber Ihnen umbinden, zumal sie mir ja schon gesagt haben, wie ich das anstellen müsste.« Der jungen Frau drohten die Augen aus dem Kopf zu fallen, aber sie hatte sich gut im Griff, um nicht mit einer passenden Antwort zu kontern. »Aber kann man, ich meine natürlich Frau damit überhaupt Baden gehen?«

»Nein, da müsste Ihre Frau schon etwas Sportlicheres anziehen. Ich hab da schon was, was genau so erotisch aussieht, aber beim Schwimmen nicht verrutscht.«

»Wie verrutscht?«

»Na ja, der hier hat keinen eingearbeiteten BH … «

»Ach so was mit Drahtbügel und so?«

»Genau. Aber es geht auch mit zusätzlichen Bändern, dann kann man die Formbügel weglassen. Geht aber nur bei jungen Frauen mit noch festen Brüsten, Sie verstehen?«

»Ja, sie ist etwa so alt wie Sie, 25«, machte ich mal auf Charmeur.

»Das war ich vor genau vier Jahren.«

»Genau?«

»Ich habe heute Geburtstag.«

»Gratuliere. Und was darf ich Ihnen schenken?« Sie blickte mich verwundert an, schließlich kannten wir uns erst wenige Minuten. »Besitzen Sie auch so einen Badeanzug?«

Sie lachte kurz auf. »Natürlich nicht, der ist mir viel zu teuer.«

»Und wenn ich Ihnen den zum Geburtstag schenke?«

»Aber wir kennen uns doch noch gar nicht ... «

»Was nicht ist, kann ja noch werden«, scherzte ich und zwinkerte ihr schon mal zu. »Kann ich übrigens mit der Diners-Club-Card bezahlen?« Und damit hielt ich ihr meine Plastikkarte hin, die sie mir interessiert abnahm, um kurz einen Blick auf den Namen zu werfen.

»Und Sie sind Dr. Peter Graf von ... « Sie suchte den Ort.

»Von Nürnberg. Und Sie sind?«

»Kristin Steiner.«

»Aus Berlin«, vermutete ich mal.

Verblüfft blickte sie mich an. »Kennen Sie mich?«

»Das war eine reine Vermutung, Ihr Tonfall ... «

»Ich spreche hochdeutsch«, fiel sie mir etwas pikiert ins Wort.

»Schon bemerkt, aber der leichte Singsang ist eindeutig in Berlin angesiedelt. Machen Sie hier auch Urlaub?«

»Ich helfe meiner Freundin im Geschäft. Schön sieht er ja aus.«

Sie strich noch einmal mit der freien Hand wie beseelt über den dünnen Stoff, mit der anderen hielt sie meine Club-Karte fest. Als sie mit der freien Hand dann den klobigen Apparat hervor holen wollte, mit dem man den Auszug für die Diners-Club-Abrechnung herstellt, da schrie sie leise auf.

»Oh Scheiße!«, fluchte sie und ließ die Clubkarte auf die Python-Haut fallen und griff rasch mit dieser Hand auch noch zu, um den schweren Apparat zu packen.

Ich nahm ihn ihr rasch ab und stellte ihn vorsichtig auf die Glasplatte der Vitrine, denn hätte sie den Klotz fallengelassen, wäre garantiert die Scheibe zu Bruch gegangen.

»Was ist?«, fragte ich besorgt, da sie sich die eine Hand im Handgelenk festhielt.

»Ich bin gerade erst zu Boden gestoßen worden, und wenn ich die Hand ausstrecke, dann sticht es hier.« Und damit zeigte sie auf einen der vielen Handwurzelknochen.

»Lass mal sehen, ich bin Arzt.«

Ich legte die blaue Handtasche mitsamt meiner drübergelegten Windjacke auf einen nahen Stuhl und trat dann wieder auf sie zu, um ihre Hand zu ergreifen. Ich ließ sie ihre Finger einzeln beugen und strecken, bewegte die Hand etwas auf und ab, wobei ich ihren Unterarm am Handgelenk festhielt. Da klagte sie über Schmerzen in den Handwurzelknochen, was natürlich auch daher rühren konnte, dass diese Region wie auch die Fingergelenke aufgeschürft war. Doch als ich die Handwurzelknochen einzeln drückte, da schrie sie bei einem leise auf und fluchte, *dass ich verrückt wäre*, wobei sie die Du-Form benutzte.

»Da dürfte einer deiner acht Handwurzelknochen gesplittert sein, vermutlich der hier, wo ich eine bewegliche Spitze fühle … «

»Du, das tut weh«, intervenierte sie sogleich. »Und was kann man da tun?«, fügte sie noch besorgt an.

»Im Prinzip nur ruhig halten, also die Hand in eine Schlaufe legen und nichts Schweres heben. Du könntest eine entzündungshemmende Schmerzsalbe drauf tun.«

»Und wie heißt die?«

»Zum Beispiel Ibutop. Wann war das denn passiert?«

»Vor vielleicht zwei Stunden, ich ging gerade zur Bank und wollte die Einnahmen von der letzten Woche wie üblich in den Banktresor werfen, als man mir die Tasche entriss und mich ein Stück mitschleifte, bis ich sie losließ.«

»Ich hoffe, man hat den Täter festhalten können … «

»Nein, der war auf einem Motorrad von hinten an mich rangefahren«, fiel sie mir ins Wort. »Da packte der Mann hinten auf der Maschine die Tasche und riss sie mir von der Schulter.«

»Eine wertvolle Tasche?«

»Ja und nein«, zögerte sie etwas und erläuterte mir dann, dass es eine stinknormale blaue Umhängetasche gewesen wäre, wie man sie oft auf der Straße sieht.

»Und die Polizei? Hat die den Täter schon gefasst?«

Sie lachte leise auf. »Eher bricht der Vesuv wieder aus, als dass die einen der Kleinkriminellen hier fassen. Nein, die haben mich aber netterweise hierher gefahren, meine Jeans waren völlig zerfetzt. Das hier sind Ginas Sachen.«

Und damit deutete sie auf ihre etwas zu kurze Blue Jeans.

»Dann hast du bestimmt auch Hautabschürfungen?« Sie nickte stumm. »Warst du schon beim Arzt?«

»Ich habe momentan keine Krankenversicherung«, gestand sie.

»Soll ich mal nachschauen? Ich bin zwar nur Frauenarzt, aber Arzt ist Arzt.«

Sie wollte die Hosenbeine hochziehen, was aber wegen der Enge der Hose nicht ging. Da öffnete sie die Jeans und mühte sich ab, aus dem einen Hosenbein auszusteigen, was auch nicht gehen wollte. Also half ich ihr und schob die Hose nach unten, als sie sich auch schon anschickte, mit den Füßen auszusteigen, wobei ich ihr ebenfalls behilflich war, sie stützte sich an meinem Kopf ab.

Die Knie waren mit Binden umwickelt, die schon blutdurchtränkt waren. Ich löste sie vorsichtig und bemerkte, dass sie leider keine Mullunterlage aufgelegt hatte.

»Keine entzündungshemmende Salbe?«

»Woher nehmen ohne zu stehlen.«

»Du musst unbedingt eine antibiotische Salbe auftragen, sonst suppt das. Am besten erst mal ohne Verband trocknen lassen.«

»Dann sau ich aber die Sachen von Gina ein.«

»Und wenn du so trocknest?«

»So nackt?«

»Dann zieh doch einfach einen Badeanzug an«, scherzte ich.

»Scherzkeks, die sollen doch verkauft werden.«

»Dann schenk ich dir die Python-Haut hier, du musst sie nur noch von meiner Diners-Club-Karte abbuchen. Ich helf dir auch beim Umbinden.«

»Ha, ha, ha«, lachte sie gekünstelt auf.

»Keine Angst, das schaff ich schon, du hast es mir doch so eindrucksvoll demonstriert.«

»Du bist verrückt … «

»Die Wahrscheinlichkeit, an einer Wundrose zu sterben ist viel größer als an Kindbettfieber.«

»Wieso Kindbettfieber?«

»Falls du mir das zutraust. Allerdings würde ich dich dann auch brav heiraten.«

»Und was sagt deine Frau dazu?«

»Liebling, was würdest du zu dem Vorschlag sagen?«

»Ich? Warum fragst du mich?«

»Weil du derzeit meine einzige Frau bist, wenn auch in spe.«

»Du bist verrückt.«

»Ich bin weder verrückt noch irgendwo ausgebüxt. Ich wohne derzeit im Bristol, Zimmer 606 und werde dich dort die nächsten zwei Wochen lang hegen und pflegen oder lieben und vögeln, je nachdem was du vorziehst. Danach müssen wir allerdings entscheiden, ob du mit zu mir nach Nürnberg mitkommst und mein Mädchen für alles wirst, oder zu deinem Hausfreund zurückkehrst.«

»Ich soll dein Mädchen für alles werden? Deine Putzfrau und Kochmamsell?«

»So was habe ich als Junggeselle schon, mir fehlt nur noch ein Betthupferl und Seelentröster.«

»Gut, Herr Doktor. Ich werde das alles beherzigen«, resümierte sie mit Blick auf die Ladentür.

Ich folgte ihrem Blick und erstarrte zwar nicht, erschrak aber dennoch. »Oh Gott, mein Flintenweib«, hörte ich mich entgeistert flüstern, denn meine gewisse Dame mit dem Revolver stand im Türrahmen, wenn auch ohne den rauchenden Colt.

»Und ich dachte schon, ich müsste die Stecknadel im Heuhaufen suchen gehen«, tönte sie zufrieden und kam auf uns zu. »Hab ich euch etwa gestört?«, fügte sie noch total überrascht an mit Blick auf Kristins Unvollkommenheit in punkto Garderobe.

»Ich verarzte gerade das Unfallopfer.«

»Ja richtig, das ist die Kleine, die ich da blutüberströmt am Boden habe liegen gesehen. Wie geht es Ihnen?«

»Es geht schon.« Doch dann wandte sich Kristin ostentativ an mich. »Möchten Sie nun den Python-Badeanzug für Ihre Frau kaufen oder lieber die Blüten mitnehmen?«

Ich hätte Kristin am liebsten auf der Stelle erwürgen können, doch meine mir angedichtete Ehehälfte mischte sich auch schon in unser Verkaufsgespräch ein: »Ich höre Blüten?«

»Nein, die Schlangenhaut reizt mich mehr. Haben Sie auch eine passende Badehose für mich?«

»Aber nur als String.«

»Kein Problem.«

Und schon lahmte sie ein wenig zu einer Vitrine und kehrte kurz darauf mit einem nahezu identischen Wäschestück zurück, identisch was die Farbe anbetraf, natürlich nicht die Größe. Genüsslich breitete sie den schmalgeschneiderten Triangel vor uns aus.

»Gefällt Ihnen das?«, fragte sie mich, blickte aber Madame an.

»Oh, dann will ich Euch beim Einkauf nicht stören«, fühlte sich die pensionierte Lehrerin doch fehl am Platze und zog sich mit einem *Guten Tag* wieder zurück.

»Oh Mann!«, stöhnte ich auf.

»Der bist du. Gefällt dir das Minimum?«

»Mir schon. Pack es zum Einteiler und buch es mit der Club-Karte ab. Und dann kommst du mit aufs Bristol und ich werde dich hegen und pflegen.«

»Also nicht der andere Einteiler, der mir gefallen würde.«

»Mir reicht die Python, ich brauche die Blüten nicht«, tönte ich beglückt und wollte schon zu meiner Jacke wie Tasche zurückgehen, als ich zwei Männer im Türrahmen erblickte, sie sahen gottlob nicht aus wie die beiden Ganoven vom Motorrad.

»Schön wenn du die Blüten nicht brauchst«, sprach mich der große Blonde auf Deutsch an, was auch gut zu ihm passte. Seltsam dass ich dabei auf seine Schuhe schaute, aber beide waren eindeutig braun. »Wo ist die Tasche?«, wollte er von mir wissen.

»Unter der Jacke auf der Bank«, kam mir Kristin zuvor.

Als der Hüne nach der Tasche griff, traf auch meine Madame wieder ein.

»Alles noch drin?«, sprach sie ihn an, auf dass er die Tasche an sich nahm, den Zahlencode knackte und einen Blick in das Innere der Tasche warf, wobei er seine Finger zur Hilfe nahm.

»Was soll das?«, fragte ich bass erstaunt.

»Keine Angst, wir wollen nur sichergehen, dass noch alles drin ist«, war die freundlich formulierte Antwort meiner Madame vom Restaurant. »Jetzt da wir sie wieder haben ... «

»Mich wiederhaben? Soll das eine Verhaftung sein?«, brauste ich auf.

»Von wegen«, lachte die Endfünfzigerin auf. »Für Ihr mutiges Engagement müssten wir uns eigentlich bedanken, Herr Herr … «

»Graf, Dr. Peter Graf von Nürnberg«, tönte Kristin feixend.

»Wo bin ich hier nur gelandet. Erst der Fast-Absturz, dann hier die angedrohte Verhaftung. Arbeiten Sie etwa auch noch für die Camorra?«, begehrte ich ärgerlich auf, in eine Falle der neapolitanischen Unterwelt geraten zu sein.

»Sorry, wir haben uns noch nicht vorgestellt, Frau Hauptkommissarin Stevens vom BKA Wiesbaden, mein Kollege Kommissar Becker und ich, Oberkommissar Meier, unsere Kollegin Fiona.« Er deutete auf die Verkäuferin in Top und Tanga.

»Fiona? Kristin, was soll das?«, befragte ich sie verblüfft.

»Wir haben gerade eine Geldfälscher-Bande auffliegen lassen, leider konnten einige Mitglieder entkommen und haben versucht, Fiona die Druckunterlagen wieder abzunehmen. Aber dank Ihres mutigen Eingreifens ist ja noch mal alles glimpflich ausgegangen«, bedankte sich die Hauptkommissarin bei mir, die dabei auf mich zugekommen war und mir die Hand zur Versöhnung reichte.

»Neapel sehen und sterben, wie kam Goethe nur da drauf?« hörte ich mich erleichtert sagen. »Trotzdem bleibe ich bei meinem Geschenk«, was natürlich eindeutig an Fiona / Kristin gerichtet war.

»Echt?«, fragte diese auch gleich begeistert nach.

»Du hast den Betrag doch gerade abgebucht.«

»Und das Bristol?«

»Das bleibt dir natürlich auch erhalten.«

»Logo, die italienischen Baumeister können schon gut bauen«, befand die Frau Hauptkommissarin und zwinkerte mir zu.

8

Die **Schweiz**
oder Piroschka und das Veloziped

Ich war hin und her gerissen, was für eine schöne, heitere und saubere Welt die Schweiz doch ist. Das glitzernde Weiß der majestätisch hohen Berge schien den Wettstreit mit dem Blau des Himmels gewonnen zu haben, denn das Blau hatte sich leicht schmollend hinter zarten Wolkenstreifen zurückgezogen, die wie Gänsefedern aussahen, welche man etwas zu arg gebürstet hatte.

Es war also wieder einmal Föhn.

Meine große Tagesrundfahrt sollte von Zürich über Bern und dann entlang dem Thuner See nach Interlaken gehen, von wo aus ich wohl den besten Blick auf die majestätischen Gipfel des rund viertausend Meter hohen Trios von Jungfrau, Mönch und Eiger haben dürfte. Dann sollte es am Ufer des Brienzer Sees weitergehen, um in den Genuss der vielen Gletscher und seiner Gebirgshörner zu kommen, als da sind das Faulhorn, das Schwarzhorn, das Wetterhorn bis hin zum Finsteraarhorn mit seinen fast 4300 Metern. Ob ich die über den Brienzer See hinweg sehen könnte, wagte ich zu bezweifeln, aber der Illusion könnte man sich schon hingeben, sie gesehen zu haben. Denn so markant sind die Silhouetten nun auch wieder nicht ganz im Gegensatz zu der des knapp 4500 Meter hohen Matterhorns, das ich auf der Rundfahrt leider nicht mit einbeziehen konnte.

Dann würde es weitergehen über den Brüningpass runter zum Vierwaldstätter See mit Luzern als Highlight, wo natürlich eine Fahrt mit einem der gemächlichen Raddampfer angesagt war. Auf welcher der vielen Straßen ich dann nach Zürich zurückfinden würde, müsste ich den Wegweisern überlassen.

Ich hoffte natürlich, dass ich diese Tour schon an einem Tag schaffen sollte, denn in der Sommersaison unterwegs noch auf ein freies Hotelbett zu hoffen, dürfte eher einem Roulettespiel gleichkommen. Für mich böte sich ein Stopp in Interlaken an, um einen Abstecher nach Lauterbrunnen oder Mürren machen zu können, quasi das Basislager für die Gipfelstürmer zur Eigernordwand und auf die Jungfrau. Dazu zählte ich mich natürlich nicht, mir reichte der überwältigende Anblick der Jungfrau von unten her. Was mich gleich an die andere Jungfrau erinnerte, die man natürlich sogar leichter und zudem auch noch gefahrloser besteigen kann: Die goldene Viktoria auf der Siegessäule in Berlin – von den Berlinern banal als Gold-Else bezeichnet. Für manche der vielen Besucher sind die 285 Stufen hoch bis zur Plattform ein Muss, nur um ihr unter den angeblich wehenden Rock sehen zu können.

Allen Plattfußindianern und Herzkranken möchte ich hinter vorgehaltener Hand verraten, es lohnt sich nicht, nur deswegen hochzusteigen, denn da gibt es nichts zu sehen. Ansonsten hat man schon einen grandiosen Überblick über die grüne Lunge Berlins, den Tiergarten, und natürlich den Ausblick auf das kaiserliche Berlin, wenn auch das Schloss erst gerade wieder im Entstehen ist.

Aber gemach: Rom wurde auch nicht an einem Tag erbaut.

Von Zürich ging es am schnellsten über die Autobahn nach Bern, denn die Landschaft war hier so nichtssagend flach wie das Alpenvorland in Bayern. Und auf dem Weg von Bern nach Thun erinnerte auch nichts an die Schweiz, eher hatte ich den Eindruck, mich irgendwo im Rheinland zu befinden. Doch dann kam erst die richtige Enttäuschung, denn bei der Autobahnfahrt am Thuner See entlang war nichts von den majestätischen Gipfeln zu sehen. Ich hätte wohl von Thun aus die Straße am gegenüberliegenden Ufer benutzen sollen, nur war sie als gelbe Straße im Straßenatlas eingezeichnet worden, also eher eine nicht empfehlenswerte Nebenstraße. Aber so eine Nebenstraße hat auch eine positive Seite, kein Tourist würde sie wählen, weil es eben eine unbequeme Nebenstrecke sein dürfte, was mir somit die verfluchten Wohnwagengespanne ersparte.

Also wendete ich bei der Ausfahrt von Spiez und jagte die halbe Uferlänge nach Thun zurück, um mich der Nebenstraße am nördlichen Ufer anzuvertrauen. Mein wieselflinker kleiner BMW – ein Mietwagen aus Zürich – war wie geschaffen für diese schmale Landstraße. Der Ausblick über den See auf die Gebirgssilhouette war natürlich den zeitraubenden Umweg wert gewesen, nur musste ich mich ständig auf die schmale Straße konzentrieren, so dass ich gar nicht richtig den Ausblick genießen konnte. Logo, dass ich regelrecht dazu verleitet wurde, auch noch das hoch über dem Nordufer gelegene Beatenberg anzusteuern, um mal eine kleine Verschnaufpause in einem eleganten Schweizer Kurort einzulegen.

Doch die Auffahrt nach Beatenberg stellte nicht nur mich, sondern auch den Motor auf eine enorme Belastungsprobe, denn mit Kriechgeschwindigkeit bergauf fahren zu müssen – wobei schon der erste Gang überfordert war –, das grenzte schon an Nötigung, nur weil Langholzgespanne eine derart *niedrige* Gangübersetzung besitzen. Oder nennt man das eine *hohe* Übersetzung?

Aber dafür wurde ich tatsächlich mit einem grandiosen Ausblick belohnt: die schneeglitzernden Riesen der Schweiz im Dreierpack und dazu noch einen köstlichen Kuchen in Art der Schwarzwälder Kirschtorte plus einen Latte Macchiato.

Doch nun hieß es wieder runterfahren. Die Straße war zwar frei, doch der dritte Gang konnte den Wagen nicht halten, im zweiten wurde der Motor hingegen ganz schön hochgejubelt, aber BMW ist bekannt für seine strapazierfähigen Hochleistungsmotoren, so dass ich nur bei unübersichtlichen Kehren mit der Bremse nachhelfen musste.

Für die Einheimischen war ich wegen meines Züricher Kennzeichens natürlich wieder mal der alte Trottel, der lieber in der Großstadt bleiben sollte, statt den Verkehr hier aufzuhalten. Sie kannten ja ihre tägliche Fahrstrecke wie im Traum, ahnten alle nur möglichen Hindernisse im Voraus, als hätten sie ein Radar an Bord. Natürlich ließ ich mich nicht zu diesen waghalsigen Überholkapriolen verleiten, musste sie aber leider erdulden, denn das sich wieder Reindrängeln erst kurz vor dem Gegenverkehr schien wohl das sommerliche Training für die winterlichen Slalomfahrten zu sein.

Nun gut, ich war kein Anhänger des Wintersports, auch musste ich nicht die diversen Folgen dieses winterlichen Leichtsinns behandeln, schließlich war ich ja nur ein Frauenarzt. Und die Folgen der winterlichen Zweisamkeit im kalten Gastzimmer tauchten bekanntlich erst mit monatelanger Verzögerung bei mir in der Praxis auf. Gut Ding braucht eben gut Weil.

Und während ich noch so meinen Gedanken nachhing und dem Motor die Arbeit überließ, da überholte mich doch tatsächlich langsam aber sicher ein Radfahrer! Nun gut, es war hier eine längere gerade Strecke und bergab rasende Radfahrer waren in der Schweiz an der Tagesordnung. Während sich der Typ also langsam an mir vorbeischob, da erkannte ich erst, dass der *er* eine *sie* war, denn der Fahrtwind bügelte ihr das T-Shirt quasi auf die Brust. Als mein Blick an ihrem Körper abwärts glitt – denn die wohl eigenhändig gekürzten Jeans waren schon ein Hingucker –, da bemerkte ich entsetzt, dass sie nicht nur barfuß Rad fuhr, sondern auch dass die Kette abgesprungen war und auf der Straße schleifte. Außerdem ragten die Kabel der Handbremsen wirr in die Luft und das irre Geschöpf schien nur noch wie gelähmt ihr Heil im Lenken zu suchen.

Da die nächste Kehre in rund einhundert Metern rasch näher kam, musste ich jetzt handeln. Ich gab wieder etwas Gas und fuhr ganz dicht an sie heran, griff durch das offene Fenster nach ihrem Gepäckträger und rief ihr zu, dass ich sie jetzt abbremsen würde. Doch sie reagierte nicht, als würde sie im Trance Rad fahren. Da uns in dem Moment ein Auto aus der Kurve entgegen kam, lenkte ich den Wagen so dicht an meine Leitplanke heran, dass der Wagen wenn auch hupend gerade mal passieren konnte. Doch die Kurve näherte sich rasant.

Ich trat voll auf die Bremse, doch eine Notbremsung mit blockierten Rädern war wegen der ABS-Ausstattung ausgeschlossen. Ich musste mich auf Gedeih und Verderb der stotternden Bremse anvertrauen, zumal sich plötzlich auch noch die imposante Motorhaube eines Langholz-Gespannfuhrwerks durch die Kurve auf mich zu bewegte. Logo dass der Fahrer auf seiner Bergauf-Vorfahrt mit Hilfe seines Nebelhorns bestand, denn er benötigte nun mal die ganze Breite der Straße, um die Kehre meistern zu können. Gottlob kam er augenblicklich zum Stehen, doch ich konnte die Kurve nicht mehr ausfahren, mir fehlte vielleicht nur noch fünf Meter Anhalteweg. Meine Hand konnte das Gewicht der Radlerin nicht mehr halten, sie ließ los, wir beide schossen auf einen Sandhaufen zu, der wohl als Schutz für die Leitplanke gedacht war.

Während das Rad im Sand sofort stecken blieb, flog das Mädel mit einem Salto über die Planke. Der Wagen wurde auch sogleich abgebremst, doch der Gurt bewahrte mich davor, ihr mit dem Kopf durch die Windschutzscheibe zu folgen.

Bevor ich mich noch aus meinem blockierten Sicherheitsgurt lösen konnte, war schon der Fahrer aus seinem Fuhrwerk gesprungen und rannte zur Leitplanke hin, wohl um zu sehen, wo das Mädel abgeblieben war. Ich schloss rasch zu ihm auf und fand ihn vor dem Mädel kniend wieder, die auf einem Graspolster gelandet war, unmittelbar vor dem Felsabbruch. Er packte sie an den Füßen und zog sie erst einmal von der Felskante weg, nahm sie auf und trug sie über den Sandberg auf die Straße zurück. Ich gab mich als Arzt zu erkennen, so dass ich rasch den Puls ertasten und nach der Atmung horchen konnte.

»Tot?«

»Der Puls ist zu tasten, die Atmung nicht zu spüren.« Ich rief sie an, doch sie reagierte nicht.

»Höchstwahrscheinlich eine Gehirnerschütterung«, vermutete er und lag damit gar nicht mal so falsch.

Andererseits war mir ihr Trancezustand beim Vorbeirollen aufgefallen, was ich ihm sagte.

»Drogen? Na was is des denn für eine Närrische, das hätt ins Auge gehe könne«, war er echt geschockt, um sich sogleich das absolut verkehrsuntaugliche Gefährt anzuschauen. »Hat die Sie etwa mit dem Veloziped noch überholt?«, fragte er mich dann fassungslos.

»Ja, sie ist an mir vorbeigerollt, und als ich die abgesprungene Kette gesehen habe, konnte ich sie gerade noch am Gepäckträger packen und sie mit meinen Wagen abbremsen, das hat leider nicht ganz gereicht ... «

»Und ob das gereicht hat, sie sollte Ihne um den Hals falle. Aber so ein Rad in den Verkehr zu bringe, das müsste bestraft werden«, echauffierte sich sogleich der Berufskraftfahrer mit Recht.

Im Nu waren wir von Neugierigen umringt, jemand brachte eine Wasserflasche, andere gaben uns gute Ratschläge. Doch die Idee mit dem kühlen Wasser gefiel mir, nur flößte ich es ihr nicht ein, sondern ließ es sachte über ihr junges Gesicht rieseln, wobei sie sich unvermutet leicht schüttelte, um dann einige Tropfen mit der Zunge aufzufangen.

Dann blickte sie mich erstaunt an, wobei sie die Arme anhob, um sie wieder sinken zu lassen.

»Geht es wieder?«, fragte ich, doch sie blieb stumm.

»Was ist mit dem Veloziped?«, wollte hingegen der Holzfahrer von ihr wissen, ebenfalls keine Reaktion.

»Braucht es einen Arzt?«, fragte jemand.

»Ich hab schon einen Sanitätswagen angefordert«, eine andere Stimme.

Doch da bahnte sich ein älterer Mann den Weg durch die An-sammlung und brüllte schon von weitem: »Diese Hure, die kann was erleben ... «

Bei ihr angekommen wollte er sich sogleich auf das Mädel stürzen, doch der Muskelmann vom Langholz hielt ihn sogleich am Kragen zurück. »Sind Sie der Vater?«, kam es drohend rüber.

»Nein, dem Madel brech i das Kreuz«, tobte der Alte weiter.

»Mann, sehen Sie nicht, dass sie noch unter Schock steht?«, herrschte ich ihn erbost an.

»Das ist mir Scheißegal, i steh auch unter Schock, der müsste man den blanken Arsch versohlen, die nehm ich jetzt mit zur Gendarmerie, das Miststück hat mir einen Schokoriegel gestohlen ... «

»Nur deswegen?«, fiel ich ihm entsetzt ins Wort.

» ... und an meiner Kasse war sie auch.«

Da das Mädel noch immer keine Anstalten machte, sich zu äußern, bückte ich mich zu ihr runter, griff ich in ihre Hosentasche und zog einen angebissenen Schokoriegel vor, den ich dem Mann hinreichte, woraufhin der erst recht explodierte.

»So was kann i auch net mehr verkaufe.«

»Haben Sie einen Laden?«

»Ja und das Velo hat sie mir auch gestohle.«

»Ach Ihne gehört das Velo«, tönte der Kraftfahrer erbost.

»Ja mir, lassen Sie mich los, Sie Grobian.«

»Mann, wenn Se nicht auf der Stelle schweige, dann lass ich Sie arretieren!«

»Was wollen Sie?«

»Dieses Veloziped ist doch gar nicht verkehrstüchtig, Sie ... «

»Das geht Sie einen Scheiß an.«

»Sie haben ein verkehrsuntüchtiges Rad nicht gegen die Wegnahme abgesichert und somit in Kauf genommen, dass jemand damit losfahren kann und wegen des defekten Zustandes zu Tode kommen muss. Das ist eine grobe Fahrlässigkeit«, mischte ich mich wieder ein.

»Scheiß-Alemanne«, war ich sogleich als Deutscher erkannt worden und bekam die entsprechende Antwort auf meine naseweise Belehrung. »Sie ist ja net zu Tode gekomme.«

»Weil ich sie festhalten konnte.«

»Also lebt sie und i werd sie jetzt zur Anzeige bringe.«

»Wer lebt?«, fragte ich erregt und deutete auf das willenlose Wesen vor uns am Boden. »Ihre Ladendiebin ist eben in die Schlucht gestürzt, weil Sie sie in den Tod getrieben haben.«

»Wollen Sie mich auf den Arm nehme?«, verlagerte er seine Wut auf mich und ballte drohend seine Faust.

»Komm, lass gut sein«, drohte der Kraftfahrer, was sich natürlich gegen den alten Mann richtete, nicht aber gegen einen der Umstehenden, der die ganze Szene unverfroren mit einer Kamera filmte, wobei er sogar sein Objektiv auf das Gesicht des Mädels als auch auf meines richtete.

»Komm, lass gut sein«, drängte ich den Kameramann ab und auch den alten Mann, dem ich noch die Bemerkung »Ihre Diebin liegt da unten in der Schlucht« zurief, um mich dann zu dem Mädel herabzubeugen, weil ich ihr beim Aufstehen behilflich sein wollte.

»Und was ist die hier? Etwa eine Stoffpuppe?«

»Nein, ein Faktotum, ein toter Mensch, ein Mensch ohne Seele. Ihre Seele liegt da unten in der Schlucht.«

»Meine Seele?«, konnte er mir wohl nicht ganz folgen und nicht nur er, auch der Langholzfahrer ließ ihn verblüfft frei.

»Scheiß-Alemanne«, war gottlob sein ganzer Kommentar auf die unerwartete Freilassung, dann nahm er das Fahrrad auf und verfrachtete es in seinen Lieferwagen, wendete denselben und jagte wieder nach Beatenberg zurück.

Auch der Langholzwagenfahrer stieg schweigend wieder in seinen mächtigen Führerstand, die anderen Umstehenden begaben sich auch zu ihren Wagen zurück. Ich half dem Faktotum in meinen Wagen, als wäre sie tatsächlich eine willenlose Stoffpuppe.

Wegen des langen Gespanns musste die ganze Truppe erst einmal zurück setzen, damit er die Kurve nehmen konnte, mein Wagen behinderte ihn gottlob nicht, denn ich bekam den Motor nicht so schnell wieder an, vermutlich war er bei dem abrupten Stillstand abgewürgt worden. Dann löste sich der Stau langsam wieder auf.

Ich wartete noch etwas für einen weiteren Startversuch, dann müsste ich wohl oder übel die Zündkerzen ausschrauben und abtrocknen, was ich schon lange nicht mehr gemacht hatte. Als Alternative hätte ich mich in Deutschland natürlich an die Gelben Engel vom ADAC wenden können, die es bestimmt auch in der Schweiz geben dürfte, nur besaß ich keine diesbezügliche Telefonnummer auf dem Display meines Handys.

»Wo kommen Sie her?«, nutzte ich die Zeit des Wartens. Keine Antwort.

»Und wo wollten Sie mit dem verrückten Rad hin?« Gleiche Reaktion.

Da sie einfach nicht reagierte, streichelte ich versuchsweise ihren einen nackten Oberschenkel, natürlich nicht, um sie anzubaggern, auch wenn mich ihr Outfit ganz schön in Versuchung führte. Ihre selbstgekürzten Jeans besaßen schon Quantitäten wie auch Qualitäten, die früher die freiwillige Filmselbstkontrolle zum Einschreiten veranlasst hätte, früher wohlgemerkt, also damals, als wir noch alles unschuldige, unaufgeklärte Jugendliche waren. Doch mit etwas Verzögerung kam ihre eine Hand auf mich zu, aber nicht, um sich meiner Annäherung zu erwehren. Sie hielt nur meine Hand einfach fest, als wollte sie lediglich weitere Exkursionsversuche verhindern.

Sollte ich meine Hand nun umgehend wieder zurückbeordern? Oder sollte ich sie als väterlichen Vertrauensbeweis liegen lassen? Da ich selbst keine Kinder habe und als Junggeselle natürlich auch keinen ehelichen Rat einholen konnte, war jetzt guter Rat teuer und zwar im wahrsten Sinne des Wortes. Denn sollte sie das als unerwünschte Annäherung betrachten oder sogar behaupten, ich hätte sie unsittlich begrabscht, nicht auszudenken, was Gerichte mir unterstellen würden von wegen Ausnutzen einer Notlage. Und das mir als Arzt.

»Was ist los? Verstehen Sie kein Hochdeutsch?« Keine Reaktion. »Ich spreche leider kein Schwyzerdütsch«, gab ich resigniert auf und wollte schon meine Hand unter der ihren vorziehen, als sie sie regelrecht festhielt und mich fragend anblickte.

»Schnuckelchen, willst du etwa, dass ich ... , ich meine dass wir ... «, schoss mir ein unangenehmer Gedanke durch den Kopf, den ich nicht zu Ende zu denken wagte.

Nun legte sie auch noch die zweite Hand drüber und über ihr junges sonnenverwöhntes Gesicht huschte ein hoffnungsvolles Lächeln.

»Na gut, ich werde dich mitnehmen und wir suchen uns ein Hotel«, glaubte ich einen goldenen Mittelweg gefunden zu haben, um erst mal meine heile Haut in Sicherheit zu bringen. Vorsichtig löste ich meine Hand aus ihrer Obhut, um den Motor erneut starten zu können. Doch ihr entsetzter Blick ließ mich sogleich innehalten. Also streichelte ich zartfühlend über ihren nackten Arm, wobei ich schon merkte, dass sich unter dem Hemd mit den schmalen Trägerchen nur noch Anatomie pur verbarg, und das in einer erfrischend jugendlichen Ausstrahlung.

Wahnsinn, was sich die heutigen Teenies so alles trauen, kaum dass sie die ominöse Altersgrenze von 16 Jahren geschafft haben. Mein fachkundiger Blick sagte mir, dass sie die 18 noch nicht überschritten haben dürfte. Also juristisch gesehen wäre ich aus dem Schneider, aber wenn sie sich – oder ihre Eltern – einen raffinierten Anwalt nähmen, dann könnte man mich schon festnageln. »Oder ich müsste dich heiraten«, hörte ich mich belustigt sagen, was mich sofort aufschreckte, doch sie reagierte gottlob nicht drauf.

Also widmete ich lieber meine volle Aufmerksamkeit dem Motor, der auch sogleich ansprang, als hätte ich ein diesbezügliches Stoßgebet gen Himmel geschickt, woran ich mich aber nicht erinnern konnte. Als ich die Jungfrau neben mir mit einem zufriedenen Blick bedachte, da huschte doch tatsächlich ein gewisses Feixen über ihr Gesicht.

Da sie aber weiterhin schwieg, schloss ich mich dem Schweigen an und setzte den BMW auf die Fahrbahn zurück und ließ ihn langsam durch die Kehre rollen, natürlich vorwärts und abwärts zugleich. Rasch nahm er wieder Fahrt auf, wobei er selbstverständlich wieder die höchstzulässige Drehzahl des Motors abfragte, als hätten die Straßenbauer das höchstzulässige Gefälle von der BMW-Zentrale in München abgefragt gehabt.

Gab es damals überhaupt schon Autos?, fragte ich mich, wurde aber unerwartet von zarten Streicheleinheiten meines Faktotums von der Beantwortung meiner Frage abgelenkt.

»Was ist?«, fragte ich sie, »musst du mal für kleine Mädchen?«

Natürlich erhielt ich wieder keine Antwort, anderseits verstand ich die Reaktion ihres Körpers auf den Stresstest schon, so dass ich die nächstbeste Möglichkeit nutzte, um den Wagen über einen Betriebspfad in den uns umgebenden Wald zu lenken. Nach zwanzig Metern begann der Weg wieder steil anzusteigen, so dass ich lieber anhielt, auch wenn wir von der Straße aus noch zu sehen waren. Aber vielleicht war das auch ein Vorteil, um möglichen Kapriolen seitens meiner neuen Copilotin vorzubeugen.

Und tatsächlich stieg sie aus und verzog sich etwas hinter einen Baum, was ich nicht weiter verfolgte. Als sie kurz darauf wieder zustieg, da wähnte ich mich fast schon auf unserer Hochzeitsreise, denn sie fing sogleich meinen Kopf ein und beglückte mich mit einem Kuss.

Sollte das ein nachträgliches Dankeschön gewesen sein?

Da ich den Rückwärtsgang schon eingelegt hatte, machte der Wagen einen Satz nach hinten, denn ich dürfte vom Kupplungspedal abgerutscht sein, woraufhin ich rein reflektorisch sofort auf das Bremspedal trat. Natürlich war der Motor wieder abgewürgt worden, denn der neuerliche Startversuch misslang wie schon gehabt.

»Mensch Mädel, du bringst mich verdammt noch mal ganz schön in die Bredouille«, schimpfte ich, woraufhin sie wie ein Häufchen Unglück in ihrem Sitz versank, was mich nun wiederum wurmte, hatte ich doch ganz vergessen, dass das Mädel gerade noch unter Schock gestanden hatte. Wer weiß, weswegen sie vor dem Alten geflohen war.

»Entschuldige«, bat ich um Nachsicht und streichelte ihr mit der Hand liebevoll über den Oberschenkel.

Da fummelte sie an ihrem Sitz rum, woraufhin sich die Rücklehne langsam aber sicher auf die Horizontale zu bewegte, wobei sie mich einladend anstrahlte und ihr Mini dabei auf ungeahnte Höhen rutschte. Nun gut es war kein Minirock, sondern nur Shorts, dennoch folgten meine Augen sehr interessiert den Dingen, die sich da anzubahnen schienen. Da schreckte uns ein Martinshorn auf, was sich anhörte, als wäre der Einsatzwagen direkt hinter uns zum Stehen gekommen.

Mein Faktotum kam mit einem derart unerwarteten Elan hoch, dass wir mit den Köpfen heftig zusammenstießen. Dennoch blickte ich mich zunächst einmal rasch nach dem Ruhestörer um, doch vom vermeintlichen Polizeifahrzeug war nichts zu sehen, was mich aber daran erinnerte, dass ja jemand nach einem Sanitätswagen telefoniert hatte. Als ich mich erleichtert wieder zu meinem zu allem bereiten Teeny umdrehte, lag sie schon einladend mit leicht gespreizten Beinen auf der Matte, doch ihre Augen starrten wie die einer Toten gefühllos nach oben.

Entsetzt fühlte ich nach dem Puls, aber der war gottlob zu fühlen, sogar recht schnell. Rasch schaute ich besorgt in die Augen, denn es sah schon wieder nach einer Commotio aus. Aber keine Reaktion. Nur um sie diesmal zu triezen, schob ich eine Hand unter ihr Top und betastete absichtlich ihre linke Brust. Abermals keine Reaktion.

In mir stieg Panik auf, was wenn die Bergwacht oder wer auch immer den Wald nach dem Mädel absucht und sie hier in dieser schon arg verfänglichen Situation in meinem Wagen vorfände?

Obwohl mein Kopf vom Zusammenstoß her noch ganz schön brummte, mühte ich mich mit dem Rändelrad ab, wobei ich voll über sie hinweggreifen und somit ganz schön zur Sache kommen musste, woraufhin sie wieder zu sich kam.

Sie pfuschte mir zwar nicht in mein Handwerk hinein, aber sie hielt unvermittelt meinen Kopf mit beiden Händen fest. Dann zog sie ihn zielstrebig auf ihren Mund, um mich mit einem leidenschaftlichen Kuss wieder zu versöhnen. Oder wollte sie mich nur ablenken?

Zugegeben, Frauen sind schon bezaubernde Geschöpfe und sind von Natur aus auch dazu befähigt, Männern den Verstand zu rauben. Aber ich bin langsam darüber erhaben und stehe allein schon aus Berufs-gründen ihren Emotionen durchaus skeptisch gegenüber. Das ist wohl auch der Grund, warum ich noch ein Junggeselle bin. Aber jetzt, wo es um meinen unbescholtenen Ruf ging, da zählte jede Sekunde, um nicht in dieser verfänglichen Situation in flagranti ertappt zu werden.

Behutsam löste ich ihre Hände von meinem Haupt und legte sie ganz und gar nicht verärgert auf ihrem Körper ab, den ich auch in seiner erholsamen Ruhelage beließ. Lächelnd streichelte ich ihr braungebranntes Bäuchlein, um mich lieber wieder dem Lieblingsthema einer jeden Herrenrunde zu widmen: dem Auto und seinen großen und kleinen Problemen.

Damit sie mir nicht schon wieder mit einem eigenen Stoßgebet zuvorkommen sollte, sprach ich meines offen aus: »Lieber Engel, der du für den Verkehr zuständig bist, lass mich nicht im Stich und lass ihn kommen.«

Und der Motor kam tatsächlich, als hätte er niemals seinen Geist aufgegeben, doch dafür lachte sich meine Jungfrau scheckig.

Ich ließ sie gewähren, denn ich war nun vollauf damit beschäftigt, mit Hilfe der drei Rückspiegel den BMW im Rückwärtsgang unbeschadet durch die hohle Gasse zu steuern, um wieder auf die Straße zu gelangen. Wahnsinn, dass man problemlos eine Kurve vorwärts durchfahren kann, doch beim Rückwärtsfahren wird man dann vor schier unüberwindbare Hindernisse gestellt. Nun gut die paar Kratzer wurmten mich nicht weiter, war es ja nicht mein Wagen. Trotzdem, mein Image war bei dem Mädel bestimmt leicht angekratzt worden.

Gottlob hing sie nun ihren Gedanken nach, die sich wohl nur um das Thema drehten, wie man ohne Geld um die Welt kommt – siehe Mundraub. Aber warum war sie dann mit dem total defekten Fahrrad geflüchtet? Hatte sie den alten Mann wirklich bestohlen? Aber ich hatte nichts in ihren Taschen gefunden gehabt. Vielleicht hatte er sie auf frischer Tat ertappt gehabt, und panikartig war sie mit der erstbesten Möglichkeit abgehauen, also dem defekten Rad.

»Wo soll ich dich absetzen?«, fragte ich erneut nach ihrem Ziel. Sie sah mich erneut fragend an, als verstünde sie kein Hochdeutsch. »Du musst doch irgendwo wohnen?«

Sie zuckte schwach mit den Schultern. Zumindest hatte ich den Eindruck so von der Seite betrachtet, dass sie meine Frage durchaus verstanden haben könnte, aber weder ein noch aus wüsste.

Wir fuhren auf einen Gasthof zu, den ich natürlich nicht als Absteige ins Auge gefasst hatte, doch da kam plötzlich Bewegung in ihren Körper, sie setzte sich auf und blickte mich fragend an.

»Hast du Hunger?«

Diesmal nickte sie ganz deutlich. Also konnte sie mich verstehen, nur konnte sie nicht sprechen. War sie etwa eine Autistin? Denn taubstumm durfte sie somit nicht sein, höchsten nur stumm. Das soll es ja auch geben, was mich sogleich an die Oper von Daniel Francois Auber erinnerte: *Die Stumme von Portici*. Dort war es der Hunger nach Freiheit, hier war es wohl nur ein banaler Hunger nach Essen.

Ich rollte an den abgestellten Wagen aus aller Herren Länder vorbei, musste dann aber wenden, um alles noch einmal retour passieren zu dürfen. Der erste Platz war mir zwar schon als freier Parkplatz aufgefallen gewesen, aber so direkt vor dem Eingang mit meiner schwer erziehbaren Tochter absteigen zu müssen, das hatte ich eigentlich nicht vorgehabt.

Dennoch gelangten wir ohne großes Aufsehen in den natürlich urlaubsbedingt buntbevölkerten länglichen Gastraum. Weiter hinten bei den Toiletten bemerkte ich noch einige freie Tische, auf die ich sogleich zu steuerte. Doch meine Maid blieb unmittelbar vor einer Kuchentheke stehen, an der kein Weg vorbeiführte. Da ich aber weiterging – als gehörte sie nicht zu mir –, folgte sie mir dann doch noch nach, so dass ich unbehelligt sehen konnte, welchen Eindruck sie auf die anderen Gäste machte: Nur mit einem Worte ließ sich das nicht beschreiben, doch das Wort *verblüfft* stand schon mal fest. Und das schien sich rasch auch auf mich zu beziehen, kaum dass sie mir gegenüber Platz genommen hatte.

Wir warteten brav auf die Bedienung, die weiter vorn abkassierte. Um die doch angeheizte Neugierde der sitzenden Gäste zu beruhigen, musste ich jetzt ein unverfängliches Gespräch anfangen, sonst hätten wir in der Tat nach einem käuflichen Duo ausgesehen.

»Sag mal, stimmt das mit der Schokolade?«, wollte ich jetzt in aller Ruhe mal Klarheit in den Zwischenfall bringen. Doch sie schwieg weiterhin, während sie mit einem Zuckerstreuer zu spielen begann, wobei ich ihr durchaus zutraute, den auch notfalls an den Mund zu setzten, so burschikos wie sie sich hier aufführte.

»Ich werde dich natürlich nicht bei der Polizei abliefern...« Ihr Blick traf kurz auf meine Augen. »Ich möchte dir helfen. Also was hatte den Alten so wütend gemacht? Hast du wirklich Geld geklaut?«, provozierte ich jetzt absichtlich.

»Das du musst fragen die, wo da ist in die Schlucht gestürzt.«

Ich war echt beglückt wenn auch überrascht zugleich, denn zumindest verstand sie deutsch, auch wenn sie einen Migrationshintergrund zu haben schien, wie man bei uns die Zugewanderten so auf die Diplomatische wohlwollend bis geduldet umschreibt.

»Da war doch niemand runtergestürzt.«

»Hast du aber selber gesagt.« Dabei blickte sie mich streng an.

»Aber ich habe dich doch selbst gerettet, ich meine zurückgehalten, sonst...«

»Meinen Körper möglich, aber nicht Seele von mir.«

Meine Begeisterung steigerte sich zunehmend, denn sie schauspielerte eine ihr auf den Leib zugeschrieben Rolle ganz ausgezeichnet. Ihre Stimme kam mir irgendwie auch bekannt vor, nur konnte ich nicht sagen, wo ich die schon einmal gehört hatte, denn sie sprach schon mit einem gewissen Akzent.

»Sei bitte so freundlich, bestell mir was, Peti, ich verhungere sonst.«

Piroschka!, kam es mir wie ein Blitzschlag in den Sinn. Nur woher kannte sie meinen Namen?

»Ist was? Du schaust so tierisch drein.«

»Wie schau ich?«, hörte ich mich entgeistert zurückfragen.

»Tierisch, wie ein sanftes Reh, wenn man spricht mit es.« Sie würdigte mich keines Blickes mehr und war in die Kuchenkarte vertieft. »Ist mir schon schlecht vor Hunger, Peter sei so lieb, Schokokuchen.« Ein hoffnungsvoll strahlendes Gesicht blickte mich an.

»Woher weißt du, dass ich Peter heiße?«, fragte ich echt verwirrt.

»Hab ich gelesen da auf Brief im Auto vorn.«

Also von Ungarn kann sie unmöglich in dem Aufzug in die Schweiz gekommen sein. Eher dürfte sie hier irgendwo ausgebüxt sein, vielleicht aus einem Internat für schwer erziehbare Töchter aus besserem Hause, obwohl ihre Kleidung nicht gerade auf ein besseres Elternhaus rückschließen ließ.

»Dann sag mir mal, wie ich dich nennen darf, du hast dich mir noch nicht vorgestellt. Ich bin Peter Graf aus Nürnberg.«

»Oh adlig«, strahlte sie mich an. Doch dann räumte sie schulterzuckend ein, dass ihre abgestürzte Seele ihren Namen mit ins Grab genommen hat.

»Sei doch nicht albern, das habe ich doch nur aus Spaß gesagt, um den alten Mann los zu werden.«

»Man spaßt nicht mit dem Leben, Herr Doktor, und man spaßt schon gar nicht mit dem Tod.«

»Also sag schon, wie heißt du und wo darf ich dich nachher wieder absetzen.«

»Kein Kuchen?«

»Doch schon ... «

Da die Kellnerin gerade in ihrer Reichweite war, zog sie sie einfach dezent am Schürzenzipfel, woraufhin sich die Mittvierzigerin empört umdrehte.

»Ich bin schon am Verhungern ... «

»Entschuldigen Sie, sie ist schon zweimal umgekippt, hypoglyk-
ämischer Schock«, entschuldigte ich sogleich ihr ungebührliches Verhalten.

»Ich bin auch geschockt«, fauchte sie empört zurück.

»Dann wir können legen uns beide in selbe Grab«, kam es traurig
zurück.

Die gute Frau erschrak, dann hörte ich nur zu gut ein gemurmeltes
Piroschka und schon ward der Kummer vergessen. »Was darf ich dir
bringen?«

Fast hatte ich geglaubt, sie würde sie wegen des Duzens zurecht-
weisen, aber mein Faktotum zeigte nur stumm auf den abgebildeten
Schokoladenkuchen und fügte dann noch ein »Bitte schön« an. Dabei
kam das *bitte* als langgezogenes *biete* rüber, wie man es aus dem
Österreichisch-Ungarischen Raum her kennt.

»Bitte zweimal und zweimal heiße Schokolade«, fügte ich noch
an, woraufhin die gute Frau sogleich abdrehte.

»Sag schon, wie heißt du und wo wohnst du?«

»Nenn mir wie du willst, ich bin von jetzt ab dein Faktotum und
werd immer bleiben müssen bei dir – so ohne Seele«, fügte sie noch
traurig an.

»Mach doch keinen Quatsch, deine Eltern werden dich doch bald
vermissen.«

»Mir wird keiner vermissen, mir wollte auch keiner mehr haben,
ich habe kein Zuhause mehr. Ich bin jetzt dein Faktotum. Ist deine
Schuld, warum du mir hast getrennt.«

»Wen hab ich getrennt?«, hörte ich mich entgeistert fragen.

»Meine Seele von meine Körper.«

Den Film Piroschka habe ich natürlich schon dreimal gesehen, im
Fernsehen kam er auch schon mindestens zweimal. Ich war beim ers-

ten Mal sogleich in die junge Lieselotte Pulver verliebt gewesen, das burschikose schlanke Mädel mit den blonden Zöpfen und ihrem ungarischen Deutsch. Nur lag das alles schon eine Weile zurück. Warum ritt sie dann auf genau derselben Wellenlänge? Oder wollte man hier den eigentlichen Roman aus den 20ger Jahren als Bühnenstück aufführen und die Kellnerin hatte die Hauptdarstellerin erkannt?

»Kommst du womöglich auch aus Hodmetschivaseli?«

Zugegeben, es hörte sich irgendwie verballhornt an, aber so auf die Schnelle bekam ich den Namen der ungarischen Bahnstation nicht mehr zusammen.

»Hodmezövasahelykutasipusztza«, kam es wie aus der Pistole geschossen und sie blickte genauso listig drein wie die Piroschka damals, um dann schallend zu lachen, woraufhin sich alle Leute zu uns umdrehten. Ein Glück dass gerade der Kuchen ankam, sonst hätte sie bestimmt noch weiter gelacht.

»So Piri, der größere für dich und der kleinere für den Herrn Papa, sonst wird er zu dick«, tönte sie und entfernte sich lachend wieder.

Nachdem die animalischen Bedürfnisse gestillt waren und Piri noch einmal den hygienischen gefolgt war, wollte ich zahlen, wobei der Maschinenbeleg schon dem Kuchenteller beigefügt war. Ich griff nach meiner Herrenhandtasche, die ich über die Stuhllehne gehängt hatte, weil der kleine Tisch sonst nicht für Speise und Trank ausgereicht hätte. Doch ich griff ins Leere. Als ich mich verblüfft nach ihr umdrehte, ging gerade ein Gast wieder dicht an eben dieser Stuhllehne vorbei hin auf die Toiletten zu. Entsetzt blickte ich sofort in die andere Richtung und bemerkte zwei Jünglinge, die gerade eher etwas eilig auf den Ausgang zusteuerten, wobei einer etwas heimlich an seinem Körper gedrückt verbarg: meine Tasche.

»Mensch Piri, da hat gerade einer meine Handtasche geklaut, ich kann nicht mehr bezahlen«, empfing ich sie entsetzt.

»Wer?«

Ich deutete wage auf die beiden Burschen.

Und bevor ich sie noch zurückhalten konnte, war sie schon wie ein Jack-Russel-Terrier blitzschnell zu ihnen aufgeschlossen, entriss dem Typ eindeutig meine schwarze Handtasche und wollte wieder zurückkehren. Da hatte sie aber nicht die Rechnung mit dem neuen Besitzers gemacht. Der packte sie sogleich am Arm, um sich sein gerade erst angeeignetes Eigentum wieder zurückzuholen. Doch da sah man nur noch, wie ein Schatten einen Salto durch die Luft machte, um dann punktgenau auf der Fußabtreter-Matte zu landen. War ich schon aufgesprungen, weil ich befürchtete, dass der Typ meine Piri derart bearbeitet hatte, kehrte sie unbeeindruckt mit meinem Eigentum wieder zu mir zurück. Die beiden Gelegenheitsdiebe suchten sogleich ihr Heil in der Flucht.

»Piri, du bist einsame Spitze«, lobte ich sie, als sie wieder bei mir auftauchte. »Und ich dachte schon, du hast bei dem Unfall alles vergessen, was du mal gelernt hast.«

»Was?«

»Na die Judogriffe eben.«

»Mensch Piri, du solltest den schwarzen Gürtel auch am Tage tragen, damit man dir aus dem Weg geht«, tönte es hinter uns und die Kellnerin tauchte besorgt auf. Ich reichte ihr den passenden Betrag plus Trinkgeld in Euro zu, doch sie wies das Geld mit der Bemerkung zurück: »Wir nehmen keinen Euro.«

»Oh, das hat Peter vergessen«, entschuldigte sie mich und griff in eine innere Tasche ihrer Jeans, wo sie einen Zwanzig Frankenschein zum Vorschein brachte. Dabei raunte sie mir hörbar zu: »Der Euro ist nichts wert in der Schweiz.«

»Schlechter Umtauschkurs«, relativierte die Kellnerin und gab ihr dafür das Wechselgeld raus. Da Piri nicht an das Trinkgeld dachte – wahrscheinlich weil es ihr letztes Geld war –, legte ich dann lächelnd doch einen Fünfer in Form eines Euro-Scheines dazu, den sie gnädigerweise sogar annahm.

»Oh Mann«, stöhnte ich auf, eingedenk des komplizierten Zusammenlebens in Europa. »Danke dir, sonst hätten wir wohl Teller abwaschen müssen.«

»Kein Problem, ich kann alles machen, wir sind doch jetzt ein Team – oder?«

»Natürlich sind wir jetzt intim«, scherzte ich.

»Also darf dein Faktotum bei dir bleiben.«

»Bleibt ihm auch gar nichts anderes übrig.«

»Ich bin kein *ihm*, auch wenn ich bin so platt.«

»Stimmt, du bist kein Faktotum, du bist ein goldiger Lausbub.«

»Was bin ich?«, hob sich ihre Stimmlage, auch wenn die Lautstärke bedrohlich leiser wurde.

»Meine Tochter.«

»Und ich dachte, du hast mir vorhin gemacht einen Heiratsantrag ... «

Da musste jemand in unmittelbarer Nähe laut auflachen: Wir waren soeben enttarnt worden.

»Oh Mann, wie krieg ich dich nur wieder nach Hause«, war mein ganzer wenn auch lachend vorgetragener Kommentar, wobei ich mich dann an die Mutter der Familie vom Nachbartisch wandte: »Gute Frau, wissen Sie hier einen Laden, wo man so einen frechen Teeny einkleiden kann?«

»Oh, da kann ick Ihnen ooch nich helfen, wir sind nur uff Durchreise«, erwiderte noch immer lachend die gutgebaute Mutter eines Trios mit bayerischem Outfit, wenn auch mit Berliner Jargon.

»War nur ein Scherz gewesen«, tönte Piri und ließ mich voran gehen, wobei ich mir schon bewusst war, dass ihr Blicke folgen würden.

»Is det 'ne flotte Puppe, wa Paps«, konnte ich noch vom Tisch der Berliner hören, was somit nur aus dem Mund des pubertierenden Sprösslings stammen konnte.

»Also merk dir«, erinnerte ich sie daran, als wir am Auto angekommen waren, »dass wir im nächsten Ort was Passendes zum Anziehen kaufen.«

»Du hast Recht, deine Jacke passt nicht zu mir, macht dir alt.«

»Du, ich meinte dich! Du brauchst was zum Anziehen, wenn du bei mir leben willst – oder wo hast du deinen Garderobenkoffer abgestellt?«, glaubte ich sie nun auf die Elegante aus der Reserve locken zu können.

»Mir reichen die beiden Sachen hier, irgendwann werde ich sie wieder waschen, bis dahin ... «

»Legst du dich in Sonne, damit du streifenfrei braun wirst.«

»Genau.«

»Ich glaube, ich weiß schon, was dir gut stehen dürfte: ein Minirock, der deine hübschen Beine so richtig zur Geltung bringt, und eine luftige Bluse, natürlich mit passendem Slip und BH drunter, wie bei der jungen Frau da drüben.«

Sie folgte meinem dezenten Fingerzeig. »Woher weißt du, sie trägt einen Slip drunter, Peti?«

»Das ist doch wohl so üblich – oder?«

»Also ich trage nie was drunter.«

»Aber ... «, wagte ich zu widersprechen, nur fehlten mir die passenden Worte.

»Wenn mir da einer begrabschen will, hast ja gesehen, was ich dann mache.«

Das Argument war natürlich schon aussagekräftig, aber trotzdem nicht überzeugend.

»Außerdem ist das ein geiles Gefühl, wenn man so frei wie ein Vogel rumlaufen kann.«

»Und wo willst du so nackt rumlaufen wie ein Vogel?«

»Wo es dir Spaß macht.«

»Mir?«

»Ja. Oder liebst du Vögel nicht?«

Ich erstarrte ob der Anzüglichkeit, erkannte aber sofort die wohl unbeabsichtigte Wortwahl und ging dennoch drauf ein.

»Ich liebe vögeln schon – und du?«

»Ich auch, aber ich reite lieber auf dir, damit du mir nicht machst platt wie Flunder.« Und schon lachte sie über ihren Scherz.

»Bist du nun glücklich?«, fragte ich sie zufrieden, da ja alles gesagt war, und schloss den Wagen auf.

»Schön wenn man hat volle Bauch«, erwiderte sie beglückt und fuhr mit den Händen über ihr kleines Bäuchlein, woraufhin etwa zu Boden klimperte. »Oh mein ganzer Reichtum, du musst mir noch bezahlen«, erinnerte sie mich sogleich an unsere zukünftige Zweisamkeit und schon bückte sie sich vor mir runter, um die kleinen Münzen aufzuheben, woraufhin ich ihre Kleinigkeiten bewundern durfte. Schwer zu sagen, ob sie unbedingt schon einen BH bräuchte.

»Wieso? Bist du käuflich?«

»Von Luft und Liebe allein auch ich kann nicht leben.«

»Also gut, zuerst eine neue Hose, damit ich dir dein Geld zurückgeben kann.«

»Aber wir haben doch noch gar nicht geschlafen zusammen.«

»Keine Angst, ich zahle immer im Voraus, damit du mir nicht wegläufst.«

»Ist auch besser so, dann kann ich mir kaufen was Schönes, dass du mir kannst reißen vom Leib. Komm fahren wir zur Boutique.«

Boutique, also kein Mädel vom Lande und schon gar nicht aus armen Haus, also ausgebüxt.

Da ich keine Schweizer Franken besaß, konnte ich also nur mit meiner Diners-Club-Card bezahlen, was natürlich im Land der steinreichen Dauertouristen der übliche Liquidationsweg sein durfte. Und welcher Ort würde sich dafür besser eignen als Interlaken. Ich fand sogar einen Parkplatz in der Nähe einer diesbezüglichen Boutique.

Doch als ich mit Piri drauf zuging, verließ gerade eine Kundin das Geschäft. Sie hätte ihre Mutter sein können – vom Alter her gesehen –, doch alles andere war der krasse Kontrast, was Garderobe und Aura betraf, was sogar meine potentielle Lebensgefährtin plötzlich zurückschrecken ließ.

»Ich warte draußen lieber auf dir, wenn du willst unbedingt was kaufen.«

»Du ich brauche dich ... «

»Oh, das ist schön, Peti«, fiel sie mir beglückt ins Wort und schenkte mir das schönste Lächeln, was einen jeden standfesten Mann wankelmütig werden lässt. Ich dankte meinem Schutzengel, dass sie mich nicht schon wieder so euphorisch geküsst hatte.

Und damit zog sie sich auf einen steinernen Wassertrog zurück und lümmelte sich recht burschikos wie ein Fotomodel auf die schmale Steinfassung, wobei sie den Kopf zur Sonne hin ausrichtete, als benötigte ihr Seelenheil wieder etwas erneuerbare Energie.

Ich konnte mir zwar nicht vorstellen, wie man da bequem drauf ausruhen konnte, aber es soll auch Menschen geben, die sich auf Eisenspitzen in Meditation begeben.

Natürlich hoffte ich, dass sie die Gelegenheit nützen würde, um abzuhauen. Anderenfalls wäre natürlich eine zivilisiertere Garderobe schon nötig, so dass mir der Weg in die Boutique nicht erspart blieb.

Kaum dass ich das Geschäft für die betuchte weibliche Kundschaft betreten hatte, wurde ich auch schon freundlich angesprochen.

»Grüazi, was darf es denn sein?«

»Oh, ich benötige was zum Anziehen für meine Tochter.«

»Ah, was burschikoses?«

»Wieso?«

»Würde ihr doch wunderbar stehen.« Auf meinen verblüfften Blick deutete sie durch die Schaufensterscheibe nach draußen. »Das ist doch Ihre Tochter ... ?«

Da sie uns zweifelsohne kommen gesehen hatte und womöglich auch den kleinen BMW bemerkt haben dürfte, der nun mal auch für ein kleines Portmonee sprach, sollte es mir recht sein.

»Ich hab sie gerade auf einem Campingplatz aufgelesen, ihre Kumpel sind gestern ohne sie weitergezogen.«

»Hat sie etwa so über Nacht ... «

»Ja, aber keine Angst, sie ist mit allen Wassern gewaschen, wenn auch jetzt wahrscheinlich nicht. Darum traute sie sich nicht rein, Sie verstehen ... «, hoffte ich zumindest. »Sie braucht also was zum Wechseln für unten drunter und ich dachte an Minirock und Bluse oder Top, damit ich sie wieder nach Deutschland mitnehmen kann.«

»Wo kommen Sie her?«

»Aus Nürnberg.«

»Ah ja ... « Sie schaute in den gläsern bedeckten Verkaufstresen, aus dem heraus mich Strings & Co anstrahlten. »Eine jugendliche Garnitur ... «

Da ich nicht wusste, ob sie mich meinte oder nur laut dachte, folgte ich schweigend ihrer Eingebung. Schließlich bot sie mir eine kleine Auswahl von langweiligen weißen Baumwollslips bis hin zu den nicht nur bei Teenies so heiß geliebten Strings an, wobei sie sich als krönendes Verkaufsangebot auch noch zu einem aus hauchdünner Spitze durchrang.

Da ihr Blick auf mich gerichtet war, löste ich meinen natürlich unbeeindruckt vom beeindruckenden Angebot und tippte mal auf einen Rio-Slip in Jeansoptik, vermutlich aus Baumwolle. Das andere müsste sie sich schon allein kaufen, damit ich es ihr wieder vom Leib reißen konnte. Aber das behielt ich natürlich für mich.

»Gut, das dürfte ihr bestimmt gefallen«, befand auch sie im verständlichen Ton, als ob sie auch solche Früchtchen zu Hause hätte. Da ihr Blick dabei auf die wieder wegzulegenden Sachen gerichtet war, überraschte es mich dann doch, als sich ihr Gesicht mit einem kumpelhaften Grinsen überzog, wobei sie kurz fragend aufblickte. Zugegeben, ich war schon wankelmütig geworden, als sie mich mit der Spitze bezirzen wollte. Doch welcher Vater würde seiner Tochter so etwas kaufen?

»Nicht einfach, Vater einer Tochter zu sein«, schien sie mein Seelenheil erraten zu haben, natürlich mit fragend leicht schräg geneigtem Kopf wohl eher als Scherz gemeint, was mich leise auflachen ließ. Oder hätte ich lieber aufstöhnen sollen?

»Noch will sie ja nicht heiraten«, erwiderte ich souverän, was sie mit einem erstaunten Augenaufschlag fragend zur Kenntnis nahm. »Das erinnert mich an einen Film mit Heinz Rühmann: *Vater einer Tochter ...*, nein: *Meine Tochter und ich*, so hieß der Film. Ich bring das dauernd durcheinander. *Vater einer Tochter* war ein Boulevardstück, das ich mal im *Kudamm-Theater* in Berlin gesehen hatte – kann auch die *Komödie* gewesen sein. Selber Inhalt, eben nur für die Bühne zurechtgestutzt. Ich glaube, der recht agile Georg Thomalla spielte da mit und stauchte gleich zu Beginn einen Zuschauer zurecht, der etwas verspätet seinen Platz in einer der vorderen Reihen aufsuchte. War schon echt peinlich ... «

»Kann ich mir denken ... «

Doch da musste ich lachen.

»Waren Sie das etwa gewesen?«

»Nein, aber als ich das Stück später in München noch einmal gesehen hatte, wurde wieder ein zu spät kommender Besucher auf die gleiche Weise zurecht gestutzt.«

»Verstehe, ein Gag ... «

»Tja der gute Curt Flatow, ein Berliner Stückeschreiber, konnte so was aus dem Ärmel schütteln. Trotzdem komisch, dass ich den Heinz Rühmann beinah mit der Pulver verkuppeln wollte.«

»Beinah? Die hatten schon was miteinander.«

»Echt? Sie war doch mit dem Schmidt ... «

Doch da fiel sie mir schon lachend ins Wort: »Natürlich nur was die Filme betrifft, das andere kann ich nicht beurteilen. Kennen Sie z. B. Hokuspokus?«

»Richtig, eine tolle Inszenierung, das verrückte Bühnenbild fasziniert mich immer wieder. Übrigens ich habe zu Hause eine DVD-Sammlung sowohl von der Lieselotte Pulver als auch von dem Rühmann.«

»Schön für Sie.«

»Wie meinen Sie?«, horchte ich auf.

»Na die Lieselotte Pulver hat es mir angetan. Und das mit der Zahnarzthelferin haben Sie wohl aus der *Züricher Verlobung* abgeleitet ... «

»Richtig, die Züricher Verlobung, das Mädel hat sich richtig in dieser Sparte festgelegt. Schon verwunderlich, dass sie eine tragende Rolle in den Buddenbrocks bekommen hatte, die Piroschka hatte doch förmlich ihr Format geprägt gehabt, das in allen nachfolgenden Filmen immer wieder durchbrach: der Lausbube.«

»Genau wie Ihre Tochter.«

»Sie kennen Sie?«

»Wer kennt sie nicht, im hiesigen Kurhaussaal spielt sie doch gerade die Rolle der Piroschka.«

»Echt?«, tat ich geschockt und war es auch. »Davon hat sie mir nichts erzählt ... Aber stimmt schon, ihre Aussprache hat einen ausländischen Akzent angenommen.«

»Sie haben das *nicht* gewusst?«

»Wie sollte ich? Sie lebt hier in einem Internat und ich wollte sie nur mal wieder mit nach Hause nehmen, damit sie weiß, wo ihr eigentlicher Lebensmittelpunkt ist.«

»Wenn sie Ihnen da mal nicht ausbüxt … Aber dafür haben wir ja jetzt für sie was Schönes zum Anziehen gekauft. Fehlen nur noch der Rock und das Top. Welche Größe nehmen wir?«

»Keine Ahnung, meine Frau war mit ihr immer einkaufen gegangen, jetzt ist sie leider in den Staaten unabkömmlich, diplomatischer Dienst … «

»Darum das Internat … «, sah sie ein, was ich mit einem Okay abnickte, auch wenn es wohl gar keine Frage gewesen zu sein schien, denn sie ging schon in den hinteren Teil des Ladens, um kurz darauf mit einem Stoffbündel zu mir zurückzukehren.

Zunächst legte sie mir einen Minirock aus schwarzem Plissee vor, dessen schwungvoller Tragekomfort bestimmt bezaubernd aussehen dürfte; dann ein Minirock aus dem unverwüstlichen Jeansstoff; schließlich eine noch kürzere Alternative: eine Hotpants von der Art wie Mademoiselle sie derzeit bevorzugt.

»Möglich dass meine Frau auch kurz zu Hause auftaucht, dann würde ich eher für den Jeansrock plädieren … «

»Passend zum Höschen«, befand sie auch. »Und als Top was zum Binden.« Und dabei legte sie mir was Weißes vor, um es sogleich gekonnt wie ein Top zu raffen.

»Und was ist da zu binden? Das ist doch ein Neckholder.«

»Nein, der wird nicht gebunden. Das Top selbst wird um den Oberkörper geschlungen und dann mit einer Schleife seitlich oder vor dem Busen gebunden. Zugegeben, sie hat nicht gerade viel Busen, so dass ich auf einen BH verzichten würde, aber genau dafür ist das Top hier wirklich gut geeignet.«

»Da kann sie reinwachsen«, plauderte ich aus meinem Erfahrungsschatz.

»Genau«, bestätigte sie lachend.

»Sie haben wohl auch so ein Früchtchen?«

»Eines? Drei.«

»Drillinge?«

»Oh das behüte Gott, nein. Aber fast wie Drillinge kurz aufeinander gekommen«, räumte sie schmunzelnd ein.

»Tja wo ein liebender Mann zu Hause ist, kann das schon mal passieren ... «

»Wie meinen Sie?«, schien ich den Bogen der Vertrautheit wohl überspannt zu haben.

»Wir sehen uns immer nur wenige Wochen im Jahr, da war das schon eher ein Zufallstreffer«, versuchte ich mich in Schadensbegrenzung, was sie wieder auflachen ließ.

Dann packte sie alles auf einen Stapel, was sie meiner Tochter guten Gewissens anbieten konnte, ohne noch einmal Rücksprache mit mir zu nehmen. Und schon gab sie es auch schon mit dem Scanner in die Kasse ein, so dass ich schon mal meine Diners-Club-Card auf den Verkaufstisch legte.

Fast unmerklich warf sie einen Blick auf meinen Namen und konzentrierte sich dann auf das etwas umständliche Prozedere, einen Beleg herzustellen, den ich nur noch mit meiner Unterschrift als rechtskräftigen Kaufvertrag besiegeln musste. Natürlich verglich sie die soeben geleistete Unterschrift mit dem Original auf der Kartenrückseite, was eigentlich genau genommen ein Irrwitz ist, denn jeder Kartendieb hätte zu Hause genügend Zeit, um die Unterschrift einzuüben.

»Also vielen Dank Herr Doktor Graf. Und wann kommt Ihre Piroschka wieder zurück? Sie wird hier bestimmt vermisst werden.«

»Ja, da habe ich noch ein Wörtchen mit ihr zu reden, weil sie mich hintergangen hat. Aber da werde ich natürlich kompromissbereit sein müssen. Hoffentlich ist sie noch da«, tat ich besorgt und eilte zur

Ladentür, um durch die Scheibe zu schauen. Mein Faktotum hatte Wort gehalten, sie würde ohne mich wohl nicht mehr leben können / wollen.

Lächelnd und kopfschüttelnd kam ich wieder zum Verkaufstresen zurück, wo die Verkäuferin gerade alles fachmännisch in einer Kleidertüte verpackt hatte und sie mir überreichte. Natürlich begleitete sie mich zur Tür und dürfte dort auch ausharren, wenn mein Ein-und-Alles mich wie den verlorenen Sohn begrüßen würde.

»Hallo Piri!«, machte ich sie auf mich aufmerksam.

»Oh Peti, ich habe gerade so schön geträumt«, rief sie mir entgegen, wobei sie geschickt wie ein Zirkusartist vom Steintrog runtergesprungen war. »Was hast du für dir gekauft?«

Ein belustigtes Lachen ertönte hinter mir und als ich mich umdrehte, hielt Madame sich ihre beiden Hände vor den Mund, um das Lachen abzudämpfen. Meine *Tochter* war sehr interessiert an dem eben Gekauften, für sie gab es nur einen Blick in die Tüte und schon hatte sie den sorgsam zusammengelegten Minirock herausgezogen und hielt ihn *mir* an den Körper, woraufhin das schallende Lachen hinter mir einen neuen Höhepunkt erreichte.

9

Pas de deux
oder Isabel und die Fortbildung anderer Art

Ich stand am Fenster meiner gemütlichen Unterkunft, dem Hospiz Graf Adolf, und schaute vom dritten Stock aus auf den quirligen Verkehr vom Stresemannplatz. Da meine ärztliche Fortbildung erst morgen früh begann, würde mir eine langweilige Nacht bevorstehen. Richtig Hunger hatte ich nicht, denn die zwei Käsesemmeln vom Bahnhofskiosk in Köln – wo ich meinen IC wechseln musste – lagen mir noch immer quer im Magen. Aber Durst hatte ich schon.

›*Was tun? Sprich Zeus!*‹[1], bat ich den Allmächtigen um einen Fingerzeig.

Sollte ich mich hier in meinem Zimmer vor den Fernseher setzen und aus dem Kühlschrank ein kaltes Blondes genießen? Eine heiße Blondine wäre mir ehrlich gesagt jetzt lieber, mal abgesehen davon, dass es im Fernsehen bestimmt mal wieder nichts Sehenswertes gab, denn Talkshows oder vielfach unterbrochene Filme reizten mich schon lange nicht mehr. Wer geht schon alle fünfzehn Minuten für zehn Minuten auf die Toilette, nur um den zwangsweise vorgesetzten Schwachsinn – auch Werbung genannt – aus dem Wege gehen zu können.

---

[1] eigene Auslegung von Schillers Zitat.

Eigentlich wäre mir jetzt mehr nach einer einfühlsamen Massage, so gerädert fühlte ich mich, als ich hier per Taxi angeliefert wurde. Nur im Graf Adolf war das absolut obsolet.

Tja, das Leidwesen von Ärzten, wenn man die Ehefrau nicht auf Kongressreisen mitnehmen darf, um sich von ihr massieren zu lassen. Das wäre dann nämlich eine Vergnügungsreise, so dass man die Reisekosten bei der Steuererklärung nicht als einkommensteuermindernd geltend machen kann, so zumindest sieht es der deutsche Bundesfinanzgerichtshof. Übrigens gegen die Mitnahme seiner gut eingespielten Primaballerina aus der Praxis hat er nichts einzuwenden, schließlich muss man(n) ja ständig auf eine profunde Sekretärin zurückgreifen können. Mal Hand aufs Herz, mit wem zu verreisen dürfte es eher ein Vergnügen sein: mit der altbackenen Ehefrau oder mit der willigen Mätresse? Leider hatte Jessica keine Zeit gehabt.

Da ich weder ein haarspaltender Jurist noch ein treusorgender Ehemann war, konnte mir das natürlich egal sein. Trotzdem verlangte mein Körper jetzt eine kleine Wiedergutmachung für die lange sitzende Untätigkeit. Also zog ich mir wieder das abgelegte unauffällige schwarze Zivil an – Jeans und langärmliges Hemd –, wenn auch drunter etwas legerer, man konnte ja nie wissen, wohin mich meine Füße tragen würden. Natürlich wurde auch noch die Geldbörse gefilzt. Was nicht unbedingt für einen Kneipenbummel benötigt wurde, sollte im Tresor verstaut werden. Also beließ ich im Portmonee nur rund 200 € in diverser Stückelung, dazu kamen noch einige Silbermünzen, falls man damit einen Automaten füttern musste, wozu auch immer. Den Plastik-Ausweis nahm ich lieber mit, bei der derzeit fragilen Sicherheitslage in Deutschland war das schon sinnvoll. Dafür kamen alle anderen Papiere und Bank-Cards in den Schranktresor.

Dann schlüpfte ich in die schwarze Lederjacke und schon war ich startklar für das nächtliche Düsseldorf, wobei ich die Zimmerschlüssel-Karte lieber an der Rezeption deponierte. Dabei fiel mein

Blick auf ein Plakat, wonach eine Tagung von Kriminologen aus Bund und Ländern zum Thema ›*Gewaltverbrechen und deren Aufklärung anhand von Gen-Nachweis und DNA-Analysetechnik*‹ ebenfalls hier in Düsseldorf stattfinden sollte. Da war natürlich meine Fortbildung ›*Vaterschaftstest und die juristische Abklärung desselben*‹ fast auf gleichem Niveau angesiedelt.

Nun gut, ich musste mir keine Sorgen machen wegen möglicher Gewaltverbrechen, besaß ich doch die fünfte Stufe des schwarzen Dan-Gürtels, beherrschte auch Taekwondo wie andere das Kochen und wusste natürlich als Arzt, wo die heiklen Stellen eines menschlichen Körpers zu finden sind, um Gegner aus dem Verkehr ziehen zu können. Das Ausstechen der Augen überließ ich lieber den Frauen mit ihren langen Fingernägeln.

Nach einem Bummel auf der Kö stand mir nicht der Sinn, denn die meisten der edlen Geschäfte waren schon geschlossen. Für die wenigen teuren Gaststätten war ich wegen meiner reisepraktischen Lederkleidung unpassend angezogen und dann fehlte mir auch noch die geeignete Begleiterin, um parlierend von einem Schaufenster zum nächsten zu schlendern. Der Anblick der unbezahlbaren Schmuckkollektionen bzw. der zum Teil avantgardistischen, sprich untragbaren Kreationen der Haute Couture erforderte schon einen weiblich sechsten Sinn, den man auch als ein Gespür für das modische Empfinden umschreiben kann. Und der war bei der Erschaffung des Mannes irgendwie abhandengekommen, mal angenommen, die Eva war zuerst da, was schon logisch ist, denn der Mann ist nun mal die arg vereinfachte Version der Gattung Mensch.

Inzwischen war ich auf dem Weg zum Rhein runter bei der längsten Biertheke der Welt angelangt, wie die Düsseldorfer stolz ihre Quadratmeile nennen, wo sich Bierkneipe an Bierkneipe anschließt. Natürlich kommt dieses Milieu erst nachts so richtig zur Geltung, da gilt das Gesetz der Stärke, wo starke Worte auf starke Fäuste treffen. Und gewürzt wird das alles durch den typischen Gestank nach verpasstem Toilettengang.

Alternativ bot sich mir natürlich noch das Dirnenviertel an, zugegeben ein nicht minder kostspieliges Vergnügen wie die Kö. Aber hier sorgten wenigstens die Türsteher und Zuhälter für ein gewisses Maß an Zucht und Ordnung.

Und schon tauchten die ersten Schaukästen der diesbezüglichen Nightclubs und Bars auf, wo es sich schon lohnte, kurz mal zu verweilen, um einen Einblick in dieses Milieu zu erhaschen. Langsam wurde das Schaulaufen, also der Blick auf die Fotos der mehr oder weniger entkleideten Damen eintönig, letztendlich blieb die übrigbleibende Anatomie irgendwie doch immer gleich.

Während ich mich also wieder einmal in die Fotos vertiefte, wurde ich von einer etwas heiseren aber eindeutig männlichen Stimme angesprochen: »Wenn der Herr sich an den Fotos sattgesehen hat, wird er zugeben müssen, dass die Fotos im Grunde genommen genauso nichtssagend sind wie ein Telefonbuch, wenn man den Namen nicht kennt, um eine Verbindung herstellen zu können. Also wenn Sie mich fragen, dann ist die kesse Bella da oben mit der spartanischen Pelzrobe die Attraktion der Saison, die Männer rennen uns ihretwegen die Bude ein. Oder die dunkle Anja da drüben, die müssen Sie mal beim Cha-Cha-Cha-Strip erleben, da fliegen nur so die Brüste ... «

»Das hat natürlich alles seinen Preis«, versuchte ich den einladenden Redefluss des Animierportiers zu unterbrechen.

»So teuer sind wir gar nicht«, beschwichtigte er mich nicht nur mit Worten, er berührte dabei auch vertraulich sanft meinen Arm. »Wenn Sie nicht viel investieren, aber dafür was Einmaliges erleben wollen, dann kann ich Sie ganz unauffällig an einen interessanten Nebentisch in allernächster Nähe zur Bühne bringen. Die Flasche Wein gibt es bei uns ab 20 €.«

»Echt? Das glaub ich nicht, die wollen doch auch leben.«

»Keine Angst, die leben von den Prachttischen vorn an der Rampe, die werden von Geschäftsleuten regelmäßig im Voraus reserviert. Wer will sich schon lumpen lassen, wenn man bei seinen Geschäftspartnern Eindruck schinden will, um teure Verträge erfolgreich abschließen zu können. Bekanntlich lässt sich das alles von der Steuer absetzen. Natürlich sind die teuren Tische für mich tabu, ich muss mich mit den Nebentischen begnügen, die ich zu füllen mich verpflichtet habe, damit der Nightclub gut besucht aussieht.« Und dabei hielt er mir ganz eindeutig und nicht mal verstohlen die offene Hand hin, sollte ich auf sein durchaus verlockendes Angebot eingehen.

»Kein weiterer Eintritt?«

»Wenn Sie *mir* folgen, nein.«

Nun gut, ich würde als Arzt diese Kosten natürlich nicht als Fortbildungsspesen deklarieren können, aber das Angebot, für nur 20 € ein paar schöne Stunden zu verbringen, reizte mich schon. Schmunzelnd zückte ich mein Portmonee und zog einen Zwanziger raus, den ich ihm augenzwinkernd in die Hand drückte, und schon durfte ich ihm in das Etablissement folgen.

Mein Führer lotste mich unauffällig durch einen seitlichen Gang am eigentlichen Zuschauersaal vorbei mit seinen zur Bühne hin ausgerichteten Tischen. Dabei fiel mir auf, dass der Raum nur durch die weißen Tischtücher illuminiert zu sein schien, also ein Hinweis auf eine Schwarzlichtanlage in der Saaldecke. Ein durchaus praktisches Prinzip, den Gast hier unerkannt verweilen zu lassen, wobei er selbst abgelenkt vom Bühnengeschehen problemlos nach seinem Weinglas greifen kann. Und das ist gar nicht mal so selbstverständlich, denn im total in schwarz gehaltenen Friedrichstadtpalast in Berlin geht das nicht, es fehlen dort sowohl die Schwarzlichtanlage als auch die Tische, Wein gibt es dort nur in der Pause und auch nur im Foyer.

Über eine Wendeltreppe betraten wir eine Art Loge, mehr auf den Zuschauerraum als auf die Bühne ausgerichtet, eben wie eine Seitenloge. Im Gegensatz zum Parkett, wo man auf Stühlen an Tischen sitzen durfte, sorgten hier lediglich zwei rote Ledersofas mit kleinen, seitlich stehenden Tischen für eine gewisse Exklusivität. Natürlich kam auch hier wieder das Schwarzlicht zur Anwendung, die Anonymität der hier sitzenden Gäste blieb somit auch in gewisser Weise gewahrt.

Das eine Sofa war schon mit einem Pärchen besetzt, so blieb mir das andere. Ich setzte mich schräg in die Ecke, so konnte ich auch das Geschehen da unten auf der Bühne mitverfolgen, wo gerade heftig gezockt wurde. Genauer gesagt lief da ein Pokerstrip, dem sich zwei Pärchen verschrieben hatten. Da mein Blick zur Bühne hin meine Aufmerksamkeit auch unfreiwillig das zweite Sofa mit einbezog, war ich schon bass erstaunt, dass sich das Pärchen dem Geschehen da unten voll angepasst hatte, denn zumindest bei der Dame war nur noch Anatomie pur zu sehen. Gottlob trug sie keine weißen Dessous, die wären da bestimmt noch mehr aufgefallen, doch auch so konnte man sie mit ihrer hellen Haut auf dem roten Sofa gut erkennen. Und das war nicht mal so ohne, denn ich merkte schon, wie sie sich da wenn auch nahezu unauffällig rhythmisch bewegte. Schade dass ich von meiner Warte aus nicht erkennen konnte, mit oder auf wem sie sich da amüsierte.

Da stieß mir erst auf, dass die Brüstung zum großen Saal hin im Gegensatz zu den Theater-Logen keine massive Angelegenheit war, sondern eher wie ein filigranes Balkongitter aussah, also dünne Stäbe mit viel Zwischenraum zum Durchzuschauen, würde Christian Morgenstern wohl dazu sagen.

Doch noch war das Interesse der Gäste auf das Geschehen auf der hell erleuchteten Bühne konzentriert. Weil da unten aber bald Schluss sein müsste – alles andere wäre in der Öffentlichkeit nicht durchführbar –, würde mich jetzt schon interessieren, was es dann mit meinem Pärchen auf sich haben könnte: würde diese Loge zur Nebenbühne werden? Dann müssten das Profis sein. Oder würde es unten Schlag auf Schlag weitergehen? Dann dürften die beiden hier unter dem gleichen Vorwand auf dieses Sofa gelockt worden sein, wie man mich dazu übertölpelt hatte.

Da spürte ich, dass jemand den Raum betreten hat und der betreffende Jemand entpuppte sich als ein Ober, der mir eine Getränkekarte in Form eines in Leder gebundenen, etwa DIN A4 großen Buches zureichte. Natürlich wollte ich ihn nicht gleich mit der Bitte um den mir versprochenen 20 €-Wein kränken, also überflog ich kurz die diversen Weinangebote, die da tatsächlich bei 20 € begannen und im aufsteigendem Preisgefüge hintereinander abgeheftet waren. Doch ich blieb beharrlich und blätterte die rund 20 Seiten wieder retour, um dem Ober meinen Wunsch nach dem versprochenen 20 €-Weißwein zu vermitteln, doch er war schon wieder genauso lautlos verschwunden, wie er aufgetaucht war.

Dafür tauchte genauso leise eine Dame auf, die mich wegen des freien Platzes auf meinem Sofa ansprach. Da in dem Augenblick das hauseigene kleine Orchester mit einem Cha-Cha-Cha einsetzte, konnte ich nicht mehr verstehen, was sie mich gefragt hatte. Aber als gut erzogener Mann erhob ich mich sogleich und bot ihr mit einer einladenden Handbewegung den Platz neben mir an.

Lächelnd nahm sie das Angebot an und schob sich auf das rote Leder. Da sie genau wie der Ober in ein unsichtbares Schwarz gehüllt war, doch natürlich im Gegensatz zu ihm mit viel nackter Haut aufwarten konnte, tastete ich erst einmal wissbegierig das dargebotene Terrain ab: das einzige, was bei ihr weiß aufleuchtete, war das Weiß ihrer Augen. *Ein Mohrchen*, sagte ich mir und war erstaunt, denn dass sich die Migranten schon in so ein dubiöses Etablissement wagen würden, hätte ich nicht gedacht. Also dürfte es eine Animierdame sein.

Rasch blickte ich zum anderen Pärchen rüber, um zu sehen, wie das auf den neuerlichen Besuch in der gemeinsamen Loge reagieren würde: keine Reaktion.

Also wandte ich mich wieder meiner Tischdame zu, die schon gar nicht mehr so dunkel aussah. Nun tippte ich auf eine Inderin, nur dass bei ihr der kleine rote Fleck auf der Stirn, der Bindi, fehlte, was daraufhin deutete, sie war unverheiratet.

»Was darf's denn sein?«, fragte ich forsch und einladend zugleich und ließ sie mit in die Weinkarte schauen.

»Ist Ihnen nicht zu warm?«, fragte sie mich mit weicher Stimme und ohne jeglichen Akzent.

Ich lachte kurz auf und sah mich nach einer Garderobe um, denn über die Sofalehne wollte ich die Lederjacke dann doch nicht legen. Sie deutete auf die Wand, wo ich einen Kleiderhaken bemerkte, erhob mich und hängte sie dort an. Beim Wiederhinsetzen rückte ich der Dame etwas mehr auf den Pelz. Dann beugte ich mich zur Weinkarte rüber, um gemeinsam in den vielfältigen Angeboten schwelgen zu können, wobei unsere Köpfe schon sehr nahe beisammen waren. Ihr Parfüm war dezent und doch lieblich, was sie mir sympathisch machte.

»Stört Sie nicht das nackte Pärchen da drüben?«, raunte ich ihr leise zu und deutete mit meinem Kopf in besagte Richtung, um zu sehen, wie weit ich mich aus dem Fenster lehnen durfte.

»Die schmusen doch nur ... «

»Stört dich also nicht.«

Sie schüttelte leicht den Kopf. »Und Sie?«

»Ehrlich gesagt, ich hätte nicht gedacht, dass so etwas hier möglich ist.«

»Suum cuique«, war ihre Antwort, was mich schon verblüffte. Also konnte sie keine primitive Animierdame sein.

»Also was nehmen wir?«, wiederholte ich mich sinnierend.

»Das überlasse ich Ihnen, wählen Sie ruhig, was Ihnen bekommt, mein Herr...«, überließ sie mir die Auswahl, wobei ich schon merkte, dass sie wohl gern meinen Namen gewusst hätte.

»Oh, entschuldigen Sie den Lapsus, mein Name ist Georg Schmidt, aber nennen Sie mich ruhig Georg«, fiel mir gerade nichts anderes ein.

»Ich heiß Isabel«, bot mir die Schöne lächelnd an und reichte mir die schmale Hand, die ich natürlich nur zart drückte.

»Also was möchten Sie trinken? Der Hausportier hatte mich mit einem 20 €-Wein geködert, ist die Hausmarke trinkbar?«

»George (englisch ausgesprochen), wenn du wählen könntest zwischen einem VW und einem Porsche, warum gibt es da einen gewissen Preisunterschied?«, gab sie als Antwort eine Frage zurück, wobei es mich schon verblüffte, wie schnell sie auf das *Du* umgestiegen war. Also wählte ich ihr zuliebe einen Weißwein für 50 €, die Spitze lag in der Karte bei 200 € die Flasche, zumeist eine Spätlese, deren Süße zwar vom Most stammen sollte, aber es musste nicht so sein.

»Bist du oft hier?«, versuchte ich, einen Smalltalk anzufangen. Ein beredtes Lächeln war die Antwort, als könnten hier Wanzen installiert sein. »Tja, Wein, Weib und Gesang«, scherzte ich, legte die Weinkarte zurück und streichelte ihren Arm abwärts, dessen Hand sie keusch auf ihrem Schoß abgelegt hatte, wobei ihr Blick dann doch das Sofa des anderen Pärchens tangierte. »Siehst, fast unsichtbar, die flotte Dame«, versuchte ich es auf die Umständliche.

»Soll ich mich etwa auch ausziehen?«, hatte sie auch schon meinen dezenten Hinweis wenn auch eher missbilligend verstanden, denn sie fügte noch ihren Vorhalt an, *der Ober könnte jeden Augenblick wieder zurückkommen.*

»Aber bei den beiden ist er auch nicht eingeschritten.«

»Trotzdem ... «

»Macht dich das nicht an?«

»Was?«

»Du kannst jetzt wählen zwischen dem Geschehen auf der Bühne oder dem in unserem Chambre séparée.«

Da musste sie leise lachen, wobei sie das *Chambre séparée* fast unhörbar nachsprach.

»Du weißt, was so ein Kabuff bedeutet?«

»Bist du aus Berlin?«

»Schon«, bewunderte ich ihre Beobachtungsgabe, so dass ich noch eins drauf gab: »Raum ist in der kleinsten Bude für ein innig liebend Paar.«

»Hütte.«

»Wo vor soll ich mich hüten?«

»Vor Schiller, den du eben zitieren wolltest.«

Nun war ich echt verblüfft, denn alles Mögliche hätte ich von ihr erwartet, nur nicht das. »*Das hieße Perlen vor die Sau werfen*«, gab ich mal so zum Besten, mal sehen, ob sie den Ausspruch auch kennt, den man gern Schiller unterschiebt.

»Du willst mich testen«, entgegnete sie leise lachend und betrachtete mich sehr eingehend.

»Nun gut, 1:0 für dich, ich wollte es wirklich tun. Was tust du hier?«

»Ich studiere Indogermanistik. Aber du weißt, wo es her kommt.«

»Aus der Bibel. Und was machst du hier?«, hakte ich sogleich neugierig nach, denn was bringt eine fernöstliche Studentin dazu, hier zu arbeiten.

»Mich amüsieren.«

»Über mich?«

»Vielleicht ... Aber was machst du hier?«, tastete sie mich nun ab.

»Ich schlage nur die Zeit tot. Ich habe morgen einen Kongress, aber eine Nacht ohne Frau ist wie ein Frühstück ohne Kaffee. Lust auf ein Hotelfrühstück?«

»Mit Kaffee?«

Ich lachte. »Sag, was treibt dich auf dieses glatte Parkett?«

»Ich jobbe.«

»In dem Milieu?«

»Ich studiere Theaterdramatik, da brauche ich das Milieu, ohne das geht es heutzutage nicht mehr.«

»Ohne was?«

»Ohne Sex geht heutzutage auf der Bühne nichts mehr. Und was machst du hier in Düsseldorf?«

»Ich passe auf, dass der Sex nicht zum Exzess ausartet.«

»Bist du etwa von der Sitte?«, fragte sie schon beunruhigt.

»Keine Angst, die Geiseln der Menschheit sind schlimmer als die Polypen, darum braucht es den Arzt.«

»Oh, das ist doch schon mal was ... «

»Und du bist doch nicht rein zufällig hier zu mir hochgestiefelt?«

»Mich interessiert eigentlich nur das Geschehen auf der Bühne und drum herum. Doch so allein ist das irgendwie langweilig. So kann ich dir die Zeit vielleicht etwas auf die Amüsante vertreiben, damit du dich nicht langweilst, bis morgen dein Kongress beginnt.«

»Du willst die ganze Nacht durchstehen?«

»Kein Problem für mich, aber für dich schon – oder?«

Ihr Blick war der reinste Wahnsinn, die reinste Einladung in ein Chambre séparée, aber nur für uns beide allein.

»Da habe ich nun ein Hotelzimmer mit zwei Betten bekommen, obwohl ich alleine angereist bin, und du musst hier die Nacht im Stehen verbringen ... « Ich konnte da nur weise den Kopf schütteln.

Sie lachte leise auf und ließ mich ihre Hand spüren, die auf meinem Oberschenkel lag und etwas nach oben abdriftete.

»Aber ich sehe schon, du bist hier unabkömmlich«, resignierte ich schulterzuckend.

»Könntest du mich denn von hier loseisen?«, kam es zweifelnd bis bittend rüber.

»Gehst du hier einem Job nach?«, schwante mir Schlimmes.

»Von Luft und Liebe allein kann ich nicht leben, das war der einzig lukrative Job nachts.«

»Hast du dabei keine Angst?«

»Der Ober kann Judo.«

»Ich auch, Judo, Karate. Brauchst du einen Bodyguard?«

»Ich brauche eigentlich nur einen Mann, der mir erlaubt, weiter studieren zu können.«

»Du gefällst mir, übrigens auch dein braves unsichtbares Kleid. Das Schwarzlicht verpufft bei dir völlig.«

»Das hier ist auch kein Puff, das ist ein Cabaret«, wies sie mich zurecht. »Wenn auch der besonderen Art«, fügte sie noch feixend hinzu.

»Schade, ich hätte glatt Lust, dir auch die Sachen vom Leib zu reißen«, triezte ich jetzt absichtlich, um zu sehen wie weit sie zu gehen bereit wäre.

»Auch?«, kam es echt verwundert zurück. Ich wies nur stumm mit dem Kopf zum anderen Sofa hin, was sie leise auflachen ließ. »George, halt an dich, bis der Ober den Wein gebracht hat.«

»Du spannst mich ganz schön auf die Folter«, maulte ich.

Da griff sie nach meinem Kopf und zog meinen Mund auf ein paar hungrige Lippen, was meine Hände mutig ausschwärmen ließ.

»Und wie kann ich dich loseisen?«, fragte ich ungeduldig, als sie mich wieder freigab.

»Heirate mich, damit ich von dem Lüstling loskomme.« Ich betrachtete sie völlig perplex, was sie sogleich auflachen ließ. »War ich gut?« Nun starrte ich sie erst recht verblüfft an, denn wer fragt schon so etwas. »Ich habe dir soeben nur eine Szene vorgespielt.«

»Oh Mann«, stöhnte ich sichtlich erleichtert auf. »Und ich dachte schon, du bist an so einen Lüstling verkauft worden.«

»Verkauft? Wie verkauft?«, hinterfragte sie verunsichert.

»Na ja bei euch in Indien werden doch schon Kinder verheiratet«, warf ich mal so einen Versuchsballon in den Ring.

»Ich lebe in Berlin. Kannst du tanzen?« Sie zeigte auf die Bühne, wo gerade eine Farbige einen Cha-Cha-Cha tanzte, dass die Brüste nur so flogen, was somit die Anja sein dürfte.

»Nun ja, ich war mal Turniertänzer gewesen«, gestand ich.

»Auch lateinamerikanisch?«

»Alles.«

»Komm.« Und schon erhob sie sich und wollte mich schon hochziehen, doch da tauchte der Ober auf und fragte schweigend nach dem Wein.

Ich griff mir die auf dem Sofa liegende Karte, klappte sie auf und zeigte ohne erst groß nachzusehen einfach auf einen Wein, was er mit einem Kopfnicken akzeptierte.

»Bist du wahnsinnig?«, flüsterte mir Isabel missbilligend zu, kaum dass er verschwunden war und sie mich zu sich hochgezogen hatte.

»Für dich tu ich alles ... «

»Du bist verrückt, das war ein Wein für 100 € die Flasche.«

»Wenn ich verrückt bin, dann nur nach dir und deiner bezaubernden Anatomie«, säuselte ich beglückt zurück und streichelte über ihr enges Kleid in Taillenhöhe.

Inzwischen war der Cha-Cha-Cha-Strip vollendet, lediglich ein Nichts von einem glitzernden String war übrig geblieben, wohl das Eingeständnis an die sittsame Obrigkeit. Doch das Publikum war beim

Anblick der wohl aus Jamaika stammenden Anja voll auf seine Kosten gekommen und klatschte enthusiastisch Beifall.

»Lust auf ein Da Capo?«, fragte sie mich kurz darauf und deutete nach unten.

»Einen Strip?«, fragte ich entgeistert.

»Hast du nun Lust auf einen Tanz mit mir oder willst du lieber Strippen?« Auf meinen entgeisterten Blick hin lachte sie leise auf und gebot mir noch, die Schuhe auszuziehen, was ich einsah, denn mit Straßenschuhen die Bretter zu betreten, die die Welt bedeuten, das war ein absoluter Fauxpas. Also bückte ich mich, um aus den schwarzen Tretern auszusteigen, die Strümpfe ließ ich natürlich auch zurück, und schloss zu meinem Tanzmariechen wieder auf. Das hatte einen Zwischenstopp am anderen roten Sofa eingelegt und besprach sich gerade mit dem schon recht agilen Pärchen, das bestimmt zum Ensemble des Cabarets gehörte, so wie es sich hier vor dem filigranem Logengitter auf der kleinen Nebenbühne schon mal warm lief. Ich war schon verblüfft, dass die beiden sich nahezu nackt so vor aller Leute Augen rumlümmelten, als wär das rote Sofa das Himmelsbett im Hochzeitszimmer.

»Bis nachher«, beendete der Nackedei die Unterhaltung als ich auftauchte und klimperte mir dabei mit den Fingern einen Gruß zu. Doch das bekam ich gar nicht so richtig mit, denn mich faszinierte mehr, wie ihr Kumpel ungeniert ihre Brüste massierte.

Doch da packte Isabel wenn auch lachend meine Hand und eilte mit mir im Schlepp auf die Wendeltreppe zu, die uns auf die Bühne führte.

Wir kamen unten im Halbdunkel an, genaugenommen konnte uns das Schwarzlicht nichts anhaben. Doch als die Klänge eines Boogie-Woogie einsetzten, flammten auch noch Scheinwerfer in der Decke auf und zeigten uns an, dass wir auf der kleinen Bühne standen. Isabel griff meine Hand und begann einen flotten Tanz aufs Parkett zu legen.

Natürlich konnte ich sie und ihre verwegene Minigarderobe eigentlich gar nicht so richtig genießen, musste ich mich doch voll auf ihren Tanz konzentrieren, damit sie mir nicht bei den wilden Eskapaden verloren ging. Da sie in mir mehr ihren Fang erprobten Partner zu sehen schien, denn ihren Tanzpartner, ließ ich es so geschehen, denn ich fand kein Konzept, um mich selbst in Szene zu setzen.

Kaum dass die Musik endete, erloschen die Scheinwerfer wieder, so als wollte man sich den teuren Vorhang ersparen. Aber andererseits gab es ja keinen Szenenwechsel mit dem üblichen Kulissenumbau, hier gab es nur eine kurze schöpferische Pause für die Akteure. Doch Isabel nutzte die kurze Pause, um quasi unter Ausschluss der Öffentlichkeit die Dekorationen zum zweiten Akt umzubauen: Sie trennte mich gekonnt von meinem schwarzen Hemd, was mir schon recht war, denn ich war ganz schön ins Schwitzen geraten. Doch als ich bei ihr zu Werke gehen wollte, flammten die Scheinwerfer wieder auf.

Diesmal setzte ein Tango ein. Ich konnte von Glück sagen, mal als Turniertänzer in das Showgeschäft reingeschnuppert zu haben, denn sie setzte regelrecht voraus, dass ich echt theatralischen Bühnentango tanzen konnte – wir gerieten nämlich des Öfteren auseinander. Aber sie kam immer wieder brav zu mir zurück getrippelt, um sich über Gebühr zackig vorführen zu lassen. Zum Schluss verstieg sie sich sogar zu dem Bonmot, mir besitzergreifend ein Bein um den Leib zu schlingen, wobei sie sich mit einer Hand an meinem Nacken festhielt, um mit der anderen dem begeisterten Publikum Dolce-Vita-Grüße zuzuwinken. Logo, dass ich schließlich ihren Kopf einfing und mich bei ihr mit einem Kuss bedankte.

Das Erlöschen der Scheinwerfer gab uns eine kurze Pause der Besinnung, denn bekanntlich gibt es immer drei Tänze am Stück.

Doch die nutzte ich, um mich mutig und kurzentschlossen nun an der Garderobe von Isabel zu vergreifen. Ich hatte nämlich schon die seitliche Schleife von ihrem gebundenen Minikleid bemerkt. Der schwarze Stoff fiel sogleich von ihrem Körper ab. Doch anstatt dem Einhalt zu gebieten, revanchierte sie sich am Reißverschluss meiner Hose, den sie einfach aufzog und den einzig benötigten Knopf aufknöpfte. Normalerweise trägt man(n) Jeans mit einem derben, martialischen Gürtel. Doch weil die Hose mit ihrem Elasthan-Anteil so gut passte, glaubte ich auf dieses Accessoire verzichten zu können, was sich hiermit als Fehleinschätzung erwies. Doch ich machte gute Miene zum bösen Spiel und zog mit ihr gleich, indem ich mich flugs von der Hose ganz trennte. Nun präsentierten wir uns wieder wie ein gut eingespieltes Pärchen, denn auch unsere Garderobe war gut aufeinander abgestimmt, trugen wir beide doch in etwa gleich große Tangas und beide in dem unauffälligen Schwarz.

Und schon setzte die Combo mit fetzigen Rhythmen los, der dritte Tanz war ein Rock'n'roll. Die Scheinwerfer setzten uns auch wieder ins rechte Licht und Isabel legte sogleich los. Ich musste sie also ständig über, unter, vor und zwischen mir durch die Luft wirbeln. Der reinste Wahnsinn, wie sie sich auf mich und meine Fangkünste verließ, sonst wäre sie garantiert auf den Tischen bei den Geschäftsfreunden gelandet, wer weiß, wie deren Happening dann ausgegangen wäre. Das erinnerte mich sogleich an ein Gemälde von Salvador Dali, das eine auf einem Tisch ausgebreitete Meeresjungfrau zeigt, die da den Gästen eines Festes als köstliche Nachspeise gereicht wird. Oder war das ein Bild von Hieronymus Bosch?

Doch da sprang mich Isabel mit gespreizten Beinen förmlich an, so dass ich sie mit den Händen gerade noch auffangen konnte, um sie sogleich hochzustemmen, wobei ich sie sogar noch mit einem ausgestrecktem Arm über mir hochhalten konnte, um mich mit ihr wie beim Eiskunstlauf einmal um die eigene Achse herumzudrehen, als wollte ich allen Besuchern Isabels vorzügliche Anatomie zeigen. Ich war bass erstaunt, über welche Qualitäten sie verfügte, wobei die sich alle gut ihrem Theater-Faible zuordnen ließen.

Behutsam ließ ich sie dann wieder herab. Doch kaum dass sie wieder Boden unter den Füßen spürte, griff sie nach meiner Hand und verbeugte sich devot, ich tat es ihr sogleich. Der Applaus war ein frenetischer. Doch das hielt sie nicht lange durch, sie nahm regelrecht Reißaus, wobei ich ihr notgedrungen auf dem Fuße nachfolgen musste, hielt sie doch noch immer meine Hand fest. Über die Wendeltreppe gelangten wir zu unserem Chambre séparée, wo mich Isabel sogleich auf das kalte rote Leder stieß, um sich über mich zu hocken. Ich konnte nicht umhin, die verlockend hin und her schwingenden Brüste einzufangen, sie beruhigend zu massieren, genau so wie es Pärchen vorhin auch getan hatte. Dabei merkte ich gar nicht so richtig, was sie noch alles mit mir anstellte, bis auf die Tatsache, dass sie plötzlich in einen wilden Galopp verfiel, bis sie mit einem leisen Aufschrei innehielt und langsam auf mich niedersank, um dort in Untätigkeit zu verharren. Nur ihre heftigen unregelmäßigen Muskelkontraktionen verrieten mir, dass sie soeben von einem Orgasmus heimgesucht wurde. Ich genoss mit geschlossenen Augen, sogar als sie sich auf mir wieder aufrichtete und sanft mit den Händen meine Heldenbrust streichelte.

Doch da drang ein leises Zwiegespräch an meine Ohren, was meine Augen sich spaltweit öffnen ließ, woraufhin ich den Ober bemerkte, der unsere auf der Bühne zurückgelassene Garderobe vorbei gebracht hatte. Da Isabel nicht im geringsten irritiert zu sein schien, ließ ich sie gewähren, schließlich dürfte ja eigentlich nichts Anstößiges zu sehen sein, so dass ich meine Augen beruhigt wieder schließen konnte, um mich ihr wieder voll und ganz anzuvertrauen.

»Wo ist seine Jacke?«, hörte ich Isabel ihn leise fragen.

»Weg«, war die leise Antwort.

Mit einem Ruck war ich oben, was sie kurz aufkreischen ließ.

»Bist du verrückt!«, fuhr sie mich an und wollte schon von mir absteigen, doch vorher ordnete sie noch brav den derangierten Tanga. Nun war alles wieder gut bis auf die Tatsache, dass meine Lederjacke nicht mehr da war.

»Und unser Pärchen ist auch nicht zu sehen«, fügte ich noch ein weiteres Negativum an.

»Scheiße!«, hatte sie die Situation richtig eingeschätzt.

Sie griff sich aus dem Stoffbündel sogleich zielsicher ihr Wickelkleid heraus und band es sich um, wobei ihr der Ober wie ein Butler schon behilflich war. Ich schlüpfte in meine Hose und musste dann nur noch in das ebenfalls von ihm bereitgehaltene Hemd reinfahren. Doch zum Zuknöpfen kam ich nicht mehr, denn Isabel rannte schon los, so dass ich ihr mit wehenden Rückschößen nachfolgen musste. Was sie so panikartig vorhatte, wusste ich natürlich nicht, schließlich brannte es ja nicht, zumal wir beide keine Schuhe anhatten.

Ein lautes Wortgefecht verriet mir Isabels potentiellen Standort. Bei ihr angekommen war es unser Pärchen aus dem Chambre séparée, das sie in ihrer Garderobe überrascht hatte, denn meine Lederjacke lag noch auf dem einen Drehstuhl vor dem Schminktisch. Da sie sich aber nicht gleichzeitig gegen zwei Diebe behaupten konnte, war ich schließlich der *Deus ex machina*, der hier helfend eingreifen konnte und musste. Ich beachtete die drei gar nicht weiter, nahm die Lederjacke an mich und griff in die Innentasche, wo mein Portmonee sein müsste, was nicht der Fall war.

»He, was soll das!«, tönte der männliche Part unseres Duos und griff nach der Jacke.

»Das ist meine Jacke«, versuchte ich ruhig zu bleiben.

»Verpiss dich, das ist Anatols Jacke«, kam ihm seine Partnerin zu Hilfe, die noch immer barbusig hier rumwuselte, was meinen Blick auf ihren kleinen roten Schmetterling lenkte, der noch immer ihren Schoß bedeckte und mit Isabels schwarzem nahezu identisch war.

Doch diese kurze Ablenkung reichte, und er entriss mir die Jacke.

»Was ist?«, fragte mich Isabel ob meiner Tatenlosigkeit.

»Mein Portmonee ist nicht mehr drin.«

»Da war auch nie dein Portmonee drin, das ist meine Jacke«, durfte ich mir von dem Typen anhören, der genauer betrachtet auch gar nicht der Partner aus unserer Loge war, denn er besaß einen blonden kurzen Militärhaarschnitt. Der Typ aus der Loge hingegen hatte schwarze Haare.

»Was ist hier los«, mischte sich noch jemand in unseren Zwist ein, was mich schnell umdrehen ließ: mein Animierportier.

»Jerome, man hat Georg die Jacke geklaut, während wir getanzt haben«, kam Isabel wieder zu Wort.

»Und das ist seine Jacke?«, spielte der Portier jetzt den Richter.

»Ja, das Portmonee war in der linken Innentasche.«

»Ist aber nichts drin«, befand Jerome, der Portier, der die Jacke an sich genommen hatte und mit der Hand das Innenleben untersuchte, wobei er eine Spraydose hervorholte – was nach Pfefferspray aussah – und dann einen Plastikausweis, von dem er den Namen *Anatol Krawitzky* ablas. Daraufhin gab er die Jacke dem Blonden mit den schwarzen Schuhen zurück. »Pech gehabt«, befand er mir gegenüber wenn auch achselzuckend.

»Aber seine Jacke ist weg und nur Evelin und Jonny waren in der gleichen Loge«, erregte sich nun Isabel.

»Also ich war es nicht«, befand Anatol und zog die Jacke wieder an, wobei ich schon die im Gürtel steckende Pistole bemerkte.

»Ev, wo ist Jonny jetzt?«, wollte der Portier von ihr wissen.

»Wir hatten uns gestritten, weil er mir schöne Augen gemacht hat, sagte Jonny«, und dabei zeigte sie auf mich. »Und als sie tanzen gegangen sind, bin ich abgestiegen und in meine Garderobe gegangen, wo mich Anatol aufgesucht hat, um mich zu trösten.«

»Und wo ist Jonny?«, wollte ich jetzt wissen.

»Wohl weg«, meinte Evelin schulterzuckend.

»Okay, dann machen wir bei der Polizei eine Anzeige gegen Jonny«, befand Isabel. »Und wir nehmen uns ein Taxi – oder?«

»Wenn du es bezahlst, mein Haus steht dir offen«, lud ich sie feixend ein, mich über den Verlust von 200 € und meinem Ausweis von ihr trösten zu lassen, was ich ihr auch anvertraute.

»Komm, borg mir mal 'n Zwanziger, ich bin auch blank«, bat sie Jerome um einen Gefallen, der schon schluckte, als er ihr vermutlich meinen Zwanziger anvertraute.

»Kriegst ihn morgen wieder, fahre erst Sonntag wieder zurück«, versicherte sie ihm.

»Bleibst du länger?«, wurde ich von dem Nackedei gefragt. »Dann kannst du für Jonny einspringen.

»Die Szene auf dem Sofa?«

»Gefiel sie dir?«

»Ev, Georg ist ein Tänzer, kein Bumser.«

»Aber du hast doch auch auf ihm gebumst«, befand jemand hinter uns, was mich erschreckt umdrehen ließ.

Es war Jonny, der meine Jacke wieder zurückbrachte. »Gustav lässt mich nicht raus. Also kriegst du sie wieder.«

»Wer ist Gustav?«, wollte ich wissen.

»Nur mein Kollege«, meinte Isabel schulterzuckend und deutete auf einen Hünen von einem Zivilisten, vermutlich ihr Zuhälter.

»Sag mal, hast du nicht mehr alle! Hier vor allen Leuten zu bumsen?«, bekam Isabel plötzlich eher einen Tadel als einen Lob für ihre Lust und Leidenschaft von ihm zu hören.

»Ist das der irre Zuhälter, von dem ich dich loseisen soll?«, glaubte ich Zusammenhänge zu erkennen.

»Mann, ich werd Dir gleich!«, kam der Typ auf mich zu.

»Alex lass ihn, das ist der Arzt Georg Schmidt, das ist mein Kollege, Kriminalhauptkommissar Alex Möller«, machte Isabel uns bekannt.

»Und wer sind Sie?«, fragte ich nun Isabel misstrauisch.

»Kriminalkommissarin Arabella Fontane von der Sitte«, vertraute mir Alex feixend an.

»Sorry, aber ich wollte mal das Milieu so richtig kennenlernen«, gestand sie ebenfalls feixend.

»Echt? Nun gut, ich bin Peter Graf aus Nürnberg, Judoka-Trainer der Nürnberger Polizei, was ihn schlucken ließ.

10

Das **Schloss**
oder Carola und der Boxer Sascha

Die Handlung selbst ist – wie alle Geschichten dieses Buches hier – frei erfunden. Mich faszinierte nur die einsame und beschauliche Lage des Schlosses vor der überwältigenden Naturkulisse, jedenfalls so wie sie mal vor der Zerstörung durch den Hurrikan Kyrill gewesen war.

»Können oder wollen Sie sich nicht daran erinnern, wie Sie in das Schloss gekommen sind?«, fragte mich der Staatsanwalt.

Eine Frage die man mir in den verschiedensten Variationen schon mehrmals gestellt hatte, angefangen von der Frau Gräfin, die mich in dieser mir absolut peinlichen Lage aufgefunden hatte, als sie nach ihrer Tochter sehen wollte; dann natürlich auch vom altgedienten Hausmeister, dem alten Georg, der auf das Geschrei seiner Herrin hin ihr natürlich sofort zur Hilfe geeilt war.

Zugegeben, ich war geschockt wegen meiner absoluten Unpässlichkeit, nämlich nackt in einem fremden Bett zu liegen. Auch war ich geschockt, als sich die Gräfin ausgerechnet bei mir nach dem Verbleib ihrer Tochter Carola erkundigte, wobei mir langsam aufging, dass es zwischen meinem Auffinden und ihrem Verschwinden wohl ein Zusammenhang geben müsste. Doch ich konnte mit dem Namen Carola nicht das Geringste anfangen.

Dass ich total nackt in einem zweifach benutzen Bett lag – dem zweiten Kissen nach urteilen –, machte mich natürlich auch nachdenklich, denn ich hatte echt keine Ahnung, wo meine Kleidung abgeblieben sein könnte. Nun gut die Gräfin hatte zumindest meinen Mini wenn auch im Badezimmer gefunden, was sie mir vorwurfsvoll auch noch unter die Nase rieb. Doch bis zum Eintreffen der Polizei wollte sie das Beweisstück nicht rausrücken. Da an ein Weggehen wegen der fehlenden Kleidung sowieso nicht zu denken war, gab es eigentlich keinen Grund, den alten Mann im Zimmer als Bewachung zurück zu lassen, für mich wäre er kein Hindernis gewesen. Aber als ich aufstehen wollte, wurde mir sogleich schwindlig und ich landete wieder auf den Rücken, wobei ich mir natürlich rasch g'schamig die Decke über meinen Körper zog.

»Schwein«, sagte die Gräfin und gab dem *alten Georg* die Order, mir mit einem Morgenmantel auszuhelfen.

»Sie haben wohl die Viagra genommen«, warf sie mir vorwurfsvoll vor.

»Ich habe nichts genommen. Wo bin ich hier?«

»Spinner«, war alles, was sie an Kooperationsbereitschaft an den Tag legte. »Sie warten hier, bis die Polizei kommt. Und hüten Sie sich davor abzuhauen, der Boxer ist sehr beißfreudig, den Sie da unten bellen hören.«

Als der alte Georg – wie sie ihn nannte – zurückkehrte, ließ sie uns allein, so dass ich den Bademantel anziehen konnte. Er war natürlich zu klein – Georg war über einen Kopf kleiner als ich –, aber da er nur mit einem Gürtel gebunden werden musste, gab es keine Probleme.

Ich konnte von Glück sagen, dass mir die Gräfin den Morgenmantel angedacht hatte, denn die Polizei hatte netterweise – wohl zwecks Deeskalation – ein gemischtes Duo geschickt. Die Blondine mit dem Pferdeschwanz sah bestimmt attraktiv aus, was auf Männer schon Eindruck machen dürfte, so sie nicht besoffen sind, dann allerdings dürfte der Pferdeschwanz fehlplatziert sein.

Doch da es bis zum Eintreffen der Polizei schon etwas dauerte, kam ich mit dem alten Georg ins Gespräch, aber er konnte mir nur verraten, dass ich mich im Schloss Heideck auf halbem Weg zwischen Roth und Ellingen befand. Einen Grafen als Schlossherrn gab es nicht mehr, die Gräfin lebte mit ihrer Tochter Carola allein in diesem großen Anwesen, und die war spurlos verschwunden. Als Zeitpunkt kam nur die Zeit seiner Abwesenheit in Frage, also von gestern Nachmittag bis heute früh. Auf seine Frage, seit wann ich mich im Schloss befände, konnte ich ihm nichts antworten. Nicht weil ich ihm das verheimlichen wollte, im Gegenteil, ich hatte irgendwie Vertrauen zu ihm gefasst, sondern weil ich mich an nichts mehr erinnern konnte. Auch wusste ich nicht mehr meinen Namen, als er mich danach fragte, was mich erst recht nachdenklich machte.

Also behielt mich die Polizei bei sich, genaugenommen brachte man mich in ein Krankenhaus, wo ich eingehend untersucht wurde, aber keine Verletzung deutete auf eine Gehirnerschütterung hin. Allerdings schien man etwas bei der Blutuntersuchung gefunden zu haben, denn die Ärzte, als auch später die Kriminalbeamten wollten immer wieder wissen, was ich am Abend vorher so alles getrunken hätte, was ich aber auch nicht beantworten konnte. Lediglich der wohl eher unbedacht ausgesprochene Hinweis einer netten Krankenschwester – mir gegenüber unbedacht geäußert –, dass sie schon öfters Patienten hier hatten, die durch K.-o.-Tropfen aus dem Verkehr gezogen worden waren, ließ mich aufhorchen. Gewisse Damen benutzten das nämlich gern, um ihre Freier ausrauben zu können – eine tschechische Marotte, wie sie meinte. Doch ich fragte lieber bei der Polizei nicht weiter nach, wer weiß, was sie mir dann alles noch unterstellen würden.

Aber so blieb ich bis zu diesem heutigen Tag in der Obhut einer kirchlichen Pflegestation – die Ordenstracht ließ auf eine katholische Einrichtung schließen – man sorgte sich rührend um mich. So wie es mir schien, wusste niemand wohin mit mir, scheinbar wurde ich auch nirgendwo vermisst.

Doch mit dem himmlischen Lotterleben war es mit dem heutigen Tage vorbei. Die Staatsanwaltschaft hatte das Gerichtsverfahren gegen mich wegen des Verdachts auf Ermordung der Tochter der Gräfin vorangetrieben, wohl allein schon wegen der Kosten, die mein Aufenthalt bei den Schwestern verursachte, die bestimmt vom bayerischen Staat gezahlt werden mussten.

So blickte ich mit Sorge auf das Verfahren im Gerichtssaal, konnte ich mich doch noch immer an nichts erinnern, also auch nicht daran, wie ich in das Schloss gekommen war.

»Ich kann nur wiederholen, es ist mir schleierhaft, wie ich in das Schloss gelangt bin.«

»Und wo das Mädel abgeblieben ist, wollen Sie uns auch nicht sagen?«

»Ich weiß, es klingt absurd, Herr Staatsanwalt, aber auch das weiß ich nicht. Es ist als wär ich eingeschlafen und hätte vergessen zu träumen.«

»Sie wollen uns nicht sagen, wie Sie heißen und wie Sie ins Schloss gekommen sind, andererseits ist aber ein Mädel spurlos verschwunden.« Der Staatsanwalt machte eine nachdenkliche Drehung zum vorsitzenden Richter. »Hohes Gericht, ich sehe den Fall jetzt ganz klar: Da war bestimmt eine böse Fee gekommen und hat das Mädel einfach in einen Mann verzaubert, und der steht jetzt vor uns. Ist doch eigentlich irgendwie einleuchtend.« Doch dann drehte er sich abrupt wieder zu mir um. »Sagen Sie, Beschuldigter, für wie dämlich halten Sie uns eigentlich? Die Ausrede mit Ihrem verloren gegangenen Gedächtnis können Sie vielleicht den Geschworenen weismachen, aber nicht mir, da werden Sie auf Granit beißen.«

Und damit wandte er sich wieder an das Hohe Gericht. »Ich werde Ihnen jetzt meine Beweise für meine Raubmord-These vorlegen, aus denen eindeutig hervorgeht, dass der Beschuldigte ein Notzuchtverbrechen begangen hat und anschließend in das Schloss eingebrochen ist, um hier etwas zu rauben. Dass er bei der Durchführung der Tat eingeschlafen ist, war sein Pech. Aber er wurde immerhin innerhalb des Schlosses schlafend angetroffen, wo er eindeutig nicht hingehört.

Folgende Tatsachen beweisen das eindeutig: a) Er wurde schlafend innerhalb des Hauses aufgefunden und b) die im Intimbereich blutverschmierte Jogginghose, die eindeutig eine Herrengrößennummer aufweist und somit ihm zuzuordnen ist, wurde außerhalb des Schlosses gefunden, genau wie c) die ebenfalls im Intimbereich mit Blut beschmutzte Unterwäsche der Carola. Sie wurde von der Frau Gräfin eindeutig als die ihrer Tochter gehörende Wäsche identifiziert.

Ich möchte daher behaupten, dass er Carola auf dem Weg zum Schloss aufgelauert hat, dass er über sie herfiel, um ihr die Schlüssel sowohl für das Gartentor als auch für das Gebäude zu entwenden, wobei er die Gelegenheit nutzte, um sie zu vergewaltigen. Da der Beschuldigte im Schloss aufgefunden wurde, ohne dass es weder Auf- noch Einbruchsspuren gibt, erhärtet den Verdacht, dass er mit einem Schlüssel in das Schloss gekommen sein muss, den er nur von der überfallenen Carola erbeutet haben kann. Dass er nicht mit Widerstand im Haus rechnen musste, schließlich war er unbewaffnet eingebrochen, deutet darauf hin, dass er schon vorher die Abwesenheit sowohl der Gräfin als auch ihres Hausmeisters ausgekundschaftet haben musste. Dass er sich zur Durchführung der Tat einen Rausch angetrunken hatte, um wohl hinterher im Falle seiner Festnahme behaupten zu wollen, sich an nichts mehr erinnern zu können, beweist doch eher den Vorsatz der Tat ... «

»Beweisen Sie Ihre Anklage etwas ausführlicher, Herr Staatsanwalt«, bat der vorsitzende Richter um die Beweisführung.

»Also von der B 2 zweigt eine Ausfahrt zum Schloss Heideck ab, die Staatsstraße 2226. Nach dem Abzweig vom Dorf Liebenstadt wurde die Hose eines blauen, eindeutig männlichen Jogginganzuges gefunden, schmutzig, blutverschmiert im Genitalbereich; dann am Gartentor ein blutbeflecktes, zerrissenes Damen-T-Shirt; schließlich auf einer Wiese unterhalb der Kastanienallee ein blutbefleckter Slip und ein zerfetzter, blutbesudelter Regenschirm.

Folgendes musste sich also ereignet haben: Der Beschuldigte hatte dem Fräulein Carola auf der Straße aufgelauert, als sie spät abends wie so oft die Zufahrt zum Schloss hochlief – wahrscheinlich war sie wieder einmal von Freundinnen an der Abzweigung abgesetzt worden, wie es nach Angaben des Hausmeisters schon des Öfteren geschehen war. Dort fiel der Beschuldigte über Carola her, riss sie zu Boden und vergewaltigte sie. Beweis: Sein an jener pikanten Stelle mit Blut befleckter Jogginganzug, den er nach der Tat – da er blutverschmiert war – ausgezogen und weggeworfen hatte. Carola konnte ihm deshalb entkommen und flüchtete zum Schloss hoch, wo er sie vor der Schlosspforte wieder einholte.

Es dürfte erneut zu einem Kampf gekommen sein, denn ihr zerfetztes Hemd wurde dort gefunden, ebenfalls mit Blutspuren versehen. Doch der Kampf um Leben und Tod muss auf der Wiese unterhalb der Kastanienallee stattgefunden haben, möglicherweise mit fatalem Ende, denn dort wurde der besagte Schirm inmitten des plattgetretenen Grases der ungemähten Wiese gefunden. Und: Pikanterweise wurde da auch ein Damenslip mit eindeutigen Blutspuren wieder im Genitalbereich gefunden. Doch im Gegensatz zum zerrissenem Hemd waren bei dem durch seitliche Schleifen gebundenen Slip keinerlei Spuren einer Gewalteinwirkung zu finden, im Gegenteil, sie waren fein säuberlich aufgeknotet. Was nur heißen kann, dass die Carola da schon nicht mehr in der Lage war, sich zu wehren.

Was das letzten Endes bedeutet, schon in Hinblick auf den völlig zerfetzten und blutverschmierten Schirm, lässt sich noch nicht sagen, denn seit jenem Abend fehlt von ihr … «

»Wo war das mit dem Regenschirm gewesen?«, fiel ich dem Staatsanwalt ins Wort. »Entschuldigen Sie Herr Staatsanwalt, wenn ich Sie unterbreche, aber irgendwie kommt mir das bekannt vor.«

Der Unterkiefer des in Fahrt gekommenen Staatsanwalts sank in Zeitlupe herab, der vorsitzende Richter erhob sich ebenso schnell von seinem Stuhl, sogar mein Pflichtverteidiger unterbrach sein Gähnen, seine Hand verweilte starr in der Luft wie die Begrüßungsgeste eines Papstes.

»Ich meine, wo wurde der Schirm gefunden, den der Sascha zerfetzt hatte – ich sehe es jetzt direkt vor meinen Augen, wie der Hund sich urplötzlich auf den weggewehten Schirm stürzt und ihn in kürzester Zeit zerfetzt. Carola war so überrascht, dass sie ihn gar nicht mehr dran hindern konnte.«

»Was erzählen Sie da für einen Blödsinn?«, kam der Ankläger langsam wieder zu sich. »Sie wollen behaupten, der scharfe Haushund war dabei, als Sie die junge Frau vergewaltigt haben?«

»Ich kann mich nicht dran erinnern, je jemanden vergewaltigt zu haben, aber der Boxer war dabei, der von Carola mit *Sascha* gerufen wurde.«

»Das ist absolut unmöglich«, war die Frau Gräfin zu hören. »Der Boxer ist so scharf, dass er nur im Zwinger gehalten werden kann, da er niemandem gehorcht außer dem alten Georg, ich meine dem Hausmeister.«

»Frau Gräfin, ich habe ihn doch mit eigenen Augen gesehen und ihn sogar problemlos streicheln können. Wär er wirklich so aggressiv gewesen, wie Sie behaupten, ich würde jetzt bestimmt anders aussehen.«

»Dann hatten Sie also Carola auf der Straße angefallen, als sie mit dem Boxer Gassi gegangen war?«, fragte der Richter ebenfalls zweifelnd nach.

»Ich habe weder Carola noch den Boxer angefallen. Aber jetzt erinnere ich mich genau, wie ich sie kennen gelernt habe. Da war kein Kampf gewesen, wie man es wohl am liebsten gesehen hätte ... «

»Na hören Sie mal ... «, fiel mir der Staatsanwalt empört ins Wort.

»Unterbrechen Sie ihn jetzt nicht!«, wurde er sogleich vom vorsitzenden Richter gestoppt.

»Sie hatte mich angesprochen, als ich bei dem Wolkenbruch nach meinem Schlüssel suchte, der mir irgendwo vor dem Schloss abhandengekommen war ... «

»Irgendwo ... «, murmelte der Staatsanwalt verächtlich.

»Ja irgendwo, das war ja gerade das Dumme ... «

»Der Schlüssel für das Tor?«, hakte hingegen der Richter interessiert nach.

»Nein Hohes Gericht, mein Autoschlüssel war mir aus meiner Hosentasche herausgefallen, nur wo, das war eben das Problem.«

»Wozu brauchten Sie einen Autoschlüssel, da stand kein Auto rum«, bezweifelte der Staatsanwalt.

»Hohes Gericht, ob ein Auto dagestanden war oder nicht, das spielt doch vorerst keine Rolle. Mein Mandant hat lediglich festgestellt, seinen Autoschlüssel gesucht zu haben, der ihm aus der Hosentasche gefallen war. Also dürfte er die Hose da noch angehabt haben, als er von dem Fräulein Carola dabei angesprochen wurde«, brachte es mein Pflichtverteidiger auf den Punkt, »was somit die von der Anklage ins Spiel gebrachte Vergewaltigung unten an der ganz schön belebten Staatsstraße unwahrscheinlich erscheinen lässt.«

»Ja, genau so war es, ich sehe sie jetzt förmlich vor mir. Sie stand da plötzlich wie ein Geist vor mir, in der einen Hand einen Regenschirm, in der anderen den Boxer, den sie an einer kurzen Leine hielt.«

»Was denn, meine Carola war mit dem Sascha an der Leine auf die Straße gegangen?«

»Ja, Frau Gräfin, so war es gewesen.«

»Das ist absolut unmöglich Herr Richter, dem Hund kann kaum der alte Georg das Halsband umlegen. Diese Geschichte ist ein ein Märchen.«

»Angeklagter, wenn Ihnen plötzlich alles wieder einfällt, also ihre Erinnerung wieder funktioniert, könnten Sie uns vielleicht auch erzählen, wie es dazu kam, dass unten auf dem Weg von der St 2226 zum Schloss Ihre Kleidung gefunden wurde?«

»Herr Staatsanwalt, das ist unmöglich, ich bin nicht zu Fuß den Schlossberg hochgelaufen.«

»Dann gäbe es natürlich die andere Möglichkeit, dass er sie vor dem Schloss vergewaltigt hat. Und weil er dann den Autoschlüssel nicht finden konnte, ist er zu Fuß den Weg zur 2236 runtergerannt, um sein Heil in der Flucht zu suchen, wobei er sich unterwegs von seinem eingesauten Jogginganzug getrennt hat.«

»Um dann nackt per Anhalter nach Hause zu wollen. Herr Staatsanwalt, das ist doch Unsinn, schließlich wurde er schlafend im Schloss angetroffen«, konnte mein Verteidiger den Angaben der Anklage nicht folgen.

»Danke Herr Verteidiger. Also dürfte meine These doch richtig sein, sogar in der Reihenfolge, wie ich sie zuvor genannt hatte. Also zuerst hat er sie unten, wo seine Hose gefunden wurde, vergewaltigt ... «

»Es ist nie zu einer Vergewaltigung gekommen, Herr Staatsanwalt, da geht die Phantasie mit Ihnen durch«, stellte ich empört klar.

»Also Beschuldigter, ich sehe, Sie können sich wieder an Details erinnern. So berichten Sie uns doch mal den ganzen Hergang von Anfang an«, forderte mich der Richter auf, den ganzen Vorgang noch einmal aufzurollen.

»Hohes Gericht, an alles kann ich mich noch immer nicht erinnern. Ich komme einfach nicht damit klar, wieso ich im Schloss aufgefunden wurde, ebenso wenig wo Carola abgeblieben ist, denn sie ist immerhin meine einzige Zeugin.«

»Nun heben Sie mal nicht gleich ab, erst die Carola vergewaltigen und sie dann als Ihre einzige Zeugin benennen …«

»Herr Staatsanwalt, lassen Sie ihn ausreden«, fiel der vorsitzende Richter dem Vertreter der Anklage erbost ins Wort.

»Zwar sehe ich schon immer mehr Einzelheiten, z. B. wie ich auf allen Vieren den Grasboden nach dem Schlüssel abgesucht habe, denn so ohne Brille bin ich echt aufgeschmissen, ich bin mit 3,5 Dioptrien weitsichtig. Dann sehe ich, wie ein Kugelblitz aus dem Wald auftaucht und direkt auf uns zukommt …«

»Ein Kugelblitz? Sie spinnen.«

»Es herrschte ein heftiges Gewitter«, wandte mein Verteidiger ein.

»Dann herrschen richtige Blitze, aber keine Kugelblitze.«

»Es war ja auch kein Kugelblitz«, räumte ich ein.

»Na sehen Sie Herr Verteidiger, Ihr Mandant liebt einen blumigen Vortrag.«

»Es war ein offener Jeep gewesen, der sich mit seinem hochmontierten Suchscheinwerfer den Weg durch die Wassermassen gesucht hat, aber das habe ich erst gesehen, als er vorbeikam. Jedenfalls hatten wir uns sicherheitshalber rasch hinter meinem Wagen versteckt …«

»Hinter was für einem Wagen?«

»Na meinem Mercedes, den ich hinter der Kurve auf der Wiese vor dem Schloss abgestellt hatte.«

»Da war aber kein Wagen gestanden«, reklamierte der Staatsanwalt und blickte kurz in seine Akte.

»Aber Herr Staatsanwalt, das muss ich doch wissen, dass ich meinen Wagen auf dem einzig möglichen Platz da oben, also vor dem Schlosstor abgestellt hatte, um im Wald joggen zu gehen.«

»Das ist doch Blödsinn, das nimmt Ihnen niemand ab. Bei dem Unwetter ist man eher geneigt etwas anderes zu tun, nur nicht im Regen zu joggen«, lachte er eher ironisch. »Ich würde da eher an ein einsames Rendezvous denken ... «

»Sie vielleicht, aber ich wollte mich dort mit niemandem treffen.«

»Sag ich ja, Sie hatten nämlich herausgefunden, dass sich zu der Zeit niemand im Schloss aufhalten würde, so dass Sie ungestört einsteigen könnten.«

»Das ist doch Blödsinn ... «, echote ich, wurde aber sogleich vom Richter zur Ordnung gerufen.

»Entschuldigen Sie, war mir nur so rausgerutscht, diese seine Worte klangen mir noch in den Ohren. Ich war nie mit dem Gedanken hochgefahren, da einen Einbruch zu begehen. Ich kann nicht mal mehr Kriminalfilme sehen, dann kriege ich vor Aufregung gleich Herzrasen, ich habe Probleme mit der Schilddrüse, fragen Sie meinen Kardiologen.«

»Aber warum sind Sie dann ausgerechnet bei *dem* Unwetter den Schlossberg hochgefahren, Sie wohnen doch nicht im benachbarten Liebenstadt«, blickte der Richter nicht durch.

»Als ich in Nürnberg losgefahren war, da schien die Sonne ... «

»Sie kamen aus Nürnberg?«, fiel mir der Richter überrascht ins Wort.

»Nun ja, ich lebe dort.«

»Wo?«

»Meine Praxis liegt in Johannis.«

»Was für eine Praxis?«

»Ich bin Frauenarzt.«

»Und Sie wissen jetzt auch, wieder wie Sie heißen?«

»Wie ich heiße ... ?« Ich bekam einen Schreck. »Oh Gott ... «

»Glaube kaum, dass Sie ›Gott‹ heißen«, mischte sich der Staatsanwalt zynisch ein.

»Tut mir leid ... «

»Lassen Sie sich Zeit, wir haben Zeit«, stellte er erstaunlicherweise ruhig fest, wobei er etwas auf einen Zettel schrieb, den einem Mitarbeiter gab, der damit sogleich den Saal verließ. »Fahren Sie fort mit der Schilderung, wie Sie die Carola kennen gelernt haben.«

»Die B 2 läuft so elegant durch die Landschaft, umrundet die meisten Orte, man kann also abschalten, sich wieder beruhigen. Die Ausfahrt von Heideck finde ich noch im Schlaf, auch wenn sie etwas versteckt liegt. Die Auffahrt zum hochgelegenen Schloss Heideck erinnert mich immer an die Oper Tannhäuser, fast dass man die Arie der Venus zu hören glaubt. Ich parkte also wie so oft neben der Einfahrt zum Schloss ... «

»Wie so oft?«, fiel mir der Staatsanwalt sehr interessiert erneut ins Wort.

»Ja, ich war schon des Öfteren da oben gewesen, und es gibt kein Schild, was mir das Hochfahren oder gar das Parken verbietet. Also stellte ich auch dieses Mal den Wagen auf der Wiese kurz vor dem Zaun am großen Tor ab, um wie üblich durch die ruhige Kastanienallee zum anschließenden Hochwald zu laufen. Die fast 40 m hohen Fichten erinnern mich immer an die Stille in hohen gotischen Kathedralen ... «

»Aber Sie wissen schon, dass das Schloss kein Ausflugslokal ist«, warf der Anwalt der Nebenklägerin ein.

»Ich weiß, dass das Schloss bewohnt und somit nicht bewirtschaftet ist, was man schon bedauerlich finden kann. Aber so gibt es andererseits auch keinen Besucheransturm, was mir eher zusagt, denn ich bin gern allein, um ungestört meine Patientenfälle durchzudenken oder auch nur um abzuschalten.«

»Bitte fassen Sie sich kürzer«, monierte der Richter meine Ausschweifungen.

»Gut, also ich legte mein Schlüsselbund und den Wagenschlüssel mit den dranhängenden Utensilien und mein Portmonee mit allen Papieren in den Kofferraum und schloss den Wagen mit dem Reserveschlüssel ab, den ich in eine Hosentasche vom Jogginganzug einsteckte, die einen Reißverschluss besaß. Den zog ich natürlich zu und lief dann los. Da hatte es noch nicht geregnet gehabt. Doch als ich am Ende der Kastanienallee den Wald erreichte, da fing es tatsächlich an zu regnen.«

»Und Sie waren wirklich bei dem aufziehenden Unwetter losgelaufen?«, waren Zweifel in der Frage des Richters herauszuhören.

»Nun es war dunkel geworden, was mich auch überrascht hatte, mir schien das Unwetter nachgefolgt zu sein, denn ich hatte die ganze Fahrt über nur den blauen Himmel vor mir erkennen können. Doch da jetzt die Brille durch die großen Tropfen keinen Durchblick mehr erlaubte, wollte ich sie lieber einstecken, ich bin ja weitsichtig, das Laufen geht auch ohne sie. Ich holte also mein Taschentuch aus der Hosentasche, putzte die Brille ab und schob beides in dieselbe Tasche rein, natürlich zog ich den Reißverschluss wieder zu. Ich wollte gerade tiefer in den Wald joggen, weil die dicht stehenden Fichten den Regen wohl eher abhalten würden als die eher luftigen Kastanien, da schlug ein greller Blitz in unmittelbarer Nähe in einen der hohen Bäume ein, natürlich sogleich von einem heftigen Donnerschlag begleitet. Augenblicklich rannte ich zu meinem Wagen zurück. Der in dem Moment einsetzende heftige Wolkenbruch hatte mich im Nu total eingenässt, aber ich wusste ja ein Handtuch im Wagen, wenn auch keine weitere trockene Kleidung.

Ich erinnere mich genau daran, dass ich den Reißverschluss der Hosentasche erst aufgezogen habe, als ich beim Wagen ankam, um den Reserveschlüssel vor zu holen. Da mich das Taschentuch beim Suchen störte, zog ich es schließlich hastig raus, um erneut nach dem Schlüssel zu greifen, doch die Hosentasche war leer. Ärgerlich schüttelte ich das Taschentuch aus, doch statt des Schlüssels fiel nur meine Brille zu Boden. Als ich mich danach bückte, schlug abermals ein Blitz in allernächster Nähe ein. Der Donnerschlag schockte mich derart, dass ich zu Boden stürzte und mit dem Knie hart aufschlug. Ärgerlich tastete ich nach der Brille und setzte sie mir auf, um besser nach dem Schlüssel suchen zu können. Doch ich erschrak, denn nun konnte ich gar nichts mehr erkennen, bis ich mitbekam, dass eines der beiden Gläser fehlte. Haben Sie schon einmal versucht, durch eine starke Lesebrille mit *nur einem* Glas zu schauen?«, fragte ich den vorsitzenden Richter.

»Fahren Sie fort, aber nicht so ausschweifend.«

»Ich begann sogleich auf dem Grasboden nach dem kleinen Schlüssel zu suchen, kniete mich schließlich runter, um mit den Händen zwischen den Kieselsteinen den Schlüssel besser ertasten zu können, doch ich fand nur eine Münze und etliche Kronenkorken.

Panik ergriff mich. Ich versuchte mich darauf zu konzentrieren, wo ich den Schlüssel noch verloren haben könnte und erinnerte mich an den Vorfall am Stamm der hohen Fichte, wo ich mein Taschentuch rausgezogen hatte, um die Brille abzutrocknen und dass ich die Brille dort in das Taschentuch gewickelt und beides zusammen in die Hosentasche wieder zurückgeschoben hatte.

Sogleich rannte ich durch den heftigen Wolkenbruch auf den Fichtenwald zu, stürzte mehrmals zu Boden, da ich in den Pfützen die Untiefen des Weges nicht mehr erkennen konnte, aber das spielte jetzt auch keine Rolle mehr. Dort tastete ich abermals den Boden ab, konnte aber nichts finden.

Hoffnungslos ging ich langsam zum Wagen zurück, den Blick auf den Boden gerichtet, vielleicht war mir das Glück hold, dass ich den Schlüssel unterwegs doch noch aufblinken sehen könnte.

»Hallo Gespenst, warum gehst du im Regen spazieren?«, hörte ich unvermutet eine Mädchenstimme in unmittelbarer Nähe.

Erschreckt blickte ich auf und blieb wie zur Salzsäule erstarrt stehen. Keine fünf Meter entfernt sah ich eine leibhaftige gute Fee vor mir stehen, in der einen Hand hielt sie einen Regenschirm, mit der anderen einen braunweiß gefleckten Boxer zurück, der mich schon interessiert anglotzte. Da Feen bekanntlich keine Hunde bei sich führen, konnte es also nur ein menschliches Wesen sein, also ein Mädchen.

»Oh Gott, haben Sie mich erschreckt.«

»Ich bin nicht Gott«, gab sie lachend zurück und erlaubte dem Hund, auf mich zuzugehen, wobei sie gottlob die kurze Lederleine in der Hand behielt.

Neugierig näherten sich beide, als in dem Moment wieder ein Blitz in der Nähe einschlug. Der heftige Donnerschlag ließ den Hund sofort einen Satz nach vorn machen. Ich befürchtete schon eine Beißattacke, doch er schoss mit dem Kopf regelrecht zwischen meine Schenkel und verharrte dort zitternd in dieser Haltung.

Ich wusste schon von großen Hunden, die gern ihren Kopf zwischen die Beine von Menschen schieben, zu denen sie Vertrauen haben, um sich kraulen zu lassen. Aber dass ein großer Hund in Panik diese Art von Geborgenheit auch bei wildfremden Menschen suchen würde, das hatte mich dann doch überrascht. Nun gut, er schien schon zu wissen, dass er durch die eingeklemmten Ohren den nächsten Donnerschlag nicht mehr zu befürchten hatte. Doch dass er den Schutz bei mir und nicht bei seinem Frauchen suchte, schien wohl an seinem jungen Alter zu liegen. Natürlich bekam er seine beruhigenden Streicheleinheiten, nur besaß er im Gegensatz zu meinem Terrier kein kuscheliges Fell, das sich da förmlich dafür anbietet. Ich beugte mich also runter und schmuste mit seinem Brustkorb und den Vorderbeinen.

»*Da könnte man glatt neidisch werden*«, tönte die junge Dame lachend, woraufhin ich den Hundemann wieder frei gab.

»*Kein Problem, das Wetter regt förmlich dazu an, die steifen Glieder durch gefühlvolle Massagen wieder zu beleben.*«

Kaum dass ich den Satz beendet hatte, überfiel sie ein schallendes Lachen.

»*Was lachen Sie?*«

»*Ich lache nur über dein steifes Glied.*«

Entsetzt starrte ich an mir runter. Natürlich klebte der nasse dünne Stoff wie eine zweite Haut an meinem Körper, vermutlich hatte der innige Kontakt mit dem warmen Körper des Hundes das seinige auch noch dazu beigetragen. Auch möglich, dass mich ihr Shorty angemacht hatte, dessen dünner Stoff trotz des Regenschirms schon eingenässt war und nahezu durchsichtig wie eine zweite Haut an ihrem Körper klebte.

Rasch zupfte ich an der verräterischen Stelle meine deutlich ausgebeulte Hose etwas luftiger, was sie erst recht auflachen ließ.

»*Sei du mal stille, du scheinst auch keinen BH unter dem dünnen Hemdchen zu tragen.*«

»*Stimmt, nachts trage ich keinen BH*«, war ihr ganzer Kommentar, wobei sie mit einer Hand ebenfalls den Stoff abzulösen versuchte, den Schirm klemmte sie sich etwas umständlich zwischen Hals und Schulter ein, denn die andere Hand hielt ja die straff gespannte Leine, schnüffelte doch der junge Hand an mir rum.

Da riss eine Sturmböe ihr den Schirm weg, um ihn sogleich Richtung Wiese wegzutreiben.

»*Sascha, fass ihn!*«, trug sie dem Hund augenblicklich auf und löste die Leine ab, woraufhin der Boxer wie eine Rakete durchstartete und dem Schirm Richtung Wiese nachrannte.

»*Mädchen, jetzt wirst du ja total nass.*«

»*Ich hab nur mit dir gleichgezogen*«, kam es kess zurück.

Und schon ließ sie sich von mir einfangen, wohl um nicht von der nächsten Sturmböe mitgerissen zu werden, denn der Wind peitschte uns den Salzburger Schnürlregen ganz schön heftig gegen den Körper. Ich zog ihren Kopf dicht vor meine Lippen und blickte ihr tief in die Augen, sie drückte mir ihr Bäuchlein provozierend gegen meinen nun ja prallgefüllten Mini und fragte nur leise, ob ich mich nicht traue.

Natürlich traute ich mich.

Wahnsinn wie sie mir trotz des heftigen Regens solch eine Lust auf eine intime Zweisamkeit anbot, woraufhin meine Hände langsam von ihrem Kopf abglitten, um die jugendlichen Brüste sanft zu erobern ... «

»Sie unverschämter Kerl, sich an einer Minderjährigen zu vergreifen«, schimpfte die Frau Gräfin sogleich wie ein Rohrspatz los.

»Herr Richter, erstens war da noch der Stoff dazwischen und zweitens, die Minderjährige war schon über 16 Jahre alt.«

»Und das hatte sie Ihnen sogleich brühwarm anvertraut?«, fragte der Richter zweifelnd und übertönte damit eine Bemerkung der Gräfin.

»Als ich ihr fragend in die Augen blickte, wollte ich das tatsächlich wissen.«

»Alter Flegel, ich werde es brühwarm Ihrer Frau anvertrauen.«

»Das wird nichts bringen ... «

»Ha, ha, ha ... «

»Ich bin nämlich noch Junggeselle.«

»Und das haben Sie ihr auch gebeichtet?«, bezweifelte der Staatsanwalt.

»Ja, aber erst später, denn hier gab es einen kleinen aber bedeutenden Vorfall.«

»Sie haben doch nicht etwa ... ?«

»Was habe ich?«

»Meine Tochter entjungfert.«

»Oh, nicht bemerkt.«

»Sie Wüstling!«, tobte sie auch schon los und stürmte sogleich nach vorn, wohl um mir die Augen auszukratzen, natürlich ging sogleich ein Wachmann dazwischen.

Doch der Zwischenfall genügte, um einen kurzen Blick in den Zuhörersaal zu werfen, wo viele Frauen anwesend waren, zumeist ältere, doch auch ein paar jüngere waren darunter, wobei eine schwarzhaarige jüngere Frau versuchte, ihr Gesicht mit einer Handtasche abzudecken, als mein Blick sie kurz streifte.

»Was soll der Unsinn, Frau Gräfin«, zürnte der Richter mit der adeligen Dame, als sie wieder auf ihren Sitzplatz zurückbeordert worden war.

»Er vergewaltigt meine Tochter, wie Sie ja schon vermutet haben, und ich soll dazu schweigen?«

»Ich habe Ihre Tochter nicht vergewaltigt.«

»Und das Blut auf ihrer Kleidung?«

»Stammt von Sascha.«

»Was Blöderes können Sie wohl auch nicht vorbringen«, verwarf der Staatsanwalt sogleich meine Einlassung.

»Folgendes passierte«, fuhr ich unbeeindruckt fort, »Sascha jaulte plötzlich herzzerreißend auf. Carola ließ sogleich von mir ab und rannte dem Jaulen folgend auf die Wiese zu, das diffuse Wetterleuchten verschaffte uns zwar kein Tageslicht, aber wir konnten sehen, was sich da auf der Wiese zutrug. Sascha kämpfte mit dem Schirm, wobei das Jaulen nicht etwa einem Freudengeheul glich, sondern etwas Schmerzhaftes vermuten ließ. Als wir bei ihm ankamen, sahen wir, warum er mit dem Schirm kämpfte, denn eine der Metallspeichen hatte seine Lefzen durchbohrt. Er konnte sich nicht mehr vom Schirm befreien.

Carola fing ihn ein und versuchte die Metallstrebe rauszuziehen, was er mit einem neuerlichen Aufschrei und wüstem Kopfschütteln abwehrte.

Ich gebot ihr, den Hund festzuhalten, was sie dadurch erreichte, indem sie sich über ihn stellte und seinen Kopf mit ihren Oberschenkeln festklemmte. Dann beugte ich mich zu ihm runter und besah mir erst einmal den Vorfall, denn der Stoff war zwar von der Speiche abgerissen, aber der Gummistöpsel, mit dessen Hilfe man den gespannten Stoff an der Schirmspeiche unlösbar fixiert, war noch auf dem Metalldrahtende. Also schob ich die Speiche vorsichtig noch etwas weiter durch seine Lippen, was ihn erneut aufjaulen ließ, doch dank Carolas Trick konnte er sich nicht wegwinden. Dann mühte ich mich ab, den Gummi von der Speiche zu ziehen, was mir auch gelang, um schließlich die Speiche aus seiner Lippe zu entfernen.

Erleichtert schlüpfte er im Rückwärtsgang aus der Obhut seines Frauchens und schüttelte sich, dass das Wasser nur so aus seinem Fell spritzte, woraufhin wir uns davor in Sicherheit brachten. Doch dann lachten wir auf, weil wir doch schon nass waren. Da gab es erneut einen heftigen Blitz-Donner-Schlag, woraufhin Sascha – wie schon gehabt – sogleich auf mich zusprang und seinen Kopf wieder zwischen meinen Schenkeln vergrub.

Carola war es, die mich auf meine eingesaute Hose aufmerksam machte, so dass ich nur stumm auf das gleiche Problem bei ihrer Kleidung hinwies.

»Oh Gott, wenn meine Mutter das sieht«, schimpfte sie.

»Dann denkt sie glatt, du hast deine Tage vergessen«, versuchte ich sie zu trösten.

»Und was machen wir jetzt?«

»Ausziehen, die Sachen auf die Wiese legen und das Blut vom Wolkenbruch auswaschen lassen.«

»*Du bist gut*«, erwiderte sie lobend, zog sich auch schon mal das Hemd aus, um es achtlos fallen zu lassen, woraufhin Sascha hinzu sprang und es an sich riss. Doch sie war ebenso schnell zur Stelle, auf dass ein bei den Hunden sehr beliebtes Tauziehen einsetzte. »*Du Sauköter, lass sofort los!*«, tobte sie und ließ nicht locker.

»*Komm, lass gut sein, du hast doch bestimmt noch mehr T-Shirts.*«

»*Aber das gehört zum Shorty hier.*«

»*Okay, dann gib ihm auch noch die Hose, ich schenk dir ein neues, natürlich eine Tunika aus verwegener Spitze.*«

»*Dein Wort in Ehren*«, erwiderte sie und band sich das Höschen ab, um es Sascha zu übergeben. Doch der war mit dem Hemd schon längst auf dem Weg zum Schloss.

»*Und was ist mir dir? Ich kann dir keinen neuen Jogginganzug schenken, dafür reicht mein Taschengeld nicht*«, tönte sie lachend und baute sich vor mir auf, um mir beim Ausziehen zu helfen. Zuerst das Oberteil, dann band sie die Schuhe auf und half mir auch noch aus der Hose.

»*Du machst dich gut als Zofe*«, lobte ich sie dabei.

»*Ich weiß, Mama zieht mich auch immer damit auf...*«

»Das ist eine Unverschämtheit«, legte die Gräfin schon wieder los.

»Ich zitiere nur Ihre Tochter, denn es folgte noch ein Nachsatz: »*Das beruht auf Gegenseitigkeit.*«

»Und was haben Sie daraufhin erwidert?«, ging sie jetzt in die Offensive.

»*Schade, dass ich deine Mutter noch nicht kenne.*«

»Und was hat sie darauf geantwortet?«

»*Da hast du was versäumt.*«

Die ganze Richterbank einschließlich der Geschworenen lachte auf, um dann betreten drein zu blicken, denn Frau Gräfin sah schon faszinierend aus, und das lag nicht nur an dem kurzen Schwarzen mit dem seitlichen Schlitz.

»Aber recht hat sie schon, Frau Gräfin. Bitte fassen Sie es nicht als plumpes Kompliment von mir auf, aber Sie könnten die ältere Schwester von Carola sein.«

»Die ältere ... «

Das Lachen aller Anwesenden im Gerichtssaal wurde diesmal von diesen nicht mehr als peinlich empfunden.

»Und das hat sie Ihnen gesagt ... ?«

Das neuerliche Lachen schwoll sogleich wieder an.

»Aber Frau Gräfin, merken Sie nicht, dass er entweder um ihre Hand anhält oder um die Ihrer Tochter ... «

» ... um beide zu bekommen«, ergänzte der Richter schmunzelnd den dezenten Erläuterungshinweis des Staatsanwalts.

»Wollen Sie mich auf den Arm nehmen?«, erteilte sie sofort ein Pauschalurteil.

»Gern, aber ich würde mich erst noch einmal mit Carola absprechen.«

»Ob sie noch zustimmt?«, kam es kess zurück.

»Ob sie noch lebt, denn ich weiß wirklich nicht, wo sie sich gerade aufhält.«

»Das war also Ihre Version, was die Blutflecken auf den Kleidungsstücken betrifft«, kam der Staatsanwalt wieder zum Fall zurück.

»Ja.«

»Der Fall ist doch eigentlich glasklar, Herr Staatsanwalt, wenn der Hund mit seinem Blut die Kleidungsstücke eingesaut hat, kann mein Mandant nicht die Carola vergewaltigt oder gar getötet haben«, stellte mein Pflichtverteidiger schon mal klar.

»Das ist lediglich seine Aussage.«

»Und was hat die Laboruntersuchung ergeben, was die Blutübereinstimmung angeht.«

»Alles die gleiche Blutgruppe. Aber das entlastet nicht den Angeklagten.«

»Weil es etwa sein Blut ist?«

»Nein weil es gerade *nicht* sein Blut ist, also könnte es auch das Blut von Carola sein, das würde dann auf die Vergewaltigung hinauslaufen.«

»Und warum sollte es bei einer Vergewaltigung so viel Blut geben?«

»Carola ist noch eine Jungfrau, wenn ich es mal so umschreiben darf«, mischte sich die Gräfin wieder ein. »Wenn sie es jetzt nicht mehr ist, ist sie vergewaltigt worden.«

»Ah, die berühmte negative Beweisführung«, befand mein Verteidiger.

»Ich kann natürlich nicht beweisen, dass dem so war ... «

»Waas? Sie Rüpel!«

»Genaugenommen hat Carola mich vergewaltigt.«

»Sie spinnen.«

»Erzählen Sie lieber, wie es weiter ging«, war die Neugier des Staatsanwalts geweckt, »zumal ja noch fehlt, wieso Ihre Hose ganz woanders gefunden wurde, weder auf der Wiese noch beim Schloss.«

»Und wo wurde sie gefunden?«

»Unten an der ST 2226, da wo Carola den Aufstieg zum Schloss begann.«

»Oh ... «

»Da sind Sie baff«, war es der Staatsanwalt zufrieden. »Wie viel Zeit brauchen Sie jetzt, um sich eine neue Story auszudenken?«

Die Schlagfertigkeit des Staatsanwalts imponierte mir, wenn auch mehr im negativen Sinne. »Keine, die Geschichte geht ja in der Tat weiter, auch wenn ich noch immer nicht weiß, warum ich hier im

Schloss verhaftet wurde und warum Carola nicht da ist, um meine Thesen bestätigen zu können.«

»Herr Dr. Graf, wenn Ihnen nach und nach langsam alles wieder einfällt, wollen Sie dann noch einmal das Protokoll lesen, um zu sehen, was Sie uns alles schon anvertraut haben? Vielleicht wollen Sie etwas zurücknehmen oder es anders beurteilen ... «

Ich merkte schon, dass der Staatsanwalt mich mit meinem richtigen Namen angesprochen hat, aber was sollte das Entgegenkommen bedeuten?

»Nun ja, eine retrograde Amnesie hebt sich nicht von jetzt auf gleich auf, aber ich würde erst lieber die ganze Angelegenheit zu Ende erzählen. Falls was nicht stimmig sein kann, können wir es doch auch noch hinterher angehen – oder?«

»Natürlich«, kam es wortgleich aus dem Mund vom Richter als auch von meinem Pflichtverteidiger, die sich überrascht anschauten.

»Keine Angst, wir werden Sie danach im Kreuzverhör schon auf den richtigen Weg bringen«, vertraute mir der Staatsanwalt mit einem kumpelhaften Augenzwinkern an und lieferte einen Zettel beim Richter ab.

»Wo war ich stehen geblieben?«, wandte ich mich an den Richter, der kurz aufschreckte, um dann nachzufragen, was ich gefragt hätte.

»Ich habe vergessen, wo ich stehen geblieben war.«

»Da wo da Sie hoaben sich beide ausg'zogen«, kam es aus dem Mund der Gerichtsschreiberin.

»Richtig, kaum dass meine Hose zu Boden segelte – der Wind hat sie sofort weggeblasen –, da zog ich Carola an mich ran, um mit ihr schmusen zu wollen, denn sie hing förmlich an meinen Lippen. Wieder erfolgte ein heftiger Blitz-Donnerschlag, woraufhin ich nun absichtlich mit ihr zu Boden stürzte, denn wir waren in unserer aufrechten Stellung für einen Blitz bekanntermaßen ein ideales Einschlagsziel. Nun gut, wir nutzten die Horizontale gleich dazu aus ... «

»Also doch!«, tönte der Staatsanwalt zufrieden mit meinem Eingeständnis.

»Wozu nutzten Sie die Horizontale aus?«, wollte hingegen der sehr interessiert zuhörende Richter wissen.

»Wir balgten uns wie übermütige Kinder, bis ich mitbekam, worauf Carola hinauswollte.«

»Sie wollen ihr unterstellen ... «, tönte die Frau Gräfin empört.

»Nun ja, sie hockte sich auf mich drauf, wobei sie schon aufschrie als ein weiterer Donnerschlag uns erschreckte, denn ich kam aufgeschreckt hoch, weil ich ihr lieber nahelegen wollten, uns lieber rasch ins Schloss zu flüchten.«

»Da war es also passiert, darum die eingesaute Kleidung«, erkannte der Richter den Zusammenhang.

»Wieso eingesaut? Wir hatten nichts an ... «, widersprach ich.

»Sie dreckertes Schwein!«, war die erboste Stimme der Gräfin wieder zu hören.

»Doch da kam ein helles Licht aus dem Wald direkt auf uns zu, irgendwie kam mir der Gedanke, das könnte ein Kugelblitz sein. Denn so wie das einsame Licht hoch über dem Boden daher kam, eher schaukelte, bekam ich es zwar nicht mit der Angst zu tun, aber ich machte Carola auf den vermeintlichen Kugelblitz aufmerksam. Da sprang sie auch schon von mir runter und jagte sogleich mit den Worten *Lass die Hose, du Sau* dem Sascha hinterher. Verblüfft richtete ich mich auf, als auch schon ein Wagen über die Kastanienallee angerast kam, ein offener Jeep, wie ich erkennen konnte, der wohl sein Heil in der Flucht vor dem Wolkenbruch suchte. Ein Anhänger sprang wie ein Kobold hinter ihm her, auf dem etliche Baumstämme lagen. Also entweder ein Bauer aus der Umgebung oder ein Holzdieb. Da ich mich rasch wieder ins Gras drückte, dürfte er mich nicht mitbekommen haben, denn erst vor dem großen Tor zum Schloss bremste er ab, den rot aufflammenden Rücklichtern nach zu urteilen, also etwa da, wohin Carola dem Hund hinterhergerannt war.«

»Wir haben keinen offenen Jeep … «, intervenierte die Gräfin.

»Ich sprang auf und rannte in eben diese Richtung los. Es hätte ja sein können, dass der Fahrer Carola erkannt und sie in seinen Wagen aufgenommen hatte, wie und warum auch immer, sie war ja schließlich total nackt. Doch sie reagierte nicht auf meinen Zuruf, sie war emsig damit beschäftigt, dem Hund etwas Weißes abzujagen, was eindeutig nicht meine Jogginghose war, wobei sie ständig meinen Mercedes umrundeten. Ich vermutete mal, es dürfte der weiße Slip ihres Shortys gewesen sein.

»*Komm, hilf mir mal, ihn einzufangen*«, bat sie mich, sobald ich bei ihr aufgetaucht war.

»*Komm hilf mir mal lieber, meinen Wagenschlüssel zu finden, denn so kann ich jetzt unmöglich nach Hause laufen.*«

»*Du willst schon gehen?*«, fragte sie überrascht und kam auf mich zu.

»*Ich kann ja wohl schlecht nur mit dem Mini bekleidet vor deinen Vater treten, um um deine Hand anzuhalten.*«

»*Du willst waas?*«, glaubte sie sich verhört zu haben, dabei hatte ich es nur aus Spaß gesagt gehabt.

»*Na ja, du hast vergessen, mir ein Kondom aufzuziehen, was wenn du jetzt schwanger wirst?*«

Da lachte sie schallend auf. »*Ich und schwanger – war ja nichts passiert.*«

»Das will ich auch hoffen!«, tönte es erbost aus dem Saal.

»*Wieso bist du dir da so sicher?*«, fragte ich schon skeptisch aber dennoch hoffnungsvoll.

»*So was spürt man doch … *«

»*Ich schon, aber du auch?*«

»Na logo.«

»Sprichst du etwa aus Erfahrung?«

»Na logo«, kam es feixend zurück.

»Warte, du kleines Biest, mich zu belügen ... «, war schon der passende Kommentar aus dem Zuschauerrund zu hören.

»Frau Gräfin, unterlassen Sie die ständigen Zwischenrufe«, wurde die Geduld des Richters langsam überstrapaziert.

»Okay gehen wir ins Haus.« Und damit nahm sie meine Hand und zog mich hinter sich her auf das Schlossgartentor zu.

»Und was ist mit meiner Hose?«

»Bis morgen ist die sauber, bei dem Regen ... «

»Ich kann doch so ohne meine Sachen nicht in dein Schloss.«

»Ist keiner da, den du schocken könntest.«

»Trotzdem ... «, blieb ich standhaft und somit stehen.

»Dickschädel, also gehen wir sie suchen.«

Und schon rannte sie auf die Wiese zurück, ich hinter ihr her, um ihr zu helfen, Sascha einzufangen. Doch da blieb sie abrupt stehen, ich lief förmlich auf sie auf, doch im nächsten Moment lag ich auch schon auf dem Boden, sie scheint wohl Judo zu beherrschen. Doch das beherrsche ich auch, und schon setzte eine wilde Rangelei ein, wer hier Sieger bleiben würde. Wir wälzten uns wie kleine Kinder nackt im nassen Gras rum.«

»Und wer blieb Sieger?«, fragte der Richter schließlich interessiert in meine Verlegenheitspause.

»Na sie.«

»Und dann?«, hakte der Richter schon etwas erregt nach.

»Da kam es zum Da Capo.«

»Was passierte da?«, schien sich der Staatsanwalt nicht mit Begriffen aus der Musik auszukennen.

»Na ja da sie wieder juchzend auf mir auf und davon galoppierte, da kam ich halt.«

»So ein Schwein dreckertes!«, tobte die Gräfin erneut los.

»Ich fühlte mich natürlich auch mitschuldig, wenn man es mal so nennen will, und versprach ihr daraufhin die Ehe.«

»Von wegen, umgebracht hat er sie ... «

»Nein, ganz und gar nicht Frau Gräfin. Was mich mehr geschockt hat war, dass sich Carola schief und krumm gelacht hat, sie wäre für eine Ehe noch viel zu jung und ihre Mutter würde sie eher in ein Internat sperren und so. Aber da sie mich schon mag, würde sie mich mit ihrer Mutter verkuppeln, dann könnten wir uns tagsüber treffen, da ich ja nachts anderweitig beschäftigt wäre.«

»Und so einen totalen Schwachsinn muss ich mir anhören ... «

»Frau Gräfin, bitte unterbrechen Sie nicht ständig die Verhandlung«, rief der Richter erbost die Nebenklägerin zur Ruhe, denn eigentlich hatte nur ihr Anwalt das Recht, Einspruch einzulegen. »Weiter ... «

»Als ob ich noch zu haben wäre«, murmelte die Gräfin dennoch. »Ich kenne Sie ja nicht mal ... «, konnte sie sich mit dem Vorwurf einfach nicht abfinden.

»Okay, Sie haben ja Recht, Carola hat das bestimmt nur im Scherz gesagt, ich bin schließlich nicht adlig ... «

»Aber aber, Herr Doktor Peter Graf von Nürnberg«, ließ der Staatsanwalt genüsslich meinen Namen auf seiner Zunge vergehen.

»Und wo ist nun meine Tochter?«, zeigte sich die Gräfin unbeeindruckt.

»Da muss ich passen.«

»Aber sonst passt sie schon, Ihre Geschichte«, dröhnte der Staatsanwalt vor Lachen.

»Ja, gut ausgedacht, würd ich auch sagen«, schob der Richter auch noch schmunzelnd nach.

»Nur hat die Geschichte kein Happy End«, hatte der Vertreter der Anklage dennoch was dran auszusetzen. »Ihr Märchen in allen Ehren, aber wo ist nun Carola?«

»Stimmt«, befand ich auch. »Wieso konnte ich mich so lange an nichts mehr erinnern? Aber ich bin tatsächlich Peter Graf, natürlich bin ich nicht adlig. Warum haben *Sie* mir nicht auf die Sprünge geholfen?«

»Na hören Sie mal ... «, wollte der Vertreter der Anklage schon loslegen, weswegen ich sogleich nachlegte, dass man mich doch an Hand des Wagens leicht hätte identifizieren können.

»Das setzt voraus, Sie wären auch am Schloss mit einem Auto angekommen. Nur gab es da keinen Wagen, Herr Dr. Graf.«

»Ich bin doch nicht von Nürnberg hierher zu Fuß gelaufen.«

»Sie bestehen also darauf, mit einem Wagen hergekommen zu sein«, was ich mit einem stummen Kopfnicken bejahte. »Was war das für ein Wagen und welches Kennzeichen hat er?«

»Ein Mercedes 250, silbergrau mit dem Kennzeichen N-PG 208.«

»Sie können sich ja mit einem Mal an alles so gut erinnern, warum nicht gleich so?«

»Das fragen sich Ärzte oft, wenn ein Patient nicht so schnell gesund werden will, wie sie sich das erhofft haben.«

»Sie haben also die ganze Zeit über nur geschauspielert, um Zeit raus zu schinden, zwei Wochen leben sie schon auf Staatskosten.«

»Logo, das Leben bei den katholischen Schwestern war einfach himmlisch«, fiel ich dem Mann der Anklage hämisch ins Wort. »Aber eine andere Frage, was ist mit meiner Praxis? Warum hat mich da noch niemand vermisst?«

»Sie haben Betriebsferien.«

»Ich habe waas?«

»Betriebsferien sagt der Anrufbeantworter«, bestätigte der Richter die Angabe des Staatsanwaltes.

»Das ist doch unmöglich, ich habe eine volle Praxis, wir haben erst im September Ferien.«

»Falls Sie uns nichts vorflunkern, dann gibt es jetzt also schon zwei offene Fragen. Zum einen: Wo ist Carola und zum anderen: Wer hat Ihre Praxis in die Betriebsferien geschickt«, brachte es der Richter auf den Punkt.

»Letzteres lässt sich bestimmt schnell klären, er wird ja Personal haben«, wiegelte der Staatsanwalt ab.

»Frau Gräfin!«, rief ich in den Saal, »ist Ihre Tochter zu so einer Bosheit fähig?«

»Ich bin ja selber sprachlos ... «

»Angeklagter, Sie scheinen ja ein ausgekochter Ganove zu sein«, ergriff der Anwalt der Nebenklage das Wort. »Von wegen Frauenarzt in Nürnberg, von wegen Mercedes, von wegen, Sie wissen nicht, wo Sie Carola verscharrt haben, von wegen der Boxer liebt Sie. Hohes Gericht, das lässt sich doch leicht nachprüfen, ich bitte um Gegenüberstellung mit dem scharfen Hund.«

»Hohes Gericht, darf ich mich mit meinem Mandanten kurz besprechen«, bat mein Pflichtverteidiger um eine kurze Beratungspause.

»Ist das alles wirklich so abgelaufen?«, wollte er dann leise von mir wissen, was ich bejahte. »Insbesondere das mit dem Hund, der angeblich ein Zwingerhund ist und nur an der Kette gehalten werden kann. Haben Sie keine Angst vor einer Gegenüberstellung?« Was ich verneinte. »Hohes Gericht, ich unterstütze den Antrag der Nebenklage, was die Gegenüberstellung mit dem dem äh Boxer betrifft, wobei ich schon hoffe, dass der scharfe Hund mit einem Maulkorb vorgeführt wird.«

»Meinetwegen können Sie sogar den Maulkorb weglassen, dann können wir ja sehen, ob er mich liebt oder beißt«, musste ich meinen Kommentar auch noch dazu abgeben.

»Optimist, meinetwegen. Frau Gräfin«, rief der gutmütige Richter in den Saal, »können Sie Ihren Hausmeister erreichen, damit der den Sascha herbringt? Aber nur mit Maulkorb. Dann können wir ja sehen, was wir von seiner Erzählung halten dürfen.«

»Der wartet unten in meinem Wagen, ich werde ihn anrufen.« Und schon holte sie ihr Handy hervor, das sie natürlich erst starten musste, weil der Handybetrieb im Gerichtsgebäude unzulässig ist, und nahm mit dem alten Georg Kontakt auf. »Er hat sogar den Sascha dabei«, tat sie kund.

»Wunderbar, dann her mit dem Be- oder Entlastungszeugen«, gab der Richter grünes Licht, wobei er mich über den Rand seiner Hornbrille eindringlich anblickte, doch ich nickte nur zustimmend. »So und da kommt auch schon die Meldung, betreffend des Wagens ...« Er überflog kurz den Inhalt des Schreibens. »Es stimmt alles, aber der Wagen ist noch nicht aufgefunden worden.«

»Trotzdem, wie bin ich in das fremde Bett gekommen?«, konnte ich mich damit nicht anfreunden.

»Das würden wir auch gern wissen«, sagte der Staatsanwalt und schlürfte an seinem Kaffee, den man ihm wegen der kurzen Unterbrechung gebracht hatte.

»Von einer der Schwestern habe ich aufgeschnappt, dass sie schon mal einen Fall hatten, wo es um die sogenannten K.-o.-Tropfen ging. Sie kennen die Wirkung?« Der Staatsanwalt nickte stumm. »Könnte das hier nicht auch vorgelegen haben? Als Arzt kommt mir das spanisch vor, dass ich mich für etliche Tage an nichts mehr erinnern konnte.«

»Sie wollen ablenken, weil Sie spüren, dass Ihr Eis dünner wird«, kam es nicht gerade kooperativ zurück.

»Hohes Gericht«, nahm nun mein Pflichtverteidiger aktiv an der Verhandlung teil, »bis der Hund hier auftaucht, könnten Sie in den

Unterlagen nachsehen, was es mit dem Verdacht meines Mandanten auf sich haben könnte?«

»Das war doch wohl ein nur sehr vage geäußerter *Verdacht* ... «

»Der aber zutreffen könnte«, blieb mein Verteidiger stur. »Wenn bei meinem Mandanten zwischen dem Wunsch des Mädels, ihn ins Schloss mitzunehmen und seinem Aufwachen im Schloss eine Gedächtnislücke klafft, wo ein solcher eben angedeuteter Umstand schon eine Rolle gespielt haben dürfte.« Der Richter schüttelte den Kopf. »Ich erinnere an etliche diesbezügliche Gerichtsverfahren, die bis zum Oberlandgericht Nürnberg / Fürth gegangen sind mit entsprechender Verurteilung wegen Körperverletzung sogar bis hin zum Mord an der tschechischen Grenze, Sie werden sich erinnern. Ich darf doch wohl annehmen, dass in dem Krankenhaus, wohin man den damals unbekannten Mann gebracht hat, diesbezügliche Analysen vorgenommen wurden und in dem abschließenden Bericht zum Tragen gekommen sein dürften.«

»Der Verdacht, den Sie da äußern, beruht lediglich auf seiner Erzählung, die ja nicht stimmen muss und höchstwahrscheinlich auch gleich zusammenbrechen wird, wenn der Sascha hier auftaucht ... «

»Herr Staatsanwalt, ich wurde mit der Pflichtverteidigung beauftragt, aber ich hatte nicht die Zeit, die umfangreiche Akte intensiv zu studieren, Sie aber schon. Also was ist mit der Blutuntersuchung?«, wurde mein Anwalt nun unleidlich.

Doch da konnte man ein Bellen hören, das langsam näher kam. Schließlich betrat ein Wachtmeister mit dem Hausmeister Georg den Verhandlungssaal, auf dass sich der junge Hund verängstigt an den alten Mann schmiegte.

»Hohes Gericht, der scharfe Hund ist da«, tönte der Wachtmeister.

»Ah, Sie meinen den Sascha und sein Herrchen«, relativierte der Richter schmunzelnd, saß er doch außerhalb der Reichweite des Vier-

beiners, den der Hausmeister an der kurzen Leine hielt, ein Würge-
halsband und der geforderte Maulkorb waren erkennbar.

»Nun, Sie heißen?«

»Georg Braunbach, und das ist Sascha.«

»Herr Braunbach, Sie kennen den jungen Hund schon lange und
er respektiert Sie?«

»Seit er Welpe ist bin ich für ihn verantwortlich.«

»Wer führt den Hund aus?«

»Na ich.«

»Und Carola?«

»Sie führt ihn nicht aus … «, versuchte der alte Georg standhaft zu
bleiben, wobei er aber verunsichert einen Blick zur Gräfin riskierte.

»Aber sie ist schon mit ihm, sagen wir mal, befreundet?«

»Unmöglich«, machte sich die Gräfin wieder bemerkbar. »Er ist
tagsüber im Zwinger und läuft nachts frei im Schlosshof rum.«

»Stimmt das?«, wollte der Richter vom Hausmeister wissen.

»Ja und nein«, zögerte er. »Wenn ich mit ihm von unserer Runde
im Hochwald zurückkehre, dann ist er oft bei mir in der Wohnung,
und Carola ist da auch oft da.«

»Verstehe. Herr Braunbach, können Sie Sascha mal zum Angeklagten führen?«

Doch auf mein leises »Sascha, hierher«, musste der alte Georg erst
gar nicht zu mir kommen, denn der Boxer machte sogleich einen
Satz vorwärts und riss den alten Mann natürlich gleich mit sich, der
daraufhin zu Boden stürzte und die Leine losließ. Und schon sprang
Sascha an mir hoch, nur der Maulkorb hinderte ihn daran, mein
Gesicht abzuschlecken.

Als ich sagte »Ist gut Sascha, mach Platz«, da ignorierte er vor
Freude einfach die Aufforderung und schob stattdessen seinen Kopf
zwischen meine Schenkel, um sich von mir lieber mit Krauleinheiten
besänftigen zu lassen.

»So Sascha, suchen wir Carola.«

Niemand hielt mich zurück, als ich mit dem wieder an der Leine geführten jungen Hund aus meiner Bank heraustrat und zum Zuschauerraum ging. Dann machte ich ihn von der Leine los und sagte nur: »Such Carola.«

Er blickte kurz auf und schon zog er los, geriet in die falsche Reihe, machte kehrt und versuchte es mit der nächsten Reihe und schon hatte er die schwarzhaarige Maid erkannt und sprang ihr fast vor Freude auf den Schoß.

War das eine Wiedersehensfreude, obwohl Carola anfangs glaubte, einen Irrtum vortäuschen zu können. Doch Sascha ließ sich nichts vormachen, schließlich liebkoste sie ihn, wobei sie seinen Maulkorb abnahm und ihm auf die feuchte Nasenspitze einen Kuss gab.

»Schade«, hörte man den Staatsanwalt sagen.

»Wieso schade?«, fragte der Richter verwundert. »Sie ist es doch, oder nicht?«

»Ich hatte schon geglaubt, nun steht ein verzauberter Prinz vor uns«, tönte der Staatsanwalt lachend.

»Mensch Carola, da bist du ja«, war ihre Mutter weniger begeistert. »Komm du mir mal nach Hause, dann setzt es was … «

»Genau deswegen bin ich nicht mehr nach Hause gekommen.«

»Aber Ihre Mutter hätte Ihnen doch nicht den Kopf abgerissen«, hoffte zumindest der Richter.

»Aber der Doktor schon.«

»Ich? Niemals, ich bin echt froh, dass es dich noch gibt.«

»Ich habe deinen Mercedes benutzt … «

»Du bist mit dem großen Wagen geflüchtet?«, war ich echt baff und betonte dabei fast jedes Wort einzeln.

»Na ja, weil du am Morgen nicht wach zu kriegen warst, bin ich runtergegangen und habe dafür noch einmal nach dem Wagenschlüssel gesucht, den du verloren hattest. Und ich habe ihn gefunden. Na klar, dass ich mich in den edlen Schlitten reingesetzt habe, nur mal so aus Spaß, versteht sich. Doch da tauchte wie aus heiterem Himmel der Wagen von Mama auf, die ja erst am nächsten Tag zurückkommen wollte. Da hab ich 'ne Krise gekriegt, hab den Motor gestartet und schon fuhr der Wagen von alleine los, ich musste nur noch lenken.«

»Das Automatikgetriebe«, murmelte ich entgeistert.

»Du hast doch keinen Führerschein«, wunderte sich ihre Mutter.

»Der Wagen hat auch Automatik, genau wie deiner, hab doch gesehen, wie du damit fährst.«

»Bist du wahnsinnig!«

»Ist ja nichts passiert.«

»Und wo ist der Wagen jetzt?«, wollte ich wissen.

Sie zuckte mit den Schultern. »Ich weiß nicht ... «

»Waas?«, tönte es mehrstimmig.

»Ich hab ihn auf der Tankstelle auf der A9 angehalten, bin rein- gegangen und habe mich nach dem Weg nach Nürnberg erkundigt, du weißt, da gibt es so viele Zufahrten. Na ja, als ich wieder rauskam, war der Wagen weg.«

»Hattest du etwa den Motor angelassen?«

»Ja, ich wollte ja gleich wieder weiterfahren.«

»Und da sagt man, nur Blondinen passiert so was«, stöhnte mein Anwalt.

»Ich bin blond, hab mir nur die Haare gefärbt, weil ich hier zuhö- ren wollte.«

Das Lachen wollte kein Ende nehmen, so dass der Richter wie- der mit dem Hammer eingreifen musste. »Wann war das?«, wollte er wissen.

»Na ja, am selben Tag noch ... «

»Also vor zwei Wochen. Da ist der schon längst im Ausland«, fasste der Staatsanwalt zusammen.

»Und wo hast du die Zwischenzeit über gelebt?«, wollte die Gräfin wissen.

»Bei Oma ... Muss ich jetzt ins Gefängnis?«

»Nur wenn du schon über 16 bist«, triezte ich sie absichtlich.

»Werd ich erst im August ... «

»Dann haben Sie also mit einer Minderjährigen Sex gehabt«, tönte der Staatsanwalt zufrieden, doch noch ein Haar in der Suppe gefunden zu haben.

»Eine andere Frage, hast du wenigstens mein Schlüsselbund und mein Portmonee an dich genommen?«

»Willst du die gleich haben?«

»Hast *du* das etwa mit der Praxis so arrangiert?«

»Na ja, als ich in der Zeitung von der Sache las von wegen Unbekannter ohne Gedächtnis im Schloss aufgefunden, da habe ich es mit der Angst zu tun gekriegt, habe den Mädels in der Praxis Bescheid gesagt, dass du heiraten musst und wir sofort auf Hochzeitsreise gehen. Das mit der Hochzeit gilt doch noch – oder?« Und schon rollten Tränen über die Wangen.

»Er läuft Ihnen schon nicht weg, denn Sie werden wohl so schnell nicht auf Reise gehen können. Denn jetzt würde ich – und natürlich auch das Hohe Gericht – wissen wollen, was passiert war, nachdem Sie mit dem Doktor Graf ins Schloss gekommen waren«, intervenierte der Staatsanwalt. »Sie haben ja die Anhörung mitverfolgen können, haben Sie dazu etwas zu sagen?«

»Wie was dazu sagen? Soll ich das etwa alles noch einmal wiederholen?«

»Es war also so abgelaufen, wie es der Angeklagte eben geschildert hat?«, fragte der Richter nach.

»Ja.«

»Und wie kam es dazu, dass er schlafend in Ihrem Bett von der Frau Gräfin aufgefunden wurde?«

»Na ja, ich hab da wohl ein bisschen überdosiert ... «

»Was? Womit? Warum?«, prasselten die Fragen aus den verschiedensten Mündern auf Carola ein.

»Na ja, wir wollten auf unsere Ehe mit Sekt anstoßen und ich freute mich schon auf die heiße Nacht, aber der Sekt muss ihn – wie soll ich sagen –, also er stand nicht mehr und Peter war auch betrübt. Da hab ich gesagt, es liegt wohl am Sekt, ich werde ihm ein Glas heiße Milch machen, denn Milch macht müde Männer munter, sagt man doch – oder?« Das Lachen aus dem Zuhörerkreis hielt sich in Grenzen, man wollte eher Tatsachen hören. »Ich wusste, dass Mama in ihrem Badezimmer die Viagra hat ... «

»Waas?«, kreischte da jemand auf.

»Die hast du doch immer Paps in die heiße Milch gerührt, wenn er erschöpft war ... «

Das Lachen schwoll wieder an.

»Wo, woher weißt du das?«

»Na ja, ich bin nun mal neugierig und Paps wollte mir auch nie so genau erklären, wie das geht, er hat mir das nur mit den Vibratoren gezeigt.«

»Gezeigt?«

»Ja, die sind schlanker, sein Riese wär bei mir nie reingegangen.«

Das Gelächter ging in ein Kreischen über.

»Hohes Gericht, ich glaube wir sollten die Öffentlichkeit ausschließen«, schlug der besorgte Anwalt der Nebenklage vor.

»Carola, werden Sie uns noch mehr solcher peinlichen Enthüllungen vortragen, denken Sie an den unbescholtenen Ruf Ihres Elternhauses«, ermahnte sie der Richter.

»Okay.«

»Also Sie haben ihm die Viagra in einem Glas heißer Milch verabreicht. Aber wie erklären Sie sich, dass er davon eingeschlafen ist und sogar noch Tage später sich an nichts mehr erinnern kann? Haben Sie vielleicht mit ein paar K-.o.-Tropfen nachgeholfen?«, drückte sich der Staatsanwalt nicht um den heißen Brei herum.

»Ob das K.-o.-Tropfen waren, weiß ich nicht, ich weiß nur, dass Ma immer zu der Viagra diese Tropfen hinzugegeben hat, weil sie sich drin besser aufgelöst haben.«

»Frau Gräfin, was sind das für Tropfen?«

»Beruhigungsmittel, weil mein Mann durch die Viagra immer so aufgeregt war und hohen Blutdruck hat und so, das hat mein Arzt mir so empfohlen gehabt.«

»Aber über die Dosierung haben Sie Ihrer Tochter nichts erzählt?«

»Hab ja gar nicht gewusst, dass das Gör mich dabei beobachtet hat.«

»Herr Doktor Graf, Sie als Arzt können uns vielleicht aufklären, was es mit der Viagra und dem Beruhigungsmittel auf sich hat«, bat mich der Richter um Hilfestellung.

»Nun ja, die Viagra soll durch einen venösen Stau den Schwellkörper im Penis anschwellen lassen, um ihn zu versteifen, was leider auch zu einem Blutdruckanstieg führt, der bei Männern mit hohem Blutdruck zu einer gefährlichen *Hypertonen Krise* führen kann, z. B. mit der Gefahr eines Schlaganfalls ... «

»Ach darum ... «, war die Gräfin wieder zu hören.

»Was ›ach darum‹?«, hakte der Staatsanwalt sogleich nach.

»Mein Mann ist an einem Schlaganfall gestorben.«

»Weil Sie ... «

»Nein, ich war da verreist gewesen.«

»Sie meinen, er hat die Viagra ... «

» ... ohne das Beruhigungsmittel genommen. Nur warum?«

»Ich glaube, das gehört hier jetzt nicht zu dem Fall«, blockte der Richter sogleich ab. »Also Carola, Sie haben die Viagra auch mit dem Beruhigungsmittel gemischt ... «

»Ich habe die zerstampfte Tablette in der Flüssigkeit aufgelöst und das dann in die Milch gegeben. Peter hat das ganze Glas Milch in einem Schluck ausgetrunken. Da Mama immer ein bisschen gewartet hat, bevor sie, na Sie wissen schon, habe ich das Glas auch in die Küche gebracht und sauber gewaschen und als ich zurückkam, war Peter eingeschlafen. Ich bekam ihn einfach nicht mehr wach, so dass ich mich voller Panik neben ihn gelegt hab und aufgepasst hab, dass sein Herz nicht stehen bleibt, es schlug ganz langsam und sehr kräftig. Warum das bei ihm so anders lief als bei Papa, ich weiß es nicht.«

»Du hast Papa auch davon ... «

»Nein, ich nicht!«, kam sogleich ein heftiger Protest. »Na ja, das mit dem Vibrator war langweilig geworden, da haben wir es dann vorsichtig probiert und als es gut klappte, wollte ich gern auf ihm reiten, so wie es meine Freundinnen auch machen ... Da war es dann passiert.«

»Du hast ihn umgebracht?«

»Nein, er war so happy und als er am nächsten Morgen aufgestanden ist, muss es passiert sein ... «

»Und du hast ruhig zugesehen?«

»Ich war in der Schule. Als ich nachmittags nach Hause kam, war er schon kalt und völlig steif.« Und schon heulte sie los.

Die Stille im Saal wurde nur von Carolas Schluchzen angefüllt.

»Herr Staatsanwalt, ich glaube wir können die Akte über den angeblichen Mord- und Einbruchsversuch schließen, die vermisste Carola ist wieder aufgetaucht, der Erinnerungsverlust von Herrn Doktor Graf ist nachvollziehbar, sollte der Herr Doktor den verschwundenen Wagen ersetzt haben, so geht das über ein Zivilverfahren gegen die Frau Gräfin, da Carola noch nicht volljährig ist. Andererseits würde ich raten mit der Hochzeit zu warten, bis Carola volljährig ist, also 18. Wie Sie sich mit der Frau Gräfin einigen werden, ist dann Ihre Sache, Herr Doktor Graf.«

»Sie meinen, ich soll bis dahin die Frau Gräfin heiraten«, fragte ich ganz konfus zurück.

»Oh ja«, jubelte Carola auf, »dann bleibt alles in der Familie und ich verspreche dir, du kriegst von mir nie wieder die Viagra.«

11

Der **Rhein**
oder Petra und der Reinfall

Ich fuhr am Rhein so für mich hin und hatte nichts in Sinn, was heißt, ich hatte mich in den Zustand der inneren Zufriedenheit begeben. Mit kurzen Pausen saß ich schon seit drei Stunden hinter dem Steuer des leise vor sich hin summenden Mercedes und hörte gerade ein Klavierkonzert von Chopin. Rechts lag der schon arg gefüllte Vater Rhein im Dämmerlicht, die rötlich glühende Sonne nervte auch schon seit geraumer Zeit, rollte ich doch manchmal geradewegs auf sie zu. Doch jetzt war ich nach Norden abgebogen und konnte sie links liegen lassen. Dafür fuhr ich seit geraumer Zeit auch schon mit Abblendlicht, das silbergraue Metallic war für den Gegenverkehr kaum noch auszumachen, verschmolz es doch förmlich mit dem Grau des Asphalts, wie ich von entgegenkommenden Fahrzeugen gleicher Farbe her bemerkte.

Wegen des Hochwassers sorgten keine Schiffe für etwas Ablenkung, waren die Silhouetten der Burgen durch den abendlichen Dunst auch kaum noch auszumachen. Die sporadisch aufleuchtenden Scheinwerfer der Entgegenkommenden nervten auch schon langsam. Tja, das Befahren einer Land- wenn auch hier einer Bundesstraße hatte auch seine eigenen Reize, ich hatte mehr an die positiven geglaubt gehabt. Doch es gab eben auch negative, so zum Beispiel die entgegenkommenden Fahrzeuge, als hätte ich es plötzlich mit Geisterfahrern zu tun.

Hinter Frankfurt hatte ich die A 3 verlassen und mich diversen Autobahnen mit sechziger Nummern anvertraut, um zum Rhein runter zu kommen. Ich wollte mal wieder den Reiz des romantisch engen Rheindurchbruchs zwischen Bingen und Koblenz auf mich wirken lassen mit all seinen vielen Burgen und Ruinen, die zu besteigen ich allerdings weder Zeit noch Muße hatte, denn ich wollte eine Fortbildungsveranstaltung der Ärztekammer Hessen besuchen. Also war ich bei Bingen von der A 60 auf die B 9 gewechselt, die mich am westlichen Ufer des Rheins nach Koblenz bringen sollte.

Andererseits so eine Kahnfahrt, also mit so einem langen Lastschiff unterwegs zu sein, muss auch ganz schön langweilig sein, da kann man schon verstehen, dass so mancher Kapitän auch mal vom Sekundenschlaf übermannt am mächtigen Steuer einschläft und auf Grund läuft. Logo, dass er dann vorgibt, von einer Loreley abgelenkt worden zu sein.

Da gab es auf der Straße schon mehr Ablenkung, so z. B. die überholenden Gegner wieder einscheren zu lassen oder auch nicht. Nun gut, das Spiel würde ungünstig ausgehen, bestimmt auch für mich, obwohl das hier ein Mietwagen mit solider Knautschzone war, denn ich wollte mal einen prächtigen Mercedes auskosten, und das ging finanziell nun mal am günstigsten auf einer reinen Dienstreise. Bei Medizinern sind das eben die Fortbildungsveranstaltungen, deren Anzahl pro Jahr sogar vom Gesundheitsminister vorgeschrieben war, sonst läuft man Gefahr, die Kassenzulassung zu verlieren. Und man durfte den Ehepartner nicht mitnehmen, schon aber die Chefsekretärin, das war wiederum vom Finanzminister vorgeschrieben, sonst wäre es eine Vergnügungsreise, urteilen unsere Finanzgerichte. Also Vorschriften auf Vorschriften für die angeblich freien Berufe, der reinste Wahnsinn.

Bis zu meinem Endziel in Koblenz waren es noch etliche Kilometer, die sich immer länger hinstreckten, als wär ein Kilometer ein dehnbarer Begriff. Boppard hatte ich gerade hinter mir gelassen, im nächsten Ort sollte ich mal eine Pause einlegen und einen kurzen Spaziergang am Wasser machen. Und da das noch eine Weile hin war, versuchte ich mich mit sinnvollen oder unsinnigen (Werbe-)Sprüchen wach zu halten.

›*Mach mal Pause, trink Coca Cola*‹, war die eine Reklame, die mir dauernd in den Sinn kam, die andere ›*Wer wird denn gleich in die Luft gehen, greife lieber zum BH*‹, als ich auch schon auflachen musste, war doch dieser Versprecher damals so kaum vorstellbar gewesen. Also: ›*Greife lieber zur HB*‹, musste es richtig heißen, womit eine Zigarettenmarke gemeint war. Und dazu gehörte auch noch ein kurzer, aber sehr einprägsamer Zeichentrick-Film mit dem berühmten HB-Männchen.

Aber dieser Werbespot (*wer wird denn gleich in die Luft gehen*) wäre auch wunderbar angesagt, wenn sich wieder mal ein Bäuerlein mit seinem auf 40 oder gar auf 25 km/h begrenzten Trecker auf eine Bundesstraße verirrt, was wohlgemerkt erlaubt ist. Natürlich würde da auch der Spruch ›*Leben und leben lassen*‹ gut angebracht sein, denn mal Hand aufs Herz, wovon sollten wir leben, wenn es keine Bauern mehr gäbe?

Nur ein Spruch war zumindest auf dieser Fahrt noch nicht angesagt gewesen: ›*Nach dem Essen sollst du ruh'n oder tausend Schritte tun*‹, denn es fehlte entweder das Essen oder der Parkplatz war mit Lkw schon zugeparkt, weil man mit dem Bau neuer Parkplätze einfach nicht mehr nachkam, die zunehmende Anzahl von Lkw auf den Straßen nahm langsam dramatische Formen an, dabei haben wir doch ein gut ausgebautes Schienennetz. Na ja und von der stets nur hinter vorgehaltener Hand geflüsterten Alternative ›*Nach dem Essen sollst du rauchen oder eine Frau gebrauchen*‹, konnte ich auch keinen Gebrauch machen, denn zum einen war ich Nichtraucher und zum anderen fuhr ich alleine, was natürlich nicht als Ausrede gelten sollte, sondern nur als Klarstellung.

Meine Jasmin hat mich ja gewarnt gehabt, vormittags die volle Praxis, dann ohne Verschnaufpause gleich ins Auto und ab die Post, das könnte mir mal teuer zu stehen kommen: Herzschlag, Hirnschlag, Sekundenschlaf und was sie noch alles aufgezählt hatte. Dabei ist sie nur meine Chefsekretärin, aber zugleich auch mein Mädchen für alles. Leider verheiratet, darum konnte sie mich nicht zur Fortbildung begleiten, was gleichbedeutend war mit Ablösen am Steuer, denn ihr Mann hatte an diesem Wochenende keinen Flug zu absolvieren. Drei Tage frei für vier Tage Arbeit am Stück hieß es bei ihm. Ärzte haben für fünf volle Praxistage am Stück höchsten zwei Tage frei, das sogenannte freie Wochenende, wäre da nicht die ständige Rufbereitschaft. Und die wird sogar von Gerichten als ganz selbstverständliche Behandlungsbereitschaft angesehen. Und deswegen war ich auf Jasmins Mann richtig neidisch, wäre da nicht seine häufige Anwesenheit zu Hause ... «

He, was soll der Scheiß!

Ich konnte von Glück sagen, dass hier in der Linkskurve die Leitplanke fehlte, so dass ich aufs Bankett ausweichen konnte, sonst wär der Typ frontal in mich reingerauscht. Doch irgendwie schien etwas nicht zu stimmen, denn der Wagen ließ sich nicht mehr auf die Straße zurücklenken. Lenken ließ er sich schon, nur gab es keine diesbezügliche Reaktion. Dafür gab es einen dumpfen Schlag, der aber vom Sicherheitsgurt abgefedert wurde. Doch es war kein Baum vor mir zu sehen, gegen den ich gefahren sein könnte. Auch das Lenkrad zeigte keine Reaktion mehr. Also hatte ich das geglückte Ausweichmanöver nur geträumt, zumal um mich herum eine Totenstille herrschte, was mich dann aber schon beunruhigte.

Ein Blick aus dem Fenster und ich bekam einen herben Schreck. Ich befand mich halb auf und halb unter dem Wasser, denn es reichte mir fast bis zur Hüfte, jedenfalls außerhalb meiner eigenen vier Wände aus wenn auch edel verkleidetem Blech. Ich würde wohl gen Koblenz schwimmen müssen.

Doch langsam fand ich wieder zu meiner Ruhe zurück, denn noch saß ich in meinem Auto und der Wagen schwamm, so man das denn von einem normalen Auto sagen kann, denn es war schließlich kein VW-Kübelwagen, sondern ein edler Mercedes 280 mit einer hervorragenden Verarbeitung. An ein schnelles Eindringen des Wassers war also nicht zur denken, so dass ich die nächsten Schritte wohlüberlegt überlegen konnte.

Der Saukerl war derart schnell durch seine Rechtskurve gerast, dass er in der Kurve wohl die Gewalt über seinen Wagen verloren hatte und auf meine Fahrbahn rausgedrängt wurde, also entweder ein jugendlicher Anfänger, ein Drogenberauschter, ein Betrunkener, ein Wahnsinniger oder ein Selbstmörder. Logo, dass der nicht angehalten haben dürfte, er hatte es ja eilig gehabt. Dabei hatte ich nicht mal gespürt, dass er meinen Wagen touchiert haben könnte, zumindest der linke Außenspiegel war noch dran, wie ich gerade feststellen konnte. Nur wieso gerade in dieser Kurve die Leitplanke fehlte, das würde mich schon interessieren. Oder hatte man stattdessen da ein rot-weiß gestreiftes Band befestigt gehabt? Bestreiten wollte ich das lieber nicht, denn irgendetwas flog plötzlich quer durch die Luft, als hätte ich als Erster eine Zielgerade passiert. Nur eine Planke aus zählebigem Stahl war es eindeutig nicht gewesen.

Ob mein Hintermann dem auch ausweichen konnte? Der BMW klebte schon seit einigen Kilometern so dicht an mir dran, als wollte er in meinem Windschatten Benzin sparen. So gesehen dürfte mein Unfallverursacher wohl doch noch wie auch immer dingfest gemacht worden sein, und sei es in der Schnauze des BMW, was mir schon recht war.

Als ich mich nach hinten umschaute, musste ich lachen, denn vom BMW hinter mir war natürlich nichts mehr zu sehen. Andererseits lag der Wagen noch gut auf oder besser gesagt im Wasser, hinten höher als vorn. Um mich herum nur glucksende Geräusche vom einsprudelnden Wasser und bestimmt nicht von Schwimmbadqualität. Die rote Ladelampe leuchtete noch auf, der Motor war natürlich abgesoffen, im wahrsten Sinn des Wortes. Hoffentlich hatte der herbe Temperaturschock nicht den Katalysator zerlegt, was mich abermals amüsierte, jetzt an so etwas zu denken. Mit dem Scheinwerferhebel konnte ich leider auch kein Schwein mehr auf mich aufmerksam machen. Doch mit der Warnblickanlage klappte es noch, das gelbe Blinklicht wurde im Wasser diffus verteilt. Ich ließ es blinken, so konnte man den Wagen vom Hubschrauber aus besser orten, mit und ohne meine Wenigkeit. Nur lange sollte es nicht mehr dauern, mich zu finden, denn die nasse Kälte strich schon an meinen Beinen langsam aber sicher aufwärts.

Die Alternative, nämlich Baden zu gehen, lag schon nahe, wenn sie auch nicht gerade verlockend war, aber ich würde mich wohl mit dem Gedanken real anfreunden müssen. Da die Straße an dieser Stelle vom Ufer weggeleitet worden war, ließ sich leider nicht verleugnen, dass wir – also der Mercedes und ich – vom nahen Ufer abgetrieben wurden, denn die Lichter zur Linken waren schon auf Distanz gegangen. Die zur Rechten konnte man getrost vergessen, denn dazwischen lag der reißende Strom, Deutschlands längster Fluss, der Rhein. Nun gut, er gehört nicht komplett zu Deutschland, die Quelle liegt in der Schweiz und die Mündung in den Niederlanden. Trotzdem ist er der deutsche Strom schlechthin.

Aber einen Nachteil hat der Rhein schon: Auf Grund seiner Länge wurde er zur Dachrinne von halb Deutschland, der bei lang anhaltendem Regen das noch hinzukommende Regenwasser oft nicht mehr brav abtransportieren kann, weshalb er notgedrungen schon mal über die Ufer treten muss. Dafür sollte man schon Verständnis haben, denn wohin sollte er sonst mit dem vielen Nass? Und dieser Zustand war gerade wieder mal eingetreten.

Also konnte ich von Glück sagen, dass mich seine Fluten nur auf den schmalen, überschwemmten Auen erwischt hatten, wo noch etliches an Unterholz den enormen Wassermassen Paroli bot und somit meinen Mercedes davon abhielt, einfach auf und davon zu treiben. Der nächste natürliche Halt wäre dann die Nordsee.

Da der Wasserstand im Wagen schnell anstieg, sollte ich jetzt an den Ausstieg denken. Ich zog den neben dem Fahrersitz am Boden liegenden Stockschirm vor und kurbelte das Schiebedach auf. Gottlob hatte der edle Wagen noch keinen elektrisch zu betätigenden Öffnungsmechanismus, denn dann hätte ich die schon arg umständliche Ausstiegsart via Seitenfenster befolgen müssen. Wobei auch dann das Problem erst recht zum Problemfall werden würde, wenn die Fenster auch nur noch über einen elektrisch betriebenen Hebemechanismus verfügten, wie er bei modernen Wagen langsam aber sicher nur noch so anzutreffen ist. Aber keine Angst, dann könnte man auch noch aus einem im Wasser versinkenden Wagen entkommen, sagen gestählte jugendliche Extremsportler, man muss nur abwarten bis der Wagen vollgelaufen ist, dann lässt sich nämlich die Wagentür (leichter) öffnen, um dann einfach wie üblich auszusteigen. Natürlich sollte man solange die Luft anhalten (können).

Also kletterte ich auf den Sitz und spielte U-Bootkommandant nach dem Auftauchen. Die Luft tat gut, eine echte Wohltat gegenüber dem Mief, dem ich im Wagen ausgesetzt war, Mief im Sinne von verbrauchter Atemluft. Ich hielt nach einem Baum Ausschau, den ich mit der Krücke meines Herrenschirms ködern könnte, um mich drauf retten zu können.

Doch statt an die Alleebäume trieb der Wagen jetzt an einem Zaun mit hohem Eisengitter entlang, die gusseisernen Spitzen sahen nicht gerade unüberwindbar aus. Da ein gusseiserner Zaun zumeist auf einem Sockel aus Stein montiert sein dürfte, könnte ich mich bestimmt auf selbigem bis irgendwohin entlang hangeln, um dann vielleicht eine Pforte zu finden, durch die hindurch ich mich auf trockenes Terrain retten konnte.

Da der Wagen vorn schon bis zur Motorhaube im Wasser versunken war, das luftige Heck hingegen noch aus dem Wasser ragte, kletterte ich ganz auf das Dach und ließ mich über die Heckscheibe auf die Kofferraumklappe abgleiten, wobei ich mich an der Dachantenne festhalten konnte. Von da aus hoffte ich auf die Nähe des Zaunes, so dass ich die Krücke in eine der Eisenspitzen einhaken könnte, um den Wagen näher an den Zaun heranzuziehen. Wir trieben auf eine in der Nähe des Zaunes stehende Straßenlaterne zu. Ich fing sie mit dem Regenschirm ein, kam ins Rutschen und fiel prompt ins Wasser, auch eine Art des Reinfalls, konnte ich mir nur dazu gratulieren.

Natürlich hatte ich den Schirm loslassen müssen, doch ich war mit einem kurzen Schwimmstoß wieder am Zahn und erklomm den Mauersockel. Nun reichte mir das Wasser immer noch bis zur Taille, bis zur Straße dürfte es wohl mehr als Manneshöhe haben, der Laterne nach zu urteilen. Ich war glücklich, es bis hierher geschafft zu haben. Trotzdem ein trauriger Anblick, das gelb blinkende Heck meines Mercedes langsam verschwinden zu sehen.

Erstaunlich, wie schnell ich fror, obwohl doch gerade Sommeranfang war. Da die Laterne natürlich keinen Schein mehr von sich gab, war ich bei der schon weit fortgeschrittenen Dämmerung mehr auf mein Tastgefühl angewiesen und stieg von Gitterstab zu Gitterstab am Zaun entlang, doch eine Pforte war nicht dabei. Als ich an einem Mauersockel anlangte, war wohl endgültig Endstation angesagt für meine Wanderung per pedes nach Koblenz.

Da dieser Mauersockel höher reichte als die Spitzen des Zaunes, war schon die Frage erlaubt, ob es sich möglicherweise um eine Garage handeln könnte. Auch schien die Länge der dunklen Mauer dahin zu deuten, also musste es doch auch eine Einfahrt geben und möglicherweise auch ein Garagendach, auf das zu steigen die Zaunpfähle sich regelrecht anboten. Ich hangelte mich also an zwei der Vierkantstäbe hoch, ertastete tatsächlich das Dach eines Gebäudes, die gewellten Eternitplatten deuteten zumindest daraufhin, und stieg über. Da Eternitplatten als Laufstege ungeeignet sind, musste ich mich brav auf die drunter liegende Mauer konzentrieren, um nicht in das Dach einzubrechen. Eine halb geöffnete Lichtkuppel erweckte in mir natürlich sogleich meine Neugierde. Ich robbte bäuchlings auf die mögliche Einstiegsmöglichkeit zu und war bass erstaunt, ein Boot zu sehen, ein weißes, elegantes Motorboot, das im Licht einer Stableuchte gut auszumachen war.

Wo aber ein Licht noch brennt, dürfte ein menschliches Wesen auch nicht weit sein, sagte ich mir. Schwer zu sagen, ob das Wesen über mein Auftauchen erfreut sein durfte, schließlich betrat ich das Grundstück zu einer Unzeit und auch noch garantiert von der falschen Seite her, denn wer am Rhein wohnt, ist das Hochwasser gewöhnt, hat sich also schon längst einen zweiten, sprich trockenen Zugang zu seinem Anwesen angelegt. Nun drangen auch noch laute, nicht gerade freundlich gesonnene Worte an meine Ohren, die eher auf einen Streit schließen ließen. Ich verharrte erst einmal in meiner misslichen Lage und harrte der Dinge, die sich da anzubahnen schienen. Möglicherweise war ich gerade zur falschen Zeit am falschen Ort.

Und diese Annahme bestätigte sich sogleich, als ich eine Gestalt in einem hellerleuchteten Raum des großen angrenzenden Hauses sah. Die hatte sich mit einer Ganzkopfbedeckung unkenntlich gemacht und schien eine handfeste Auseinandersetzung mit einem schlanken Geschöpf in garantiert unfreundlicher Manier zu führen, doch bei der vermutlich überfallenen Frau auf erheblichen, wohl nicht einkalkulierten Widerstand traf. Ein zweiter Typ kam hinzu, ebenfalls vermummt.

Mein Beschützerherz geriet sogleich in Wallung, also beschloss ich, den Zugang zum Haus durch die Glaskuppel zu versuchen. Da niemand im Bootsschuppen zu sehen war, ließ ich mich durch die aufgeklappte Glaskuppel herab auf das Boot fallen, das sogleich beachtlich zu schlingern begann, doch das konnte ich austarieren. Aber das ließ sofort einen Menschen auftauchen, der in einem Taucheranzug für Schnorchler an der Unterseite des Bootes etwas auszuführen gewillt war. Da er sogleich Anstalten machte, aus dem Wasser zu kommen – sein Messer in der Hand versprach keine freundliche Begrüßung –, da überwog mein Lebenswille und ich trat ihm heftig gegen den Kopf, woraufhin er sang- und klaglos wieder im Wasser verschwand. Dann eilte ich auf eine halb geöffnete Tür zu, hinter der eine Treppe zu sehen war, die wohl ins Haus hoch führte.

Ich schloss die Tür, sperrte ab und nahm den Schlüssel mit, hechtete die Treppe hoch, um noch rechtzeitig im Wohnraum auf das miteinander kämpfende Trio zu stoßen. Doch vorher musste noch ein Typ gleicher Ausrüstung ausgeschaltet werden – Ausrüstung im Sinne von Sturmhaube –, der mit vollen Armen auf die Treppenstufen konzentriert mir entgegen kam. Ich drückte mich in eine Nische und ließ ihn passieren, gab ihm dann einen kräftigen Stoß in den Rücken, woraufhin er die restlichen Stufen vornüber herabstürzte – nichts von wegen elegantes Abrollen, er blieb bewegungslos liegen. Ich stieg zu ihm runter, löste die graue Pudelmütze mit Sehschlitz vom Kopf und zog ihn hinter mir her zur verschlossenen Tür. Als ich die aufsperrte, konnte ich den Bewusstlosen sogleich seinem wieder aufgetauchten Kumpel in die Arme drücken, woraufhin beide wieder baden gingen.

Da das Licht nur hinderlich war, nahm ich die Lampe an mich und warf sie dem Schwimmer zu, der sie gekonnt auffing, doch dann mit einem Aufschrei unterging. Ich hätte wohl vorher den Stecker aus der Dose ziehen sollen.

Sodann hastete ich die Treppenstufen hoch, wobei ich schon darauf achtete, nicht auf die auf der Treppe verstreut liegenden Preziosen zu treten. Ich gelangte in einen Raum, wohl eine Art Wirtschaftsraum, und betrat dann die elegant eingerichtete Küche, wo ich den schlankeren Part des kämpfenden Trios gefesselt vorfand, doch den Geräuschen nach zu urteilen, dürfte es noch einen übriggebliebenen zweiten Kämpfer geben. Obwohl die sportlich schlanke Maid wegen des Knebels gar nicht mehr schreien konnte, drückte ich einen Finger auf meine Lippen, damit sie mich als den rettenden Held einstufen sollte, und erlöste sie vom Knebel.

»Der räumt gerade den Safe aus.«

Mit Hilfe eines Messers riss ich das zähe Paketband auf, mit dem ihre Hände und Arme am Körper fixiert waren. Ich fragte die junge Frau leise nach der Anzahl der Einbrecher, sie hielt stumm zwei Finger hoch. Da der Dieb von Bagdad mit den Preziosen also der eine Mann gewesen war, müsste ich jetzt nur noch nach dem anderen suchen.

Die junge Frau massierte sich erst einmal die Handgelenke, ihr Gesicht sah übel misshandelt aus, von aufgeplatzter Lippe bis hin zur blutenden Nase, doch das konnte warten. Dem Geräusch folgend schlichen wir an die nächste Tür, sie führte ins Wohnzimmer. Jetzt konnte ich den muskelbeladenen Typen etwas näher in Augenschein nehmen, er hatte schon die ganze Einrichtung wohl auf der Suche nach dem Tresor durchwühlt. Ich packte eine Vase und warf sie auf die andere Seite des Zimmers, woraufhin er sogleich dahin schaute. Doch im gleichen Augenblick war ich bei ihm und jagte ihm einen kräftigen Schlag in seine rechte Niere. Als er rein reflektorisch die Arme hochriss, bekam die linke Niere auch noch einen Schlag gleicher

Qualität ab, so dass er langsam rücklings zu Boden fiel, der Kopf schlug hörbar auf den weißen Steinfliesen auf.

Die junge Frau war sogleich bei ihm und riss ihm die Haube vom Kopf. »Oh Nein! Das darf nicht wahr sein«, schrie sie leise und echt überrascht auf.

»Was ist? Kennst du ihn?«

»Und ob, das ist Henry, der Sohn vom Grafen.«

»Des Hauseigentümers?«

»Ja, er hat den Sohn enterbt, weil der das ganze Vermögen verscherbelt. Der muss rausgefunden haben, dass sich der Graf in Kiel aufhält und hat mich hier überfallen.«

»Bist du allein hier?«

»Detlef ist noch da, der Hausmeister, wollte gerade das Boot reparieren ... «

»Oh ... «

»Was ist?«

»Da kam ich gerade zu spät, der eine Gangster hat ihn wohl gerade gekillt.«

»Echt? Auch nicht weiter schlimm, der hat sowieso zum Sohn gehalten, wurde von ihm bestochen, ihm Wertgegenstände auszuhändigen, die der kriminelle Sprössling verkaufen konnte.«

Ich atmete erleichtert weiter.

»Und was machst du hier?«, wurde ich direkt angesprochen.

»Oh, ich hatte die Orientierung im Wasser verloren und wollte nur nachfragen, ob ich nach rechts oder nach links weiterschwimmen muss, um nach Koblenz zu kommen.«

»Willst du mich verarschen?« Sie checkte mich mit raschem Blick ab, ihre durchgedrückten Hände sahen nicht gerade ungefährlich aus. »Aber nass siehst du schon aus.«

»Mein Auto wurde vor vielleicht einer halben Stunde im Rhein versenkt.«

»Echt?« Ihre Hände entspannten sich wieder.

»An dem Stück Straße fehlte lediglich die Leitplanke. Aus einer Linkskurve etwas oberhalb von hier kam ein Auto auf mich zugeschossen, voll auf meiner Seite. Ich konnte gottlob noch ausweichen, eben weil die Leitplanke fehlte.«

»Da war gestern erst wieder ein Unfall gewesen.«

»Siehst, Duplizität der Fälle.«

»Bist du sonst noch verletzt?«

»Nur nass und seelisch am Boden. Und wie geht es dir?«

»Geht schon. Der Kopf brummt noch, das Nasenbluten hat schon aufgehört. Aber was machen wir jetzt mit ihm? Die Polizei holen?«

»Das macht bestimmt viel Ärger, zumal wenn du deinen Grafen nicht vorher um Rat fragen kannst. Kann man das Boot ins Wasser lassen?«

»Doch nicht jetzt – oder?«

»Doch schon.«

»Und wo willst du da hin?«, kam es misstrauisch zurück, wobei ich schon bemerkte, wie sie ihre Muskeln wieder anspannte.

»Ich nicht, ich bin froh, Land unter den Füßen zu haben. Aber ich dachte an die beiden Typen da unten und ihren Boss hier oben. Logo, dass das Boot irgendwo auf Grund läuft und die Mannschaft dann so was wie ertrinkt, dachte ich.«

»Die Idee ist gut, nur steht das Boot auf einem Bootsanhänger und den kann nur der Jeep zum Wasser ziehen.«

»Aber geschaukelt hatte es schon, als ich vom Dach aus drauf sprang.«

»Echt?«

»Weißt du, warum der Hausmeister im Taucheranzug am Boot gewerkelt hat?«

»Das war beim Reinziehen etwas Leck geschlagen.«

»Kam mir schon mysteriös vor, als er mit einem Messer auf mich zu kam ... «

»Hast du ihn etwa gleich ausgeschaltet?«, fiel sie mir sogleich misstrauisch ins Wort.

»Ich bin nun mal ein Fan von James Bond und liebe keine halben Sachen.« Ich war gespannt, wie sie drauf reagieren würde.

Doch sie lachte nur. »Oh du edler Held, hast dich mit der Mafia angelegt, um mich zu befreien.« Der Kuss war mir sicher. »Aber was machen wir mit ihm?«, befragte sie mich und deutete mit dem nackten Fuß auf den Bewegungslosen. »James Bond würde ihn bestimmt auf die Elegante beseitigen – oder?«

»Wie schon gesagt, der Rhein bietet sich gerade dazu an.«

»Wir müssen also nur das Boot zu Wasser bringen.«

»Ay, Ay Captain, schon gemacht, d.h. Vater Rhein war es.«

»Mir will nicht in den Kopf, wie bist du hier auf mich aufmerksam geworden, das Haustür-Geläut hat doch nicht angeschlagen.«

»Ich kam von der anderen Seite, vom Rheinufer her. Ich wollte eigentlich nur wissen, wie ich von hier nach Koblenz komme. Dort habe ich im Deutschen Kaiser ein Zimmer gebucht.«

»Und warum?«

»Da findet meine Fortbildung statt.«

»Und wofür bildest du dich fort?«.

»Die übliche Fortbildung für Ärzte.«

»Also bist du üblicherweise ein Arzt.«

»Genaugenommen ja.«

»Und gehst dennoch über Leichen?«

»Mein Hobby.«

»Bist du etwa Gerichtsmediziner?« Erstaunlich mit welcher Engelsgeduld sie mir jedes Wort einzeln aus dem Mund zog.

»Noch leben meine Patientinnen.«

»Bist du etwa auch ein Gynäkologe?«

»Bist du etwa eine Kollegin?«

»Nein, ich bin nur das Mädchen für alles, wenn auch nur für den Grafen.«

»Akzeptiert. So und jetzt ab in den Keller, bevor die beiden Kellerkinder wieder aufwachen. Benötigt man einen Schlüssel um das Boot zu starten und die Tür vom Bootshaus zu öffnen? Oder muss ich nach meinem abgetriebenen Mercedes tauchen, um deinen Sparringpartner dort zu entsorgen?«

»Bisschen fiel auf einmal. Den Bootsschlüssel habe ich hier oben, den Schlüssel vom Bootshaus hat Detlev.«

»Geht auch der? Ist allerdings nur von der Kellertür zum Bootshaus.«

»Genau der reicht für deine Belange.«

»Und wie kriegt man das Tor auf?«

»Elektrisch, ist sonst zu schwer. Aber wie willst du das Boot vom Hänger lösen, es ist da festgegurtet, damit es beim Anfahren aus dem Wasser nicht wieder ins Wasser zurückrutscht.«

»Bist du schon mal damit gefahren?«

»Logo, kannst du Wasserski fahren?«

»Auf dem Rhein?«

»Vor St. Tropez, da haben der Graf ein Chalet.«

»Vornehm geht die Welt zu Grunde. Also wird es was Ernsthaftes, um den Versicherungsbetrug auszuschließen.«

»Was für einen Versicherungsbetrug?«

»Das verlorengegangene Boot, mein verlorengegangenes Auto, der verlorengegangene Schmuck, der verlorengegangene Hausmeister, du siehst, da geht viel den Bach runter. Nennen wir den Bach mal Rhein, da kommt uns das reißende Hochwasser gerade recht.«

»Und dem willst du dich anvertrauen?«, kam es bedrohlich rüber.

»Wenn dann nur mit dir zusammen. Aber aus dem Opfertod wird nichts, dazu gefällst du mir viel zu sehr.«

»Und was wird deine Frau dazu sagen, wenn du mit mir zu Haus auftauchst?«

»Was würdest du dazu sagen?«

»Ich würde dich umbringen.«

»Okay, dann werde ich von jetzt ab nach dir keine andere Frau mehr mit mir zu uns nach Hause bringen.«

Sie brauchte etwas, wohl um den komplizierten Satz erst einmal analysieren zu können. »Ich meinte *dein* Zuhause.«

»Davon sprach ich auch, es liegt aber in Nürnberg. Wenn dir hingegen das Schloss hier lieber ist, dann sollte ich in die Rolle *deines* Detlefs schlüpfen, damit seine Abwesenheit nicht groß auffällt und du nicht mutterseelenallein in deinem Bettchen schlafen musst.«

»Das war nicht *mein* Detlef.«

»Schade ... «

»Wieso?«

»Auf wen darf ich denn dann eifersüchtig sein? Auf den Grafen etwa?«

Sie lachte auf. »Der könnte dein Vater sein. Ich hingegen bin noch zu haben, aber ... «

»Aber was?«

»Ich bin sehr wählerisch, entweder ich liebe dich, bis dass der Tod uns scheidet. Oder ich scheide dich schon vorher aus.«

»Und wann entscheidest du dich?«

»Wenn das hier alles zu meiner vollsten Zufriedenheit über die Bühne gegangen ist.«

»An mir soll es nicht liegen. Schaffst du es, den Typen allein die Treppe zum Boot runterzutragen? Es dürfen allerdings keine Schleifspuren zu sehen sein.«

»Schaffst du es, mich mit dem Typen auf meinen Armen die Treppe zum Boot runter zu tragen?«

»Okay, dann werde ich dir natürlich helfen. Du vorn rückwärts oder ich hinten vorwärts.«

Da lachte sie schon wieder los. »Du bist vielleicht ein Filou ... Ich bin Petra und wie darf ich dich nennen?«

»Peter.«

»Mach keinen Scheiß ... «

»Dr. Peter Graf, Gynäkologe aus Nürnberg, kannst mich sogar im Telefonbuch finden.«

»Also gut Peter, dann gehst du rückwärts vor, packst den Koloss von Rhodos unter die Arme, während ich mich an den langen Beinen erfreue.«

»Sollen wir ihn vorher entkleiden?«

»Du meinst, damit er im Wasser besser schwimmen kann?«

»Damit dich sein Anblick wieder aufbaut, du kleine wilde Raubkatze. Hohl den Zündschlüssel, damit wir die drei Mann in einem Boot dem Rhein anvertrauen können, bevor die Polizei hier auftaucht.«

»Und warum sollte die hier auftauchen?«

»Weil mein Auto etwas weiter unterhalb im Gestrüpp hängen geblieben ist, ohne mich wohlgemerkt.«

»Echt?«

Doch bevor ich das alles noch einmal wieder holen konnte, war sie mit einem ›bin gleich zurück‹ schon unterwegs.

Da der Typ zum Tragen tatsächlich zu schwer war, der Rautekgriff aber eine Spur auf den weißen Keramikfliesen hinterlassen dürfte, musste ich also auf meine Traumfrau in spe warten. Es war schon ein erhabenes Gefühl, einen wenn auch entmündigten Adligen zu besiegen. Schließlich sterben Adlige nicht gern im Bett, wie man aus der Geschichte weiß, sondern lieben den Tod auf dem Schlachtfeld. Und wie auf einem Schlachtfeld sah es hier in der Tat aus. Da tauchte Petra wieder auf.

»Du hast den Schlüssel zum Erfolg?«, fragte ich verblüfft an, hatte sie die Gelegenheit doch gar nicht dafür benutzt, ihr Outfit wieder aufzufrischen, sich zu verschönern, sich begehrenswerter zu machen, was jede Frau sonst als Erstes tun würde, wobei es mich schon wunderte, dass sogar noch einiges vom Paketband an ihrem Dress klebte. Sie winkte lediglich mit einem Schlüssel.

Dann beugte sie sich zu den Beinen runter und hob sie an, ich packte dass Muskelpaket unter der Achsel, und ab ging es mit wenn auch kurzem Absetzen an den diversen Türen. Auf der glitschigen Treppe ließ sie es leichter angehen, indem sie seine Beine losließ, weswegen er wie ein Möbelstück ins Gleiten kam und mich gegen die untere Tür presste. Hätte die jemand jetzt geöffnet, wär ich Detlef ins nasse Grab gefolgt. Ich ließ den guten Mann los und schloss die Tür auf, doch es war keiner zu sehen, der mich hätte angreifen können, denn es war jetzt stockfinster im Bootsschuppen. Daraufhin griff Petra nach einer starken Taschenlampe und leuchtete auf das Wasser: Entwarnung, beide Männer lagen im Wasser wie die zwei Enten in einem Kinderlied: *Köpfchen unter Wasser, Schwänzchen in die Höh* – in diesem Falle war es der Po.

Unser stolzer Recke wurde über die Reling gehievt, die beiden Kumpanen aus dem grauen Nass gefischt und ebenfalls an Bord genommen, was gar nicht mal so einfach ging, denn nasse Leichen sind schwerer als trockene. Dann ließ sie das Tor vom Schuppen hochgehen, ein Rolltor. Der Außenbordmotor hing noch in der Luft, vermutlich würde er sich sonst am Bootsanhänger verhaken. Das Boot ließ sich schon freischaukeln, also dürfte Detlef warum auch immer schon vorgearbeitet haben. Doch zunächst mussten wir es völlig vom Bootsanhänger schieben, um den Motor ins Wasser schwenken zu können, was wir vom Steg im Bootshaus aus bewerkstelligen konnten. Doch dann trieb es langsam ab, aber in die falsche Richtung, nämlich in jene Richtung, wo mein Auto schon hängen geblieben war.

»He, das geht nicht, das treibt in die Büsche«, rief ich Petra leise zu, die aber schon mit einem Gummiboot nachfolgte. Ich sprang vorn, also am Bug auf das Deck der Zehnmeterjacht und ließ mir von Petra ein Seil zuwerfen, so dass sie längsseits kommen konnte, um überzusteigen. Behutsam senkten wir den Außenborder ins Wasser, sie startete den Motor, der sonore Klang verriet eine PS-starke Maschine.

»Kennst du die Schneise, die das Boot zum Rhein bringt? Ich meine da, wo die Strömung ist.«

»Mit oder ohne uns?«

»Ohne. Ich hoffe, das Steuer lässt sich doch feststellen – oder?«

»Dann steig schon mal ins Gummiboot über, damit ich reinspringen kann, wenn die Kiste abzischt.«

»Langsam wäre mir lieber.«

»Bist wohl ’ne Landratte«, spöttelte sie.

Doch ich konnte aus der etwas höheren Tonfrequenz heraushören, dass sie aus dem Leer- in den Vorwärtslauf geschaltet hatte. Sie ließ das Boot sich aber erst einmal auf der Stelle um 180° herumdrehen – was einen supermodernen Antrieb bedeutete –, so dass es jetzt mit dem Bug zum Rhein hinzeigte. Dann glitt das Boot vorwärts langsam davon, daraufhin sprang sie zu mir ins Beiboot. Leider verfehlte sie es und landete voll im Wasser. Aber kein Problem sie wieder aufzufischen, nur dass sie eben jetzt auch nass war, wenn auch ein bisschen nasser als ich.

»Du Schlingel, das hast du absichtlich gemacht«, tobte sie sogleich, kaum dass ich sie ins Boot geholt hatte.

Doch ihre geballte Ladung ließ uns beide sogleich über Bord gehen, so dass wir notgedrungen zum Anwesen zurückschwimmen mussten, was mir dafür das bestimmt mühsame Rudern gegen die wenn auch seichte Strömung schon mal ersparte.

Gottlob war es inzwischen so dunkel geworden, dass man das davontreibende Boot nicht mehr ausmachen konnte.

Das Licht der zurückgelassenen großen Taschenlampe war leider von See aus nicht mehr zu sehen, so dass wir nur andeutungsweise ans Ufer schwimmen konnten und tatsächlich etwas abgedriftet waren. Wir gelangten am Zaun in etwa dort an, wo ich mein erstes Bad genommen hatte. Während Petra am Zaun entlang schwamm, tastete ich mich auf dem Steinsockel des Zaunes step by step vorwärts. Sie kam als erste an. Ich versuchte mich um den dicken Mauersockel herum zu hangeln, wobei ich mich am Eternitdach vorwärts tastete. Als ein Stück der Platte abbrach, landete ich doch noch im Wasser und spürte festen Boden unter den Füßen, wobei mir das Wasser bis zum Hals reichte. Insofern konnte der Hausmeister tatsächlich stehenden Fußes am Boot werkeln.

Petra war schon an Land gestiegen und half mir aus dem kühlen Nass, denn ich konnte im Dunklen nicht sehen, wo der Ausstieg auf den schmalen Steg war. Das wenige an Licht, was aus dem Treppenhaus in den Bootsschuppen fiel, beleuchtete gerade mal den schmalen Steg, auf dem wir jetzt standen.

»Ich bräuchte jetzt ein heißes Bad«, hörte ich Petra sagen, auch wenn sie nicht gerade mit den Zähnen schnatterte.

»Reicht die Wanne auch für zwei?«, scherzte ich.

»Wenn du den Untermann spielst?«

»Bist du etwa eine begnadete Reiterin?«

»Sie ist eine gefürchtete Reiterin, sie schlägt alle ihre Konkurrenten um Längen«, tönte es von oben und die festinstallierte Garagenbeleuchtung flammte auf.

»Oh Herr Graf, so schnell zurück?«, fragte Petra bass erstaunt.

»Damit hast du wohl nicht gerechnet, du kleines Luder.«

»Worauf bezieht sich das Luder?«, mischte ich mich ein.

»Seien Sie stille, die Polizei wird gleich hier sein. Aber kommt erst mal hoch, ich will kein Unmensch sein, sonst holt ihr euch vom Bad im kühlen Rhein noch den Tod. Und wo ist das Boot? Wohl beim Wasserski-Laufen verunglückt. Und warum sieht es oben aus wie in Sodom und Gomorrha?«

»Ich bin überfallen worden … «

»Kommt erst mal hoch, ich will kein Unmensch sein. Die Polizei ist schon da.«

Und damit ließ er seine H&M, die womöglich neun 9mm Parabellum-Geschosse ihr Eigen nannte, sinken, behielt sie aber weiterhin in der Hand. Ansonsten war er schon eine respektable hochgewachsene Erscheinung, wie man sie bei Adligen oft vorfindet: Kniebundhose, Flanellhemd und Lederweste, als käme er gerade von einem Ausritt zurück.

»Gut dass Sie die Polizei schon gerufen haben«, begann ich auch schon ungefragt zu erzählen, »denn man hat bei einem Unfall da oben meinen Mercedes in den Fluss abgedrängt, wobei ich gottlob auf Ihr Anwesen zutrieb. Und als dann das Boot aus der Halle langsam suchend auf mich zugefahren kam, da hoffte ich natürlich auf Hilfe. Doch das einzige was passierte, die warfen etwas über Bord. Ich dachte an einen Rettungsring, denn mein Wagen ging gerade unter. Ich schwamm auf den vermeintlichen Rettungsring zu und traf dabei auf die junge Frau hier, die irgendwie gefesselt war. Ich habe sie zum Zaun geschleppt und konnte ihr das Paketband aufreißen. Schon erstaunlich, dass sie nicht dabei ertrunken war. Also können Sie ruhig die Pistole wegstecken, ich bin unbewaffnet.«

»Und das sollen wir Ihnen glauben?«, tauchte auch noch ein uniformierter Beamter auf, woraufhin der Graf seine Pistole wieder in die Weste zurücksteckte und nach oben ging.

»Der Unfall war vor etwa einer Stunde, wo mich ein Raser von der Straße abgedrängt hat. Hätte da nicht die Leitplanke gefehlt, wär der Typ wie ein Irrer frontal in meinen Mercedes gerast.«

»Er ist in einen BMW gerast, zwei Tote, aber beide Wagen stehen noch auf der Straße«, verriet mir der Polizist.

»Dann habe ich mir also nur den Sturz in den Rhein eingebildet, bin nur aus Spaß im Rhein schwimmen gegangen und habe nur so aus Versehen die junge Frau vor dem Ertrinken gerettet.«

»Alles faule Ausreden, er hat eben versucht mein Haus auszurauben, Herr Wachtmeister«, tönte der Graf, der zurückgekommen war, »und dürfte wohl mit dem Boot abgehauen sein, das jetzt da wohl irgendwo im Gestrüpp hängen geblieben ist, das können Sie ja morgen bei Tage suchen.«

»Mein Auto ist da irgendwo hängengeblieben, die gelben Warnblinker müssten noch leuchten, wenn die Batterie noch mitspielt.«

»Günter, geh mal gucken«, forderte der Beamte einen Kollegen auf, der hinter ihm vortrat, an uns vorbei die Treppe herabstieg, aber dann doch vor dem Wasser kapitulierte.

»Hier steht das Wasser metertief«, rief er seinem Kollegen zu.

»Dann komm wieder hoch.« Und an mich gerichtet. »Stimmt das wirklich? Ich werde einen Helikopter anfordern, das kommt Sie teuer zu stehen, wenn das nicht stimmt. So, gehen wir ins Haus.«

Kaum betraten wir die Küche, bemerkte ich Fußabdrücke, die auch von mir stammen könnten. Darum lief ich absichtlich weiter in das Wohnzimmer hinein, um mich verwundert dort umzusehen, also genau dahin, wo ich den Gangster erledigt hatte. Somit waren meine Fußabdrücke jetzt tatsächlich zu sehen.

»Das sieht hier ja schlimm aus«, tönte ich entsetzt, denn der Polizeibeamte war mit dem Grafen und Petra in der Küche zurückgeblieben, um sie wohl von mir getrennt zu befragen. Da Petra aber meine

Aussage gegenüber dem Grafen mitverfolgt hatte, dürfte ihre Aussage sich an meiner orientieren.

»Mann, latschen Sie da nicht rum! Sie verwischen die Spuren«, schrie mich jemand hinter mir an.

Erschrocken drehte ich mich um und sah in das unwirsche Gesicht jenes Beamten, der sich nicht ins Wasser getraut hatte, so dass ich in die Küche zurückkehrte. Dort sah ich Petra noch einiges vom Paketband von ihrem Dress ablösen und zu dem hinzufügen, was ich vorher hier schon von ihr abgelöst hatte, als hätte sie diesen Schwachpunkt in unserem Alibi auch schon erkannt: Das Entfernen ihrer Fesseln schon hier in der Küche, also vor dem Bad im Rheinwasser.

»Sie bleiben im Wohnzimmer«, beorderte mich der ranghöhere Polizist wieder ins Wohnzimmer zurück, vermutlich wollte er, dass wir getrennt befragt werden sollten.

»Vielleicht kann man *vom Dach* des Bootshauses meinen Mercedes sehen«, meinte ich in Richtung meines Beamten, der mir ins Wohnzimmer wieder gefolgt war. »Dann brauchen Sie nicht den Hubschrauber. Ist ein Mietwagen, ich komme von Nürnberg. Mein Name ist Graf, Dr. Peter Graf, ich bin Frauenarzt und war zu einer Fortbildungsveranstaltung nach Koblenz unterwegs, als ich den Fast-Zusammenstoß hatte.«

Dabei hatte ich in meine hintere Hosentasche gegriffen, um mein Portmonee mit den Papieren vor zu holen, woraufhin der Beamte reflexartig seine Pistole aus dem Halfter riss und sie auf mich richtete. Ich tat so, als hätte ich es nicht bemerkt. Unbeeindruckt zog ich also das Portmonee langsam aus der Hosentasche vor, was wegen der Nässe nicht so einfach zu bewerkstelligen war, und holte dann den Plastikausweis hervor, den ich ihm rüberreichte. Da erst tat ich, als ob ich erschrak.

»Schon gut«, murmelte er und schob die Waffe wieder zurück. Dafür nahm er mir den Ausweis ab, entzifferte die Daten und notierte sie in seinem Notizbuch. Den Ausweis bekam ich wieder zurück.

»Und das mit dem Unfall, was war da passiert, Herr Graf?«

»Ich war auf dem Weg zu einem Kongress in Koblenz, der morgen anfängt, ich wollte im Hotel Deutscher Kaiser absteigen. Also ich fahre schon an die drei bis vier Stunden, als da plötzlich ein Wagen mit viel zu hohem Tempo förmlich auf mich zuraste. Wäre es auf einer Geraden passiert, hätte man ihn als Selbstmordkandidaten bezeichnen müssen. Hier war er – so vermute ich mal – durch das hohe Tempo aus der Kurve getragen worden, also direkt auf meine Spur. Den Zusammenstoß konnte ich gerade noch verhindern, indem ich nach rechts auswich, weil da gottlob die Leitplanke fehlte. Die ganze Zeit fuhr schon ein BMW in meinem Windschatten hinter mir her, bestimmt schon etliche Kilometer. Ich darf annehmen, dass es ihn erwischt hat? Doch durch das Ausweichen war ich im Wasser gelandet.

Der Wagen trieb gottlob noch ein Stück am Ufer entlang, lief aber langsam voll. Da der Mercedes ein Schiebedach besaß, musste ich nicht durch die Tür raus, was ich nur vom Hörensagen kenne, wie schwierig das sein soll. Also kurbelte ich das Schiebedach auf, gottlob war es kein elektrisch betriebenes, denn der Strom schien nicht mehr zu funktionieren.« Ich hielt inne, als ob ich nachdenklich wurde. »Komisch, die Warnblinkanlage funktionierte noch, aber mit dem Scheinwerferhebel konnte ich das Fernlicht nicht mehr schalten, um auf mich aufmerksam zu machen, seltsam ... Na egal, ich trieb also auf das Anwesen hier zu und hoffte mich am Zaungitter vielleicht festhalten zu können. Da kam aus dem Grundstück ein weißes Boot gefahren. Ich dachte, ich fantasiere schon, ein weißes Boot nachts bei Hochwasser. Es fuhr langsam, ich nahm natürlich an, die suchten mich.

Doch da ging mein Auto unter. Ich kam mir vor wie ein Kapitän auf einem sinkenden Schiff, der bekanntlich mit seinem Schiff unterzugehen pflegt. Ich bemühte mich also noch rechtzeitig aus dem Schiebedach raus und hörte noch, wie jemand wohl aus dem weißen Schiff was über Bord warf. Ich konnte nicht sehen was es war, hörte nur das Klatschen und schwamm einfach drauf zu in der Annahme, dass sie mir einen Rettungsring zugeworfen hätten. Da stieß ich an die Frau, die gefesselte Frau. Gottlob lag sie auf dem Rücken, ich griff sie und zog sie zum Zaun, riss mit den Zähnen das zähe Klebeband auf, so dass ich ihre Hände und Arme frei bekam. Sie hat mir dann gezeigt, wie wir durch die Garage zum Haus schwimmen können und da hat er uns mit der Pistole empfangen.«

Und damit zeigte ich auf den Mittsechziger, der mit Petra und dem anderen Polizisten gerade ins Wohnzimmer eintrat.

»Also das mit dem Boot versteh ich nicht«, tönte seine sonore Stimme. »Der Detlef war doch noch damit beschäftigt, das Leck zu beheben.«

»Was für ein Leck?«, wollte der Beamte neben mir wissen.

»Na, beim Reinfahren in die Garage hier war das Boot leider vom Hänger gerutscht und gegen eine Eisenrampe gekracht, mit der Folge, dass ein hässlicher Riss im Rumpf entstand. Detlef wollte den mit Kunstharz und Fiberglas beheben, ob er damit schon fertig war, wage ich zu bezweifeln.«

»In der Garage?«

»Ja, wo sonst.«

»Aber das dürfte doch noch im Wasser gelegen haben.«

»Der Kitt hält auch unter Wasser, man muss ihn nur in den Spalt reinkneten, dort härtet er dann aus. Natürlich nur provisorisch, bis man eine Werft anlaufen kann mit Trockendock und so. Aber warum wollten sie mit dem Boot fliehen, Henrys Wagen stand doch vor dem Haus, das will mir nicht in den Kopf.«

»Henry hatte ein Martinshorn gehört«, schaltete sich Petra ein, »dachte wohl, das ist auf dem Weg hierher. Da ist er in Panik geraten und abgehauen und hat mich gleich mitgenommen.«

»Das wär verständlich«, sah der Beamte neben ihm ein.

»Und wo ist Ihr Sohn jetzt?«

»Na auf dem Boot«, erwiderte stattdessen Petra. »Er hatte mich ja wie ein Paket verpackt mitgeschleppt gehabt und mich beim Raus-fahren einfach der Strömung anvertraut, dass man mich bestimmt so schnell nicht gefunden hätte, wäre *er* (und damit zeigte sie eindeutig auf mich) nicht da gewesen. Denn ich konnte nicht schreien, konnte nicht schwimmen, aber ich konnte mich auf den Rücken drehen und mich treiben lassen. Da hat er mich zum Zaun gezogen und mit den Zähnen das Paketband zerrissen und ich konnte meine Arme wieder bewegen. Stell dir mal vor, er wollte eigentlich nur fragen, in welche Richtung er schwimmen müsste, um nach Koblenz zu gelangen.«

»Nach Koblenz?«

»Schwimmen?«

»Er?«

Drei Fragen gleichzeitig ausgesprochen, gut getimt könnte man sagen.

»Der Herr Graf will dort an einem Kongress teilnehmen«, warf mein Beamter ein.

»Ich?«, fragte der echte Graf irritiert.

»Nein ich. Peter Graf ... «

» ... von Nürnberg«, ergänzte der Beamte aus seinem Notizbuch und fügte noch an: »Frauenarzt aus Nürnberg.«

»Was denn, Sie auch?«, war der richtige Graf verdutzt.

»Wie auch?«

»Meine Frau war auch Gynäkologin.«

»War?«

»Ja, sie kam leider bei einem Verkehrsunfall ums Leben. Eine Leitplanke war ihr Schicksal, sie wurde förmlich aufgeschlitzt.«

»Papa, nein!«, schrie Petra auf und warf sich weinend an mich, ich konnte ihren von plötzlichen Weinkrämpfen geschüttelten Körper nur mühsam durch sanfte Streicheleinheiten wieder beruhigen.

»Entschuldige, Liebes«, kam er sogleich auf seine Tochter zu und streichelte ihr behutsam über den Haarschopf.

»Das war mir nur so rausgerutscht«, raunte er mir zu. »Sie kannte die Details nicht ... Sie verstehen ... «

Und ob ich verstand. »Sie ist Ihre Tochter?«

»Ja.«

»Und das war Ihr Sohn, der da mit dem Boot bei Nacht und Nebel abgehauen ist?«

»Leider auch ja. Er ist schon ein verrückter Draufgänger, schreckt vor nichts zurück, außer vor ehrlicher Arbeit. Er war ein Playboy geworden, warf mit Schuldscheinen nur so um sich, und ich durfte dafür gerade stehen, daher habe ich ihn entmündigt und ihn rausgeworfen. Aber er hatte wohl spitz gekriegt, dass ich mal kurz nach Kiel musste, wegen der Regatta, Sie wissen?« Ich nickte. »Da ist er hier einfach so reinspaziert und hat seine Schwester zusammengeschlagen, gefesselt und fast noch ertränkt.«

»Wo hatte Ihre Frau praktiziert«, interessierte mich schon mal, vielleicht würde er einen Familiennamen erwähnen.

»In Koblenz, da haben wir unsere Praxis, ich führe sie als Internist allein weiter, bis Petra mit dem Examen fertig ist, ihr PJ absolviert hat und ihren Platz einnehmen darf.«

Petra war aus ihrer Trauer wieder erwacht, blieb aber an mich geschmiegt. »Du Paps, Peter hat mir schon angeboten, bei ihm zu arbeiten.«

»Bei ihm zu arbeiten?«, kam es entsetzt rüber.

»Na ja, ich bin auch Gynäkologe, allerdings in Nürnberg. Aber ich könnte auch herziehen ... «

»Und Ihre Familie auch?«, kam es etwas skeptisch rüber.

»Er ist noch Junggeselle«, verriet Petra feixend.

»Und wann hat er dir das anvertraut, etwa beim gemeinsamen Bad im Rhein.«

»Na ja schon, sie hat gefragt, ob im Wagen womöglich noch meine Frau wäre, die wollte sie sofort bergen. Da habe ich ihr reinen Wein eingeschenkt, dass ich noch Junggeselle wäre, was ich sonst lieber für mich behalte, wegen na Sie wissen schon ... «

Da lachte er auf. »Und ob ich das weiß, Herr Kollege.«

»Peter, frag ihn ... «

»Was?«

»Na ja, du weißt schon. Sonst fahr ich nicht zu dir nach Nürnberg.«

Da ging dem Papa was auf. »Oh Herr Kollege, da muss ich Sie warnen, Sie werden ihre wahre Freude an dem Lausbub haben, keine Wand ist ihr zu dick, mit der sie es nicht aufnehmen würde.«

»Ein Mann geht durch die Wand«, murmelte ich entgeistert.

»Hallöchen, Petra ist eine Frau. So und jetzt ab nach oben, ausziehen und rein in die heiße Wanne, mein Fräulein Tochter. Und Sie kriegen zunächst erst mal einen Scotch, bis sie das Bad wieder freigibt – das kann nämlich dauern.«

»Oh nein, wir hatten uns schon auf **ein** heißes Bad geeinigt«, kam mir Petra zuvor, griff sich meine Hand und bewies damit, was es mit dem Dickschädel von einem Lausbub auf sich hatte.

»Mann Peter, mit Petra werden Sie noch Ihr blaues Wunder erleben, dagegen ist die Seejungfrau von Kopenhagen der reinste Waisenknabe.«

Da stellt sich natürlich schon die Frage – ging es mir durch den Kopf – wer ist eigentlich für die Vorsorgeuntersuchung von Seejungfrauen zuständig? Wirklich ein Gynäkologe?

12

Ibiza
oder Mona und die Geheimkonferenz

Wütend schlenderte ich durch den lichten Pinienhain am Meer entlang, am liebsten wäre ich sofort wieder nach Hause geflogen. Ich konnte mich einfach nicht wieder beruhigen, so reizte mich dieses an und für sich ruhig gelegene S'Argamassa-Sol-Hotel in Santa Eulalia del Rio. Ich hatte mich voll auf die lobenswerten Worte des Reisebüroinhabers verlassen, als ich ein ruhig gelegenes Hotel auf Ibiza suchte, natürlich direkt am Meer gelegen. *Ein gern gebuchtes Haus mit Halbpension, und wie gewünscht direkt am Meer gelegen. In den Zeiten der Hippie-Bewegung war die Gegend mal sehr beliebt gewesen, aber jetzt wäre es ein ruhiger Urlaubsort.*

So seine Worte in Gottes Ohr. Er hatte mir natürlich den Prospekt über seinen Verkaufstresen zugeschoben, damit ich einen Blick drauf werfen konnte. Da ich aber ohne Lesebrille losgestiefelt war, konnte ich mich folglich nur an dem sonnigen Foto orientieren.

Doch im Text wäre schon der Hinweis beim Stichwort *Unterhaltung* zu lesen gewesen: *Animationsprogramm bis Mitternacht mit Show und Tanz, Folklore und Sketchen*, sagte mir meine sonnenverwöhnte TUI-Kundenbetreuerin vor Ort, und ihr akkurat rot lackierter Fingernagel zeigte mir genau *den* Hinweis auf der entsprechenden Seite des Original-Reisekatalogs. Tja, die liebe TUI denkt schon an alles, sprich aus Erfahrung klug geworden, um reklamierende Kunden wieder auf den Pfad der Tugend zurückzuführen, sprich zum Durchhalten zu überreden. Freie Flugplätze stünden nun mal für vorgezogene Rückflüge nur sehr begrenzt zur Verfügungen – der Fluch der globalen Vermittlung von Flugzeugsitzplätzen im Zeitalter der maximalen Auslastung von Flugzeugen.

Normalerweise bin ich kein nörgelnder Tourist, aber hier musste ich Dampf ablassen, denn ständig bis Mitternacht von der selbst durch Betondecken dröhnenden Hausmusikanlage berieselt zu werden, war schon eine Zumutung. Doch hier war es das Programm, was da so tagtäglich – was heißt tagtäglich, nachtnächtlich müsste man schon dazu sagen –, also jede Nacht abgespult wurde. *Außerdem*, so fügte meine TUI-Kundenservice-Dame-vor-Ort noch unbarmherzig hinzu, *sei das hier ein SOL-Hotel und diese spanische Hotelkette hat nun mal Animation auf ihre Fahnen geschrieben.*

Scheinbar wusste das jeder, nur halt ich nicht.

Das S'Argamassa-Hotel lag direkt am Meer mit einem eigenen schmalen Sandstrand, der leider oft von Tang-Anschwemmungen gereinigt werden musste, das Wasser hingegen war kristallklar. Da der Playa Argamassa Beach hier aufhörte, gab es tagsüber auch nur einen durchaus überschaubaren, sprich sehr begrenzten Verkehr von Strandbummlern. Doch was mich dann doch an diesem abgelegenen Strand faszinierte, waren die Nixen, die hier mal kurz ins Wasser gingen, natürlich oben-ohne wie auf ihrer Liege. Da sie selten ein bisschen rumschwammen, kam mir der schräge Gedanke, dass sie möglicherweise nur zu bequem waren, das WC im Hotel aufzusuchen, denn dazu hätten sie sich erst wieder anziehen müssen.

Doch jetzt, am späten Abend, war hier gar keine Menschenseele zu sehen, die am Ufer oder durch den lichten, bis zum Ufer reichenden Pinienwald zum bloßen Bummeln aufgelegt war. Die Ruhe hier draußen war sprichwörtlich, die Luft sogar noch angenehm warm. Vermutlich amüsierten sich alle Gäste in ihren Hotelbetten, denn im

Erdgeschoss bei der Musikanlage genossen vielleicht nur ein bis zwei Dutzend Hotelgäste das, was die Animateurin als Unterhaltung anbot: ein Ratespiel. Sie ließ ein paar Takte Musik anspielen, dann sollten die Gäste den Titel erraten. Da sie das auf Englisch erfragte, dürften die dort bierselig herumhängenden Gäste wohl auch nur von der britischen Insel stammen.

Wenn man bedenkt, das 3-Sterne-Hotel verfügt über 430 Betten und noch nicht einmal 10 % der Gäste ließen sich so animieren, dann sollte das eigentlich zu denken geben. Wie schön, dass es immer eine schweigende Mehrheit gibt, die einfach nur ihre Ruhe haben will. Da ich wohl der einzige Gast war, der sich mit dieser Ruhe nicht anfreunden konnte, ging ich dem ruhestörenden Lärm einfach aus dem Weg, indem ich mich auf den Weg machte, das Hotel zu verlassen, natürlich nur spazierengehender Weise.

Ich entfernte mich also von meinem Hotel durch den Wald runter zur ruhigen Strandbucht vom benachbarten *Hotel Augusta*, zwar auch ein großer steriler Neubau, doch ohne Animationsgelüste. An dem wie ausgestorben daliegenden *Playa Sargamassa Beach* lief es mir plötzlich eiskalt über meinen Rücken, ein untrügliches Zeichen für mich, dass sich hinter mir was anbahnte. Sogleich benutzte ich den nächstbesten Stützpfeiler von der dunklen, also schon geschlossenen Strandbar als Dreh- und Angelpunkt und machte eine abrupte Kehrtwende. Tatsächlich lief mir mein Verfolger direkt in meine Arme, die ich mir um seinen schlanken Körper zu schließen allerdings versagte.

»Oh Pardon«, kam es aus meinem Mund, den ich vor Schreck fast zu schließen vergaß, als ich in das Gesicht einer jungen Frau blickte, schön unauffällig in schwarz gekleidet, passend zu ihrem dunklen Teint, der es bestimmt ebenso die Sprache verschlagen haben dürfte. Damit sie nicht gleich um Hilfe rufen würde, blieb ich bei meiner ruhigen Gangart: »Tut mir leid, aber ich dachte schon, da schleicht sich ein gemeiner Meuchelmörder an mich ran. Entschuldigen Sie bitte vielmals, wenn ich Sie erschreckt habe.«

»Ein Glück, dass wir nicht motorisiert sind, das hätte jetzt ganz schön geknallt.«

»Danke, dass Sie mir keine geknallt haben«, scherzte ich. »Was machen Sie denn hier zu so später Stund allein im finstren Wald?«

»Genau dasselbe könnte ich auch Sie fragen«, konterte sie spontan und schob ganz unauffällig ihre Hände zwischen unsere Brüste.

»Nun ich geh spazieren, was sonst.«

»Während andere ins Bett gehen, geht der Herr spazieren. Schlafen ist wohl nicht Ihre Stärke.«

»Kommt ganz drauf an, wer drinnen liegt.« Ihr hübsches Gesicht irritierte mich, irgendwo musste ich es schon einmal gesehen haben, ich konnte mich aber nicht daran erinnern wo. »Um ehrlich zu sein, mein Schlafrhythmus wurde gestört.«

»Ihr Schlafrhythmus?«, wiederholte sie fragend. Sie schien erstaunlicherweise keinen Wert drauf zu legen, sich von mir schnell wieder verabschieden zu wollen.

»Genau, ich konnte meinen Schlafrhythmus bislang noch nicht auf die viel zu schnelle Frequenz der Musikanlage in meinem Hotel abstimmen.«

»Wohl auch aus dem *Sol* geflohen«, hatte sie mich richtig eingeschätzt. »Ich verstehe, der DJ ist zu laut, kann ich voll verstehen, das Animationsprogramm ist für einen Mann wie Sie zu primitiv.«

»Überhaupt nicht, ich komponiere selbst Musik, wenn auch keine Pop-Music. Aber das Gedröhne der Perkussionsinstrumente durch die drei Stockwerke hoch bis zu mir ins Zimmer ist mir zuviel, selbst das Kopfkissen ist da keine Lösung, sind ja auch keine Federn mehr drin. Wissen Sie, der DJ mit der Stentorstimme lässt immer ein Musikstück von einer CD anspielen, dann kommt der Akkord von der Rhythmusmaschine und dann will er von den Gästen wissen, wie das Stück heißt. Nichts gegen die angespielten Stücke, aber die sollte er schon komplett wiedergeben und nicht nur für ein paar Takte, dann hätte ich ja nichts dagegen einzuwenden.«

»Das würde mich nicht stören, wenn ich nicht allein wär.«

»Sehen Sie, so unterschiedlich können Ansprüche sein. Was mich auf die Palme bringt, scheinen Sie zu genießen. Aber nehmen wir mal an, Ihr Mann besteigt Sie und rackert sich ab, legt schon nach einer halben Minute eine Pause ein, um ein Glas Wein zu trinken, steigt dann wieder auf, rackert sich wieder einen ab, um nach einer weiteren halben Minute wieder abzusteigen, wieder ein Glas Wein zu trinken, um erneut und so weiter. Könnten Sie sich damit anfreunden?«

»Dann hätte er zwei Glas Wein in nur einer Minute intus. Das wären dann in der Stunde ...«

»Aber Sie wären happy?«

Sie lachte kurz auf. »Verstehe, mich würde das natürlich auch stören. Aber warum müssen Sie immer ein Glas Wein zwischendurch trinken? Seh ich so hässlich aus?«

»Sie?«, schreckte sie mich mit dem direkten Vergleich förmlich auf. »Mann Gottes, Sie sehen fast aus wie die Mona Lisa: hübsch, verschmitzt und doch undurchschaubar.«

»Und warum nur fast?«

»Im Gegensatz zur echten Mona Lisa lebt die Kopie noch und ist nicht mal im Louvre eingesperrt.« Und damit dockte ich kurz bei ihr an und drückte ihr mein Prüfsiegel auf die Lippen.

»Aber mein Herr ...«, protestierte sie zwar leise, aber nicht gerade ungehalten gegen den Mundraub, allerdings brachte sie dabei ihre Hände ins Spiel und mich somit wieder auf Kavaliersabstand.

»Darum bin ich geflohen, darum schleiche ich so deprimiert durch den finsteren Wald und treffe Sie, die wie eine Nymphe hier aus dem Nichts aufgetaucht ist.«

»Woher wollen Sie wissen, dass ich eine Nymphe bin?«

»Darf ich der Nymphe auch einen Namen geben?« Sie blickte mich zweifelnd an. »Drei zur Auswahl: Friederike, Mona und Susi.«

»Oh Mann, Dr. Graf, wie klein ist doch die Welt.«

»Keine Angst, ich freue mich, nicht mehr allein zu sein. Nur bist *du* allein hier?«

»Ich bin dienstlich hier, also nicht alleine. Aber nicht so wie du denkst, denn so gesehen bin ich schon alleine hier.«

»Und jetzt gerade?«

»Gilt hier auch die ärztliche Schweigepflicht?«

»Nur wenn ich an dir rumgrabsche und du mir dabei irgendwelche vertraulichen Dinge mitteilst.«

»Dann begrabsche mich.«

Ich schob sogleich meine Hände unter ihr kurzes Top und ließ sie meine heißen Hände spüren.

»Wow! Hast du schöne warme Hände. Ich bin gerade dienstlich hier, aber ich observiere nur. Doch keine weiteren Fragen. Und wo willst du hin?«

»Eigentlich wollte ich mir nur am Busen der Natur etwas die Zeit vertreiben, bis die Turmuhr Mitternacht schlägt.«

»Dann bist du also schon an deinem Ziel angelangt. Und warum hast du nur Ausgang bis Mitternacht?«

»Dann geht der DJ schlafen. Aber ich habe auch ein warmes Herz für einsame schöne Frauen, die nachts nicht schlafen können.«

Na gut, sie fing meinen Kopf ein und bedankte sich für mein Angebot mit einem zarten Kuss, eher hingehaucht als leidenschaftlich angegangen, doch ihr Körper blieb an mich geschmiegt. »Gab es Knoblauch in eurer Küche?«, fragte sie pikiert.

»Wenn ich gewusst hätte, dass es dich hier gibt, hätte ich nicht das Abendessen gegessen – Essen à la carte –, sondern nur Kuchen. Hätte ich dir etwas von dem vorzüglichen Kuchen mitbringen sollen, die du da hungernd auf Posten stehen musst?«

»Ich mag keinen Kuchen, ich mag nur Schokolade ... «

» ... und keinen Mann«, fiel ich ihr ins Wort, wobei ich den Text des Schlagers einfach den Vorgaben anpasste.

Sie lachte leise auf. »Nun gut, Herr Komponist, ändern wir das Lied wieder zurück: *Ich will keine Schokolade, ich will lieber einen Mann.*«

Und schon gab es ein Da Capo, aber diesmal natürlich viel leiden-schaftlicher vorgetragen, wobei sie ihr Bäuchlein provozierend gegen meinen Tiger drückte. Logo, dass meine Hände über ihre heiße Haut in Taillenhöhe ausschwärmten.

»Was liebst du so an meinem Rücken?«, fragte sie wohl nur rein rhetorisch, denn sie streifte sich sogleich ihr Top über den Kopf ab.

Natürlich befolgte ich sogleich den kleinen aber feinen Verweis und ließ sie wieder meine heißen Hände spüren, wobei ich eingestehen muss, dass meine einfühlsamen Massagen bei meinen Patientinnen sehr begehrt sind. Nun gut, ich taste nur nach möglichen Knoten in der Brust, die auf Krebs hindeuten, aber trotzdem lasse ich es etwas gefühlvoller angehen, um Spannungen abzubauen.

»Was ist? Letztes Mal sagtest du, ich hätte keine Knötchen.«

»Das liegt doch schon lange zurück.«

»Genau neun Monate.«

»Hast du etwa inzwischen in Kind gekriegt?«, wunderte mich ihre präzise Zeitangabe.

»Ich weiß nur noch nicht, ob es von dir ist.«

Ich starrte sie entgeistert an, sie lachte sich tot.

»Oh Mann, du siehst echt süß aus, wenn man dich erschreckt.« Und schon gab es wieder ein Küsschen in Ehren. »Hättest du Lust, die neu-erlichen Vorsorgeuntersuchungen auch noch bis zu Ende durchzufüh-ren? Dann müsste ich mich nicht erst wieder in die lange Schlange deiner Verehrerinnen einreihen.«

»Siehst du hier einen Gyn. stehen?«

»Reicht dir nicht auch eine Decke?«

»Und wo ist die helle OP-Lampe?«

»Kannst du mit deinen wissbegierigen Fingern nicht auch im Dunkeln rumfummeln? Du siehst ja in deiner Praxis auch nicht, wie es da drinnen bei mir aussieht.«

»Nur mit den Fingern?«, scherzte ich.

»Oh, ich will dir nicht in deine Arbeit dreinreden.«

Und damit schob sie ihre Hände unter mein T-Shirt und streifte es mir über meinen Kopf ab, um dann ihre agilen Hände zartfühlend über meine Brust gleiten zu lassen, was nicht nur all meine Härchen sich steil aufrichten ließ. Doch als sie sich an meinen Bermudas vergreifen wollte, nervte ein leises Rattern die Zweisamkeit. Mona zog sogleich ein Handy aus ihrem Mini-Rock vor. »Was ist?«, befragte sie leise den Anrufer. »Okay.« Sie schob das kleine Sprechfunkgerät wieder in ihre Rocktasche.

»Was ist?«, fragte ich verärgert über den Störenfried.

»Keine Angst, nur ein stiller Verehrer.«

»Wenn der dich belästigt ... « Ich sprach nicht weiter aus, was ich dann tun würde, meine beiden Hände sprachen schon für sich.

»Lass ihn leben, ich muss lediglich präsent sein, mehr wird nicht von mir verlangt.« Und schon setzte sie sich langsam in Bewegung.

»Präsent? Versteh ich nicht ... «

»Man will wissen, wo ich bin, damit ich gleich eingreifen kann.«

»So nackt?«

»Egal, ich kämpfe sowieso nur lautlos.«

»Und man weiß, wo du jetzt bist?«

»Logo, darum agiere ich ja hier so auf dem Präsentierteller.«

»Mensch Friedericke, wann bist du wieder normal?«

»Erstens bin ich für dich Mona«, wies sie mich sogleich zurecht, »und zweitens, erst wenn ich die geheimen Herrschaften wieder zu Hause abgeliefert habe.«

»Und wann ist das?«

»Für welche Seite arbeitest du?«

»Auf jeden Fall für deine. Also ich fliege am Dienstag wieder zurück.«

»Das trifft sich gut, dann haben wir noch zweimal Gelegenheit, die Gelegenheit beim Schwanz, äh beim Schopfe zu packen.«

Und damit packte sie sowohl als auch zu und gab mir einen lustvollen Kuss, um dann kurz in den Schatten einer ausladenden Bougainvillea einzutauchen, warum auch immer. Ich nutzte ihre kurze Abwesenheit, um mich rasch von meinen Bermudas zu verabschieden, der getigerte String müsste jetzt reichen. Doch aus ihrem kurzfristigen Verschwinden wurde leider ein langfristiges, sie tauchte nicht wieder auf.

Es wurde rasch kühler. Also kehrte ich zur dunklen Strandbar zurück und suchte dabei am Boden nach meinen Sachen, um dann zum Hotel zurückzugehen, denn mir war jetzt nicht mehr nach nächtlichem Spaziergang. Irgendwie hatte ich jetzt echt Probleme, mir mein Hemd wieder überzustreifen, auch behagte mir die Enge nicht, vermutlich hatte ich es verkehrtherum angezogen. Aber das ließe sich am besten im Licht des Hotels eruieren.

Als ich die Hotelhalle betrat, wo im weiter hinten liegenden Teil die Musikshow ablief, da entdeckte ich Mona neben einem Typen, den ich schon einmal aus der Ferne beim Tennisspielen gesehen hatte. Doch diesmal wollte ich mir den Playboy aus nächster Nähe mal anschauen und ging einfach auf die beiden zu.

»Hallo«, riss ich sie aus einer leise geführten Unterhaltung.

»Oh«, sagte Mona nur und starrte mich an.

»Hallo Partner«, begrüßte mich der Sportsfreund und reichte mir die Hand, die mir den bodygebuildeten Profi verriet.

Wieso Partner?, hatte mich die Begrüßung dann doch verwirrt, schließlich war ich weder ein Tennisprofi noch trug ich wie er einen weißen Tennisdress. Den hatte er natürlich der späten Stunde angepasst, also lange Hose und weißer Pullover mit V-förmigem Ausschnitt. Hingegen sah meine Abendkleidung – meine karierten Bermudas und das schwarze enganliegende Trägershirt – echt fehlplatziert aus. Da zerrte Mona auch schon an ihrem viel zu weiten T-Shirt, ich erkannte mein Hemd wieder.

»Ach *du* hast es gefunden … «

»Siehst, darum kam es mir mit einem Mal so riesig vor«, erwiderte sie gar nicht mal peinlich berührt.

»Verstehe, ihr beide wart das also«, hatte der Sportsmann die peinliche Situation ganz eindeutig erfasst.

»Dann hatten *Sie* uns also beim Tête-à-Tête mit Ihrem Anruf gestört«, machte ich lieber gleich auf Konfrontation.

»Peter, keine Szene, ich bin dienstlich hier«, flüsterte mir Mona zu und hielt mich mit einer Hand zurück. »Das ist Frederik und das ist mein Gynäkologe, Dr. Peter Graf von Nürnberg«, stellte sie uns vor. »Wir haben uns rein zufällig getroffen, da habe ich ihn gleich konsultiert … «

»Gleich konsultiert«, akzeptierte der Sportsmann, wenn auch feixend. Die Notlüge und die heikle Situation waren somit sogleich entschärft, auch wenn ich über das angedachte Adelsprädikat nicht gerade erfreut war.

Und genau in diesem Augenblick beendete der DJ sein Programm, denn er legte etliche Lichtschalter um. Die kleine Bühne versank in der Dunkelheit inklusive der wenigen noch ausharrenden bierseligen Hotelgäste, die sich nun langsam zur Hoteltheke zurückzogen. Dann tauchte er auch schon bei uns auf. Da ich ihn noch nie so aus nächster Nähe betrachten konnte, war ich echt fasziniert: ein bildhübscher

Lausbub, wohl frisch aus der Karibik eingeflogen, aber eindeutig eine sie. Frederik zog sich nach oben zurück.

»Hallo Mona, wolltest du etwa schon schlafen gehen?«, fragte sie mit ihrer Altstimme und in reinstem Hochdeutsch.

»Wie kommst du da drauf?«

»Na ja dein legeres Nachtgewand.«

Mona musste laut loslachen, ich konnte mir ein Schmunzeln nicht verkneifen, denn mein Hemd baumelte tatsächlich sehr leger an ihrem schlanken Körper, eben wie ein zu kurz geratenes Nachtgewand.

»Peter hat mir damit ausgeholfen«, erklärte sie noch immer lachend, wobei sie auf mich wies, was des DJs Blick auf mich lenkte.

»Du und Peter? Ich denke, er ist mit Frauke hier? Wo ist sie überhaupt? Ich hab sie heute noch gar nicht gesehen.«

»Liegt im Bett und hütet ihre Mallorca-Akne«, beteiligte ich mich nun auch an der Unterhaltung.

Es wunderte mich schon, dass sich hier alle zu kennen schienen, nur ich kannte bis auf Mona niemanden. Aber selbst das war ein reiner Zufall, denn Frauke hatte mich überredet gehabt, mit ihr nach Ibiza zu fliegen, um alten Hippie-Zeiten nachzugehen. Dass Friedricke hier auch aufkreuzen würde, hatte ich nicht gewusst. Nun gut, wir plauderten noch einige Zeit über dies und jenes, ich erfuhr auch den Namen des Discjockeys, den Mona einfach mit Luke ansprach, was zu ihrem burschikosen Äußeren auch gut passte, bis wir uns zu unseren Schlafgemächern aufmachten. Da ich den Zimmerschlüssel lieber an der Rezeption abgegeben hatte – schließlich war auf meine zänkische Frauke kein Verlass gewesen, ob sie mich noch reinlassen würde –, musste ich mir erst den Schlüssel geben lassen und folgte dann den anderen nach. Vor meinem Zimmer angekommen, hing mein Polo-shirt am Türknauf.

In welchem Zimmer sie jetzt wohl nackt in welchen Armen lag? War Frederik deshalb schon verschwunden, schoss mir ein unguter

Gedanke regelrecht durch den Kopf. Sollte ich jetzt in die Rolle von James Bond schlüpfen und ihr hinterher spionieren?

Logo, dass ich am nächsten Abend gegenüber Frauke die laute Musik erneut als Vorwand vorgab, um wieder spazieren gehen zu dürfen. Und tatsächlich war ich wieder der Einzige, der zu dieser frühnächtlichen Stunde unterwegs war, unterwegs war zur Bar am verlassenen Strand des Playa Sargamassa Beach.

Doch diesmal spürte ich keine Gänsehaut aufkommen, dennoch vollzog ich wieder die schon einmal erfolgreich durchgeführte Kehrtwendung unmittelbar vor der wieder im Dunkeln liegenden Strandbar, als ein »*Pech gehabt*« an meine Ohren drang und sich etwas Schwarzes aus dem Dunkeln herausschälte.

»Hallo, du schon wieder...«, tat ich überrascht und versuchte meine Erregung zu unterdrücken. »Du hast doch nicht etwa hier auf mich gewartet?«

»Natürlich nicht – oder vielleicht doch?«, ließ sie mich zappeln, denn sie musste erst den Tresen umrunden, um vor mich treten zu können, um sich einfangen zu lassen, um mein Herz in Aufruhr zu versetzen.

Ich zog sie an mich, was sogleich auf Gegenseitigkeit beruhte, und schon dockten unsere Köpfe an, wobei ich wieder meine Hände auf Exkursion ausschickte, woraufhin sie abermals ihr Bäuchlein provozierend gegen meinen Tiger presste. Doch als ihre Hände über meinen nackten Rücken abwärts glitten, da hielt sie erstaunt inne.

»Sag bloß, du willst so nackt baden gehen?«

»Keine Angst, ich habe mich nur dir angepasst, denn dein getigerter String raubt mir jedes Mal den Verstand. Leider sieht man das jetzt im Dunkeln nicht.«

»Was sieht man nicht im Dunkeln?«

»Dass ich einen Tiger im Tank habe«, scherzte ich und zog sie an mich ran, indem ich meine Hände über ihre rückseitigen Kurven ausschwärmen ließ. »Aber warum läufst *du* hier so nackt rum, als wärst du die Liane, die Geliebte des Tarzan.«

»Ich habe mich auch nur dir angepasst, geliebter Tarzan, du liebst es doch getigert, kurz und knackig. Und als ich sah, wie du dir auf dem Weg zu unserem Rendezvous all deine Sachen schon ausgezogen und achtlos fallen gelassen hast, da habe ich mir meine Sachen lieber selbst ausgezogen. Sonst wär ich wohl Gefahr gelaufen, dass du sie mir in einem Anfall von geistiger Umnachtung vom Körper gerissen hättest und ich mich danach nur noch in Lumpen gehüllt in mein Bettchen flüchten kann.«

»Danach«, flüsterte ich erregt.

»Denk an den DJ, der mich schon gestern vernascht hatte vor all den Gästen … «

»Dich?«, zweifelte ich jetzt an ihrem Verstand.

»Zumindest mit den Augen.«

»Und wer hat dich in Wirklichkeit ausgezogen? Etwa Frederik?« Ich zog sie mit mir fort Richtung Wasser, weg vom Hotel.

»Nein, es war Luke, wir schlafen in einem Zimmer.«

»Ist sie ein Zwitter? Die tiefe Stimme … «

Monas Lachen ließ sich nur mit einem raschen Kuss abstellen.

»Lukrezia ist genauso bi wie ich«, bekam ich die Erläuterung nachgeliefert. »Und weil du mit Frauke angereist warst, blieb mir nur Luke.«

»Woher weißt du von Frauke?«

»Von Frauke.«

Ich erstarrte, denn dann wusste Frauke auch von Friederike. Doch Mona fing rasch meinen Kopf ein, als wollte sie mich mit einer Mund-zu-Mund-Beatmung wiederbeleben, um dann anzufragen, ob es heute keinen Knoblauch gegeben hätte.

»Deinetwegen habe ich auf das Abendessen ganz verzichtet, um dich endlich vernaschen zu können.« Und damit glitten meine Hände besitzergreifend über ihre rückseitigen Kurven, um kurz an der Kordel entlangzufahren.

»Aber nicht hier und jetzt ... «

»Verstehe, du bist noch im Dienst und dein Frederik könnte aus allen Wolken fallen. Vermutlich steht er auf dem Dach und ... «

»Eifersüchtig?«, warf sie leise lachend ein.

»Gehen wir noch etwas weiter, da habe ich eine Liege mit einem Badetuch belegt.«

»Warum?«

»Sollte ich nicht deine Vorsorgeuntersuchung zu Ende führen?«

»Und wenn jemand kommt?« Ich blickte sie verblüfft an, weil sie abblockte. »Denk an Frederik, der ist von Natur aus sehr neugierig.«

»Okay, dann gehen wir retour und ziehen uns in deine Kemenate zurück. Solange die Bumsmusik dröhnt, dürfte auch Luke nicht auftauchen. Ich wäre aber auch für einen flotten Dreier zu haben.«

Wie heißt es so schön: Keine Antwort ist auch eine Antwort.

Also machten wir uns auf den Rückweg, wobei wir schon nach unseren abgelegten Kleidungsstücken Ausschau hielten, doch nichts war davon zu sehen.

»Das darf doch nicht wahr sein«, fluchte ich leise, denn so halbnackt konnte ich unmöglich ins Hotel zurück.

»Verdammte Scheiße«, fluchte auch Mona, zumal sie noch weniger Quadratzentimeter Stoff am Körper trug als ich.

»Da dürfte dir ein Fetischist gefolgt sein«, mutmaßte ich und blieb schließlich vor dem Garteneingang des Hotels stehen, wenn auch noch außerhalb der Reichweite der Hausbeleuchtung. »Könnte das die Rache von Frederik gewesen sein, mit dem du da gestern Abend so herrlich geflirtet hast?«

»Das will ich ihm nicht geraten haben, mit dem bin ich nicht liiert, der ist doch voll auf deine Frauke abgefahren?«

»Auf wen?«, glaubte mich verhört zu haben.

»War nur eine Vermutung, weil sie so hingebungsvoll mit ihm Tennis gespielt hatte.«

»Sie kann doch gar nicht Tennis spielen.«

»Aber er hat ihr gezeigt, wie sie den dicken Griff des Schlägers mit beiden Händen halten muss.«

»Den dicken Griff?«

»Und mit beiden Händen. Ist deiner nicht auch so dick?«

Bevor ich noch Worte der Erwiderung finden konnte, nahm sie meine Hand und zog mich lachend bis ans Hotel ran, dass uns zumindest schon die Scheinwerfer erfasst hatten.

»Bist du verrückt! So nackt«, bremste ich schließlich ihren Elan abrupt aus, indem ich stehen blieb.

»Okay, dann spielen wir eben Liane und Tarzan und hangeln uns am Treppengeländer nach oben, dass die trunkenen Engländer von ihren Militärzeiten in Indien träumen.«

»Die Zeiten liegen doch schon lange zurück.«

»Dann tun wir eben so, als wären wir in meiner Susi-Bar.«

»Du willst denen so Bier servieren?«

»Na und? Für mich kein Problem. Okay, die kleine Servierschürze für das Trinkgeld fehlt.«

»Vielleicht schieben sie dir die Scheine unter deinen unteren Triangel«, schlug ich vor.

»Geht nicht, ist ouvert.«

»Was machen wir dann? So nackt können wir nicht die Treppe hochrennen, jedenfalls nicht so schnell, dass die uns nicht sehen.«

»Dann tanzen wir eben in den siebten Himmel hinein.«

»Einen Walzer? Hier in Spanien?«

»Ich werde Luke bezirzen, einen flotten Rock'n'roll aufzulegen, dann fliegen nur so die Fetzen. Dabei hangeln wir uns wie Tarzan und Liane langsam aber sicher am Treppengeländer nach oben.«

»Die werden uns achtkantig rauswerfen.«

»Dann haben wir uns eben in die Zeit der Hippie-Bewegung zurück gebeamt.«

Und damit betraten wir das D'Sargamassa und steuerten sogleich unbeirrt auf die Tanzfläche zu. Mona trat auf Luke zu, sprach sich mit ihr ab, wobei sie einige Einwände einfach mit der Hand wegwischte. Mein Blick wanderte währenddessen über die spärlichen Gäste der Rate Show. Logo, dass meine Frauke unter den Anwesenden weilte, natürlich in Begleitung ihres Tennispartners vom Nachbarhotel, Frederik. Also hatten sie schon auf uns gewartet.

Doch weiter konnte ich keine Gedanken mehr auf sie verwenden, denn der Rock ertönte und Mona legte los. Sie sprang mich regelrecht an, ich fing sie gekonnt auf und wirbelte sie durch die Luft. Alles was man in den Tanz an Akrobatik hineinlegen konnte, taten wir, bis der Tanz zu Ende war. Ein Glück, dass ich mich auf meinen wenn auch recht knapp geschnittenen Badeslip besonnen hatte, denn hätte ich so einen kleinen Triangel angezogen wie Mona ihn sich vor den Bug geschnallt hatte, es hätte eine Palastrevolution gegeben. Doch der spärliche wenn auch enthusiastische Applaus verlangte eine Zugabe, was bei der CD kein Problem war, dürften doch da bestimmt an die 15–20 Tänze drauf sein. Doch wir hielten es nur bis zum fünften Tanz durch, dann beim sechsten schien Mona beim Zählen auf andere Gedanken gekommen zu sein. Sie packte meine Hand und entführte mich aus dem nunmehr restlos gefüllten Animationssaal die Treppe hoch in den Schlaftrakt der Hotelanlage. Logisch, dass uns alle Blicke nachfolgten, obwohl Mona doch gar keinen Minirock trug.

Als ich im Morgengrauen zu meinem Zimmer zurücktaumelte, da steckte der Schlüssel von draußen in der Tür. Nahezu lautlos betrat ich unser Schlafgemach, doch das Bett war leer, ich konnte mich also beruhigt zum Schlafen hineinlegen und war sogleich hin und weg. Natürlich hatte ich noch sorgsam den Schlüssel reingenommen, hatte noch rasch einen Blick ins Badezimmer geworfen, doch von Frauke war auch dort nichts zu sehen, womit ich auch ihre Sachen meinte. So verschlief ich das Frühstück und war bass erstaunt, als mich das Telefon weckte.

»Peter, dein Bus fährt in einer Viertelstunde zum Flughafen, du solltest dich rasch noch auschecken.«

Zwei Minuten Duschen, zwei Minuten abtrocknen und rasieren, zwei Minuten Anziehen, zwei Minuten Kofferpacken und schon war ich unten, wobei das Auschecken auch nur zwei Minuten dauerte. Ich bezahlte in bar, das geht immer schneller als per Plastikkarte. Das Mädchen vom Telefonservice bekam natürlich ein fürstliches Trinkgeld, vielleicht auch weil es der DJ vom Vorabend war. Ihr Blick sprach Bände. »Luke, hast du Mona auch schon geweckt? Ich seh sie nicht«, fragte ich ganz die Ruhe selbst.

Wieso sie mich lediglich mit einem grinsenden Augenzwinkern bedachte, wunderte mich. Doch als ich mich daran erinnerte, dass Mona sich mit Luke ein Zimmer teilte, da wurde es mir plötzlich siedend heiß, auch möglich, dass ich blass wurde.

»Doc, is was?«, fragte sie mich besorgt und kam um ihre Theke herumgeschossen, um mich noch rechtzeitig auffangen zu können. Ich ließ mich auffangen. »Das kommt davon, wenn man nicht genug von uns bekommen kann. Du hast dich ganz schön abgerackert.«

»Uns?«, glaubte ich Einspruch einlegen zu müssen. Ein kumpelhaftes Feixen war die diplomatische Antwort. »Ich komme wieder«, verabschiedete ich mich von ihr, den Kuss musste ich mir verkneifen, der Portier beäugte uns schon besorgt, wobei ich sie allerdings im Ungewissen ließ, ob ich mit Mona kommen würde, aber auf jeden Fall ohne Frauke.

Die Fahrt im Bus zum Flughafen erlaubte mir, meinen Gedanken eine kleine Ruhepause zu gönnen, denn die letzte Nacht hatte ich immer noch nicht so richtig auf die Reihe gebracht. Was mich allerdings beunruhigte war der Umstand, dass zumindest meine Frauke nicht unten den Gästen war, die vom D'Argamassa-Hotel abgeholt wurden. Andererseits brach wegen ihres Fehlens bei der Reisetante von TUI keine Panik aus, also dürfte sie umdisponiert haben. Was mir auch recht war, so konnte erst gar nicht ein peinlicher Wortschwall auf mich niedergehen. Von Mona war leider auch nichts zu sehen.

Da ich Frauke auf dem Flughafen auch nicht antraf, durfte sie somit tatsächlich umgebucht haben. Allerdings muss ich eingestehen, nicht die ganze Zeit nach ihr Ausschau gehalten zu haben. Denn als ich von einer Hostess wach gerüttelt wurde, war ich der einzig noch verbliebene Fluggast im Warteraum nach der Passkontrolle, so dass ich schnell am Ausgang meine Bordkarte abreißen ließ, um auf die wartende 727 zuzueilen. Nun gut, die Gangway hatten sie noch nicht abgezogen, so dass ich mich noch nicht an einer Strickleiter hätte hochhangeln müssen, aber der vorwurfsvolle Blick der blonden Flugbegleiterin war mir schon sehr peinlich.

Natürlich war die Boeing 727 bis auf den letzten Platz gefüllt. Die Blicke der Passagiere hingen an mir, als wär ich der Pilot, der ihnen einen hoffentlich angenehmen Rückflug versprach. Und das sah schon realistisch aus, denn ich trug zu meiner schwarzen Hose ein weißes Pilotenhemd mit leider nur weißen Schulterpatten, also ohne jegliche *stars and stripes*, und natürlich keine Pilotenmütze.

Nun gut, Frauke saß schon auf ihrem Platz. Ich steckte die Bordkarte hochkant in eine der Brusttaschen und setzte mich zu ihr. Ihr Blick sprach Bände, doch sie sagte nichts.

Nachdem ich mich angeschnallt hatte, streichelte ich ihre Hand, doch sie zog sie stumm zurück. Verblüfft blickte ich sie an. Das Erste was mir auffiel, war der Knutschfleck am Hals, den sie wohl absichtlich nicht womit auch immer zu vertuschen versucht hatte.

»Du hast dich also gut amüsiert gehabt ... «

»Und du hast keine Skrupel, so nackt rumzutanzen?«

»Wir haben nur Tarzan und Liane spielen müssen, weil uns ein fieser Fetischist die Sachen geklaut hat.«

»Ich habe sie nur für euch wieder eingesammelt, als ich sah, dass der Wind sie wegwehte.«

»Du hast mir nachspioniert?«

»Ich wollte nur sehen, mit wem du mich betrügst, mit Friedrike.«

»Ich habe lediglich eine Wette gewonnen.«

»Erzähl keinen Stuss.«

»Wir hatten uns beide über den lauten DJ geärgert. Sie wohnt doch im gleichen Hotel und war dienstlich hier, da hatte sie vorgeschlagen, der Frau einfach die Show zu stehlen.«

»Wie dienstlich?«

»Sie arbeitet für eine Personenschutzagentur.«

»Da wollte sie sie wohl zusammenschlagen – oder?«, bezweifelte Frauke dann doch.

»So in etwa. Darum schlug ich ihr lieber eine Tanznummer vor, mit der man die Animateurin ausbooten könnte, was Mona auch gefiel, denn ich wusste, dass sie mal Tänzerin im Corps de ballet vom Friedrichstadtpalast gewesen war. Nur dass sie davor auch mal kurzfristig im Crazy Horse getanzt hatte, das war mir nicht bekannt gewesen, als sie mir vorschlug, einen Rock'n'Roll à la Crazy Horse vorzutanzen. Als der Name des Pariser Varietés fiel, da wollte ich natürlich sogleich einen Rückzieher machen. Aber da triezte sie mich von wegen Feigling und so und bot mir sogar eine Wette an: Wenn ich den Rock tanzen würde, dann hätte ich eine Nacht mit ihr gewonnen, wenn nicht, dann würde sie sich über mich im Hotel beschweren, dass ich sie unsittlich belästigt hätte.«

»Und wie hattest du sie aufgegabelt?«

»Nun ja, wir hatten beide einen getigerten Mini angehabt, als wir uns am Strand über den Weg liefen, was schon seltsam aussah ... «

»Ich hatte dir doch gesagt, das sieht bei dir geschossen aus.«

»Da sprach sie mich mit ›hallo Tiger‹ an, wobei sie meinen Mini als echt cool empfand, genau wie ich ihren String als echt super einstufte, was natürlich einen Small Talk zur Folge hatte ... «

» ... natürlich.«

»Und da sie bei mir einen leichten Sonnenbrand auf dem Rücken bemerkte – weil du nicht am Strand warst, um mich einzucremen –, da bot sie sich an, das nachzuholen. Sie lotste mich zu ihrer Strandliege und ich musste mich drauf legen und bekam eine echt coole Massage gleich mit dazu. Natürlich fragte sie nach, ob ich mich revanchieren möchte, denn sie wär allein angereist, was ich akzeptierte. Und da passierte genau das, womit ich nicht gerechnet hatte. Okay, ich habe natürlich nicht nur ihren Rücken eingeölt, die Massage dehnte ich natürlich weiter aus ... «

» ... natürlich.«

»Daraufhin drehte sie sich um und verlangte von mir, dass ich auch die vordere Seite einmassieren sollte. Eigentlich ist ja nichts weiter dabei, wie du ja selber weißt, dich einzucremen hat mir auch immer Spaß gemacht. Und als ich ihr die Brüste massierte, da hielt sie plötzlich meine Hände fest und sagte, *du hast mich eben unsittlich begrabscht, dafür kommt man in Spanien in den Knast. Entweder du tust, was ich von dir jetzt verlange oder ich rufe den Kellner da um Hilfe.* Und in dem Augenblick kam tatsächlich ein Kellner auf uns zu.

›Okay, du hast gewonnen, was soll ich tun?‹, fragte ich.

›Mit mir tanzen‹, war ihr einziger Wunsch.

Das war für mich natürlich kein Thema, denn ich war ja mal Turniertänzer. Ich ahnte nichts Böses und willigte ein. Daraufhin durfte ich weitermachen und habe das natürlich schon ausgekostet.«

»Natürlich.«

»So sind wir uns näher gekommen. Und als sie mir von ihrem eintönigen Job erzählte, hier nachts auf drei Geheimdienstbosse aufpassen zu müssen, erklärte ich mich bereit, bei der Observation mitzumachen, zumindest solange diese Ratenummer lief, ich konnte ja sowieso nicht schlafen. Da erzählte ich ihr, dass ich deshalb nicht schlafen kann, weil die megalaute Bumsmaschine auf eine viel zu schnelle Frequenz eingestellt war ...«

Da musste Frauke schallend lachen und der Friede war wieder hergestellt. »Peter, du musst an dir arbeiten, dann kannst du es auch schneller.«

»Konnte dein Typ es etwa so schnell?«, giftete ich zurück.

»Ja – neidisch?«

»Ich werde an mir arbeiten, bis du wieder mit mir zufrieden bist.«

»Ich habe ihm allerdings schon versprochen, in einem Monat wiederzukommen. Ich wusste ja nicht, dass du dich wieder mit mir arrangieren würdest.«

»Und für wie lange?«

»Bis zum Saisonende, ich werde als Tennislehrerin arbeiten. Du wirst dich wahrscheinlich mit Friederike treffen, sie arbeitet übrigens als Mona in der Susi-Bar in Nürnberg.«

»Echt?«, tat ich völlig erstaunt. »Aber sie ist nicht mitgekommen. Sie wollte mir nicht ihren Rückflug verraten, das fiele unter die Geheimhaltung.«

»Dreh dich nicht um, sie sitzt hinten, zusammen mit einer Blondine und drei Männern in unauffälligen Maßanzügen, als ob die bei dem Charterflug dadurch nicht erst recht aus dem Rahmen fallen.«

»Oh Gott!«

»Freust du dich etwa nicht?«

»Und das Risiko, bei der Landung als lebende Schutzschilde herhalten zu dürfen, wenn es zu einer Schießerei kommt?«

»Mensch Peter, bei dir geht immer gleich die Phantasie mit dir durch. Lass dir doch endlich mal das Adenom aus der Schilddrüse entfernen.«

Da wir inzwischen schon über den nicht vorhandenen Wolken schwebten, kam auch schon das Frühstück. Eine Plastikschale mit einem Brötchen, dazu je eine Scheibe Wurst und Käse und ein Dreieck Schmelzkäse, sowie ein Portionspäckchen Butter. Dazu kam noch der obligatorische Kuchen, diesmal aus spanischer Küche, der Aufschrift nach zu urteilen. Die zweite Stewardess folgte schon mit dem Kaffee nach. Man schien in Eile zu sein, obwohl die kleine Boeing nur an die 100 Passagiere befördern musste.

»Warum so eilig?«, scherzte ich mit der Kaffeetante.

»Über den Alpen kommen wir in eine Schlecht-Wetter-Zone.«

»Dann werde ich lieber nichts essen«, befand Frauke und ließ sich nur den Kaffee einschenken.

Ich schwelgte also allein in den Brötchen. Der Schmelzkäse kam auf die Butter, da drauf legte ich die Scheibe Wurst, da drauf die Scheibe Käse und da drauf die obere Hälfte des Brötchens. Ich hatte Nachholbedarf und tauschte dann einfach meine leere Plastikschale gegen Fraukes volle ein, um mich über das zweite Brötchen herzumachen. Da ich dem eingeschweißten Kuchen nichts abgewinnen konnte, schob ich ihn Frauke rüber. Doch als ich nach meinem Kaffee greifen wollte, hatte sie sich schon bei mir bedient gehabt und ihn also auch noch ausgetrunken. Dafür hatte sie ihren Kopf gegen meine Schulter gelehnt und schlief den Schlaf der Gerechten, wofür ich schon Verständnis aufbrachte, hatte sie ja die ganze Nacht mit dem Gigolo gebumst.

Eigentlich bräuchte ich nur noch eine Tasse Kaffee, um wenigstens meinen Mund ausspülen zu können, denn dem Kaffee in Flugzeugen konnte ich noch nie was abgewinnen. Der Pulverkaffee enthielt zwar auch Koffein, aber allein schon der Gedanke, ihn nur mit einem Milchweißer statt mit echter Milch oder wenigstens Sahne aufhellen zu müssen, verdarb mir den Kaffeegenuss.

Also sah ich mich nach der Stewardess um, doch war keine zu sehen. Um mich herum herrschte eine schlafende Stille, was mich schon wunderte, denn so früh waren wir gar nicht mal aus den Federn gerissen worden. Denn zehn Uhr Abflug bedeutete: um halb neun auf dem Flugplatz sein, halb acht Abholung vom Hotel, um sieben kleines Frühstück, um sechs Aufstehen. Da kenne ich ganz andere Zeiten: Abflug 21 Uhr von Tunesien oder gar drei Uhr in der Früh aus Ägypten.

Da Frauke als Betriebsnudel eher nicht klein zu kriegen ist, nahm ich ihren Arm und fühlte nach ihrem Puls: neun Schläge in 15 Sekunden, mal vier macht 36.

Irgendwie hatte ich plötzlich einen Blackout, doch dann rechnete ich noch einmal nach: $9 \times 4 = 36$. Dann verfolgte ich den Lauf des großen Sekundenzeigers von meiner Citizen Automatic, doch der Sekundenzeiger zeigte keine Aussetzer. Dann fühlte ich noch einmal Fraukes Puls und kam wieder auf 36, diesmal für eine ganze Minute gezählt. Mein Puls hingegen war schon auf 75.

Der Kontrollgriff an die Carotis brachte quasi das Fass zum Überlaufen, denn den konnte ich gar nicht erst finden. Ein Puls von 36 ist gleichbedeutend mit einer Narkose, wo der Körper absichtlich auf Sparflamme gestellt wird, doch da wird der Sauerstoffgehalt des Blutes überwacht, was hier undurchführbar war, welcher Arzt nimmt schon seinen Notfallkoffer mit in den Urlaub. Da Flugzeuge aber einen solchen Notarztkoffer mitführen müssen, würde ich mich sofort auf die Suche nach der Chefstewardess machen.

Ich schob Fraukes Kopf behutsam auf die andere Seite und erhob mich. Ein Blick in die nächsten Sitzreihen brachte das gleiche Ergebnis, lediglich ein älteres Ehepaar schwatzte miteinander, Kinder konnte ich keine um mich herum sehen. Um keine Panik aufkommen zu lassen, verhielt ich mich ruhig und tat so, als ob ich das vordere WC aufsuchen wollte. Natürlich warf ich einen Blick in die Bordküche, die eine Flugbegleiterin lag am Boden, die andere versuchte, Wiederbelebungsmaßnahmen bei ihr durchzuführen.

»Darf ich helfen?«, fragte ich hilfsbereit und kniete mich neben die noch lebende Stewardess, fühlte dann bei der liegenden und nicht mehr ansprechbaren den Puls: 40 Schläge pro Minute.

»Lassen Sie sie liegen, das Beste bei dem niedrigen Herzschlag, aber auf die Seite legen, damit sie nicht erstickt.«

»Soll ich einen Arzt ausrufen«, geriet die Mittdreißigerin in Panik.

»Ich bin Arzt, mein Name ist Graf, Dr. Peter Graf, Gynäkologe. Meine Frauke, also meine Begleitung, hat die gleichen Symptome, darum war ich Sie suchen gegangen, die meisten Passagiere schlafen ebenfalls. Haben Sie für den Notfall einen Arztkoffer an Bord? (sie nickte). Gut, räumen Sie schnell das Geschirr ein und zählen Sie dabei die schlafenden Passagiere. Essen und trinken Sie selbst nichts, wenn dann nur aus fest verschraubten Flaschen.«

»Aber mir geht es gut, Ihnen doch auch – oder?«

»Ja, natürlich, aber meine Frauke hat nur Kaffee getrunken und nichts gegessen, leider auch meinen Kaffee getrunken, darum war ich gerade auf der Suche nach neuem Kaffee. Ich habe die beiden Brötchen gegessen, aber nichts getrunken, das dürfte der kleine aber feine Unterschied gewesen sein, denn ich fühle mich absolut okay. Und was haben Sie getrunken und gegessen?«

»Nichts, ich war noch nicht zum Trinken gekommen.«

»Und sie?«, wollte ich wissen und deutete auf ihre am Boden liegende Kollegin. Doch dann sah ich den leeren Becher, der auf dem kleinen Bord von der kleinen Spüle stand. Ich besah mir den Becher und entdeckte den Beweis: Der rote Farbton ihres Lippenstifts passte genau zum Abdruck auf dem Becher, ihre Kollegin schien nur einen farblosen Fettstift zu benutzen, wenn überhaupt.

»Ich darf annehmen, dass das *nicht* Ihr Becher ist – oder?«

»Nein, der ist von Barbara.«

»Wunderbar.«

»Wunderbar ist gut gesagt. Wir beide sind allein für die ganzen Passagiere zuständig, Steffi nur für die drei Sonderlinge da hinten und die Ersatzcrew. Ist der Kaffee etwa vergiftet?«, wagte sie kam auszusprechen, was in der stets wiederkehrenden Schulung der Flugbegleiter nur als extremster Notfall besprochen wird.

»Ich vermute ja. Der Captain hat hoffentlich eine andere Charge bekommen«, hoffte ich und wollte gerade zu Frauke zurückkehren.

»Nein, für den Rückflug fehlte der Kaffee für die Crew.«

Und schon war sie an der Tür zum Cockpit, die sie sogleich mit einem Schlüssel öffnete. Da ich ihr hautnah nachgefolgt war, konnte ich sie noch auffangen, denn der chaotische Anblick schien sie umgehauen zu haben: Der Captain hing förmlich in den Seilen, also in seinem Sicherheitsgurt, doch der Kopf war herabgesunken. Sein Copilot wollte wohl noch Hilfe holen und lag am Boden.

Ich warf einen Blick auf den Steuerknüppel des Copiloten, der dank seiner sichtbaren leichten Ausgleichsbewegungen gottlob auf den eingeschalteten Autopiloten hinwies, also die Maschine auf Kurs hielt. Vorsichtig zog ich die Stewardess in die Küche zurück, wobei ich drauf achtete, dass keiner der noch wachen Fluggäste den Ernst der Lage mitbekam, und legte sie neben ihre Kollegin auf den Boden.

Dann durcheilte ich die Kabine, um die hinten sitzende Ersatzcrew zu holen, wobei ich schon von beunruhigten Passagieren angesprochen wurde, weil der Partner eingeschlafen wäre.

Nun gut, ich sah wohl so aus wie einer von der fliegenden Crew, also gab ich den Ratschlag: »Bitte bleiben Sie angeschnallt, wir fliegen gleich durch eine Schlechtwetterfront, sorgen Sie dafür, dass ihr Sitznachbar auch angeschnallt ist.«

Doch hinten angekommen, traf ich auch nur auf die schlafende Ersatzcrew.

Jetzt war guter Rat teuer, jetzt musste ich zusehen, wer von den Passagieren noch ansprechbar, sprich in der Lage war, mit mir zusammen zu arbeiten. Ich wollte wie ein fürsorglicher Flugkapitän von Sitzreihe zu Sitzreihe gehen und die Fluggäste ansprechen. Die zwei Herren in der Reihe vor der Crew schliefen auch, ihre *guten* Anzüge sprachen eigentlich für sich. Die beiden Damen auf der gegenüber liegenden Sitzreihe – eine Blondine und eine Schwarzhaarige – waren in ein interessantes Gespräch vertieft und blickten dabei angesprengt aus dem Fenster. Irgendwie kamen sie mir bekannt vor.

»Darf ich das Gedeck abräumen, wir werden eine Schlechtwetterfront in Kürze durchfliegen«, zog ich ihre Aufmerksamkeit auf mich.

Mona drehte sich zu mir um und erschrak, zumindest schauspielerte sie gut. »Mensch Peter, was machst du denn hier?«

»Wie du siehst, wir sitzen im gleichen Boot. Das hättest du mir ruhig sagen können, dass du *meinen* Flug für *deine* finsteren Zwecke missbraucht hast. Du hast uns damit einen Bärendienst erwiesen. Jetzt sieh mal zu, wie du die Boeing wieder runterkriegst.«

»Waas?«

»Die allermeisten Passagiere schlafen, leider auch die Crew.«

»Aber die Maschine fliegt doch noch ... «, bemerkte ihre Nachbarin verblüfft, die ich nur vom Sehen her aus dem Hotel kannte, doch mit Mona hatte sie sich eigentlich nie getroffen, natürlich nur soweit ich das beurteilen konnte.

»Per Autopilot. Was habt ihr getrunken?«

»Nichts trinken, erstes Gebot.«

»Gut so, aber am Kaffee scheint es zu liegen, ich habe keinen getrunken, weil Frauke ihn mir weggeschnappt hat, dafür durfte ich ihr Brötchen essen, was mir das entgangene Hotelfrühstück ersetzte. Also hat sie die doppelte Dosis eines Narkotikums bekommen, der Puls ist 36, der Blutdruck im Keller. Jetzt führt sie einen Tiefschlaf, schwer zu sagen, ob sie davon je wieder erwachen wird. Ich kann ihr hier oben nicht mehr helfen.«

»Oh Gott!«, stöhnte die brünette Mona auf.

»Wieso schläft die Crew auch? Dann kann es nicht der Kaffee sein«, befand die Blondine.

»Die haben dieselbe Brühe getrunken, der separate Kaffee für die Crew war bis zum Abflug nicht mehr eingetroffen.«

»Nein«, schrie Mona leise auf.

»Doch, sagte die Purserin. Leider war sie in Ohnmacht gefallen, als sie die beiden leblosen Gestalten im Cockpit sah. Ich habe also nur noch euch beide als Helfer in der Not.«

»Oh Scheiße, das kostet mich meinen Kopf«, fluchte Mona. Sie blickte an mir vorbei zu den Gentlemen gegenüber. »Darum schlafen die Obersten auch ... Und was machen wir jetzt?«

»Hast du einen Flugschein?«, wollte ich sie eigentlich nur ärgern.

»Aber nur für kleine Lufttaxis mit bis zu drei Passagieren.«

»Na besser als gar nichts, wir sind nur zu dritt.«

»Peter bleib doch mal ernst«, raunzte sie mich an.

»Okay, dann wirst du mich unterstützen.«

»Unterstützen – soll das heißen, *du* willst sie fliegen?«

»Fliegen ja, landen kannst du sie, was bleibt uns anderes übrig. So, ihr beiden Hübschen, geht erst mal rasch das Porzellan einsammeln und seht, wie viele von den Passagieren noch ansprechbar sind. Aber auf keinen Fall diesbezügliche Fragen stellen, die Panik heben wir uns lieber für zuletzt auf. Ich nehme Kontakt mit den Fluglotsen in den Drehkreuzen auf. Ach übrigens, ihr könnt mir dann helfen, die beiden Kerle aus dem Cockpit zu beseitigen. Übrigens, der Wagen zum Abräumen steht hinten. Theoretisch müsste da noch eine Stewardess auf euch warten. Wenn die Fluggäste was trinken wollen, gebt ihnen Flaschen, damit sie nicht unruhig werden.«

Damit eilte ich wieder nach vorn und verwies die unruhigen Passagiere auf meine beiden Hilfssheriffs. Da mir gottlob die Chefstewardess entgegen kam, konnte ich jetzt Arbeitsteilung machen und verwies sie auf die beiden Aushilfen, die im hinteren Bereich gerade die Plastikschalen einsammelten, und bat sie, die Brünette sogleich zu mir ins Cockpit zu schicken, sie besäße einen Flugschein.

Da ich den schweren Piloten nicht allein aus seinem Sitz heben konnte, denn er würde dabei höchstwahrscheinlich auf die Armaturen oder gar die Gashebel fallen, ließ ich ihn in seiner misslichen Lage und setzte mich dafür auf den Sitz des Copiloten. Da der Pilot den Kopfhörer umhatte, der Copilot hingegen nicht, merkte ich mir erst einmal die Steckverbindung der Kabel und die Einstellung der möglichen Senderfrequenz, dann nahm ich mir dessen Headset und setzte es mir auf.

Jetzt war natürlich die Frage, welchen Flug hatten wir, um uns identifizieren zu können. Meine Bordkarte steckte gottlob in meiner Brusttasche: Flug AB 2309 Ibiza – Nuremberg.

»Mayday – Mayday here flight A B, two thousand, three hundred and nine from Ibiza to Nuremberg Germany, over.«

Keine Reaktion aus dem Kopfhörer. Möglich dass ich einen Einschaltknopf übersehen hatte. Den einzig möglichen Schalter, ein Drehrad, drehte ich voll auf und versuchte mein Glück noch einmal.

»Mayday – Mayday here flight A B, two thousand, three hundred and nine from Ibiza to Nuremberg Germany, over.«

Keine Resonanz.

»Verdammte Scheiße, hört mich denn keiner«, fluchte ich und begann am Frequenzdrehknopf zu drehen, wobei ich ständig *Mayday-Mayday* sagte.

Schließlich tauchte Mona auf.

»Ich kriege keinen Kontakt mit irgendeinem Tower.«

»Lass mich mal.« Ich übergab ihr den Kopfhörer. »Weißt du noch die Frequenz, auf die er eingestellt war?«

»107,3«

»Und unser Flug?«

»Air Berlin 2309.«

Sie stellte die Frequenz wieder her und begann dann die gleiche Litanei, nur dass sie die Buchstaben A und B mit dem internationalen Alphabet benutzte: also Alpha und Bravo, und die Zahlen einzeln aussprach. Doch sie fand auch keine Gnade. Dann kam ihr die Idee, das Headset vom Piloten zu benutzen und setzte es sich auf.

»Da höre ich was«, rief sie mir zu. »Mayday – Mayday here flight Air Berlin from Ibiza to Nuremberg, flight alpha bravo two three zero nine, over – We have a problem, the complete flying crew seems to be poisoned – No they are sleeping, like narcotized for a surgical operation – Wait a moment.« Dann wandte sie sich an mich. »Sie wollen unsere genaue Position haben.«

Inzwischen hatte ich den Fehler gefunden, wieso das Headset des Co-Piloten nicht funktionierte, der Kabelstecker war nicht voll eingerastet.

»Hello, can you hear me? – No Sir, I'm only one of the passengers, my name is Graf, like Duke, doctor Peter Graf – No I'm a physician. We have a great problem, most of the passengers and the complete flying crew are sleeping, I think they are poisoned. The only person that can fly the Boeing 727 is Mrs. Friederike Schulte, she is holding a pilot's licence, but only a PPL for airtaxis – ist doch besser als nichts«, hörte ich mich ärgerlich sagen, denn was mir dieser Macho da eben verächtlich anvertraut hatte, behielt ich lieber für mich. »Sir, I cannot tell our position, but we are flying on autopilot, so you can reconstruct our way, if the tower of Ibiza gives you the dates of the departure, I hope that is possible – Now we must save the Captain and his Copilot, then I will call you again.«

»Ich bin ja gespannt, ob die das Computerprogramm von diesem Flug finden«, gab ich meine Bedenken an Mona weiter, die nur mit dem Kopf nickte.

»Hilf mir mal, den Captain vom Sitz zu heben, damit ich mich auch setzen kann, dann kann ich dir besser helfen«, schlug sie vor.

Wir schnallten den guten Mann los, ich zog ihn aus seinem Sitz, Mona passte auf, dass er keine Hebel und Schalter berührte.

»Und wohin damit?«, tönte eine Stimme hinter uns, es war die Chefstewardess.

»Am besten auf die erste Sitzreihe«, schlug ich vor.

»Aber das würde garantiert eine Panik auslösen«, befand sie.

»Gibt es da nicht einen Vorhang nach den ersten Reihen?«, glaubte ich mich an solch eine Abschottung bei Langstreckenflügen zu erinnern.

»Nur in den Linienmaschinen zur Abgrenzung der 1. Klasse. Höchstens in die Küche, da liegt noch Barbara, er war sowieso ihr Traummann«, konnte sie der Situation noch etwas Humor abringen.

»Also, ich bin Mona, das ist Dr. Peter Graf und da kommt gerade Alice. Und wie heißt du?«, wollte Mona von ihr wissen.

»Christin Talkman, Purserin. Und ihr könnt fliegen?«

»Ich habe einen Pilotenschein für Lufttaxis«, räumte Mona ein.

»Und ich bin Navigator bei the marine, second offizier«, rückte Alice raus mit leicht angloamerikanischem Tonfall.

»Und wie geht es Steffi?«

»Na, so wie den anderen«, gab sich Alice bedeckt.

»Okay, was machen wir mit den beiden? Wir haben in der Kombüse keinen Platz für drei«, stellte Christin klar.

»Dann müssen wir sie auf die freien Plätze nach hinten bringen«, schlug Mona vor.

»Das führt zu einer Panik, wenn wir den Captain nach hinten schleifen«, befand Alice, womit sie Recht hatte.

»Machen wir aus den beiden Typen eben Banditen, die die Crew kidnappen wollten. Sie wurden überwältigt und müssen jetzt bis zur Landung gefesselt auf die Polizei warten«, schlug ich vor.

»Ein gefesselter Kapitän?«, blickte Christin nicht ganz durch.

»Stimmt, geht nicht. Aber wie heißt es so schön: *Kleider machen Leute.* Ihr tauscht die Klamotten, jedenfalls die Hemden, das müsste doch wohl gehen. Mona kriegt das vom smarten Piloten mit den vielen Streifen, hat ja den Flugschein, Alice das vom Copiloten, das dürfte dir doch passen – oder?«

»Arme Alice, aber du kannst ja den Wonderbra weglassen, du siehst auch so toll aus«, natürlich kam das aus Monas Mund. »Und aus dir machen wir den Bordarzt.« Und schon verunzierte sie mein schönes weißes Pilotenhemd mit einem dicken roten Filzstift, der wohl zum Aufmalen der Flugroute auf einem Plastikblatt gedacht war zwecks Navigation.

»Was soll das?«

»Du kannst wählen zwischen einem roten Kreuz – wie das hier – und einem roten Halbmond.«

Doch sie hatte sich schon festgelegt, und da schon ein rotes Kreuz einen Ärmel zierte, gab ich ihr freie Hand für diese Abart von Bodypainting, also verzierte sie auch noch die Schulterklappen und die Patten der Brusttaschen, wobei auf den Ärmeln noch der rote Kreis dazu kam.

»Wir haben auch Rote-Kreuz-Westen«, fiel Christin in Monas Aktivität, doch einmal in Fahrt gekommen, war Mona nicht mehr zu bremsen.

»So und jetzt raus«, wurde ich auch noch von Alice rumkommandiert. Doch ich hatte ein Einsehen wegen ihres BHs, dass da Männer nicht zum engeren Beraterteam gehörten, obwohl ich als Frauenarzt ...

So konnte ich jetzt endlich die Toilette aufsuchen, wo natürlich auch jemand auf der Brille schlafen durfte, denn die Verriegelung wurde mit einem Lichthinweis angezeigt. Doch mit einer Münze musste sich die Tür entriegeln lassen, nur hatte ich keine in der Hosentasche. In der Kombüse fand ich einen Löffel, der dafür auch geeignet sein durfte, denn anderes Gerät aus Metall war ja im Flieger obsolet.

Doch zunächst kontrollierte ich Barbaras Zustand, er war stabil. Dann öffnete ich die Toilettentür einen Spalt weit und ließ die Dame in den besten Jahren sich weiterhin ausruhen. Dann ging ich zu Frauke, auch hier gab es keine Änderung im Befund. Schließlich ging es nach hinten, wobei ich eine Bestandsaufnahme über die freien Plätze machte, so dass ich später die Dame von der Toilette auf ihren Platz ›begleiten‹ konnte.

Natürlich ließ ich es mir nicht nehmen, auch die beiden Obersten auf ihren somnolenten Zustand hin zu überprüfen. Sie schliefen den Schlaf der Gerechten, denn sie hatten nichts dagegen einzuwenden, von mir gefilzt zu werden: Ein Kumpel kam aus England, der zweite war Amerikaner, woher kam dann der dritte Mann, doch nicht etwa aus Wien? Er schlummerte in der nächsten Reihe in Höhe der Ersatz-crew, an seiner Schulter schlief eine Flugbegleiterin, ihr schwarzer Pferdeschwanz passte wunderbar zu seinem pechkohlrabenschwarzen Haar.

Da ich an seine Innentasche nicht so einfach rankam, verschob ich erst einmal meinen Erkundungsdrang und warf auch noch einen Blick in die hintere Küche, fand aber da niemanden mehr vor. Somit dürfte Steffi die dritte Stewardess sein, die da so glücklich an den dritten Mann des Trios gelehnt schlief. Übrigens, Barbara war es gewesen, die mich beim Einsteigen mit Blicken abgestraft hatte. Von Alices Platz aus konnte ich in seine Brusttasche greifen und fand einen Pass mit Daten aus Frankreich. Also drei Agenten der drei Siegermächte über Deutschland. Wozu um Gottes Willen haben die sich ausgerech-net auf Ibiza getroffen, um worüber zu reden bzw. Stillschweigen zu bewahren? Die Antwort wusste nur Mona.

Also waren nur die Plätze von Mona und Alice frei, mal abgesehen von meinem, und vorn einer in der dritten Reihe, also der Platz der Toilettenfrau. Also müsste man unsere zwei Quasi-Gangster zu den anderen drei Gangstern verfrachten, wobei jeder Engländer jetzt eine Wette abschließen würde, wer von den fünf Geheimnisträgern zuerst aufwachen würde, um Alarm zu schlagen.

Inzwischen hatten die Mädels den Co-Piloten schon auf den Platz der Toilettenfrau gebracht – wie auch immer –, der Kapitän lag neben Barbara in der Kombüse, wobei sein nur mangelhaft beklei-deter Zustand schon sehr verdächtig vorkam, denn wessen Hemd er da auch immer trug, es war entschieden zu klein für ihn. Kristin stand etwas ratlos neben ihm.

»Sollen wir ihn nicht lieber neben deine Frauke setzen? Barbara wird mich lynchen … «

Also gut, wir brachten ihn zu Frauke, damit sie nicht so allein dasaß, denn sie brauchte schon jemanden, an den sie ihren Kopf anlehnen konnte. Ich ging nach vorn zurück, während Kristin sich noch rührend um die beiden Alten kümmerte, denen das ganze langsam spanisch vorkam.

Dann klopfte ich an die Cockpittür, Alice ließ mich rein. Mona saß auf dem Platz des Kapitäns und ließ ihr wohlklingendes Oxfordenglisch ohne jegliche Wutausbrüche durch das Headset rieseln. Alice nahm wieder den Platz vom Copiloten ein, ich blieb zwischen der weiblichen Crew stehen. So wie es aussah, hatte Alice nicht auf ihren Wonderbra verzichtet, dafür war ihr Dekolletee jetzt atemberaubend.

Da sie mit Berechnungen beschäftigt war, griff ich mir einen Wälzer mit dem Titel *Boeing 727* und nahm die vielen Instrumente in Augenschein, um später bei der Landung behilflich sein zu können, denn ich musste mich auf Mona verlassen. Ob sie vom Autopiloten so schnell auf manuelle Steuerung umschalten konnte, das war hier die Frage. Aber ein Landeanflug ist immer Teamwork.

»Alice, die wollen die Daten haben«, tönte Mona vorwurfsvoll.

»Sorry«, sagte Alice, »at first I must check the navigation, we have had an incident, you remember – My name is Alice Hunter, second nautical officer of the Royal Navy aircraft carrier ‹Flugzeugträger›«, schien sie wohl gerade den frechen Macho aus Mallorca zurechtgestutzt zu haben. – »No, sir, I am on vacation ‹Urlaub›, it's my return flight. What do you want? – The speed is 430 knots, the altitude is 24.000 feet – The course is zero – three – zero – Yes, sir, the autopilot is on – Okay, we stay on this frequency until Marseille.«

»Wir fliegen über Marseille–Lyon–München«, gab sie die Anweisung vom Kontrollzentrum in Mallorca weiter. »Der Autopilot soll eingeschaltet bleiben.«

Doch da gab es einen Ruck in der Steuerung, der Steuerknüppel glitt nach vorn, die Maschine sackte auch schon mit der Nase nach unten, das Meer kam mit rasender Geschwindigkeit auf uns zu.

»Help, we have an accident, the autopilot brings the jet down to the sea«, schrie Alice ins Mikrophon.

Ich versuchte rasch den Steuerknüppel an mich zu ziehen, doch er reagierte nicht. Aber Mona konnte den Autopiloten ausschalten und die fatale Autonomie der fehlgesteuerten Steuerung eliminieren, doch korrigieren konnte sie den Fehler nicht mehr so einfach.

»Lass los!«, brüllte sie mir zu, »stell die Gashebel zurück, ich werd die Maschine langsam wieder abfangen, muss sie aber erst im Sturzflug fliegen lassen, sonst reißt das Höhenruder ab.«

Ich zog die Gashebel zurück, die Wirkung war kaum zu spüren, mein Blick fiel auf die Geschwindigkeitsanzeige, die Zahlen rotierten förmlich.

»Schaffst du es?«, fragte Alice entgeistert, sie hatte sich an mir vorbeigedrückt, damit ich ihren Platz einnehmen sollte, vermutlich in der Annahme, dass ich ein Flugpatent besaß.

»Warum nicht?«, war Monas ruhige Antwort. Es war mir ein Rätsel, wie sie *den* Adrenalinstoß so einfach weggesteckt hatte. Doch zumindest ignorierte sie jetzt die Anfragen aus dem Kopfhörer. »Komm, plaudere du ein bisschen mit ihm, ich mach mir gleich ins Höschen.«

Alice reichte mir ihr Headset, so dass ich mich wieder um den Macho kümmern müsste.

»Sir, I believe, the software is manipulated, nobody has touched the control stick. Now the autopilot is switched off, Captain Schulte is trying to bring the Jet out of danger – Oh thank you.« Mit Blick auf Mona fügte ich noch nahtlos an, dass ihr der Typ viel Glück wünschte. »Wie viel Sachen haben wir?«, wollte ich wissen.

»Knapp über fünfhundert«, räumte Mona ein, was ich weitergab, während sie verbissen den Steuerknüppel Millimeter um Millimeter zu sich ranzog.

»Deine Ruhe möchte ich haben«, bewunderte ich sie, wobei ich aber befürchtete, dass wir eher unten auf dem Wasser aufschlagen werden als oben im Himmel zu landen. Was mich auflachen ließ.

»Was findest du an mir komisch?«, fragte sie pikiert.

»An dir nichts, du bist einfach ein dufter Kumpel.«

»Galt das dann mir?«, brachte sich Alice ins Spiel.

»Wir hatten noch nicht das Vergnügen, Mona ist ein geiler Typ, du auch?«

»Oh Peter, wie konnte es deine Frauke mit dir nur so lange aushalten«, tönte Alice besorgt.

»Kennst du sie etwa auch?«

»Logo, sie war doch für den französischen Agentenchef verantwortlich.«

»Für wen?«, glaubte ich mich verhört zu haben. »Und ich dachte, sie treibt es nur mit dem Gigolo, dem Frederik.«

»Mit wem?«, wurde Alice nun hellhörig.

»Na mit dem Tennislehrer, sie hat die letzte Nacht mit ihm ge … ge … , na du weißt schon … «

»Ich weiß gar nichts«, gab sie ärgerlich zurück.

»Gebumst«, vollendete Mona meine Andeutungen.

»Sie ist mit *dem* gegangen?«, kreischte Alice auf. »Der Mann ist ein Spion der anderen Seite.«

»Was meinst du, warum Luke die Bumsmaschine so laut gestellt hat? Damit der Typ nicht mit seiner Elektronik die Geheimverhandlungen abhören konnte«, fügte Mona noch nahtlos an.

»Und was wurde da verhandelt?«, wollte ich jetzt wissen.

»Bist du ein Geheimnisträger?«, wollte Alice wissen.

»Er ist nur ein simpler Doppelagent, arbeitet für die deutsche Seite, sowohl als auch.«

»Sowohl als auch?«, konnte ich nicht ganz folgen.

»MAD und Stasi.«

»Ich bin weder noch.«

»Da wir sowieso auf dem Wasser aufschlagen werden, sag es ihm«, gab Alice Mona freie Hand.

»Okay, wie du willst«, gab Mona nach und ließ den Steuerknüppel los, woraufhin ich ihn rasch packte und ihn an mich zog, allerdings weniger langsam als sie es getan hatte, schließlich kam der Atlantik rasch auf uns zu – pardon, es war ja nur das Mittelmeer.

»Die DDR ist pleite, sie wollen der BRD beitreten, nenne es Wiedervereinigung, die Alliierten müssen sich jetzt untereinander abstimmen, wie der zukünftige Friedensvertrag aussehen soll.«

»Echt?«, war ich echt verblüfft.

»Ja und es hing an einem dünnen Faden, denn besonders England sträubte sich, da mitzuziehen.«

»Und wer hat da wen ausspioniert?«

»Russland wollte die westliche Position wissen, um selbst pokern zu können.«

»Okay, ich werde es für mich behalten, weil wir nicht mehr abstürzen werden«, versprach ich, da die Boeing 727 jetzt wenn auch nur weniger als hundert Meter über dem Meer brav parallel zum Meeresspiegel dahinglitt, wenn auch noch mit einer Wahnsinnsgeschwindigkeit, aber so sparten wir schon mal etwas vom teuren Kerosin.

»Hast du dir wirklich in dein Höschen gepinkelt?«, fragte Alice erleichtert.

»Ich denke, du hast gar keins an?«, scherzte ich feixend.

»Ist nur der getigerte String.«

»Echt?«, war Alice baff. »Richtig, ihr seid ja so durch das ganze Hotel getigert. Ich liebe mehr die Leoparden.«

»Peter ist bestimmt anpassungsfähig – oder?«, behauptete Mona und warf mir einen frechen Blick zu.